清华史学文库

廖名春 著

中国早期思想史与文献研究

清华大学出版社
北京

内 容 简 介

本书是关于中国早期思想史及相关文献研究的论文集,共三十二篇。其中与孔子及《论语》相关者六篇,与《周易》相关者四篇,与《尚书》相关者四篇,与《老子》相关者三篇,与《礼记》相关者五篇,与《孟子》相关者四篇,与《荀子》相关者六篇。主要是通过文字、音韵、训诂等小学手段,考证、解决思想史上的重要问题。读者对象:古典文献研究者,思想史研究者,《周易》《老子》《论语》《孟子》《荀子》《礼记》等专书研究者,出土文献研究者,普通文史爱好者,大专院校文史哲专业的本硕博学生,初高中语文、历史老师。

版权所有,侵权必究。举报:010-62782989,beiqinquan@tup.tsinghua.edu.cn。

图书在版编目(CIP)数据

中国早期思想史与文献研究 / 廖名春著 .— 北京:清华大学出版社,2023.9
(清华史学文库)
ISBN 978-7-302-63111-8

Ⅰ.①中… Ⅱ.①廖… Ⅲ.①思想史—研究—中国—古代 Ⅳ.①B215

中国国家版本馆 CIP 数据核字(2023)第 047639 号

责任编辑:张维嘉
封面设计:傅瑞学
责任校对:欧 洋
责任印制:沈 露

出版发行:清华大学出版社
网　　址:http://www.tup.com.cn, http://www.wqbook.com
地　　址:北京清华大学学研大厦A座　　　　邮　编:100084
社 总 机:010-83470000　　　　　　　　　　邮　购:010-62786544
投稿与读者服务:010-62776969, c-service@tup.tsinghua.edu.cn
质量反馈:010-62772015, zhiliang@tup.tsinghua.edu.cn
印 装 者:三河市东方印刷有限公司
经　　销:全国新华书店
开　　本:165mm×235mm　　　印　张:30　　　字　数:429千字
版　　次:2023年9月第1版　　　　　　　　　印　次:2023年9月第1次印刷
定　　价:168.00元

产品编号:100188-01

前　言

我 1992 年 7 月吉林大学博士毕业，分配来清华大学工作。近 30 年来，一直在思想文化史研究所、历史系任教。所在的历史学专门史学科点，其中国思想史研究是一门先 4 个学分、后 3 个学分的基础理论课。这门课最早由钱逊、羊涤生、刘鄂培、胡伟希教授担任。钱逊教授退休后，先由我和董士伟教授担任，最后则由我一人独任。可以说，在我们学科，我是担任这门课时间最久的老师。但不管与人合开，还是一人独任，我讲的中国思想史研究，都是先秦部分，都是先秦经典和先秦诸子，从没讲过先秦以下部分。我是先秦史专业的博士，研究的是先秦文献与先秦学术，所以不敢开秦汉以下的课，只敢讲先秦思想史，也就是早期思想史。从这一点而言，应该是委屈了听我中国思想史研究课的学生。

讲中国思想史研究，到底是讲中国思想史的一般知识，还是讲自己对中国思想史的特殊研究，这在我们同行中是有过争论的。我认为，如果给本科生开中国思想史课，应该多讲中国思想史的一般知识；或者说，以讲中国思想史的一般知识为主，以讲自己的中国思想史研究为辅。而给硕士生、博士生开中国思想史研究课，则应以讲自己的中国思想史研究为主，不应只讲一般知识，而没有自己的独创工作。老实地说，没有充满自己个性的工作，没有对中国思想史重要典籍、中国思想家系统而独特的研究，中国思想史研究课完全没有必要开。现在的中国思想史、中国哲学史、中国学术史的著作汗牛充栋，以我们博士生、硕士生的阅读水平，完全能够通过自学，掌握中国思想史的一般知识，用不着老师来饶舌。因此，所谓的中国思想史研究课以讲一般知识为主的提法，实质是将研究生课的质量下降到本科生课的水平。

　　研究中国思想史，到底是以中国思想史的通史写作、教科书撰写为主，还是以研究中国思想史的具体问题为主，这些年来也存在激烈的争论。这一问题，在自然科学界并不存在。比如物理学的研究，大家都聚焦在前沿问题上，没有谁特别关注物理学史的写法问题。不会因为谁的物理学史写得好，就将诺贝尔物理学奖授予谁。化学、数学、生物学都是如此。而我们的中国思想史、中国哲学史学界，却非常奇怪。所谓的大师，往往以撰写通史、教科书出名。甚至一介新丁，撰写了一部中国哲学史或中国思想史之后，就一夜成名，成为大师。风气所及，人们对中国思想史的具体问题，既缺乏探索的兴趣，也缺乏创造性的工作，却喜欢一而再，再而三地不断撰写通史、编写教科书。在他们的通史、教科书里，谈孔子，说孔子鼓吹"民可使由之，不可使知之"，搞愚民政策的一套。也不想想，孔子如果鼓吹"民可使由之，不可使知之"，又怎么会"有教无类"，教出来弟子三千、贤人七十？说荀子称人性全恶，那么人的善从何而来？圣人从何而来？岂不是自相矛盾？只知沿袭王国维之问，全不顾及《荀子·解蔽》篇有"凡以知，人之性也"说。以"道"为老子的最高范畴，不惜拾人牙慧，篡改《老子》第25章"人法地，地法天，天法道，道法自然"之义，说"道法自然"即"道就是自然"。诸如此类的一般知识，在通史、教科书著作里比比皆是。笔者认为，没对孔子、老子、庄子、墨子、孟子、荀子各家做过精心的研究，对《周易》《尚书》《礼记》等典籍有一定发明，是不能讲先秦思想史的。对先秦思想史、宋明理学、明清学术没有独到的认识，短时间赶出来的中国思想史、中国哲学史著作也是没有多大意义的。我们学术界，对通史、教科书的"热"，实在应该降降温，实在应该多研究点具体问题，少谈点宏观叙事。

　　我有如此感慨，并不是为自己在二十多年的中国思想史研究课的教学中没写教材辩护。我上课基本上是讲自己的研究工作，每次上课都有不同，都有新的论作要谈。所以，教材一直定不下来。现在，退休了，再也不要上课了，讲授的内容就可以定下来了。归纳起来，大致在七个方面，以下列三十二篇论文做代表。

第一编：有关孔子与《论语》方面的（六篇）

一是《"仁"字探原》，原刊《中国学术》第 8 辑（商务印书馆，2001 年）。该文认为"仁"的本字当从人从心，作"忈"。后来"人"与"身"通用，就写作了"㥆"；"身"形讹为"千"，就写作了"忎"。"忈"亦作"㤚"，或者从人未变，而"心"却简省为"＝"，则变成了从人从＝。许慎《说文》将简省符号"＝"误释成"二"，于是从人从＝就变成了从人从二，"忈（㤚）"就变成了"仁"。"忈"从人从心，当是会心中有人之意。此"人"当是指一般性的人，特别是指他人。心中有人，也就是爱人，这就是"忈（仁）"之本义。

二是《"六经"次序探源》，原刊《历史研究》2002 年第 2 期。该文对"以《诗》为首"和"用《易》居前"的两种"六经"次序这一古老的经学问题进行了探讨，认为"以《诗》为首"的"六经"次序，并非出于今文家；而"用《易》居前"的"六经"次序，虽然出自古文家，但也渊源有自。《易》居《诗》《书》《礼》《乐》之前或居《诗》《书》《礼》《乐》之后，这两种"六经"次序的形成，实与孔子晚年前后经学思想的变化密切相关。陆德明"用《易》居前"本于"著述早晚"，周予同"以《诗》为首""按《六经》内容程度的浅深"的论断，文献尚难以坐实。从帛书《要》篇提供的线索看，孔子晚年以前轻视《周易》，所以殿《易》于《诗》《书》《礼》《乐》之后；晚年以后重《易》而轻《诗》《书》《礼》《乐》，所以冠《易》于《诗》《书》《礼》《乐》之前。

三是《〈论语〉"民可使由之"章的再研究——以郭店楚简〈尊德义〉为参照》，原刊《华学》第 9、10 辑（上海古籍出版社，2008 年）。该文本于郭店楚简《尊德义》的"民可使道之，而不可使知之。民可道也，而不可强也"说，认为《论语》"民可使由之，不可使知之"章，"由"当读为"迪"，"迪"，导也。而"知"当读为"折"，义为阻止、挫败、折服。孔子是说：民众可以让人引导，而不能用暴力去折服、压服。这是正视民众力量而得出的民本学说，根本就不是愚民思想。

四是《〈论语〉"父子互隐"章新证》，原刊《湖南大学学报（社会科学版）》2013年第2期，后被译成英文，刊于 Contemporary Chinese Thought, Spring 2015。该文认为文献中习见的"隐括""隐揉""隐审""隐实""隐核""隐度"之"隐"都当读为"檃"。《论语·子路》篇的"父为子隐，子为父隐"当读为"父为子檃，子为父檃"，训为"父亲要替儿子矫正错误，儿子也要替父亲矫正错误"。以孔子为代表的先秦儒家并非血缘至上主义者，社会公德与父子私情有违时，他们主张的是"不成人之恶""从义不从父"。因此，"其父攘羊"，孔子是不会主张子为父隐匿的。

五是《〈论语·乡党〉篇"色斯举矣"章新证——兼释〈学而〉〈为政〉及帛书〈五行〉篇的"易色""色难""色然"》，原刊《四川大学学报（哲学社会科学版）》2014年第5期，后增补了《论语》"易色""色难"两节，刊于《儒藏论坛》第9辑（四川大学出版社，2014年12月）。又被译成英文，刊于 Philosophy East and West, 2020, Vol.70, No.4（Published by University of Hawaii Press）。该文认为《论语·乡党》篇"色斯举矣"之"色"当读为"疑"。帛书《五行》篇的六个"色"字当读为"𩈎"，训为"敬"。《论语·乡党》篇"色难"之"色"也当读为"𩈎"，训为"敬"。《学而》篇的"贤贤易色"，"易"当读为"惕"，训为"爱""悦"；"色"也当读为"𩈎"，训为"敬"。《乡党》篇"翔而后集"之"翔"当读为"祥"，是"色（疑）"的反义词。"子路共之"之"共"当作"拲"，也就是"执"。"三嗅而作"的主语并非孔子，而是"山梁雌雉"。所谓"三"者，形容"山梁雌雉"之"嗅"是多次、不断地进行。

六是《〈论语·宪问〉篇"欲寡其过而未能也"说辨证——兼论"君子道者三"章"我无能焉"的释读》，原刊《孔子研究》2019年第3期。该文认为《论语·宪问》篇使者所谓"夫子欲寡其过而未能也"，既非谦辞，说蘧伯玉"想减少过错却还没能做到"；也非其对蘧伯玉的非议，言其过多而无能。而是说蘧伯玉"喜欢舍弃他的过错"，在喜欢改过、勇于改过上，无人能及，没有谁赶得上。"君子道者三，我无能焉"，亦非谦辞，孔子是说"仁者不忧，知者不惑，勇者不惧"这三件事"我无能焉"，没有人比得上我。

关于《论语》的论文我还有一些，大体见于《孔子真精神——〈论语〉疑难问题解读》（孔学堂书局，2014年）一书，限于篇幅，就以这六篇作为代表。

第二编：有关《周易》方面的（四篇）

一是《〈周易〉真精神的探求》，原为拙作《〈周易〉真精神——六十四卦卦爻辞新注新释》（广东高等教育出版社，2019年）一书《前言》的一部分，又刊于《安阳师范学院学报》2022年第3期。该文认为《周易》源于卜筮，文王、周公父子的思想，是借用筮书的外壳来表达的。后人只见其筮书的外壳，便以其为卜筮之书。读《周易》容易歧途亡羊，主要就是迷于其卜筮语言。《周易》"旧瓶装新酒"，在古老的卜筮语言里，注入了文王、周公父子的"德义"。而其"德义"的说解，传世文献不是缺乏，就是不得其门而入。有了帛书易传的出土，我们才得窥孔子易学的真容，才有机会超越王弼、孔颖达、程颐等前贤。而传统的易学方法，无论是象数说，还是爻位说，对于读懂《周易》并没有多大的作用。所以，研究《周易》的卦爻辞，正确的方法就是利用帛书易传等新材料激活传统文献，从《周易》卦爻辞语言的特点入手来把握其内在的哲学，也就是透过"旧瓶"发掘出其"新酒"，寻求蕴含其中的文王、周公之道。

二是《二二相耦，相反为义——〈周易〉卦义新论》，原刊台湾《哲学与文化》月刊第31卷第4期（2004年）。该文认为《周易》六十四卦不但是"二二相耦""非覆即变"，而且是"二二相耦"、相反为义。《周易》六十四卦"二二相耦""非覆即变"的结构形式决定了其全部三十二个卦组间两卦的意义是相反的。《周易》六十四卦不但卦形是以"对"的形式出现的，其卦义也是以"对"的形式呈现的。"对"是《周易》的基本特点。

"二二相耦"、相反为义这一意义结构规律的发现，有助于我们正确认识了解《周易》六十四卦的本义，也有助于正确认识《杂卦传》和《序卦传》，有助于易学史研究的深入开展。

三是《〈周易·乾〉卦新释》，原刊《社会科学战线》2008年第3期。该文认为《乾》《坤》两卦卦名的本字当为"健""顺"，正揭示了《周易》作为阴阳哲学的本质；"贞"当训为"定"，"利贞"即利于贞静而不争；"夕惕"之"惕"，和《讼》卦"有孚窒惕"、《小畜》卦"血去惕出"之"惕"，都当训为"止息"；"用九，见群龙无首，吉"，与卦辞意义是一致的。《乾》卦有鲜明的主旨，就是主张刚健而不争，刚健而和谐。

四是《从帛书〈二三子〉论〈周易·蹇〉卦六二爻辞的本义》，原刊《文献》2018年第3期。该文认为帛书《二三子》篇所载孔子对《蹇》卦六二爻辞的论述，"戒今"可读为"戒申"，即"申戒"，叮咛告诫意也。"非言独今也"当读作"'非'言渎信也"，是说爻辞的"非信之故"之"非信"，意思是"渎信"。"古以狀也"当读作"故以狀也"，即"故以'蹇蹇'狀之也"。而帛书《衷》篇"子曰：《蹇》之'王臣'，反故也"之"反故"，即反对欺诈之意。《蹇》卦六二爻辞，无论是今本的"躬"，还是帛书《二三子》篇和楚竹书的"今"皆非本字，本字当作"信"。"蹇蹇"当为本字，义为艰难。"故"义为缘故，王引之训为"事"不可取。《蹇》卦六二爻辞的逻辑性、思想性很强，整个爻辞强调的是诚信对于政治的重要。由此可知，《周易》卦爻辞富于哲理，不能简单地以卜筮之书视之。

研究《周易》经传的专著除《〈周易〉真精神——六十四卦卦爻辞新注新释》外，我还有《周易研究史》（与康学伟、梁韦弦合作，湖南出版社，1991年）、《帛书易传初探》（台北：文史哲出版社，1998年）、《帛书〈周易〉论集》（上海古籍出版社，2008年）、《周易经传与易学史新论》（齐鲁书社，2001年）、《周易经传与易学史续论——出土简帛与传世文献的互证》（中国财富出版社，2012年）、《周易经传十五讲》（北京大学出版社，2004年）等，论文有近百篇。以上四篇论文算是新作的代表。

第三编：有关《尚书》方面的（四篇）

一是《〈尚书〉名义与清华简〈书〉类文献》，原刊台湾《哲学与文化》第562期（2021年3月号）。该文认为先秦所谓"《书》"，不但包括今文《尚书》二十九篇，也当包括属于所谓"《书》""百篇"的逸《书》，还当包括今本《逸周书》。《书》无定本，亦无定形，不在记言，也不在记事，唯在于价值。只要是被公认为有资于治的文献，皆可谓之《书》。而《尚书》之"尚"，并非"上古"之义，而是价值上等，最为重要的意思。《尚书》当是孔子从"百篇"《书》——前代重要政治文献中选出来用于教学的政治教材，其价值最高，故谓之《尚书》。由此看，清华简真正属于今文《尚书》的，只有《周武王有疾周公所自以代王之志》一篇。属于《书》类文献的，有今本《逸周书》范围内的《皇门》《程寤》《祭公之顾命》和《命训》四篇。属于逸《书》的，有《傅说之命》《尹诰》《厚父》《摄父》。至于《尹至》《封许之命》《四告》诸篇，尽管整理者认为它们是"《书》类文献"，但它们既不在《逸周书》的篇目中，又不见于逸《书》，更不属于今文《尚书》，只能称为"类《书》文献"。

二是《从郭店简和马王堆帛书论"晚书"的真伪》，原刊《北方论丛》2001年第1期。该文认为帛书《二三子》篇的"德义无小，失宗无大"更接近于故书，"晚书"《伊训》篇的"尔惟德罔小，万邦惟庆；尔惟不德罔大，坠厥宗"说，袭用了《说苑·复恩》篇的误读。郭店楚简《缁衣》篇引《君牙》"晉冬旨沧"，"晉"《礼记·缁衣》作"资"，而"晚书"《君牙》篇其字作"咨"，"怨咨"连言，更是望文生义。这些证据告诉我们，从宋人吴棫、朱熹以来，考定今传《古文尚书》25篇"晚书"非先秦《尚书》之旧，为后人所编造是正确的，出土材料与传统文献材料所得出的结论是完全一致的。

三是《清华简〈尹诰〉篇研究》，原刊《史学史研究》2011年第2期。该文认为清华大学藏简《尹诰》篇是失传了的《咸有一德》，但不是"晚《书》"中的《咸有一德》。从清华简本看，与伊尹对话的其实是汤。孔颖达以为是"诰大甲"，实是上了"晚《书》"《咸有一德》的大当。这说明，"晚

《书》"《咸有一德》确属伪书。从思想史的眼光看,《尹诰》篇伊尹提出的利益与民共享,以"赉"民争取民心的思想尤其重要,值得珍视。

四是《〈尚书〉"孺子"考及其他》,原刊《文献》2019年第5期。该文认为《尚书·金縢》《洛诰》《立政》三篇的"孺子",从文义来看,完全应该是"嗣子"。《左传》《国语》《孟子》《公羊传》《纪年》《晏子春秋》《礼记》等早期传世文献里的许多"孺子",都是承嗣子,都当作"嗣子",与《尚书》里的"孺子"本质相同。清华简《楚居》《系年》《郑武夫人规孺子》《治邦之道》等篇屡见的"🈳王"或"🈳",字面上为"孺子王"或"孺子",但本质上当是"嗣子王"或"嗣子"。这都是"孺""嗣"二字形近相混所致。《尚书·君奭》《无逸》以及《左传》中的"嗣"字,《魏三体石经》可以写作"🈳""🈳",也就是"乳",而"乳"可以读为"孺"。楚简《周易》需卦的"需",释文有作"嗣"的,也有作"乳"的,说明"孺""嗣"二字形近易混是不争的事实。

第四编:有关《老子》方面的(三篇)

一是《〈老子〉篇序的新解释》,和硕士研究生李程合作,原刊《历史研究》2017年第6期,后被译成英文,刊于 Contemporary Chinese Thought, Vol.48, No.3。《老子》一书,传世本和典籍记载大多《道经》在前、《德经》居后,而出土文献如马王堆帛书《老子》甲乙两种、北大汉简《老子》两篇的次序是"《德》上《道》下"。《老子》一书原本篇次到底如何,大致有三种观点:《道》上《德》下、《德》上《道》下、两种文本战国期间并存流传。我们认为《老子》一书的原貌,既不是"《德》上《道》下",亦非"《道》上《德》下"。《老子》最早并非一部专著,并非一时一地之作,而是后人编成的一部老子的论文集。《道》《德》二篇——本为老子在不同的时间所作的两篇独立的文章,分别以单篇的形式在社会上流传。两篇论文最初彼此之间并没有固定的篇次顺序,即无所谓上下先后之分。

二是《〈老子〉首章新释》,原刊《哲学研究》2011年第9期。该文认为《老子》首章之主旨是通过"无""有"的对比,论述"无"之重要。"无","名"彼"万物之始";"有","名"彼"万物之母"。"无"重于"有"。"尚无",可"以观其妙";"尚有",则只可"以观其所曒"。所以,"尚无"胜过"尚有"。"无"与"有"虽然"同谓之玄",但"有"只是"玄",而"无"则是"玄之又玄,众妙之门"。所以,"无"高于"有"。"无"乃是《老子》书中哲学的最高范畴、宇宙的本体。

三是《〈老子〉"尚仁"说辨证》,原刊《先秦两汉古籍国际学术研讨会论文集》(社会科学文献出版社,2011年1月)。帛书本、通行本《老子》中比较激烈地批评儒家仁义思想的一些话不见于楚简本。研究者由此认为,早期的儒道关系并不像后来那样对立,甚至提出,"老子不仅没有排斥仁义、孝慈的意思",反而"尚仁","攘弃仁义"思想当出于"庄子后学"。论文通过考释《老子》关键性的三段文字,对这一问题进行了检讨。"大道废,有仁义"章郭店楚简本少了"智慧出,有大伪"句。论文考察其用韵,认为楚简本当是抄漏,帛书甲、乙本,王弼本等有此句,反映了《老子》原本"的面貌,绝非衍文。无论从楚简文本的内证,还是从其他的外证来看,说此章不排斥仁义反而肯定仁义,是完全站不住脚的。残存的郭店楚简《老子》没有"天地不仁"四句,但不能说《老子》本来就没有这四句。《古文四声韵》所收之《道德经》和《古老子》写本皆有"天地不仁"四句的事实,说明以残存的郭店楚简《老子》无"天地不仁"四句来证明《老子》原本无"不仁"说,很不可信。《古文四声韵》所收《道德经》的"刍"字作"𰀀",其所从之"又"旁,与甲骨文、金文同。而包山楚简、古玺以及秦汉文字中,"又"已讹变为"彐",显然要晚一些。由此可推知,《古文四声韵》所收之《道德经》写本,早到战国是很有可能的。从包山楚简"刍"写作"𰀀"看,《古文四声韵》所收之《道德经》写本,也不一定晚于郭店楚简本。老子"尚仁"说的唯一依据是今本《老子》第八章的所谓"与善仁",但此句当依帛书乙本作"与善天","仁""人"都当是后起的借字。以此来证明老子"尚仁","肯定仁",当属无稽。从上述三章的考证看,说老子不"排斥仁义","尚仁""肯定仁",只能是无视文献、曲解老子精神的"一厢情愿",绝非先秦的历史事实。

第五编:有关大、小戴《礼记》方面的(五篇)

一是《〈大学〉篇四考》,原刊《社会科学》2016年第2期。该文认为《大学》篇"大学"的含义应是"善学","大学之道"就是高明的为学之道。"皆自明也"的"自",当训为"用"。"无所不用其极"可读为"无所不用于革"。"革"与"新"是同义词,因此,可以换读。"无所不用于革",也就是没有不用"新"的。换言之,也就是处处用"新"。"自欺"当训为"自误"。"自谦"当读为"自廉",也就是自己要有分辨、要有原则。只有扫除这些文字上的障碍,才能真正地读懂《大学》。

二是《〈大学〉篇"汤之盘铭"新释》,原刊《国学学刊》2015年第2期。该文认为《礼记·大学》篇"汤之盘铭"之"苟日新,日日新,又日新"当读作"苟(敬):日新,又日新,日日新"。是说"勤而不懈",绝不能停止、松懈:"第一天洗垢自新,第二天也要洗垢自新,每天都要洗垢自新。"所谓"苟(敬)"概括的就是"日新,又日新,日日新"的道理,而"日新,又日新,日日新"则是"苟(敬)"——"勤而不懈"之理的具体表现。它们是同一关系,是说明与被说明的关系。只不过一是形上、一是形下,一是理、一是事而已。

三是《"慎独"本义新证》,原刊《学术月刊》2004年第8期。该文认为郑玄以来解"慎独"为"谨慎独处"说是错误的,王念孙以及今人据简帛《五行》篇解"慎独"之"慎"为"诚",也不可信。传世文献也好,出土简帛也好,"慎独"之"慎"只能以本义"珍重"为解。所谓"慎独",就是要珍视心,重视心君的理性作用。

四是《〈缁衣〉作者问题新论》,原载山东师范大学齐鲁文化研究中心、美国哈佛大学燕京学社编:《儒家思想思孟学派论集》(齐鲁书社,2008年12月)。该文认为刘瓛和沈约的《缁衣》篇作者说,表面上互相矛盾,实质上并无冲突。《缁衣》在儒家内部,不专属哪一弟子或哪一门派,是一种公共资源。后世礼家用之，故收入《大戴礼记》；孔子家族保存之，故收入《孔子家语》。其为孔子语录，公孙尼子将其整理出来，故其后学可以将其收入《公孙尼子》一书，所以就有了刘瓛的《缁衣》"公孙尼子所作"说。子思用其祖父之书，实质是通过公孙尼子一辈孔子弟子的笔记接受孔子之教，视为"家学"，后学将其纳入《子思子》一书，于是就有了沈约的《缁衣》"取《子思子》"说。因此，后世流传的《公孙尼子》一书和《子思子》一书，都有《缁衣》篇，一点也不奇怪。刘瓛和沈约，是各见其一端，各执一词，表面上互相矛盾，实质上并无冲突。研究思孟学派时，不能将其视为研究思孟学派的直接材料，而只能作为间接材料。与《缁衣》篇性质相同的《表记》《坊记》诸篇，也当作如是观。

五是《楚竹书〈内礼〉、〈曾子立孝〉首章的对比研究》，原刊《出土文献研究方法论文集初集》（台湾大学出版中心，2005年9月）。该文通过对楚竹书《内礼》、《曾子立孝》首章的对比研究，指出了《曾子立孝》篇断句、校勘上的一些问题，对《内礼》篇和《曾子立孝》篇的主旨进行了辨证，认为不管从《曾子立孝》篇本文的逻辑看，还是从竹书《内礼》篇的记载看，今本《曾子立孝》篇失载"为人君""为人父""为人兄"三句，是君主专制思想所致。一定是《曾子立孝》篇改写了竹书《内礼》篇，而不是竹书《内礼》篇改写了《曾子立孝》篇。

第六编：有关《孟子》方面的（四篇）

一是《〈孟子·公孙丑上〉"善为说辞"段考实》，原刊《孔子研究》2019年第1期。该文认为《孟子·公孙丑上》篇"善为说辞"段之"善言德行"当读为"善焉德行"，不是说冉牛、闵子、颜渊三子"善于阐述道德"，而是说冉牛、闵子、颜渊三子在"德行"操守上非常突出。"善为说辞"亦应为"善焉说辞"。"辞命"不是指"言语""辞令"，当读为"司命"，指主管政务，也就是执政。"不能"当读作"不耐""无奈"，是"无可奈"，没有人能奈何、无人能及的意思。此段文字，在定义孔子及其杰出弟子的地位和成就上有不可埋没的意义。

二是《〈孟子〉三考》，原刊《孔子研究》2017年第4期。该文认为《孟子·告子下》篇"人恒过，然后能改"之"恒"当读为"极"，是说人困于过，为过所困，才能改正错误。《离娄上》篇的"思诚者，人之道也"之"思"当读为"使"，是"做到"的意思，而不应该训为思想或追求。《礼记·中庸》篇的"诚之者"不误而《孟子·离娄上》的"思诚者"是"使诚者"之误。《尽心下》篇"仁也者，人也。合而言之，道也"当作"仁也者，人也；义也者，路也：合而言之，道也"，"人也"下脱去"义也者，路也"5字。

三是《〈孟子〉与出土文献两则》，原刊《湖南大学学报（社会科学版）》2018年第5期。该文认为《孟子·离娄下》"由仁义行，非行仁义也"之"行"通"道"，当训为"言""说"。此句意为"要依仁义行事，不能只说说而已"。孟子反对的不是"勉强施行仁义"，而是只说不做的"假仁假义"。清华简《厚父》第五简"古天降下民……惟曰其助上帝乱下民"与《梁惠王下》引《书》相似，此之"乱（治）下民"即彼之"宠之"，"宠"读为"用"，训为"治"。故赵岐以"宠之"断句，"四方"归下读正确；孙奭、朱熹"宠之四方"断句不能成立。

四是《郭店简〈鲁穆公〉篇"极称"说及其思想史意义》，原刊《中华文史论丛》总122期（上海古籍出版社，2016年6月）；后又加以增补，译为英文，收入陈慧（Shirley Chan）主编的 *Dao Companion to the Excavated Guodian Bamboo Manuscripts*（New York: Springer, 2019）一书。该文认为郭店楚简《鲁穆公问子思》篇屡见之"恒""亙"当读为"巫（极）"，"极（巫）称"即"极言"。《吕氏春秋·先识》篇高诱注："极，尽。"可见"极言"就是"尽言"，就是规劝净谏，毫无保留。子思"极称其君之恶"的内容很可能就是"从道不从君"的思想。过去，讲反绝对君权、反君主专制思想，我们只关注孟子的贡献。现在有了郭店简《鲁穆公问子思》篇，就可以将这种思想上溯至子思。

第七编：有关《荀子》方面的（六篇）

一是《〈荀子·天论〉篇"大天而思之"章新诠》，原刊《邯郸学院学报》2012年第4期。该文认为荀子固然反对"大天而思之"，反对"从天而颂之"，反对"望时而待之"，反对"因物而多之"，反对"思物而物之"，反对"错人而思天"；但他并不主张"勘天"，并不主张"征服自然"，并不主张"人定胜天"。他所主张的是"物畜而材之""应时而使之""骋能而化之""理物而勿失之"。荀子所主张的是"有物之所以成"，无望于天而有专于人。其所谓"制天命"，就是要将"天生之物"按照人类的需要制造出来，生产出来。实质就是"人成天生"。这是荀子天人关系论的核心思想。

二是《由〈荀子〉书"伪""綦"两字的特殊用法论〈荀子·性恶〉篇的真伪》，原载梁秉赋、李晨阳主编：《比较视野下的先秦儒学国际学术研讨会论文集》（新加坡南洋理工大学孔子学院，2016年5月）；后刊《邯郸学院学报》2017年第1期。该文认为《荀子·性恶》篇之"伪"字皆具理性人为义，《荀子·性恶》篇"綦"字又为"极"之假借，这两种现象是其他先秦秦汉文献所没有的，而仅见于《荀子》一书，当为荀子作品的区别性特征。由《荀子》书"伪""綦"两字的这种特殊用法看，否定《性恶》篇为荀子之作是没有理由的，《性恶》篇当为荀子的代表作。

三是《荀子非子思孟轲案再鞫》，原刊《湖南大学学报（社会科学版）》2022年第2期。该文认为由《荀子》书"案（安、按）"的虚词用法看，《非十二子》篇论子思、孟轲一段为先秦文法无疑，属于荀子特有的语言风格；从《荀子·非十二子》篇与《韩诗外传》相应段落文义内容的比较来看，《荀子·非十二子》篇是原创，而《韩诗外传》则是杂凑抄录。将《荀子·非十二子》篇对子思、孟轲的批评说成荀子后学所为，否定其为荀子之作，经不起先秦秦汉文献的检验，只能说是无稽之谈。

四是《"人心之危，道心之微"本义考——兼论〈大禹谟〉"虞廷十六字"的真伪》，原刊《社会科学》2019年第1期。该文认为《荀子·解蔽》篇所引《道经》"人心之危，道心之微"的本义，是说一般人的思想要自我端正，要严格要求；而掌握了道的"至人"的思想则"无为"，不需要道德的约束、纪律的束缚。其主旨是强调君主"无为而治"，反对其陷于事务主义。此与《论语·卫灵公》篇所载孔子"无为"说、《周易·系辞传》"垂衣裳而天下治"说等精神完全一致，《荀子》书中也很常见，属于典型的儒家的"无为而治"论。因此，《荀子·解蔽》篇所引《道经》绝不可能是"道家之言"、道家的经典。

五是《〈荀子·解蔽〉篇"空石之中"章释读及其意义》，原刊《中国史研究》2020年第4期。论文在杨倞、郭嵩焘、郝懿行、马叙伦工作的基础上，厘清了《荀子·解蔽》篇"空石之中"章的逻辑思路，调整了其语序，排除了其衍文。认为"空石"可读为"孔户"，犹如"孔门"。"危"，端正，指有严格的道德要求、纪律约束；而"微"则是与"自危""自强""自忍"相对的"无为"，是对道德要求、纪律约束的超越。"思仁若是""仁者之思也恭""圣人之思也乐"三句的"思"当读为"事"，"恭"当读为"拱"。"未及思也"句的"思"为"恭（拱）"字之讹。由此提出，懂得《荀子》此章是对孔伋、有子、孟子的批评，《荀子·非十二子》篇批思、孟的问题就难以否认。而子思为曾子嫡传的旧说，恐怕也得重新考虑。

六是《〈荀子·解蔽〉篇"周而成"章新释》，原刊《东岳论丛》2018年第7期。该文认为《荀子·解蔽》篇最后一段的"周而成，泄而败"当训为"周之成，泄之败"，指的是赞成堵塞言路，反对开通言路；"宣而成，隐而败"当释为"宣之成，堰之败"，指的是赞成开通言路，反对堵塞言路。逸《诗》"狐狸而苍"之"苍"当读为"跄"，是起舞的样子。说《荀子·解蔽》篇最后一段为《君道》篇或《正论》篇的错简都不可信。

在《荀子》研究方面，我有专著《荀子新探》（台北：文津出版社，1994年；中国人民大学出版社，2014年），是在我1992年通过的博士学位论文基础上修订而成的。近年又为"中华传统文化百部经典"作了"解读"本的《荀子（节选）》（国家图书馆出版社，2019年）。还编有《荀子二十讲》（华夏出版社，2009年）。专题论文前后撰有近三十篇。以上六篇是近年来的新作，也可算是我荀子研究的代表作。

以上七个方面，是我二十多年来教授中国思想史研究课的主要内容。以上的三十二篇论文，我都在课堂里与研究生们详尽做过讨论。既可以说是我上中国思想史研究课的教材，也可以说是我中国思想史研究课教学的产物。

我的研究方法我在课堂上经常讲。归纳起来就是两点：一是通过思辨发现问题。凡是不合逻辑的，在事理上有矛盾的论述，不管出自何方神圣，都不能盲从，都要问个为什么，以此作为考究的对象。由此常常发现重大的问题，可供研究的题目不断涌现。二是以实证解决问题。我在中国思想史的实证上，多用文献考辨，常从小学突破，这就是张之洞所谓"以小学入经学"之法。虽然被人视为老生常谈，我却屡试不爽，上述三十二篇论文都可以说是运用此法得出的成果。

在通过思辨发现问题上，我主要得之于我的博士生导师金景芳教授。在文献、小学的研究上，受我的硕士生导师周大璞、宗福邦教授影响至深。人到老年，容易怀旧，想念老师的时候就多了。回顾自己走过的路，唯愿自己的学生比自己走得更好。《庄子·养生主》称："指穷于为薪，火传也，不知其尽也。"我们的研究，应该也会薪火相传的。

本文集的文字整理、编辑联系，博士研究生李佳喜、王晨、张帆、谭梅等出力不少。其中李佳喜博士专司负责，在我和出版社、系里之间穿针引线，往来奔波，费力尤多。特此致谢！孔子云："有事，弟子服其劳。"（《论语·为政》）古风犹存，不亦乐乎！

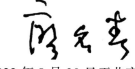

2022 年 8 月 30 日于北京

目 录

第一编 孔子与《论语》 1

"仁"字探原 2

"六经"次序探源 18

《论语》"民可使由之"章的再研究——以郭店楚简《尊德义》
　为参照 37

《论语》"父子互隐"章新证 47

《论语·乡党》篇"色斯举矣"章新证——兼释《学而》
　《为政》及帛书《五行》篇的"易色""色难""色然" 67

《论语·宪问》篇"欲寡其过而未能也"说辨证——兼论
　"君子道者三"章"我无能焉"的释读 92

第二编 《周易》 105

《周易》真精神的探求 106

二二相耦，相反为义——《周易》卦义新论 115

《周易·乾》卦新释 129

从帛书《二三子》论《周易·蹇》卦六二爻辞的本义 147

第三编 《尚书》 163

《尚书》名义与清华简《书》类文献 164

从郭店简和马王堆帛书论"晚书"的真伪 178

清华简《尹诰》篇研究 190

《尚书》"孺子"考及其他 200

第四编 《老子》 219

《老子》篇序的新解释 220

《老子》首章新释 237

《老子》"尚仁"说辨证 251

第五编 《礼记》 263

  《大学》篇四考 264

  《大学》篇"汤之盘铭"新释 277

  "慎独"本义新证 291

  《缁衣》作者问题新论 307

  楚竹书《内礼》、《曾子立孝》首章的对比研究 323

第六编 《孟子》 339

  《孟子·公孙丑上》"善为说辞"段考实 340

  《孟子》三考 350

  《孟子》与出土文献两则 362

  郭店简《鲁穆公》篇"极称"说及其思想史意义 371

第七编 《荀子》 383

  《荀子·天论》篇"大天而思之"章新诠 384

  由《荀子》书"伪""𧜰"两字的特殊用法论《荀子·性恶》篇的

    真伪 400

  荀子非子思孟轲案再鞫 412

  "人心之危,道心之微"本义考——兼论《大禹谟》"虞廷

    十六字"的真伪 423

  《荀子·解蔽》篇"空石之中"章释读及其意义 438

  《荀子·解蔽》篇"周而成"章新释 449

第一编

孔子与《论语》

"仁"字探原

中国传统思想的主流是以孔、孟之道为代表的儒家思想,而孔、孟之道的核心是仁学,"仁"在中国思想史的研究中有着极其重要的地位。但是,"仁"字的本字为何?后来又有了些什么发展变化?这对探讨"仁"字的本义,从而加深对孔、孟思想本质的认识,是十分重要的。本文拟以新出的简帛材料为突破口,对文献的记载和时贤的新说做一系统的清理,从而提出自己对"仁"字本字和本义的一些不成熟的看法,以期对中国思想史的基础研究起一促进作用。不当之处,尚祈方家教之。

一、前贤时人诸说

尽管先秦和秦汉诸子对"仁"有过诸多的论述,但从文字学的角度加以系统探讨的首属东汉的许慎,其《说文解字·人部》说:"仁,亲也,从人从二。忎,古文仁,从千心。𡰥,古文仁,或从尸。"[①] 既解说了"仁"字的意义("亲也"),分析了"仁"的字形构造("从人从二");又告诉我们"仁"还有两个古文,一作"忎",一作"𡰥";并对其结构进行了分析("从千心"),交代了其或体("或从尸")。

《说文》的解说,也有不同的记载。慧琳《音义》二十七卷二十三页"仁"注引《说文》作:"从二,人声。言行无二曰仁。"[②] 徐锴《说文系传·通释》则作:"仁,亲也,从人,二声。忎,古文仁,从千心作。𡰥,古文

---

① 许慎著,徐铉增释:《说文解字》卷八上,文渊阁《四库全书》本。
② 释慧琳,释希麟:《正续一切经音义附索引两种》(一),上海:上海古籍出版社,1986年。

仁，从尸二。"①《古今韵会举要》十一"真"引《说文》也作："从人，二声。"②这里，大徐本的"从人从二"一作"从二，人声"，一作"从人，二声"。"𡰥，古文仁，或从尸"也变成了"𡰥，古文仁，从尸二"。

后人的理解，更是各有千秋。徐铉曰："仁者兼爱，故从二。"③徐锴说："仁者，人也，人之行也；仁者，亲也；仁者，兼爱：故于文人二为仁。"④段玉裁更说："'从人二'，会意。《中庸》曰：'仁者，人也。'注：'人也，读如相人偶之人。以人意相存问之言。'《大射仪》：'揖以耦。'注：'言以者，耦之事成于此意相人耦也。'《聘礼》：'每曲揖。'注：'以相人耦为敬也。'《公食大夫礼》：'宾入三揖。'注：'相人耦。'《诗·匪风》笺云：'人偶能烹鱼者，人偶能辅周道治民者。'正义曰：'人偶者，谓以人意尊偶之也。'《论语》注：'人偶同位，人偶之辞。'《礼》注云：'人偶相与为礼仪皆同也。'按：'人耦'犹言尔我亲密之词，独则无耦，耦则相亲，故其字从人二。《孟子》曰：'仁也者，人也。'谓能行仁恩者人也。又曰：'仁，人心也。'谓仁乃是人之所以为心也。与《中庸》语意皆不同。"⑤阮元曰："诠解'仁'字，不必烦称远引，但举《曾子·制言》篇'人之相与也，譬如舟车然，相济达也'，'人非人不济，马非马不走'，'水非水不流'，及《中庸》篇'仁者，人也'，郑康成注'读如相人偶之人'数语足以明之矣。春秋时，孔门所谓仁也者，以此一人与彼一人相人偶而尽其敬礼忠恕等事之谓也。相人偶者，谓人之偶之也。凡仁，必于身所行者验之而始见，亦必有二人而仁乃见。"⑥又说："《孟子》：'仁也者，人也。'谓仁之意即人之也。元案：《论语》：'问管仲，曰：人也。'《诗·匪风》疏引郑氏注曰：'人偶，同位之辞。'此乃直

---

① 徐锴：《说文系传》卷十五《通释》，文渊阁《四库全书》本，第1页。"作"原作"反"，两"古文仁"原皆作"古文从"。
② 熊忠：《古今韵会举要》卷四，文渊阁《四库全书》本，第38页。案：从下文引《通论》可知，其说当本于徐锴《说文系传》。
③ 许慎著，徐铉增释：《说文解字》卷八上，文渊阁《四库全书》本。
④ 徐锴：《说文系传》卷三十三《通论上》，第5页。
⑤ 段玉裁：《说文解字段注》，成都：成都古籍书店，1981年，第387页。
⑥ 阮元：《〈论语〉论仁论》，《揅经室集》，北京：中华书局，1993年，第176页。案：标点笔者有所改动。

以人也为仁也，意更显矣。又案：'仁'字不见于虞夏商《书》及《诗》三《颂》、《易》卦爻辞之内，似周初有此言而尚无此字。其见于《毛诗》者，则始自《诗·国风》'洵美且仁'。再溯而上，则《小雅·四月》'先祖匪人，胡宁忍予'。此'匪人''人'字实是'仁'字，即人偶之意，与《论语》'人也。夺伯氏邑'相同。盖周初但写'人'字，周官礼后始造'仁'字也。"①

从会意的角度解说"仁"字的还可上溯到纬书《春秋元命苞》，《太平御览》卷三百六十引其说曰："仁者情志好生爱人，故其为人以人，其立字二人为仁。"②宋人戴侗《六书故》："先人曰：吾闻诸尤叔晦：古文有因而重之以见义者：因子而二之为孙，<孫>是也；因大而二之为夫，<夫>是也；因人而二之为仁，<仁>是也。孔子曰：'仁者，人也。'人其人之谓仁。"③清人徐灏《说文解字注笺》："《中庸》曰：'仁者，人也。'《孟子》曰：'仁也者，人也。'《荀子·君子》篇曰：'仁者，仁此者也。'谓仁即为人之道也。人能尽为人之道，斯谓之仁，故因而重之以见义。二有偶义，故引申之有相亲之义。郑康成氏所谓相人耦，是也。扩而充之则曰博爱之谓仁。千心为仁，即取博爱之意。"④金致中《释仁》也说："二者，重文之记号也。古刻有此重文记号者，如石鼓云'君子员=躐=员游'，员即云也，当读为'君子云猎，云猎云游'是也。而施之于造字则仁<尼>杢诸字是也……章炳麟亦谓金文人字有作人人者重人为仌，以小画=代重文则为仁（《检论五·正名刍议》）。皆可证仌仁同字而仁从二者，即重文之记号以代其重一人字者。或说仌者取人之义平等之谓也，或说人而又人，形而上之名词也，然此亦与言'从人二'会意无异也。"⑤

清人孔广居《说文疑疑》则说："仁，亲也。人莫亲于父母，故以二人为意。《记》曰：'仁者人也。亲亲为大。'同邑陶氏廷梅曰：二象天地。盖

---

① 阮元：《〈论语〉论仁论》，《揅经室集》，第 179 页。
② 安居香山、中村璋八辑：《纬书集成》下，上海：上海古籍出版社，1994 年，第 1330 页。
③ 戴侗：《六书故》卷八，文渊阁《四库全书》本，第 15 页。
④ 丁福保：《说文解字诂林》，北京：中华书局，1988 年，第 7918 页。
⑤ 丁福保：《说文解字诂林》，第 7922 页。

仁者，天地生物之心，而人得以生者。"①

从声音的角度来训释"仁"字之义的也不乏其人。刘熙《释名·释言语》："仁，忍也，好生恶杀，善含忍也。"这是以人为声。清人姚文田、严可均《说文校议》："𠔻，辵部迟或作遟，盖取𠔻声。《汉书》以𠔻为古夷字，皆仁从二声之证。"②宋保《谐声补逸》更说："仁，《韵会举要》引《说文》云：从人，二声。古文作𠔻，亦二声。仁在真部，二在脂部，古音真与脂近。"③

也有会意兼形声说。徐锴《说文系传·通论上》说："仁者，兼爱；故于文人二为仁。二亦声也。"④这是认为"二"既是会意，也是表声。朱骏声《说文通训定声》则说："从人从二，会意。按人亦声。二者，《仪礼》郑注所谓'相人耦'之意。"⑤严章福《说文校议议》说："《中庸》：'仁者，人也；义者，宜也。'义当为谊，皆以偏旁同声见义，疑此'从二'下脱'人亦声'。"⑥这是认为，"从人从二"是会意，但"人"字也是表声。

更有意思的是对"仁"字古文的训解。徐锴《说文系传·通论上》说："古文尸二为仁。𠔻，屈者，覆也，兼覆二也。忎，古文千心为仁。唯仁者能服众心也。"⑦段玉裁说：忎，"从心，千，声也"；"𠔻，古文仁，或从尸"，"古文夷亦如此"。⑧席世昌《席氏读说文记》则说："《汉书》司马𠔻，师古曰：古夷字。师古误也。"⑨王筠《说文系传校录》："千盖即人字，取其茂密，遂成千耳。"又说："此非尸字，当作𡰣，乃卧人耳。即尸亦当作𡰣，死者必卧也。死当为尸之重文。"⑩其《说文解字句读》订正小徐本《说文》"忎，古文仁，从千心作"说："当云从人心。钟鼎文秊字从人者多，从千者少，

---

① 丁福保：《说文解字诂林》，第7919页。
②⑥⑨⑩ 丁福保：《说文解字诂林》，第7917页。
③ 丁福保：《说文解字诂林》，第7920页。
④⑦ 徐锴：《说文系传》卷三十三《通论上》，第5页。
⑤ 朱骏声：《说文通训定声》，武汉：武汉市古籍书店影印本，1983年，第825页。
⑧ 段玉裁：《说文解字段注》，第387页。

是其例。"① 田吴炤《说文二徐笺异》也说:"古文仁从尸,篆作𡰥。尸非尸字,乃人字也。今作𠈍,即𡰥之变体耳。"② 吴锦章《读篆臆存杂说》:"忎,此非原本篆文也。法当作恁,从心壬声。壬,善也,与仁爱意近。壬,篆上似千字。写者偶遗下一画,遂成忎矣。仁从心千,于六书无一可通。古圣制文字,必不如是。本书食部饪下,有古文恁,正作从恁加人,此可证古文仁从壬取声,不从千字也。"③

近人开始系统地运用出土材料研究"仁"字古文。丁佛言《说文古籀补补》说:"㥯,古玺仁、人。《说文》仁古文作忎。愚案古仁、忍似为一字。盖不忍即仁。《释名》:'仁,忍也。'此从刃从心,身即刃之反文。许氏谓'从千心',与𡰥下曰'或从尸',均误于形似,说致费解。𠈍,古玺忠仁思士。此与下三字皆秦初周末文字。𢒾,古玺必可交仁。从人从二,与𡰥极相类,许氏误为从尸。𠈌,古玺交仁。𠈎,仁字反文,古玺忠仁思士。"④ 林义光《文源》说:"二者,厚之象,竺字从之。人二,犹言人竺(二亦竺省)。鲁伯俞父盘、臣鬲、䰳冶妊鬲皆有𠄟字,疑仁字古如是作。"⑤

郭沫若1932年曾揭示:"古玺㥯字乃仁字之异。仁古或作忎,从心千声。㥯则从心身声,字例相同,可以互证。"⑥

今人刘翔在前人诸说的基础上,更有新的发明。他认为:

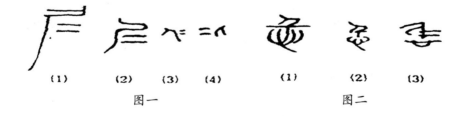

图一　　　　　　　图二

---

① 王筠:《说文解字句读》,北京:中华书局,1988年,第292页。
② 丁福保:《说文解字诂林》,第7917页。
③ 丁福保:《说文解字诂林》,第17180页。
④ 丁福保:《说文解字诂林》,第7922、7923页。
⑤ 丁福保:《说文解字诂林》,第7923页。
⑥ 郭沫若:《金文余释之余》,东京:文求堂书店,1932年,第12页;又见《金文丛考》第二册,北京:人民出版社,1954年,第216页。

图一例（1）见于战国金文《中山王壶》。……此字右下有两横笔画做"＝"，既非重文或合文符，也不是羡文，而是整体构形的一部分。此构形与夷字初文做"尸"有别。若释为仁字，则有例（2）之形为证，可得确认。例（3）（4）两例皆属战国玺印文，印文或称"忠仁"或称"思士忠仁"。除了如图一所示仁字构形之外，《说文解字》还收录"从千心"的仁字古文，以构形如图二例（1）所示。相同的构形如图二例（2）之形见于《汗简》。例（3）见于战国玺印文，构形与前两例相近而实有区别，前两例皆从心从千，此例则从心从身。战国玺印文屡见有称"忠悫"的，与称做"忠仁"者，文例相同。是知从心从身的"悫"，从心从千的"忎"，及"𡰥"诸形，实皆仁字。……从心从千的构形，当是从心从身之构形的讹变。致讹原因，乃因身、千形近，且古音同在真部。至于"𡰥"之构形，则当由悫字省变而来。图二所示悫字从身与图一所示仁字构形极近似。"𡰥"之省心，犹如德字省心做"徝"，惠字省心做"叀"，忠字省心做"中"，其例相同。综合上述，仁字较早的构形为"悫"，讹变为"忎"，省变为"仁"。仁字造文从心从身，身亦声，会意兼形声。此构形之语义，当是心中想着人之身体（身、人义类相属，古音同在真部）。①

何琳仪说："𠈗，从人，＝……为分化符号。人亦声。人、𠈗一字分化，𠈗、𡰥亦一字分化。"②

近来庞朴先生也说，"仁"字的关键部件在"人"，人就是尸，就是尸族族风，就是仁。至于其所从之"二"，很大可能只是一种装饰性的符号，即古文字学上所谓的羡划。这一点，从甲文和早期金文的"尸"字只是简单的人形，而没有"二"划可见。后来出现了"二"划，想系为了装饰和补白（例证甚多。郭店楚简中的中、为、谓等字形多如此），并无"二人"或"相人偶"的大义。如果当年造字者真想在字形上注以相人

---

① 刘翔：《中国传统价值观诠释学》，上海：上海三联书店，1996年，第158-159页。
② 何琳仪：《战国古文字典——战国文字声系》，北京：中华书局，1998年，第1135页。

偶之大义的话，他也多半不会用一个抽象的数字二来充数，而会像创造"从""比""北""化"诸字那样，用两个具体的"人"形来表示，譬如说，使两个人形相向，便足以表示互相人之、偶之（与"北"字之二人相背的乖意相反）的意思了。①

前贤时人以上的讨论，特别是郭沫若、刘翔的意见，对于探讨"仁"字字形、字义的演变是非常重要的，但是，也有一些不当之处。下面，试为讨论。

二、"𡰥""𡰥""㣻"与"仁"

许慎《说文解字》说："忎，古文仁，从千心。"王筠、吴锦章、丁佛言以为有误。特别是丁佛言，已经认出了古玺里的"㣻"字就是"仁"字②，这是了不起的贡献。但是，他将古玺"㣻"字的上部"身"释为"忍"，以"'仁''忍'似为一字"，又步入了歧途。郭沫若将"㣻"视为"仁"字异文，并以"忎""㣻"字例相同为证，可谓慧眼。刘翔的"从心从千的构形，当是从心从身之构形的讹变。致讹原因，乃因身、千形近，且古音同在真部"说③，是在郭沫若说基础上的发展。郭店楚简有六十七个"㣻"字，足证郭说、刘说之确。王筠《说文解字句读》以为"忎""当云从人心"，"钟鼎文秊字从人者多，从千者少"。④白奚说："'忎'字上半部的'千'字本来就是人的身体的象形，与古文'身'的字形很相近，当是'身'的省变。对此我们可以举古文'年'字的构形作为例证。'年'字古文作'秊'，象形兼会意，是由上面一个'禾'字和下面一个'千'字构成，此'千'字

---

① 庞朴：《"仁"字臆断——从出土文献看仁字古文和仁爱思想》，http://www.bamboosilk.org, 2000年12月。案：王献唐有"仁字是人的重文；什么是仁？仁和夷是一个字。所谓仁道即是人道，人道又即是夷道"说（《山东古国考·山东古代的姜姓统治集团》，济南：齐鲁书社，1983年，第219页）；刘文英也据《说文》"夷俗仁"说而以"仁"为夷人的礼俗（《"仁"之观念的历史探源》，《天府新论》1990年6期）；于首奎《中国"仁"爱思想发源地域考刍议》也有类似的意见（《国际儒学研究》5，北京：中国社会科学出版社，1998年）。这与庞说实质相同。
② 丁福保：《说文解字诂林》，第7922页。
③ 刘翔：《中国传统价值观诠释学》，第159页。
④ 王筠：《说文解字句读》，第292页。

即是人身体的象形之简写形式。古人称禾谷一熟为年，五谷皆熟为'有年'，五谷大熟为'大有年'。收获时节，身负收割的禾谷，即是'年'，意为有收成。……'仁'字……写作'悬'，又简化作'忎'。"①颇有说服力，不过，更精确地说，所谓"千"，实质是"身"的简化，因形近而被误为"千"。

许慎的"仁，亲也，从人从二"说，前贤基本没有怀疑过。宋人戴侗引尤叔晦语，虽然还是以"二"为说，但"因而重之以见义"说，已近于将其视为重文符号。②近人金致中更明确指出"二者，重文之记号也"。③但凿破混沌的还是刘翔，他说"'='，既非重文或合文符，也不是羡文，而是整体构形的一部分"④，这是非常正确的。庞朴先生说，"'二'，很大可能只是一种装饰性的符号，古文字学上所谓的羡划。这一点，从甲文和早期金文的'尸'字只是简单的人形，而没有'二'划可见。后来出现了'二'划，想系为了装饰和补白"。⑤何琳仪则以"＝"为分化符号⑥，应该说是对刘说缺乏理解。

许慎的"𡰥，古文仁，或从尸"⑦虽有"𡰥，古文仁，从尸二"⑧的异文，但皆是将"尸"释为"尸"。段玉裁据此，以为"古文夷亦如此"。⑨但席世昌、王筠、田吴照并不同意。席世昌说："《汉书》司马尸，师古曰：古夷字。师古误也。"⑩这是说《汉书》的"尸"是"仁"而非"夷"字。王筠说："此非尸字，当作𡰥，乃卧人耳。"⑪田吴照说："古文仁从尸，篆作𡰥。尸非

---

① 白奚：《"仁"字古文考辨》，《中国哲学史》第 3 期，2000 年，第 97-98 页。案：白文说其"写作，得到了中国社会科学院历史研究所彭邦炯研究员和清华大学思想文化研究所彭林教授的帮助"。
② 戴侗：《六书故》卷八，第 15 页。
③ 丁福保：《说文解字诂林》，第 7922 页。
④ 刘翔：《中国传统价值观诠释学》，第 158 页。
⑤ 庞朴：《"仁"字臆断——从出土文献看仁字古文和仁爱思想》。
⑥ 何琳仪：《战国古文字典——战国文字声系》，第 1135 页。
⑦ 许慎著，徐铉增释：《说文解字》卷八上。
⑧ 徐锴：《说文系传》卷十五《通释》，第 1 页。
⑨ 段玉裁：《说文解字段注》，第 387 页。
⑩ 席世昌：《席氏读说文记》，见丁福保《说文解字诂林》，第 7917 页。
⑪ 王筠：《说文系传校录》，见丁福保《说文解字诂林》，第 7917 页。

尸字，乃人字也。今作㠯，即㠯之变体耳。"① 这一意见，特别是田吴照的意见，应该说是正确的。《中山王䁥鼎铭》有"亡不达㠯"，"㠯"字朱德熙、裘锡圭隶定为"㠯"，读为"夷"②；李学勤、李零隶定为"㠯"，以为是"《说文》仁字古文"③；张政烺释为"尸"，读为"夷"④；孙稚雏则直接隶定为"仁"字，认为"是孔丘提出的一个道德范畴，在铜器铭文中是第一次出现"⑤；赵诚⑥、商承祚⑦、容庚⑧、于豪亮⑨、汤余惠⑩也皆直接隶定为"仁"。刘翔⑪、白奚⑫也以释"仁"者为是。"㠯"即"仁"，也就是说，《中山王䁥鼎铭》的"㠯"与《说文》古文的"㠯"当同字。再细一点分，《中山王䁥鼎铭》"㠯"字的"="，与《说文》古文"㠯"字的"="，是作用相同的构件，相当于"仁"字的"二"；而《中山王䁥鼎铭》"㠯"字的"尸"，与《说文》古文"㠯"字的"尸"，其实是同一个偏旁，它们与丁佛言所谓古玺"㠯""㠯""㠯"字左旁，"㠯"字的右旁，应该相同，都是"仁"字"人"旁的不同写法。

明白了这一点，就会发现刘说也有一些问题。刘翔以为"'㠯'之省心，犹如德字省心做'徝'，惠字省心做'叀'，忠字省心做'中'，其例相同"⑬，这是错误的。《中山王䁥鼎铭》"㠯"字的"="，与《说文》古文"㠯"字的"="，并不是"尸"的构件，就好像"="不是古玺"㠯""㠯"

---

① 田吴照：《说文二徐笺异》，见丁福保《说文解字诂林》，第7917页。
② 朱德熙、裘锡圭：《平山中山王墓铜器铭文的初步研究》，《文物》1979年1期，第49页。
③ 李学勤、李零：《平山三器与中山国史的若干问题》，《考古学报》1979年1期，引自李学勤：《新出青铜器研究》，上海：上海古籍出版社，1990年，第185页。
④ 张政烺：《中山王䁥壶及鼎铭考释》，《古文字研究》第1辑，北京：中华书局，1979年，第225页。
⑤ 孙稚雏：《中山王䁥鼎壶的年代史实及其意义》，《古文字研究》第1辑，第277页。
⑥ 赵诚：《中山壶中山鼎铭文试释》，《古文字研究》第1辑，第254页。
⑦ 商承祚：《中山王䁥鼎壶铭文刍议》，《古文字研究》第7辑，北京：中华书局，1982年，第51页。
⑧ 容庚：《金文编》卷八，北京：中华书局，1985年，第559页。
⑨ 于豪亮：《中山三器铭文考释》，《于豪亮学术文存》，北京：中华书局，1985年。
⑩ 汤余惠：《战国铭文选》，长春：吉林大学出版社，1993年，第39页。
⑪⑬ 刘翔：《中国传统价值观诠释学》，第159页。
⑫ 白奚："仁"字古文考辨》，《中国哲学史》2000年3期，第97页。

"⺅"字左旁、"⺈"字右旁的构件,"二"不是"仁"字"人"旁的构件一样。"⺁""⺁"的"="是什么呢?"="应该是"⺁""⺁"字构件的省文符号。"⺁""⺁"是"仁"字的"人"旁,相当于郭店楚简"息"字上部的"身",而"="则是"心"的简省符号。① "="作字的构件的简省符号在郭店楚简中习见,如:"强"字郭店楚简多写作"弜",以"="代简省了的构件"虫"②;"迟"字写作"辶",以"="代简省了的构件"羍";"諰"省作"訨"④,以"="代简省了的构件"心"。马王堆帛书易传也是如此,"者"多写作"耂",以"="代简省了的构件"日";"著"写作"茏",以"="代简省了的构件"日";"诸"写作"諸",以"="代简省了的构件"日"。⑤《中山王䜣鼎铭》和包山二号墓 180 号简的"⺁"字与《说文》古文"⺁"字也是如此,它们的"⺁"和"⺁"就是古玺"⺅""⺅""⺅"字的左旁、"⺈"字的右旁;它们的"="符,就是代简省了的"心"。许慎《说文》将简省符号"="误释成"二",说"仁"字"从人二",实乃大误。

三、"仁"之本字为"息"

近来关于"仁"字的新说,值得注意的有两种。一是以"息"为"仁"之本字。此说以刘翔为代表⑥,见到郭店楚简后,我也曾发表过与其不谋而合的意见。⑦ 二是白奚认为,"'仁'字在先秦时期并不是只有一条单一的

---

① 何琳仪《战国文字通论》(北京:中华书局,1989 年)第六节《特殊符号》对省形符号"="有说,可以参考。
② 荆门市博物馆:《郭店楚墓竹简》,北京:文物出版社,1998 年,《老子》甲本第 6、7 简,《成之闻之》第 13、15、23 简,《六德》第 32 简,《语丛四》第 25 简,《残》第 5 简,共 9 例。此外,还有"弜"字 7 见,其"="实质也是代简省了的构件"虫"。
③ 荆门市博物馆:《郭店楚墓竹简》,《老子》乙本第 10 简。
④ 荆门市博物馆:《郭店楚墓竹简》,《五行》第 16、17 简,《老子》甲本第 27 简。
⑤ 详见廖名春:《马王堆帛书周易经传释文》,《续修四库全书》经部易类第一册,上海:上海古籍出版社,1995 年,第 1-56 页。
⑥ 见刘翔:《中国传统价值观诠释学》,第 159、160 页。
⑦ 在 2000 年 1 月 29 日国际简帛研究中心第一次学术讨论会上,我曾有过这方面的发言;又见《郭店楚简引〈诗〉论〈诗〉考》,《经学今诠初编》(《中国哲学》第 22 辑),沈阳:辽宁教育出版社,2000 年 6 月,第 172 页。

演变线索，而是有着南北两条线索。南方的'仁'字以郭店楚简为代表，写作'䲤'，又简化作'忎'；北方的'仁'字则以中山王鼎铭文的'𡰥'为代表，并出现了《说文》古文'𡰥'的变形。……战国时代有南北两种构形的'仁'字在不同地域并行流传，它们之间并不存在交叉的演变关系。秦统一之后通行的小篆'仁'字，以及相同写法的大篆'仁'字，显然是北方的'𡰥'一系，一直沿用至今，而南方的'䲤'（'忎'）则于秦统一文字后被废弃"。①

首先，白奚的南北两条线索说是缺乏理据的。以"𡰥"专属北方不能成立。包山二号墓180号简有人名"舍𠂉女"②，李守奎将"𠂉"字隶定为"仁"③，应该是正确的。依白奚说，"𠂉"当属"北方的'𡰥'一系"，可它偏偏出在与郭店楚简距离不远的包山楚简里。④ 香港中文大学文物馆所藏楚简之⑤有"𠂉"字，陈松长释为"仁"⑤，从其《缁衣》残简、《周易》残简与上海博物馆所购楚简《缁衣》《周易》相合看，亦当同出于荆门郭家岗一带。古玺有"忠𠂉""中𠂉""𢖻""忠𠂉思士"⑥，又有"中䲤"⑦"氏䲤""䲤玺"⑧"䲤"⑨。将"忠𠂉""中𠂉""𢖻""忠𠂉思士"玺全属之于北方，把"中䲤""氏䲤""䲤玺""䲤"玺全属之于南方，恐怕也成问题。因此，"仁"字的演变线索应该是从"䲤"（"忎"）到"𡰥""𢖻""𠂉""𠆢"再到"仁"，而不是"有着南北两条线索"。

但"䲤"是不是"仁"的本字或初文呢？我以为未必。我颇疑"䲤"

---

① 白奚：《"仁"字古文考辨》，第98页。
② 湖北省荆沙铁路考古队：《包山楚简》，北京：文物出版社，1991年，图版81。
③ 李守奎：《楚文字编》1523号，吉林大学博士论文，1997年，第391页。
④ 2000年8月19日上午，上海博物馆马承源先生在北京达园宾馆"新出简帛国际学术研讨会"上介绍了上海博物馆新近从香港收购的楚简《诗论》和《乐书》。其《乐书》第5简前端有残损，剩下部分开头的几个字即为"𠂉亓远也"。其"𠂉"字也很像"仁"字。这批楚简也出自湖北荆门，据说是离郭店很近的郭家岗。这和包山楚简反映出来的事实是一样的。
⑤ 香港中文大学文物馆专刊之七：《香港中文大学文物馆藏简牍》，第14页。
⑥ 故宫博物院编，罗福颐主编：《古玺汇编》，北京：文物出版社，1981年，第411、308、442页。
⑦ 故宫博物院编，罗福颐主编：《古玺汇编》，第423页，有两例。
⑧ 故宫博物院编，罗福颐主编：《古玺汇编》，第312页。
⑨ 故宫博物院编，罗福颐主编：《古玺汇编》，第486页，有两例。

之本字当作"忎",从人从心。先秦诸子言"仁"必及人,可见其从人无疑。如《孟子·尽心下》:"仁也者,人也。"《国语·周语下》:"言仁必及人。"《礼记·表记》:"仁者人也。"《坊记》:"仁者人也,亲亲为大。"于人称"仁",于"物"则不称"仁"。如《孟子·尽心上》:"君子之于物也,爱之而弗仁;于民也,仁之而弗亲。亲亲而仁民,仁民而爱物。"《吕氏春秋·爱类》:"仁于他物,不仁于人,不得为仁;不仁于他物,独仁于人,犹若为仁。仁也者,仁乎其类者也。故仁人之于民也,可以便之,无不行也。"可见"仁"是指对人的爱,而非指对物的爱,其从人当属必然。从"身"与从"人"虽可通用,但意义有所不同。"身"是指己身,"人"是指他人。"仁"主要是指对他人的爱,而不是对己身的爱。由此可见,从人当为字之本,从身当为后来的通用。《孟子·告子上》:"仁,人心也。"这不但是义训,也是形训。这告诉我们:"仁"字是由"人""心"两字组成。《韩非子·解老》:"仁者,谓其中心欣然爱人也。"也不能说没有借字形讲字义的意思。因此,"㥵"恐怕不是"仁"的本字。"仁"的本字当作"忎",从人从心,后来"人"与"身"通用,就写作了"㥵";"身"形讹为"千",就写作了"忎";"身"与"年"通用,就写作了"㥸"。①"忎"亦可写作"忈",将上下结构变成左右结构,就如同"羣"写作"群"一样。而"忈"从人未变,而所从之"心"却简省为"=",则变成了从人从=。许慎《说文》将简省符号"="误释成"二",于是从人从=就变成了从人从二,"忈"就变成了"仁"。

说"㥵"("仁")之本字当作"忎(忈)",不但有传世文献的理据,在出土文献里也能得到支持。②罗福颐主编《古玺汇编》姓名私玺一三:

---

① 上博简《诗论》8 号简有"㥸"字,李学勤《释〈诗论〉简"兔"及从"兔"之字》(清华大学"简帛讲读班"第 12 次研讨会,2000 年 10 月 19 日)认为当读为"仁"。
② 属于西周晚期的井人妄钟,郭沫若在 1935 年的《两周金文辞大系考释》下(150 页)中曾说:"人字原作亼,下多两点,金文中每每有此事,非重文,亦非字画。余曩释为仁,或释为尼,均非。"案:"亼"字有可能为"忎"之省文,其下"="为简省符号,代表"心"。如此,"亼"即"忎",将上下结构变为左右结构,亦即"仁"字。当然,在钟铭中,是"人"之借字。"亼(忎)"可作为"人"之借字,说明"忎(实即仁)"字在西周晚期早已产生。

0651 王□信鉨、0652 王□信鉨、0653 王臧信鉨、0654 王□信鉨[1]；姓名私玺三三：1147 高□信鉨、1149 高幽信鉨[2]；姓名私玺一一四：3087 □途信鉨[3]；姓名私玺：2187 □赐信鉨[4]；姓名私玺六七：1955 郤□信鉨、1956 郤尊信鉨[5]；姓名私玺四〇：1326 武忈信鉨[6]；姓名私玺一三九：3697 □□信鉨、3698 岁□信鉨、3699 陈□信鉨、3700 □成信鉨[7]；姓名私玺一四〇：3714 练□信鉨、3715 □□信鉨、3716 □□信鉨、3717 □□信鉨[8]；姓名私玺一四〇：3718 □□信鉨、3719 □□信鉨、3721 □□信鉨、3722 □登信鉨、3723 □□信鉨、3724 □□信鉨、3726 □□信鉨、3727 □□信鉨、3728 金□信鉨[9]；官玺二四：0282 右选文□信鉨[10]；官玺二一：0249 几□信鉨、0246 乔□信鉨、0247 □□信鉨[11]；官玺二一：0240 □□信鉨、0241 □□信鉨、0242 □□信鉨、0244 □□信鉨[12]；官玺二〇：0237 娄安信鉨、0238 □□信鉨、0234 □臧匠勻信鉨[13]；复姓私玺一二：4033 敦于絧信。[14] 这里的 40 个"信"字，皆从人从ㄓ，罗福颐主编《古玺文编》以为《说文》古文信作"ㄣ"，与此形近"，遂释为"信"[15]，后人多从之。其实，《说文》古文信是从人从口的，郭店楚墓竹简"口"字 5 见，

---

[1] 故宫博物院编，罗福颐主编：《古玺汇编》，第 88 页。
[2] 故宫博物院编，罗福颐主编：《古玺汇编》，第 129 页。
[3] 故宫博物院编，罗福颐主编：《古玺汇编》，第 291 页。
[4] 故宫博物院编，罗福颐主编：《古玺汇编》，第 216 页。
[5] 故宫博物院编，罗福颐主编：《古玺汇编》，第 197 页。
[6] 故宫博物院编，罗福颐主编：《古玺汇编》，第 144 页。
[7] 故宫博物院编，罗福颐主编：《古玺汇编》，第 342 页。
[8] 故宫博物院编，罗福颐主编：《古玺汇编》，第 343 页。
[9] 故宫博物院编，罗福颐主编：《古玺汇编》，第 344 页。
[10] 故宫博物院编，罗福颐主编：《古玺汇编》，第 48 页。
[11] 故宫博物院编，罗福颐主编：《古玺汇编》，第 42 页。
[12] 故宫博物院编，罗福颐主编：《古玺汇编》，第 41 页。
[13] 故宫博物院编，罗福颐主编：《古玺汇编》，第 40 页。
[14] 故宫博物院编，罗福颐主编：《古玺汇编》，第 371 页。
[15] 故宫博物院编，罗福颐主编：《古玺文编》，第 51 页。

皆作"㕣"①，与《说文》古文信右旁同，与古玺所谓"信"字所从之"ㄇ"异。古玺所谓"信"字所从之"ㄇ"当为"心"。郭店楚墓竹简《缁衣》第 24 简、《五行》第 45 简、《成之闻之》第 33 简，特别是《性自命出》第 14、29、30、32、33、37、38、46、53 简的"心"字，皆作"ㄇ"，与古玺所谓"信"字所从之"ㄇ"比较，中间的一笔是左右都出头，虽然上下部笔画有收口和不收口之别，但这是由书写工具不同造成的。郭店楚墓竹简是用毛笔书写的，笔尖软，书写弧度大的笔画较为容易；而古玺之字是用刀刻的，弧度大的笔画刻起来较难，直线刻起来较为容易。而"ㄇ"和"ㄇ""ㄇ"最大的区别就是中间的一笔左右出不出头，不出头的就是"口"，出了头的就是"心"。明白了这一关键，上述古玺中的所谓"信"字，其实都是从人从心，应释为"伈"。何琳仪就将上述古玺 0249 凡□信鉨、0282 右选文□信鉨中的"信"字释作"伈"。②特别是《古玺汇编》姓名私玺一一六 3125 的所谓"忎"字③，何琳仪就释为"伈"。他说："伈，从心，从人，人亦声。信之异文。又仁之古文作忎，与伈形体吻合。唯偏旁位置由左右结构易为上下结构。"④罗福颐先生等区分上述古玺的"信"和"忎"的根据是什么呢？就是看其所从的"ㄇ"中间有没有一点或短横，有者释为"心"，无者释为"口"（"言"）。所谓"忎"字是"ㄇ"中有一点，所谓"信"是"ㄇ"中没有一点，这种区别其实是靠不住的。郭店楚墓竹简"心"字"ㄇ"中有一点的固然不少，但如上述直接作"ㄇ"的也比比皆是。由此可知，古玺"ㄇ"中有一点的可释为"心"，没有一点的也当释为"心"。从与上述古玺"信"的对比可知，从千从心的"忎"，实质是从人从心，当释为"念"。何琳仪将"ㄇ"中间的一笔左右向上翘起的释作"伈"，平直的释作"伯"。⑤其实，这也与书写工具以及刻工的认真程度有关。用刀刻弧度大的笔画难，刻直线易。因此，

---

① 见荆门博物馆：《郭店楚墓竹简》图版《五行》第 45 简，《忠信之道》第 5 简，《性自命出》第 7 简，《语丛一》第 51 简，《语丛四》第 4 简。
② 何琳仪：《战国古文字典——战国文字声系》，第 1136 页。
③ 故宫博物院编，罗福颐主编：《古玺汇编》，第 294 页。
④ 何琳仪：《战国古文字典——战国文字声系》，第 1137 页。
⑤ 何琳仪：《战国古文字典——战国文字声系》，第 1136、1137 页。

大部分"∀"被刻成了"廿";只有少数认真的刻工,保持了"∀"的原貌,"∀"中间的一笔左右向上翘起。所以,上述古玺所谓"信"字所从之"∀",不应释为"口",而应释为"心";何琳仪所谓"伈"字,其实也都是"忈"字。

上述古玺的"忈"("信""忑")是"仁"字,从玺文的内容也可得到支持。如《古玺汇编》0237 安信鉨的"安忈"即"安仁",""即"娄",当为姓[①],"安仁"当为人名。《论语·里仁》:"子曰:'不仁者不可以久处约,不可以长处乐。仁者安仁,知者利仁。'"《礼记·表记》:"子曰:'仁有三,与仁同功而异情。与仁同功,其仁未可知也。与仁同过,然后其仁可知也。仁者安仁,知者利仁。'"又:"子曰:'中心安仁者,天下一人而已矣。'"《晏子·内篇问上》:"安仁义而乐利世者,能服天下。"可见"安仁"是先秦成词,是当时普遍的道德规范,故以为人名。如果释为"安信",恐怕不合当时的语言习惯。因此,"安忈"当为"安仁","忈"就是"仁"的本字。

四、"仁"之本义为爱人

明白了"仁"之本字为"忈",探讨其本义也就水到渠成了。

《说文》以"仁"之本义为"亲",是根据其"从人从二"的错误分析得出的错误结论。"仁"字之"二"实为"=",是"心"的简省符号,许慎误读为"二",以"亲至"释"仁"[②],言"仁"而无"心",可谓失之毫厘,谬以千里。而"言行无二"说、"兼爱"说、"相人偶"说、"二人以上相互间之'同类意识'"[③]说等,也都是从许慎"从人从二"的错误中衍生出来的误说。

"尸族族风"说以为"'仁'字的关键部件在'人',人就是尸",忽视了构件"心"的存在,将"心"当作了"二",当作了"羑划",不由"心"

[①] ""字从吴振武释,吴振武又谓该古玺应改归"姓名私玺"类,说是。见氏著《〈古玺汇编〉释文订补及分类修订》,《古文字学论集》初编,香港中文大学中国文化研究所,1983 年,第 490、528 页。

[②] 《说文·见部》:"亲,至也。"

[③] 梁启超:《先秦政治思想史》,北京:东方出版社,1996 年,第 82 页。

而论"仁",同样是从错误的字形分析中得出的错误结论。

徐锴的"服众心"说、徐灏的"博爱"说,是根据"忎"立说的,以"千心为仁"。而"忎"实即"㥞"之形讹,由此可知,"服众心"和"博爱"说也是不可信据的。

刘翔的"心中想着人的身体"说建立在以"㥞"为初文的基础上,也有一定的问题。"身""人"虽可通用,但也有一些重要的区别。"人"的基本义是指一般性的人,而"身"的基本义是指人或动物的躯体。"人""身"对举时,"人"是指他人,而"身"则是指自身。所以《尔雅·释诂下》说:"身,我也。"又说:"朕、余、躬,身也。"《释言二》又说:"身,亲也。"不能说"㥞"("仁")之本义是心中只想着自身,心中只想着自己,就只好说"心中想着人的身体"。但"仁"之为"仁",心中只想着人的身体,而不想人的其他方面,能行吗?这样,仁者不就只是医生了吗?因此,"心中想着人的身体"说,何其别扭。

那么,"仁"之本义究竟是什么呢?我们还得从其本字"忎"入手。"忎"从人从心,当是会心中有人之意。此"人"当是指一般性的人,特别是指他人。心中有人,也就是爱人。这是儒学永恒的主题。《论语·颜渊》:"樊迟问仁。子曰:'爱人。'"《孟子·离娄下》:"仁者爱人。"《国语·周语下》:"爱人能仁。"《礼记·表记》:"中心憯怛,爱人之仁也。"《大学》:"此谓唯仁人为能爱人,能恶人。"《大戴礼记·主言》:"仁者莫大于爱人。"《荀子·兵论》:"孙卿子曰:非汝所知也!彼仁者爱人,爱人故恶人之害之也。"《韩非子·解老》:"仁者,谓其中心欣然爱人也。"先秦诸子这些对"仁"字的训释,无一不落脚在"爱人"上,可见"爱人"为"忎(仁)"之本义无疑。"爱人"就是心中有百姓,心中有他人,想百姓之所想,急百姓之所急,这就是"仁",这就是以此为核心的儒学永远充满魅力之原因所在。

本文的部分资料由邹新明、黄振萍提供,特表示感谢。

"六经"次序探源

"六经"的次序,传统文献有很多不同的排列,这是一个值得探讨的问题。首先注意到这一问题并进行论述的是唐人陆德明,其《经典释文·序》说:

> 五经六籍,圣人设教训,诱机要,宁有短长?然时有浇淳,随病投药,不相沿袭,岂无先后?所以次第互有不同。如《礼记·经解》之说,以《诗》为首;《七略》《艺文志》所记,用《易》居前;阮孝绪《七录》亦同此次;而王俭《七志》,《孝经》为初。原其后前,义各有旨。今欲以著述早晚,经义揔别,以成次第。出之如左——
>
> 《周易》:虽文起周代,而卦肇伏牺。既处名教之初,故《易》为七经之首。……
>
> 古文《尚书》:既起五帝之末,理后三皇之经,故次于《易》。……
>
> 毛《诗》:既起周文,又兼《商颂》,故在尧舜之后,次于《易》《书》。……
>
> 三《礼》:《周》《仪》二《礼》,并周公所制,宜次文王;《礼记》虽有戴圣所录,然忘名已久,又记二《礼》阙遗,相从次于《诗》下。……古有《乐》经,谓为六籍,灭亡既久,今亦阙焉。
>
> 《春秋》:既是孔子所作,理当后于周公,故次于《礼》。……①

陆德明《经典释文》采用的是"用《易》居前"的"六经""次第",

---

① 陆德明:《经典释文》,北京:中华书局,1983年,第3-4页。

所以他对"以《诗》为首"没有讨论，但对"用《易》居前"的"六经""次第"进行了详尽的论述，认为是本于"著述早晚"之旨。①

20 世纪 20 年代，周予同先生对此问题又进行了探讨，他说：

> 今古文家对于《六经》次序的排列，是有意义的。引申些说，说这是表示他们对于孔子观念的不同，也可以的。……古文家的排列次序是按《六经》产生时代的早晚，今文家却是按《六经》内容程度的浅深。……古文家为什么用时代的早晚排列呢？这就不能不说到他们对于孔子的观念了。他们以为《六经》都是前代的史料，……认为孔子是史学家。……
>
> 至于今文家呢？他们是反对这种说法的。……今文家认为孔子是政治家、哲学家、教育家，所以他们对于《六经》的排列，是含有教育家排列课程的意味。他们以《诗》《书》《礼》《乐》是普通教育或初级教育的课程；《易》《春秋》是孔子的哲学、孔子的政治学和社会学的思想所在，非高材不能领悟，所以列在最后，可以说是孔子的专门教育或高级教育的课程。又《诗》《书》是符号（文字）的教育，《礼》《乐》是实践（道德）的陶冶，所以《诗》《书》列在先，《礼》《乐》又列在其次。总之，一《诗》《书》，二《礼》《乐》，三《易》《春秋》，它们的排列是完全依照程度的深浅而定。②

此说对陆德明说作了很大的发展：第一，将"用《易》居前"和"以《诗》为首"这两种六经次序归入今古文家之争；第二，认为"以《诗》为首"之序是"按《六经》内容程度的浅深"排列的；第三，认为这两种次序的排列是由于今古文两家"对于孔子观念的不同"造成的，古文家认为《六经》皆史"，"孔子是史学家"，所以用"时代的早晚"排列，而"今文家认为孔子"是"教育家"，"《六经》的排列"，"含有教育家排列课程的意味"，

---

① 杨伯峻即采此说，见杨伯峻：《经学浅谈·导言》，北京：中华书局，1984 年，第 4 页。
② 周予同：《经今古文学》，《周予同经学史论著选集》（增订本），上海：上海人民出版社，1996 年，第 6-8 页。

"完全依照程度的深浅而定"。这是周予同先生反复阐述的一个重要的经学观点①,其影响相当大。②但是,验诸史实,陆、周的"六经"次序说也还存在一些问题,现特提出来讨论。

一

周予同先生列举了许多材料,认为"以《诗》为首"的"六经"次序是今文家说。③这一观点表面上证据充分,实质上并不能成立。

传统文献里,关于"六经"次第较早的记载有《庄子》。其《天运》篇说：

> 孔子谓老聃曰："丘治《诗》《书》《礼》《乐》《易》《春秋》六经。"④

《天下》篇说：

> 《诗》以道志,《书》以道事,《礼》以道行,《乐》以道和,《易》以道阴阳,《春秋》以道名分。⑤

《徐无鬼》篇说：

> 女商曰：先生独何以说吾君乎？吾所以说吾君者,横说之,则以《诗》《书》《礼》《乐》；纵说之,则以《金板》《六弢》。⑥

这里虽然只列举了四经,不及《易》与《春秋》,但也是"以《诗》为首"。

---

① 如周著《群经概论》《中国经学史讲义》等,见《周予同经学史论著选集》(增订本),第211-215、846-847页；此外如朱维铮在论述周予同经学成就时也以此为例,见《周予同经学史论著选集》(增订本),第962、963页。
② 如蒋伯潜、蒋祖怡:《经与经学》,上海：上海书店出版社,1997年,第5、6、12页,即采周说。徐复观认为《史记·儒林列传》中《诗》《书》《礼》《易》《春秋》的序列"是以建立五经博士时的序列为根据的"；《汉书·艺文志》中《易》《书》《诗》《礼》《春秋》的序列是受了刘歆的影响,"把《易》位置于六艺之首","是刘歆以前没有的新说"(《中国经学史的基础》,台北：学生书局,1982年,第81、82页),此与周说近同。
③ 周予同:《周予同经学史论著选集》(增订本),第4-5、211-213页。
④ 郭庆藩:《庄子集释》,《诸子集成》本,北京：中华书局,1954年,第234页。
⑤ 郭庆藩:《庄子集释》,第462页。
⑥ 郭庆藩:《庄子集释》,第355-356页。

《礼记·经解》篇说：

> 孔子曰："入其国，其教可知也。其为人也温柔敦厚，《诗》教也；疏通知远，《书》教也；广博易良，《乐》教也；洁静精微，《易》教也；恭俭庄敬，《礼》教也；属辞比事，《春秋》教也。故《诗》之失愚，《书》之失诬，《乐》之失奢，《易》之失贼，《礼》之失烦，《春秋》之失乱。其为人也，温柔敦厚而不愚，则深于《诗》者也；疏通知远而不诬，则深于《书》者也；广博易良而不奢，则深于《乐》者也；洁静精微而不贼，则深于《易》者也；恭俭庄敬而不烦，则深于《礼》者也；属辞比事而不乱，则深于《春秋》者也。"①

《王制》篇说：

> 乐正崇四术，立四教，顺先王《诗》《书》《礼》《乐》以造士。②

荀子以群经教授弟子，著作中留下了许多关于经学的论述。其《劝学》篇说：

> 《书》者，政事之纪也；《诗》者，中声之止也；《礼》者，法之大分，类之纲纪也，故学至乎《礼》而止矣；夫是之谓道德之极。《礼》之敬文也，《乐》之中和也，《诗》《书》之博也，《春秋》之微也，在天地之间者毕矣。……《礼》《乐》法而不说，《诗》《书》故而不切，《春秋》约而不速。③

其《儒效》篇又说：

> 故《诗》《书》《礼》《乐》之归是矣。《诗》言是，其志也；《书》言是，其事也；《礼》言是，其行也；《乐》言是，其和也；《春秋》言是，其

---

① 阮元编：《十三经注疏》，北京：中华书局，1980年，第1609页。
② 阮元编：《十三经注疏》，第1342页。
③ 王先谦：《荀子集解》，北京：中华书局，1954年，第7-8页。

微也。①

《劝学》篇列举五经，以《礼》《乐》置于《诗》《书》前，当为特例，是荀子重礼义、"杀《诗》《书》"思想所致。到《儒效》篇，就以《诗》《书》《礼》《乐》《春秋》为序了。

《商君书·农战》篇说：

> 《诗》、《书》、《礼》、《乐》、善、修、仁、廉、辩、慧，国有十者，上无以战守。②

其《去强》篇也说：

> 国用《诗》、《书》、《礼》、《乐》、孝、弟、善、修者，敌至必削，不至必贫。③

《左传·僖公二十七年》记载：

> 赵衰曰："……臣亟闻其言矣，说《礼》《乐》而敦《诗》《书》。《诗》《书》，义之府也；《礼》《乐》，德之则也。德义，利之本也。④

从上例来看，《庄子》两举"六经"，一举四经，都是"以《诗》为首"。《庄子》之说，归入今文家是很困难的。1988年年初，湖北张家山136号墓出土了《庄子·盗跖》篇，从该墓所出土的"七年质日"历谱可知，该墓下葬的上限为汉文帝前元七年（前173年），而下限不晚于汉文帝前元十三年（前167年）。⑤而1977年发掘的安徽阜阳双古堆一号汉墓，其墓

---

① 王先谦：《荀子集解》，第84-85页。
② 蒋礼鸿：《商君书锥指》，北京：中华书局，1986年，第23页。周予同先生说《商君书·农战》篇称"《诗》《书》《礼》《乐》《春秋》"，仅"缺《易》"[见《周予同经学史论著选集》（增订本），第5、212页]，不知何据。
③ 蒋礼鸿：《商君书锥指》，第30页。
④ 阮元编：《十三经注疏》，第1822页。
⑤ 荆州地区博物馆：《江陵张家山两座汉墓出土大批竹简》，《文物》第4期，1992年，第1、10页。

主是西汉第二代汝阴侯夏侯灶。夏侯灶卒于汉文帝前元十五年（前 165 年），其墓出土了大量竹简，其中有几篇《庄子》残简，据考证属于《则阳》《外物》《让王》。① 《盗跖》《则阳》《外物》《让王》均属于《庄子·杂篇》，一般认为是《庄子》中较晚的。它们在汉文帝前元年间的墓葬中出土，说明它们都是先秦的作品。而《天运》《天下》《徐无鬼》三篇，其年代绝不会晚于《盗跖》《则阳》《外物》《让王》。所以，《天运》《天下》《徐无鬼》三篇"以《诗》为首"的"六经"次第，反映的是先秦时期人们对"六经"次第的习惯称呼，绝不会是今文家的说法，因为先秦还没有今文家。

《商君书》两以"《诗》《书》《礼》《乐》"为序，《左传》所载赵衰说实质也是称举"《诗》《书》《礼》《乐》"，这与《庄子》的《天运》《天下》《徐无鬼》三篇所反映出来的事实是一致的。赵衰是春秋晋文公时期的大夫，其年代较孔子也早出很多，其时连孔子都还没有，又何来今文家说呢？

应该指出的是，今文家是传儒家经书的学派，而《庄子》与《商君书》一是道家的著作，一是法家的著作。将先秦道家和法家著作的说法，归诸今文家说，也是说不通的。

《左传》属于古文家，本是不争的事实。但《左传》却偏偏载有"以《诗》为首"的"《诗》《书》，义之府也；《礼》《乐》，德之则也"说。这岂不是说古文家也用今文家说？《荀子》为子书，其说本不好以今文家或古文家说来划分。《礼记》属今文家，但其所载之"六经"次序，其实与今、古文无关，只不过是反映先秦的事实而已。所以，从传统的先秦文献看，将"以《诗》为首"的"六经"次序，归诸今文家说，当属本末颠倒，反客为主。

二

从出土文献看，将"以《诗》为首"的"六经"次序，归诸今文家说，也是不能成立的。

---

① 韩自强：《阜阳汉简〈庄子〉》，《文物研究》总第 6 辑，合肥：黄山书社，1990 年，第 292-294 页。

1973年年底，湖南长沙马王堆三号汉墓出土了十二万多字的帛书。其中有六篇易传。帛书《要》篇，即其四。① 帛书《要》篇有如下记载：

> 孔子繇（籀）易至于损益一卦，未尚不废书而熯(叹)，戒门弟子曰：……《诗》《书》《礼》《乐》不□百扁，难以致之。不问于古法，不可顺以辞令，不可求以志善。②

所谓"《诗》《书》《礼》《乐》不□百扁"，虽然只称举四经，但也是"以《诗》为首"。从随葬木牍可知，马王堆三号汉墓葬于汉文帝前元十二年（前168年），该墓帛书的抄写，最晚不会迟于该年。从《要》篇的书写形制、篇题及其所记字数来看，帛书《要》篇系抄本无疑，应有更早的篆书竹简本存在。从篆书竹简本到被抄为帛书，《要》篇应有一段流传的时间。《要》系摘录性质之书③，其材料来源应较其成书更早。秦始皇公元前213年根据李斯所议制定了《挟书令》，而该令直到汉惠帝四年（前191年）才得以废除。考古发掘表明，迄今在《挟书令》施行时期以内的墓葬，所出书籍均未超出该令的规定。④ 所以，帛书《要》篇的记载不可能出自汉初，也不可能出自短短十五年的秦代，应该会早到战国。所以，帛书《要》篇"以《诗》为首"的次第，显非今文家说，而是先秦的旧传。

1993年10月湖北省荆门市郭店一号楚墓出土了804枚楚简。考古专家从墓葬形制和器物特征判断，郭店一号墓具有战国中期偏晚的特点，因而断定其下葬年代当在公元前4世纪中期至公元前3世纪初，其墓主人的身份为有田禄的上士；其竹简字体有明显的战国时期楚国文字的特点。⑤ 这些论定，都是可信的。

这些楚简对于中国思想史和学术史的研究是难得的材料，对于考察先

---

① 廖名春：《马王堆帛书周易经传释文》，《续修四库全书》，经部第一册，上海：上海古籍出版社，1995年，第1-56页。
② 廖名春：《马王堆帛书周易经传释文》，《续修四库全书》经部第一册，第38-39页。
③ 廖名春：《论帛书〈系辞〉的学派性质》，《哲学研究》第7期，1993年。
④ 李学勤：《论新出简帛与学术研究》，《传统文化与现代化》第2期，1993年。
⑤ 湖北省荆门市博物馆：《荆门郭店一号楚墓》，《文物》第7期，1997年。

秦时期"六经"次序也有非同寻常的意义。现在这批楚简的照片和释文已全部公开发表。① 我们可以据此进行讨论。

楚简《缁衣》篇征引《诗》《书》颇多。将其征引《诗》《书》之序与《礼记·缁衣》比较，不无启发。如楚简第三章引《诗》在前，引《尹诰》在后。而《礼记·缁衣》本称引次序则相反，是《尹诰》在前，《诗》在后。两者谁是谁非呢？当以楚简为是。因为楚简《缁衣》篇《诗》《书》并引共七章，皆先引《诗》，再引《书》，无一例外。如楚简第五章先引《诗》，再引《君牙》；第七章先引《诗》，再引《吕刑》；第十章先引《诗》，再引《君陈》；第十二章先引《诗》，再引《吕刑》；第十七章先引《大雅》《小雅》，再引《君奭》；第十八章先引《诗》，再引《君陈》。② 《礼记·缁衣》篇《诗》《书》并引共八章，有五章是先《诗》后《书》，一章是先《诗》后《书》再《诗》，两章是先《书》后《诗》。③ 由此可知，楚简称引《诗》《书》，是有严格规律的，都是先《诗》后《书》；而《礼记·缁衣》本称引，大体也循先《诗》后《书》之序。因此，《礼记·缁衣》本先《书》后《诗》的两章当为后人窜乱所致，故书称引《诗》《书》当如楚简本之序。楚简《缁衣》先《诗》而后《书》的事实和传统先秦文献的称引习惯是完全吻合的。

楚简《性自命出》篇第15、16简说：

> 时、箸、豊、乐，亓司出皆生于人。时，又为为之也；箸，又为言之也；礼、乐，又为㠯之也。④

"时"读为"诗"，"箸"读为"书"，"豊"读为"礼"，"司"读为"始"，"又"读为"有"，"㠯"读为"举"。⑤ 这是说《诗》与《书》《礼》《乐》，

---

① 荆门市博物馆：《郭店楚墓竹简》，北京：文物出版社，1998年。
② 荆门市博物馆：《郭店楚墓竹简·释文注释》，第129-131页。
③ 阮元编：《十三经注疏》，第1648-1651页。
④ 荆门市博物馆：《郭店楚墓竹简·图版》，第62页。
⑤ 荆门市博物馆：《郭店楚墓竹简·释文注释》，第179页。

它们的创作都产生于人,《诗》《书》《礼》《乐》,都是反映人们的作为的。这里虽然只称举四经,但也是循"以《诗》为首"之序。

楚简《六德》第 23 至 25 简说:

> 古夫夫,妇妇,父父,子子,君君,臣臣,六者客行亓戠而杢戸亡繇迮也。蘿者時、箸则亦才壴,蘿者豊、乐则亦才壴,蘿者易、春秋则亦才壴。①

"古"读为"故","客"读为"各","戠"读为"职"②,"亡"读为"无","繇"读为"由","迮"读为"作","蘿"读为"观","者"读为"诸","時"读为"诗","箸"读为"书","壴"读为"矣","豊"读为"礼"。《郭店楚墓竹简》的这些释读都是正确的。但"杢"应读为"狱","戸"应读为"犴","才"应读为"载"。③ 这里不但《诗》《书》《礼》《乐》《易》《春秋》并称,而且说它们都是记载"夫夫,妇妇,父父,子子,君君,臣臣"之理的。

楚简《语丛一》也有称举"六经"之语,只可惜有所残损。如依楚简《六德》篇所称《诗》《书》《礼》《乐》《易》《春秋》之序,将其第 38、39、44、36、37、40、41 简拼合④,则得:

> 《诗》所以会古今之志也者,[《书》者所以会]□□□□者也,[《礼》所以会]□□□□[也,《乐》所以会]□□□□[也],《易》所以会天道人道也。《春秋》所以会古今之事也。⑤

由此看,楚简《语丛一》论"六经"之义,很可能也是循《诗》《书》《礼》《乐》《易》《春秋》之序。

郭店一号楚墓的下葬年代为战国中期偏后,所出文献当属战国中期以

---

① 荆门市博物馆:《郭店楚墓竹简·图版》,第 70-71 页。
② 荆门市博物馆:《郭店楚墓竹简·释文注释》,第 188 页。
③ 李零、刘信芳、陈伟说,见陈伟:《郭店竹书别释》,武汉:湖北教育出版社,2003 年,第 121-122 页。
④ 荆门市博物馆:《郭店楚墓竹简·图版》,第 80、79 页。
⑤ 第 42、43 简虽称礼乐,但句式不类,故不采。

前。其称举"六经",均"以《诗》为首",与帛书《要》篇同。出土材料的事实与传统文献相印证,说明《诗》《书》《礼》《乐》《易》《春秋》之序是先秦时期的通说,将其归诸今文家说,是不符合历史事实的。

三

陆德明认为"用《易》居前"的"六经"次序始于"《七略》《艺文志》所记"。从文献上看,言六经者不但先秦一般以"《诗》《书》《礼》《乐》《易》《春秋》"为序,就是汉初也仍如此。如《史记·儒林列传》说:

> 自是之后,言《诗》,于鲁则申培公,于齐则辕固生,于燕则韩太傅。言《尚书》,自济南伏生。言《礼》,自鲁高堂生。言《易》自菑川田生。言《春秋》,于齐、鲁自胡母生,于赵自董仲舒。[①]

董仲舒《春秋繁露·玉杯》篇说:

> 君子知在位者之不能以恶服人也,是故简六艺以赡养之。《诗》《书》序其志,《礼》《乐》纯其养,《易》《春秋》明其知。六学皆大,而各有所长。《诗》道志,故长于质;《礼》制节,故长于文;《书》著功,故长于事;《乐》咏德,故长于风;《易》本天地,故长于数;《春秋》正是非,故长于治人。[②]

贾谊《新书·六术》篇说:

> 是故内本六法,外体六行,以与《诗》《书》《易》《春秋》《礼》《乐》六者之术以为大义,谓之六艺。[③]

除贾谊《新书·六术》篇偶以"《易》《春秋》"居"《礼》《乐》"前外,

[①] 司马迁撰,泷川资言考证,水泽利忠校补:《史记会注考证附校补》,上海:上海古籍出版社,1986年,第1948页。
[②] 苏舆撰,钟哲点校:《春秋繁露义证》,北京:中华书局,1992年,第35-36页。
[③] 《二十二子》,上海:上海古籍出版社,1986年,第755页。

都是按照《诗》《书》《礼》《乐》《易》《春秋》的次序排列的。

但是，这种排列在班固的《汉书》中却发生了变化。《汉书·艺文志·六艺略》序六经次第，首《易》，次《书》，次《诗》，次《礼》，次《乐》，次《春秋》。①《史记·儒林列传》之语到《汉书·儒林传》却变为：

> 汉兴，言《易》自淄川田生。言《尚书》，自济南伏生。言《诗》，于鲁则申培公，于齐则辕固生，燕则韩太傅。言《礼》，则鲁高堂生。言《春秋》，于齐则胡母生，于赵则董仲舒。②

《诗》《书》《礼》《乐》《易》《春秋》被改作了《易》《书》《诗》《礼》《乐》《春秋》。

《汉书·艺文志》交待其成书过程说：

> 会向卒，哀帝复使向子侍中奉车都尉歆卒父业，歆于是总群书而奏其《七略》，故有《辑略》，有《六艺略》，有《诸子略》，有《诗赋略》，有《兵书略》，有《术数略》，有《方技略》，今删其要以备篇籍。③

由此可知，《汉书·艺文志》本于刘歆《七略》。

金景芳师认为《汉书·艺文志·六艺略》"用《易》居前"的"六经"次序本于刘歆说，显然是刘歆的谰言。他说：

> 特别是《六艺略》于《春秋》说："左史记言，右史记事，事为《春秋》，言为《尚书》，帝王靡不同之。"尤为谬妄。因为《庄子·天下》明言"《书》以道事"，《荀子·儒效》明言"《书》言是其事也"。怎能说"事为《春秋》，言为《尚书》，帝王靡不同之"呢？且先秦及汉初言"六经"的如《荀子·劝学》说："《诗》《书》故而不切。"《春秋繁露·玉杯》说："《诗》《书》序其志，《易》《春秋》明其知。"《史记·司

---

① 王先谦：《汉书补注》，北京：中华书局，1983年，第866-874页。
② 王先谦：《汉书补注》，第1514页。
③ 王先谦：《汉书补注》，第866页。

马相如列传》说:"《春秋》推见至隐,《易》本隐之以显。"都是《诗》《书》对举,《易》《春秋》对举,哪有《春秋》与《尚书》对举之事?孔子和董仲舒都说"《春秋》以道义",怎能说"事为《春秋》"呢?分明是为《左传》争一席地。《汉书·王莽传》载:"故左将军公孙禄说:国师嘉信公颠倒五经,毁师法,令学士迷惑。"可能即指此事。则周氏所谓"古文家的排列次序是按六经产生时代的早晚",实不足据。[①]

这是说"用《易》居前"的"六经"次序并不止"按六经产生时代的早晚"排列这么简单,而是刘歆出于为古文家争地位之目的而编造。其说颇令人深思。

"用《易》居前"的"六经"次序广为流传,的确与古文学派的兴起有关。但问题是在今古文之争中,《周易》并非焦点。焦点是《周礼》和《左传》。刘歆在"六经"的排序中,如果要为古文家争地位,他当突出《周礼》和《左传》。然而,不论是在"用《易》居前"的排列中,还是在"以《诗》为首"的排列中,与《周礼》和《左传》有关的《礼》《春秋》的位置都没有大的变化。《春秋》都是居最末;而《礼》,在"以《诗》为首"的排列中本居第三,到"用《易》居前"的排列中反而退到了第四。"用《易》居前"的"六经"次序如果出于刘歆为古文家争地位而编造,那么刘歆为什么要这样干呢?所以,说刘歆出于为古文家争地位之目的而编造"用《易》居前"的"六经"次序,其理由并不充分。

刘歆《七略》"用《易》居前"的"六经"次序有没有所本呢?这一问题虽然从未有人提出过,但事实上值得深究。

《淮南子·泰族》有一段话值得我们注意:

> 温惠柔良者,《诗》之风也;淳庞敦厚者,《书》之教也;清明条达者,《易》之义也;恭俭尊让者,《礼》之为也;宽裕简易者,《乐》之化也;

[①] 金景芳:《孔子的这一份珍贵的遗产——六经》,《金景芳古史论集》,长春:吉林大学出版社,1991年,第135-136页。

刺几辨义者,《春秋》之靡也。《易》之失鬼,《乐》之失淫,《诗》之失愚,《书》之失拘,《礼》之失忮,《春秋》之失眥。①

这一段话很明显出于《礼记·经解》,如"温惠柔良者,《诗》之风也"句,与《礼记·经解》"温柔敦厚,《诗》教也"近,"《诗》之风也"《北堂书钞》九十五引,就作"《诗》教也"②;"恭俭尊让者,《礼》之为也",与《礼记·经解》"恭俭庄敬,《礼》教也"近;"宽裕简易者,《乐》之化也",与《礼记·经解》"广博易良,《乐》教也"近;"《易》之失鬼",与《礼记·经解》"《易》之失贼"近;"《乐》之失淫",与《礼记·经解》"《乐》之失奢"近;"《诗》之失愚",与《礼记·经解》同;"《礼》之失忮,《春秋》之失眥",与《礼记·经解》"《礼》之失烦,《春秋》之失乱"近。言"六经"之序,首先以《诗》《书》《易》《礼》《乐》《春秋》为次,与《礼记·经解》之《诗》《书》《乐》《易》《礼》《春秋》之次近;但其后以《易》《乐》《诗》《书》《礼》《春秋》为次,将《易》提前至"六经"之首,则与《礼记·经解》不同。但从《诗》《书》《礼》《春秋》的排列看,其从《礼记·经解》化出的痕迹也还明显。

《淮南子·泰族》这种"用《易》居前"对"六经"次序的改造有没有来源呢？从出土文献还是能找到线索的。

上述马王堆帛书《要》篇说：

> 孔子䌛(籀)易至于损益一卦,未尚不废书而嘆(叹),戒门弟子曰：……故《易》又(有)天道焉,而不可以日月生辰尽称也,故为之以阴阳；又(有)地道焉,不可以水火金土木尽称也,故律之柔刚；又(有)人道焉,不可以父子君臣夫妇先后尽称也,故为之以上下；又(有)四时之变焉,不可以万勿(物)尽称也,故为之以八卦。故《易》之为书也,一类不足以亟之,变以备亓(其)请(情)者也。故胃(谓)之《易》又(有)君道焉,五官六府不足尽称之,五正之事

---

① 刘文典:《淮南鸿烈集解》,北京:中华书局,1989年,第674页。
② 转引自刘文典:《淮南鸿烈集解》,第674页。

不足以至之，而诗书礼乐不□百扁，难以致之。不问于古法，不可顺以辞令，不可求以志善。能者繇（由）一求之，所胃（谓）得一而君（群）毕者，此之（谓）也。①

"诗书礼乐不□百扁"句的缺文，过去笔者以为当补"足"字，如此"扁"当读为"篇"。②池田知久认为当据《墨子·贵义》"子墨子曰：昔者周公旦，朝读书百篇，夕见漆（七）十士"和《三国志·魏志·董遇传》注引《魏略》曰"人犹从学者，遇不肯教，而云必当先读百遍，言读书百遍，其义自见"，补为"读"；如此"扁"当读为"遍"。③笔者也曾有同样的看法。④这些意见看来都有问题。所缺之字其实应补为"止"，"扁"还是当读为"篇"。帛书《要》篇各节，所摘录的都是孔子论《易》的重要言行，其"要"字多见，都有简要之义。下文所谓"繇（由）一求之""得一而君（群）毕"，也都是讲简要功夫。在孔子看来，《诗》《书》《礼》《乐》，卷帙繁多，不止百篇之数，从中获取"天道""地道""四时之变"和"人道""君道"，不是容易之事，所以说"难以致之"。而《周易》有"阴阳""柔刚"以见天地之道，有"八卦"以见"四时之变"，有"上下"以见"人道""君道"，《诗》《书》《礼》《乐》的精华都浓缩在《周易》的损益之道里。所以"繇（由）一求之""得一而君（群）毕"，从《周易》的损益之道里可以尽得《诗》《书》《礼》《乐》之精义，不必皓首穷经，把精力耗费在卷帙繁多的《诗》《书》《礼》《乐》的繁文末节上。

这一段话以《诗》《书》《礼》《乐》为序，表面上是"以《诗》为首"，但其实质是贬抑《诗》《书》《礼》《乐》，突出《周易》；名义上没有"用《易》居前"，实质是以《周易》冠诸《诗》《书》《礼》《乐》之上。所谓"繇（由）一求之""得一而君（群）毕"，实质也包含了由《易》之"一"而得《诗》

---

① 廖名春：《马王堆帛书周易经传释文》，《续修四库全书》，经部第一册，第38-39页。
② 廖名春：《帛书〈要〉简说》，《道家文化研究》3辑，上海：上海古籍出版社，1993年，第206页。
③ 池田知久：《马王堆汉墓帛书周易要篇的研究》，东京大学《东洋文化研究所纪要》，第123册，1994年2月。
④ 廖名春：《帛书释〈要〉》，《中国文化》第10辑，第73页。

《书》《礼》《乐》之"君（群）"的意义。这一论述，事实上开启了"用《易》居前"的"六经"之序的大门。所以，追源溯流，《淮南子·泰族》"用《易》居前"对"六经"次序的改造当本于此，而刘歆所编造的《易》《书》《诗》《礼》《乐》《春秋》"六经"次序也很有可能吸收了帛书《要》篇说和《淮南子·泰族》篇说。

四

由此可以获得很多启发。

今文学派和古文学派之争，表面上是文字问题，是立哪些文献为经的问题，实质上"儒以六艺事人"，"六经"之学源于孔子，立哪些文献为经牵涉到什么是真正的孔子思想的问题。孔子思想不是一成不变的，而孔子思想的变化与后代经学的纷争以至学派纷呈也不是没有关系。

司马迁《史记·孔子世家》和《田敬仲完世家》都说"孔子晚而喜《易》"，班固《汉书·儒林传》所载亦同，只不过改"喜"为"好"而已。孔子为何要至晚年方才"喜《易》"？他晚年前后的易学观有没有变化？对此，司马迁、班固没有记载，人们也都没有注意到。因为在人们的观念中，孔子的思想终其一生，是"一以贯之"的，不可能有转折变化，其易学观也当如此。

帛书《要》有一节文字，详细记载了孔子"老而好《易》"而和其弟子子赣（贡）辩论的情况。其文曰：

> 夫子老而好《易》，居则在席，行则在囊。子赣曰："夫子它日教此弟子曰：'德行亡者，神灵之趋；知谋远者，卜筮之蘩（繁）。'赐以此为然矣。以此言取之，赐缗行之为也。夫子何以老而好之乎？"夫子曰："君子言以矩方也。前（剪）羊（祥）而至者，弗羊（祥）而巧也。察其要者，不诡（诡）其福。《尚书》多仒矣，《周易》未失也，且又（有）古之遗言焉。予非安其用也。"……"赐闻诸夫子曰：'孙（逊）正而行义，则人不惑矣。'夫子今不安其用而乐其辞，则是用倚（奇）于人也，而

可乎？"子曰："校（谬）哉，赐！吾告女（汝），《易》之道……故《易》刚者使知瞿（惧），柔者使知刚，愚人为而不忘（妄），僥（渐）人为而去诈。文王仁，不得其志以成其虑，纣乃无道。文王作，讳而辟（避）咎，然后《易》始兴也。予乐其知……"①

孔子"老而好《易》"，竟到了"居则在席，行则在囊"的痴迷地步，对此，其弟子子贡持激烈反对的态度。子贡为何要反对"夫子老而好《易》"呢？原因就在于子贡认为孔子"老而好之"违反了孔子的"它日"之教。"它日"即往日，指以前。孔子"老而好《易》"之前，对《周易》是一种什么态度呢？帛书通过子贡之口，揭示得非常清楚："德行亡者，神灵之趋；知谋远者，卜筮之蘩（繁）。"丧失德行的人才乞求神灵，缺乏智谋的人才频繁卜筮。子贡引此来批评"夫子老而好《易》"，是引子昔日之矛击子今日之盾，说明这种"它日之教"就是孔子"它日"对好《易》者的批评。下文"赐闻诸夫子曰：'孙（逊）正而行义，则人不惑矣。'"同理，也是说不需好《易》，亦能不惑，以此驳孔子"《周易》未失也"之说。从子贡所引孔子的"它日"之教来看，孔子晚年以前不但不曾"好《易》"，反而视"好《易》"为求"德行""孙（逊）正而行义"的对立面。在这时的孔子看来，《周易》是卜筮之书，为君子所羞称。这一易学观，"赐以此为然"，被子贡这些弟子完全接受，视为孔门思想的正统；并"缙行之为也"，努力实行。

但是孔子晚年以后思想却发生了变化，他认为"《周易》未失也"，具有"刚者使知瞿（惧），柔者使知刚，愚人为而不忘（妄），僥（渐）人为而去诈"的作用。过于刚强者，学了《周易》之后，就会"知瞿（惧）"，懂得过于刚强之祸。过于柔弱者，学了《周易》之后，就会"知刚"，懂得要以刚去济柔。这就是说，《周易》是一部讲辩证法的书，它揭示了物极必反、相反相成的哲理。愚人学了《周易》之后就会变得聪明，"僥人"（奸人）学了《周易》之后就会去掉狡诈之心。《周易》又是一部讲人生哲理之书，它揭示人生的智慧、做人的正道，教人"不妄""去诈"。

---

① 廖名春：《马王堆帛书周易经传释文》，《续修四库全书》，经部第一册，第37-38页。

孔子还认为《周易》"又（有）古之遗言焉"，认为《周易》一书蕴藏着周文王的思想。帛书《要》说："文王仁，不得其志以成其虑，纣乃无道，文王作，讳而避咎，然后《易》始兴也。予乐其知……"这是说，《周易》一书始出于周文王，它产生于"纣乃无道，文王作"的年代，是周文王"讳而避咎"之作，反映了文王的仁义思想（"文王仁"）和忧国忧民意识（"其虑"）。孔子是"乐其知"，赏识蕴藏在《周易》一书里的文王之智才"好《易》"的。

晚年以后的孔子不但"好《易》"，而且还将《周易》与《诗》《书》《礼》《乐》进行了对比。他说："《尚书》多令（疏）①也，《周易》未失也。"认为《尚书》记事过于简略，多有疏漏之处，其记事的形式甚至思想结构都不如《周易》精密。又以为"《诗》《书》《礼》《乐》不[止]百扁（篇），难以致之"，由《周易》的损益之道可以尽得《诗》《书》《礼》《乐》之精义，不必皓首穷经，把精力耗费在卷帙繁多的《诗》《书》《礼》《乐》的繁文末节上。

孔子晚年前后对《周易》和《诗》《书》《礼》《乐》认识的变化会不会对"六经"的排列次序产生影响呢？笔者认为完全有可能。晚年前，孔子轻视《周易》，视《易》为卜筮之书，他称引群经，绝不会将《周易》冠诸群经之首，一定会循《诗》《书》《礼》《乐》《易》之次；"老而好《易》"之后，重《易》而轻《诗》《书》《礼》《乐》，就很有可能将《易》的排序从《诗》《书》《礼》《乐》之后提升至《诗》《书》《礼》《乐》之前。帛书《要》篇"故胃（谓）之《易》又（有）君道焉，五官六府不足尽称之，五正之事不足以至之，而《诗》《书》《礼》《乐》不[止]百扁（篇），难以致之。不问于古法，不可顺以辞令，不可求以志善。能者繇（由）一求之，所胃（谓）得一而君（群）毕者，此之（谓）也"一段，先称《易》，再说《诗》《书》《礼》《乐》如何如何，不但在语义上是突出《易》而看轻《诗》《书》《礼》《乐》，在排序上实际也已将《易》置诸群经之首。孔子对群经的这种态度，

---

① "令"为"於"之省文，当读为"疏"。说详见廖名春：《论六经并称的时代兼及疑古说的方法论问题》，《孔子研究》第1期，2000年，第54页。

势必影响到其弟子和后学。帛书《要》篇记载子贡的激烈批评，就是证明。大而言之，孔子"老而好《易》"之前的弟子，如子贡等，受孔子轻视《周易》思想的影响，绝不会太看重《周易》。就是孔子的态度发生了变化，他们也不见得就能接受。在群经的次第上，他们自然会循旧，不会"用《易》居前"。而孔子晚年的一些弟子及其后学，受孔子"老而好《易》"、重《易》而贬低《诗》《书》《礼》《乐》的影响，就很有可能一反旧惯，将《易》置诸群经之首。这样，就会导致"以《诗》为首"和"用《易》居前"两种"六经"次序的出现。但是，比较而言，孔子"老而好《易》"之前的弟子多而影响大，"老而好《易》"以后的弟子少而影响相对有限。再加上"以《诗》为首"本来就是传统，而"用《易》居前"属于新出特例。因此，先秦至西汉中期以前，文献记载自然"以《诗》为首"多而"用《易》居前"少。这种情况直至刘歆《七略》，特别是班固《汉书》出才为之大变。

从上引《左传·僖公二十七年》所载赵衰说和帛书《要》篇的称引可知，《诗》《书》《礼》《乐》的次第在孔子之前早已成为习称，而孔子不过是援用而已。《诗》《书》《礼》《乐》的排列是出于什么原因，"文献不足征"，笔者不好妄作猜测。但《易》居《诗》《书》《礼》《乐》之前与居《诗》《书》《礼》《乐》之后，这两种"六经"次序形成的原因我们从帛书《要》篇可以看得非常清楚。孔子晚年以前轻视《周易》，视《易》为卜筮之书，称举群经自然会以《诗》《书》《礼》《乐》为先，以《易》为后。孔子晚年对《周易》的认识发生了巨变，重《易》而轻《诗》《书》《礼》《乐》，这导致了"用《易》居前"之"六经"次序的出现。孔子晚年前后的弟子受孔子不同时期经学思想的影响，对群经的认识也有所不同，因此称举群经也就有了不同的次第。而所谓今文家和古文家的"六经"次序说，只不过是其流风遗韵而已。

由此可见，"以《诗》为首"的"六经"次序，并非出于今文家；而"用《易》居前"的"六经"次序，虽然出自古文家，但也渊源有自。《易》居《诗》《书》《礼》《乐》之前与居《诗》《书》《礼》《乐》之后，这两种"六经"次序的形成，实与孔子晚年经学思想的变化密切相关。陆德明"用《易》

居前"本于"著述早晚",周予同"以《诗》为首""按《六经》内容程度的浅深"的论断,文献尚难坐实。从帛书《要》篇提供的线索看,是孔子晚年以前轻视《周易》,所以殿《易》于《诗》《书》《礼》《乐》之后;晚年重《易》而轻《诗》《书》《礼》《乐》,所以冠《易》于《诗》《书》《礼》《乐》之前。"六经"这两种不同的次序,其经学史的背景和意义可谓大矣,深矣。

《论语》"民可使由之"章的再研究

——以郭店楚简《尊德义》为参照

近代以来,随着民主精神的深入人心,孔子往往被看作专制思想的代表,我们的专家们,无论是搞中国哲学史的,还是搞中国政治思想史的,都一致认定孔子"治国平天下"奉行的是愚民政策,他们的根据就是《论语·泰伯》第九章的记载:"子曰:'民可使由之,不可使知之。'"比如杨伯峻就认为,这两句与商鞅说的"民不可与虑始,而可与乐成"意思大致相同,因此,他就翻译作:"孔子说:'老百姓,可以使他们照着我们的道路走去,不可以使他们知道那是为什么。'"① 老百姓只可以让他们照着统治者的指示去做,而不能让他们知道为什么要这么做,只可以做工具,不能让他们明白道理,这不是愚民政策是什么?所以,专家们对孔子口诛笔伐,把孔子看成是反民主的典型,似乎是有道理的。

应该承认,以杨伯峻为代表的理解是有根据的,因为自古以来的训诂的确就是这样解释的。现在我们能看到此章最早的古注当数东汉的郑玄,他就说:"民,冥也。""由,从也。言王者设教,务使人从之。若皆知其本末,则愚者或轻而不行。"② 这是说,老百姓是"睁眼瞎子",做君王的发号施令,就一定要让人听命。如果老百姓都了解了君王的底细,那些愚蠢的就会看不起君王而不服从君命。一句话,就是《老子》说的"国之利器不可以

---

① 杨伯峻:《论语译注》,北京:中华书局,1980年第2版,第81页。
② 《〈礼记·丧服传〉疏》引郑注、《〈后汉书·方术传〉注》引郑注,皆转引自程树德:《论语集释》,北京:中华书局,1990年8月,第532页。

示人"。

最早的《论语》注解著作三国何晏的《论语集解》也是这么说:"由,用也。可使而不可使知者,百姓能日用而不能知。"① 这是说,老百姓只能被使用而不能让他们了解底细,就好像《周易·系辞传》说的"百姓日用而不知"一样。这是为《论语》中孔子的话在《周易·系辞传》里找到了根据。

南宋朱熹的《论语集注》是古代最为权威的《论语》注,它说:"民可使之由于是理之当然,而不能使之知其所以然。程子曰:'圣人设教,非不欲人家喻而户晓也;然不能使之知,但能使之由之尔。'"② 这是说,对于民众,可让他们遵循这个理的应当如此,而无法让他们知道为什么如此。其又引用理学大师程颐的解释说:圣人设立的教义,不是不想让人们家喻户晓,但无法让他们懂得,只能让他们遵从。

从东汉三国的郑玄、何晏,到北宋南宋的程颐、朱熹,他们的注解一脉相承,都是认为孔子在这里说的是老百姓只能用,不能让他们知道为什么。以杨伯峻为代表的现代译注应当说符合传统。

但是,视"民"为"冥",把老百姓看作"睁眼瞎子",迹近于愚民,如此理解孔子,孔子就与老子、韩非子差不多了,作为以仁民爱人为宗旨的儒学大师,程颐毕竟于心不安。因此,他忍不住提出疑问:"若曰圣人不使民知,则是后世朝四暮三之术也,岂圣人之心乎?"③ 认为假若圣人不让民众知道为什么,那就是后世朝三暮四的权术,不可能是圣人的用心,否定"不可使"民"知之"是孔子的本意。朱熹弟子辅广也说:"所谓圣人不使民知者,乃老氏愚民、庄子以智笼愚之说,朝三暮四,朝四暮三,诡谲不诚,圣人而肯为是哉?"④ 这是说"民不可使知之"是《老子》《列子》

---

① 何晏:《论语集解》卷四,《四部要籍注疏丛刊·论语(上)》,北京:中华书局,1998 年,第 710-711 页。
② 朱熹:《论语集注》卷四,《四部要籍注疏丛刊·论语(上)》,第 566 页。
③ 文渊阁《四库全书》(电子版,武汉:武汉大学出版社,1997 年,下同)子部儒家类《二程遗书》卷十八。
④ 文渊阁《四库全书》经部四书类《四书纂疏·论语纂疏》卷四。案:"庄"当作"列"。

的愚民思想,"朝三暮四,朝四暮三",狡黠多变,不讲诚信,像孔子这样的圣人绝不会这样做。

程子和辅广的意见是有道理的。我们知道,孔子不但是我国伟大的思想家,更是有记载以来第一位伟大的教育家。《论语·卫灵公》说:"子曰:'有教无类。'"意思是,不应为贫富、贵贱、智愚、善恶等原因把一些人排除在教育对象之外,对谁都可以进行教育。《史记·孔子世家》也说:"孔子以诗书礼乐教,弟子盖三千焉。"孔子这些众多的弟子中,尽管有不少是贵族子弟,但出身平民家庭的恐怕更多。这些弟子,大多应该属于所谓"民"无疑。如果孔子认为这些"民"是"不可使知之"的,他"诲人不倦"的教育又有什么意义?以孔子为代表的儒家,最重视的就是教育,就是教化。他们坚信通过礼乐的教化,可以使"野人"变成文质彬彬的"君子",可以使"化外之民"变成守仁行义、乐善好施的"新民"。如果"民"是"不可使知之"的,那么儒家的教化又从何谈起?而离开了教育,不讲教化,孔子还是孔子,儒家还是儒家吗?所以,承认孔子是伟大的教育家,承认儒家的根本在于教化,就不能承认孔子主张"民"是"不可使知之"的。认定孔子主张"民可使由之,不可使知之",就势必与孔子的整体思想和一生的行事相矛盾。这样,孔子就不是孔子了,孔子就变成老子、商鞅、韩非子了。

特别是近代西方的民主、自由、平等、博爱思想传入中国以后,民权高涨,民智大开。维护孔子的学者们也意识到了"民可使由之,不可使知之"说与现代民主思想的矛盾,看出了此说的不妥。为了适应时代潮流,解决"民可使由之,不可使知之"说的问题,他们做了种种努力来改变句读。

一是在"可"字下断读。如宦懋庸(1842—1892)解为:"对于民,其可者使其自由之,而所不可者亦使知之。"[①] 这样,就成了:"民可,使由之;

---

① 宦懋庸:《论语稽》,《续修四库全书》经部四书类,第157册,影印复旦大学图书馆藏民国二年维新印书馆铅印本,上海:上海古籍出版社,1995年,第318页。

不可，使知之。"梁启超①、乔一凡②、陈金粟③、盖莉④等都赞成此读法。

二是在"使"字下断读。如王承璐⑤就标点为："民可使，由之；不可使，知之。"宋占生⑥、吴丕⑦、俞志慧⑧、陈乐平⑨、杨薇⑩、张长文等⑪、冯浩菲⑫、张刚⑬、王蔚⑭等都袭用了此断句。⑮

---

① 梁启超：《孔子讼冤》，《新民丛报》第八号《杂俎》栏《小慧解颐录》，1902年；《饮冰室文集全编》18卷，上海：新民书局，1931年7月再版，第32页；《梁启超学术论著》，杭州：浙江人民出版社，1998年，第192页。案：李泽厚说康有为也有此断句（氏著《论语今读》，合肥：安徽文艺出版社，1998年，第205页），但并没有注明康说的出处。王承璐《"民可使由之不可使知之"辨》（《江淮论坛》第6期，1981年）则认为是康有为《论语注》提出这一断句，但遍寻不见。应当是以讹传讹。
② 乔一凡：《论语通义》，北京：中华书局，1983年，第126页。
③ 陈金粟：《是愚民、民主还是教民——读〈论语〉民可使由之不可使知之》，《新疆师范大学学报（哲学社会科学版）》，第1期，1984年。
④ 盖莉：《关于"民可使由之不可使知之"的释读》，《孔子研究》第3期，2000年。
⑤ 王承璐：《"民可使由之不可使知之"辨》，《江淮论坛》第6期，1981年。
⑥ 宋占生：《"民可使由之不可使知之"辨》，《松辽学刊》第2期，1985年。
⑦ 吴丕：《孔子的"使民"思想——关于"民可使由之，不可使知之"的解释》，《齐鲁学刊》第5期，1994年；《再论儒家"使民"思想》，《光明日报》，2000年6月13日。
⑧ 俞志慧：《〈论语·泰伯〉"民可使由之不可使知之"章心解》，《孔孟月刊》第35卷，第5期，1997年1月。
⑨ 陈乐平：《试释〈论语〉"民可使"章》，《无锡教育学院学报》第4期，1997年。
⑩ 杨薇：《"民可使由之不可使知之"辨释》，《湖北大学成人教育学院学报》第4期，1999年。
⑪ 张长文、袁丽华、廖舸：《〈论语·泰伯〉第九章新断》，《长沙电力学院学报（社会科学版）》第3期，第16卷，2001年8月。
⑫ 冯浩菲：《孔子"愚民"辨》，《文史哲》第3期，2003年。
⑬ 张刚：《是"愚民"还是"民本"——〈论语〉一则略考》，《思想战线》第6期，2004年。
⑭ 王蔚：《"民可使由之不可使知之"句意辨析》，价值中国网，2005年1月20日。
⑮ 南怀瑾说："到了民国以来，'五四运动'前后，有好几个人改这两句话。康有为、梁启超他们说，孔子绝对民主，古人对这两句书，圈点句读错了，应该是'民可使，由之'。老百姓各个知识都高了，可以公开选择投票，给他们政治自由。'不可使，知之。'老百姓还没有到达水平，'知之'，教育他，训练他，先使他知。改得好像是非常好。但又有人不同意，说康、梁的句读也错了，应该是'民可，使由之'。看看这个社会、老百姓可以民主了，给他民主。'不可，使知之。'看看老百姓还不可以民主的时候，'使知之'，要教育他。"（氏著《论语别裁》，上海：复旦大学出版社，1990年，第394-395页）依此说，这种断句当源于康、梁。其实康有为并没有这两种断句；梁启超没有"民可使，由之。不可使，知之"的断句，却有"民可，使由之。不可，使知之"的断句，南先生是完全颠倒了。

三是断为:"民可使由之,不可,使知之。"① 或"民可使由之? 不可! 使知之。"②

四是断为:"民可使,由之不可,使知之。"③

五是断为:"民可使由之,不。可使知之。"④

这五种断句能否成立? 我们看看湖北荆门郭店一号墓出土的楚简《尊德义》篇的记载就清楚了。

郭店楚简《尊德义》篇简21、22说:"民可使道之,而不可使智(知)之。民可道也,而不可强也。"其注释裘锡圭按:"道,由也。《论语·泰伯》:'子曰:民可使由之,不可使知之。'"⑤

笔者曾指出:

> 简文的"民可使道之,而不可使知之"即《论语·泰伯》所载"子曰:民可使由之,不可使知之"。……"民可使道之,而不可使知之"与"民可导也,而不可强也"语意非常接近。"民可导也",从"民可使道之"出;"不可强也",从"不可使知之"出。……这就是说……老百姓可以引导,但这种引导不能强迫……⑥

如果承认笔者简文"民可导也,而不可强也"是对"民可使导之,而不可使知之"的解释,那么,就会发现上述改读都是不能成立的。

因为简文"民可导也,而不可强也"不能点为"民可,导也;而不可,强也","民可使导之,而不可使知之"自然也不能点为"民可,使导之;

---

① 骆小所:《谈谈"民可使由之不可使知之"的断句和翻译——兼谈其中"可"的不同用法》,《曲靖师范学院学报》,1982年。
② 已故辽宁大学阎简弼说,见王建华:《"民可使由之,不可使知之"的五种句读方法》,《晋东南师范专科学校学报》第3期,2002年。
③ 王建华:《"民可使由之,不可使知之"的五种句读方法》;又王蔚:《"民可使由之不可使知之"句意辨析》。
④ 王昌铭说,见2004年8月24日《语言文字报》,转引自王蔚:《"民可使由之不可使知之"句意辨析》。
⑤ 荆门市博物馆:《郭店楚墓竹简》,北京:文物出版社,1998年5月,第175页。
⑥ 廖名春:《郭店楚简儒家著作考》,《孔子研究》第3期,1998年,第77页。

而不可,使知之",则"民可,使由之;不可,使知之"的断句必然不能成立。

同理,简文"民可导也,而不可强也"不能点为"民可,导也;而不可,强也","民可使导之,而不可使知之"自然也不能点为"民可使,导之;而不可使,知之",则"民可使,由之;不可使,知之"的断句也必然不能成立。

简文"民可导也,而不可强也"不能点为"民可导也;而不可,强也","民可使导之,而不可使知之"自然也不能点为"民可使导之;而不可,使知之",则"民可使由之,不可,使知之"或"民可使由之?不可!使知之"的断句也必然不能成立。

简文"民可导也,而不可强也"不能点为"民可,导也而不可,强也","民可使导之,而不可使知之"自然也不能点为"民可使,导之而不可,使知之",则"民可使,由之不可,使知之"的断句也必然不能成立。

简文"民可导也,而不可强也"不能点为"民可导也,而不,可强也","民可使导之,而不可使知之"自然也不能点为"民可使导之,而不,可使知之",则"民可使由之,不。可使知之"的断句也必然不能成立。

承认简文"民可导也,而不可强也"是对"民可使导之,而不可使知之"的解释,我们就会发现,"不可使知之"之"知"就是"强",其意义应该是强迫,而不是所谓知晓、明白。而《论语》"不可使知之"之"知"也应如此。

但"知"字为什么会有"强"的义训呢?学人们鲜能作进一步的探讨。彭忠德则指出,"知"之一义为主持、掌管,此处即当引申为控制、强迫之意。[①] 李锐支持彭说,并作了补证:

> 《左传·襄公二十六年》:"公孙挥曰:'子产其将知政矣!'"魏了翁《读书杂钞》说:"后世官制上知字,如知府、知县,始此。"《国语·越语》也记越王句践说:"凡我父兄昆弟及国子姓,有能助寡人谋而退吴者,吾与之共知越国之政。"此一义项在后代也常见,《字汇·矢部》:

---

① 彭忠德:《也说"民可使由之"章》,《光明日报》,2000年5月16日。

"知,《增韵》:主也。今之知府、知县,义取主宰也。"张相《诗词曲语词汇释》卷五:"知,犹管也。"

如此说来,"民可使由之,不可使知之"则成了:"民众可以让人引导他们;不能让人管治他们"。①

"知"有主管义自然没问题,但"主管"义与"强"义毕竟还有距离,说"当引申为控制、强迫之意",不但有点勉强,而且缺乏书证。更重要的是,以孔子有"民众……不能让人管治他们"之说,实在说不过去。如果孔子认为"民众……不能让人管治他们"的话,那就近于道家"无为"之说了,孔子也就成了老子、庄子了。儒家矢志于"修""齐""治""平",作为其代表的孔子又怎能说"民众……不能让人管治他们"呢?可见这一解释是难以成立的。

笔者认为以"知"为本字要说通"强"字是不可能的,当另求别解。因此,颇疑"知"非本字,当为"折"字之借。王引之云:

> "楔而舍之,朽木不知","知"字宋、元本及明程荣本并同。自沈泰本始改"知"为"折",而朱本、卢本、孔本皆从之。家大人曰:作"知"者原本,作"折"者后人依《荀子》改之也。《晋书·虞溥传》"锲而舍之,朽木不知",所引即《大戴礼》文。《晏子》杂篇"夫不出于尊俎之间,而知冲千里之外,其晏子之谓也","知冲"即"折冲"(后人不晓"知"字之义而删去"冲"字,又于"晏子之谓也"下增"可谓折冲矣"五字,大谬。辨见《读书杂志》)。是"知"与"折"古字通,故《荀子》作"折",《大戴》作"知",孔以宋本作"知"为讹,非也。("折"于古音属祭部,"知"于古音属支部。支、祭二部之字,古或相通。《檀弓》:"吉事,欲其折折尔。"郑注:"折折,安舒貌。《诗》云:好人提提。"《释文》:"折,大兮反。"《中庸》引《诗》:"既明且哲。"《释文》:"哲,徐本作

---

① 李锐:《"民可使由之不可使知之"再解》,"考古学与中国现代学术国际研讨会"论文,烟台大学,2004年10月。

知。""哲"之为"知","折折"之为"提提",亦犹"折"之通作"知"也。)①

《周礼·地官司徒下》:"师氏:掌以媺诏王。以三德教国子:一曰至德以为道本,二曰敏德以为行本,三曰孝德以知逆恶。"孔颖达疏:"以孝德之孝以事父母,则知逆恶不行也。"俞樾云:

> "逆恶"之事无取乎"知"之,"知"当读为"折"。《荀子·劝学》篇:"锲而舍之,朽木不折。"《大戴礼记·劝学》篇作:"楔而舍之,朽木不知。""知"即"折"之假字也。"知"与"折"古音相近。《礼记·中庸》篇:"既明且哲。"《释文》曰:"哲,徐本作知。""知"之通作"折",犹"知"之通作"哲"也。"孝德以折逆恶"者,言以孝德折其逆恶之心也。"折"犹制也。《论语·颜渊》篇"片言可以折狱者",郑注:"鲁读'折'为'制'。"是"折"与"制"义通。②

《说文·矢部》:"知,词也,从口,从矢。"徐锴《系传》:"凡知理之速,如矢之疾也,会意。"但《韵会》引作从口矢声"。徐灝《说文解字注笺》:"知当从矢声。"苗夔《说文声订》也云:"当从建首字(矢)声例补'矢亦声'。"③案:"知当从矢声"说是。《周易·晋》:"失得勿恤。"《释文》:"失,孟、马、郑、虞、王肃本作矢,……虞云:矢,古誓字。"④《礼记·表记》:"信誓旦旦。"《释文》:"誓,本亦作矢。"⑤"知"字从"矢"得声,"矢"可与"誓"互用,"知"自然也可与"折"互用。因此,"不可使知之"之"知"读为"折",从音理和文献互用的习惯来看,是完全可能的。

---

① 王引之:《经义述闻》卷十二《大戴礼记中》,《续修四库全书》经部群经总义类,第174册,第544页。
② 俞樾:《群经平议》卷十二《周官一》,《续修四库全书》经部群经总义类,第178册,第203页。
③ 丁福保:《说文解字诂林》,北京:中华书局,1988年,第5499页。
④ 陆德明:《经典释文》卷第一《周易音义》;王弼注,孔颖达疏,卢光明、李申整理:《周易正义》(十三经注疏),北京:北京大学出版社,2000年,第423页。
⑤ 按:"'矢'下原衍'誓'字,今删。"引自高亨、董治安:《古字通假会典》,济南:齐鲁书社,1989年,第575页。

《说文·艸部》:"折,断也。"本义是以斧断木,引申则有以强力阻止、挫败、折服、制伏之意。《诗·大雅·绵》"予曰有御侮",毛传:"折冲曰御侮。"孔颖达疏:"有武力之臣能折止敌人之冲突者,是能扞御侵侮,故曰御侮也。"《孔子家语·贤君》:"忠士折口。"王肃注:"折口,杜口。"《汉书·蒯通传》:"折北不救。"颜师古注:"折,挫也。"又《游侠传》:"权行州域,力折公侯。"《书·吕刑》:"伯夷降典,折民惟刑。"陆德明《经典释文》:"折,马云:智也。"孔颖达疏:"折断下民,惟以典法。"又:"哲人惟刑。"孔安国传:"言智人惟用刑。"王引之曰:"'哲'当读为'折','折'之言制也。'哲人惟刑',言制民人者惟刑也。(上文'制以刑',《墨子·尚同》篇引作'折则刑'。)上文'伯夷降典,折民惟刑'……《墨子·尚贤》篇引作'哲民惟刑'。'折',正字也;'哲',借字也。'哲人惟刑'犹云'折民惟刑'耳。"①其说是。"折民"即"制民",折就是制,就是用强力制伏、压伏。

因此,简文"民可使道之,而不可使知之。民可道也,而不可强也"当读作"民可使导之,而不可使折之。民可导也,而不可强也"。是说老百姓可以让人引导他们,而不能让人用暴力去阻止、折服他们;老百姓可以引导,但不能强迫。"导"是引导,"折"是以强力阻止、挫败、折服、制伏,其义正好相反。由于"强"与"折"义近,故简文以"强"释"折"。

懂得了这一点,说简文"两层意思相互联系,但并不相同",显然是不能成立的。②说简文是讲"治民者以身教还是以言教"③,也同样欠准确。回到《论语》本文,"民可使由之,不可使知之"章,"由"当读为"迪","迪",导也。④ 而"知"当读为"折",义为阻止、挫败、折服。孔子是说:民众可

---

① 王引之:《经义述闻》卷四《尚书下》,《续修四库全书》经部群经总义类,第 174 册,第 354 页。
② 钱逊:《"使由使知"和"可道不可强"》,简帛研究网,2000 年 5 月 24 日。
③ 庞朴:《"使由使知"解》,《文史知识》第 9 期,1999 年。
④ 李锐:《玉篇·辵部》:"迪,导也。"所以"由"当为"迪"之借字,"迪"训为"导",正好与《尊德义》"道(导)"之意相同。而且,"迪"古音为定纽觉部字,"道"古音为定纽幽部字,韵部幽觉为严格的阴入对转,古书中也有"迪""道"互用之例(氏著:《"民可使由之不可使知之"再解》)。其说可参。

以让人引导，而不能用暴力去阻止、挫折。这是正视民众力量而得出的民本学说，又何来愚民思想？王引之指出："字之声同声近者，经传往往假借。学者以声求义，破其假借之字，而读以本字，则涣然冰释。如其假借之字而强为之解，则诘鞫为病矣。"① 不明假借读《论语》"民可使由之，不可使知之"章，"强为之解"，自然"诘鞫为病"，以致诬孔子愚民；破"知"之假借而"读以本字""折"，《论语》此章的本义才"涣然冰释"。不过，没有郭店楚简《尊德义》的铁证，我们很难想到"知"是"折"的借字，孔子"愚民"的千古之冤恐怕也难以尽洗。

---

① 王引之：《经义述闻·序》，《续修四库全书》经部群经总义类，第174册，第250页。

《论语》"父子互隐"章新证

《论语·子路》篇第十八章："叶公语孔子曰：'吾党有直躬者，其父攘羊，而子证之。'孔子曰：'吾党之直者异于是。父为子隐，子为父隐，直在其中矣。'"① 近年来，关于此章的争议越来越激烈。攻之者说"父为子隐，子为父隐"是"典型的徇情枉法""无可置疑的腐败行为"②；辩护者说这是"伦理常态"，"'父子互隐'中恰恰包含着对人权的尊重与维护的因素。让亲人从亲人的证人席上走开，恰恰具有现代性"。③ 两种意见虽然势同水火，但其训诂学的基础却非常一致，都以"隐"为"隐匿"，因为这是自古以来的通训。

前几年给本科生上课，学生周逸说王弘治有文认为这里的"隐"是"檃"的假借字，引申为矫治纠正的意思。"父为子隐，子为父隐"就是：如同檃栝可以使不规则的木料成为良匠手中的可用之材，父亲是在潜移默化之中端正儿子行为的榜样；又如同矫正曲木需要柔和的外力作用与相应的施力时间，儿子也应该采取不过火的行动来纠正父亲的不当行为。④ 我非常吃惊，课后找到王文，拜读后赞叹不已，又作了一些补充证明，写进了为庆

---

① 文渊阁《四库全书》经部四书类《论语注疏》卷十三，武汉：武汉大学出版社，1997年。
② 刘清平：《论孔孟儒学的血亲团体性特征》，《哲学门》，武汉：湖北教育出版社，2000年，第1卷第1册；刘清平：《美德还是腐败——析〈孟子〉中有关舜的两个案例》，《哲学研究》第2期，2002年，第43-47页；邓晓芒：《再议"亲亲相隐"的腐败倾向——评郭齐勇主编〈儒家伦理争鸣集〉》，《学海》第5期，2007年，第5-24页。
③ 郭齐勇：《也谈"子为父隐"与孟子论舜》，《哲学研究》第10期，2002年，第27-30页。
④ 王弘治：《〈论语〉"亲亲相隐"章重读》，《浙江学刊》第1期，2007年，第93-98页。

祝清华大学古文献研究中心成立而作的《从〈论语〉研究看古文献学的重要性》①一文中。现在，随着《刑事诉讼法》的修订，对《论语》"父子互隐"章的关注又达到了一个新的高度。笔者认为，《论语》此章的问题关系到孔子学说的大根大本，从训诂到义理，有一些问题尚未完全解决，还有继续深入研究的必要。因此，拟在前文的基础上，作一更为系统详细的讨论。希大方之家不吝指正。

一、文献的证明

王弘治将《论语·子路》篇"父为子隐，子为父隐"之"隐"读为"檃"，训为"矫正"，看起来匪夷所思，其实从古汉语的语言习惯看，非常正常。

首先，古文献中"隐"与"檃"通用，当属常例。

"檃栝"一词，《荀子》书多见。如《荀子·性恶》篇：

> 故枸木必将待檃栝、烝矫然后直，钝金必将待砻厉然后利，今人之性恶，必将待师法然后正，得礼义然后治。②

杨倞注："檃栝，正曲木之木也。烝，谓烝之使柔。矫，谓矫之使直也。"③

《荀子·性恶》篇又说：

> 故檃栝之生，为枸木也；绳墨之起，为不直也；立君上、明礼义，为性恶也。用此观之，然则人之性恶明矣，其善者伪也。直木不待檃栝而直者，其性直也；枸木必将待檃栝、烝矫然后直者，以其性不直也。④

《荀子·大略》篇也说：

---

① 廖名春：《从〈论语〉研究看古文献学的重要性》，《清华大学学报（哲学社会科学版）》第1期，2009年，第22-26页。
②④ 文渊阁《四库全书》子部儒家类《荀子》卷十七，武汉：武汉大学出版社，1997年。
③ 王天海：《荀子校释》，上海：上海古籍出版社，2005年，第937页。

乘舆之轮，大山之木也。示诸檃栝，三月、五月，为帱菜，敝而不反其常。君子之檃栝，不可不谨也。慎之！①

杨倞注："檃栝，矫揉木之器也。言寘诸檃栝，或三月，或五月也。帱菜，未详。或曰：菜读为苗，谓毂舆辐也。言矫揉直木为牙，至于毂辐皆敝，而规曲不反其初，所谓三材不失职也。《周礼·考工记》曰：'望其毂，欲其眼也。进而视之，欲其帱之廉也。'郑云：'帱，冒毂之革也。革急则木廉隅见。'《考工记》又曰：'察其苗蚤不齵，则轮虽敝不匡。'郑云：'苗谓辐入毂中者。蚤读为爪。谓辐入牙中者也。匡，刺也。'《晏子春秋》曰：'今夫车轮，山之直木。良匠揉之，其员中规，虽有槁暴，不复嬴矣。'"②

《荀子·法行》篇还有：

南郭惠子问于子贡曰："夫子之门，何其杂也？"子贡曰："君子正身以俟，欲来者不距，欲去者不止。且夫良医之门多病人，檃栝之侧多枉木，是以杂也。"③

杨倞注认为，"檃栝，正曲木之木也"，"矫揉木之器也"。《说文·木部》："檃，栝也。从木，隐省声。""栝，檃也。从木昏声。"④徐锴《系传》："檃，即正邪曲之器也。"⑤段玉裁《说文解字注》："檃栝者，矫制衺曲之器也"，"檃与栝互训"。⑥王筠《句读》："古书多檃栝连言，许君则二字转注，以见其为一事而两名，群书连用之为复语也。《增韵》曰：'揉曲者曰檃，正方者曰栝。'分为两义，盖非许意也。"⑦由此可知，"檃栝"复词同义，"檃"

---

① 文渊阁《四库全书》子部儒家类《荀子》卷十九，武汉：武汉大学出版社，1997年。
② 王天海：《荀子校释》，第1082-1083页。
③ 文渊阁《四库全书》子部儒家类《荀子》卷二十，武汉：武汉大学出版社，1997年。
④ 文渊阁《四库全书》经部小学类字书之属《说文解字》卷六上，武汉：武汉大学出版社，1997年。
⑤ 文渊阁《四库全书》经部小学类韵书之属《古今韵会举要》卷二十一，武汉：武汉大学出版社，1997年。
⑥ 段玉裁：《说文解字注》，上海：上海古籍出版社，1981年，第264页。
⑦ 王筠：《说文句读》，《续修四库全书》，第217册，上海：上海古籍出版社，1995年，第444页。

也是"桰","桰"也是"檃",它们都是矫正竹木弯曲的器具,依杨倞说,当为木头所制,所以两字都从木。不过,它们也还有别的写法。

《荀子·非相》篇:

> 善者于是间也,亦必远举而不缪,近世而不佣,与时迁徙,与世偃仰,缓急赢绌,府然若渠堰檃括之于已也。

杨倞注:"檃括,所以制木。"① 此"所以制木"之"檃括",无疑就是《荀子》上文"正曲木之木也""矫櫱木之器也"之"檃桰",只是"桰"写作了"括"。

《淮南子·修务》:

> 木直中绳,揉以为轮,其曲中规,檃括之力。②

"檃括之力"即"檃桰之力"。这里"檃桰"也被写成"檃括"。

葛洪《抱朴子·酒诫》:

> 是以智者严檃括于性理,不肆神以逐物。③

刘勰《文心雕龙·熔裁》:

> 蹊要所司,职在镕裁,檃括情理,矫揉文采也。④

这里的"檃括",都应读为"檃桰"。"严檃括于性理",即对于"性理"要严格规范。"檃括情理"与"矫揉文采"相对,"檃括"即"矫揉",也是规范的意思。

文献中更多的则是将"檃桰"写作"隐括"。如《说苑·杂言》:

> 东郭子惠问于子贡曰:"夫子之门何其杂也?"子贡曰:"夫隐括之

---

① 文渊阁《四库全书》子部儒家类《荀子》卷三,武汉:武汉大学出版社,1997年。
② 文渊阁《四库全书》子部杂家类杂学《淮南鸿烈解》卷十,武汉:武汉大学出版社,1997年。
③ 文渊阁《四库全书》子部道家类《抱朴子内外篇·外篇》卷二,武汉:武汉大学出版社,1997年。
④ 文渊阁《四库全书》集部诗文评类《文心雕龙》卷七,武汉:武汉大学出版社,1997年。

旁多枉木，良医之门多疾人，砥砺之旁多顽钝。夫子修道以俟天下，来者不止，是以杂也。"①

此条记载亦见于上举《荀子·法行》，只不过将"檃栝"写作了"隐括"。《韩非子·显学》：

夫必恃自直之箭，百世无矢；恃自圜之木，千世无轮矣。自直之箭、自圜之木，百世无有一；然而世皆乘车射禽者，何也？隐括之道用也。虽有不恃隐括，而有自直之箭、自圜之木，良工弗贵也，何者？乘者非一人，射者非一发也。②

又《难势》：

夫弃隐括之法，去度量之数，使奚仲为车，不能成一轮。③

《韩非子》这里的三处"隐括"，显然就是《荀子》书屡见之"檃栝"。《大戴礼记·卫将军文子》：

外宽而内直，自设于隐括之中，直己而不直于人，以善存，亡汲汲，盖蘧伯玉之行也。④

同是这一段话，"隐栝"《韩诗外传》卷第二作"隐括"⑤，《孔子家语·弟子行》亦作"隐括"⑥，《尸子·劝学》则作"檃栝"。⑦ 孔广森《补注》："揉曲者曰隐，正方者曰栝。"⑧ 王聘珍《解诂》："隐读曰檃。"⑨ 这里的"隐栝"，

---

① 文渊阁《四库全书》子部儒家类《说苑》卷十七，武汉：武汉大学出版社，1997年。
② 文渊阁《四库全书》子部法家类《韩非子》卷十九，武汉：武汉大学出版社，1997年。
③ 文渊阁《四库全书》子部法家类《韩非子》卷十七，武汉：武汉大学出版社，1997年。
④ 文渊阁《四库全书》经部礼类礼记之属《大戴礼记》卷六，武汉：武汉大学出版社，1997年。
⑤ 文渊阁《四库全书》经部诗类《韩诗外传》卷二，武汉：武汉大学出版社，1997年。
⑥ 文渊阁《四库全书》子部儒家类《孔子家语》卷三，武汉：武汉大学出版社，1997年。
⑦ 汪继培：《尸子（辑校本）》，《续修四库全书》，第1121册，上海：上海古籍出版社，1995年，第267页。
⑧ 孔广森：《大戴礼记补注》，《续修四库全书》，第107册，上海：上海古籍出版社，1995年，第561页。
⑨ 王聘珍：《大戴礼记解诂》，北京：中华书局，1983年，第115页。

读为"檃栝",犹如"规矩"。

《韩诗外传》卷第一:

> 磏仁虽下,然圣人不废者,匡民隐括,有在是中者也。①

此"隐括"即"檃栝",所以屈守元《笺疏》云:"以喻法制。"②"匡民隐括"就是以"檃栝"匡正百姓,"檃栝"之义也相当于"规矩"。

《鬼谷子·飞箝》第五:

> 凡度权量能,所以征远来近。立势而制事,必先察同异,别是非之语,见内外之辞,知有无之数,决安危之计,定亲疏之事,然后乃权量之。其有隐括,乃可征,乃可求,乃可用。③

许富宏注:"隐括,也作檃括、檃栝、檃桰。原指矫正竹木弯曲的工具……这里借指对同异、是非、内外、有无加以剪裁或修改。"④案:此"隐括"义亦为规矩,本字亦当为"檃栝"。

《盐铁论·申韩》:

> 故设明法,陈严刑,防非矫邪,若隐括辅檠之正弧剌也。⑤

王利器校注:"'隐括',张之象本、沈延铨本、金蟠本作'檃栝',张之象注曰:'檃,揉曲者也。栝,正方者也。辅檠,辅正弓弩者也。弧剌⑥,弓之不正者也。《荀子》曰:"不得排檠,则不能自正。"(《性恶篇》)"⑦此用来"正弧剌"之"隐括",也当是《荀子》书所谓"檃栝",其与"辅檠"一样,

---

① 文渊阁《四库全书》经部诗类《韩诗外传》卷一,武汉:武汉大学出版社,1997年。
② 屈守元:《韩诗外传笺疏》,成都:巴蜀书社,1996年,第88页。
③ 文渊阁《四库全书》子部杂家类杂学之属《鬼谷子》,武汉:武汉大学出版社,1997年。
④ 许富宏:《鬼谷子集校集注》,北京:中华书局,2008年,第78页。
⑤ 文渊阁《四库全书》子部儒家类《盐铁论》,武汉:武汉大学出版社,1997年。
⑥ 弧(kuā),歪邪。《文选·张衡〈南都赋〉》:"方今天地之雎剌帝乱其政,豺虎肆虐,真人革命之秋也。"李善注:"雎剌,喻祸乱也……王逸曰:'剌,邪也。'"
⑦ 王利器:《盐铁论校注》(定本)卷第十,北京:中华书局,1992年,第580、583页。

都是矫正之器。

又《盐铁论·大论》：

> 俗非唐、虞之时，而世非许由之民，而欲废法以治，是犹不用隐括斧斤，欲挠曲直枉也。①

此"隐括"与"斧斤"一样，是"挠曲直枉"的工具，也当作"檃栝"。

蔡邕《郭有道林宗碑》：

> 贞固足以干事，隐括足以矫时。②

能够矫正时弊的"隐括"，本字显然当作"檃栝"。

董逌《广川书跋·蔡邕石经》：

> 独蔡邕镌刻七经，著于石碑，有所检据，隐括其失。③

"隐括其失"，即矫正其错误。此"隐括"当为"檃栝"，名词作动词用，遂有矫正规正之义。

何休《〈春秋公羊传〉序》：

> 往者略依胡母生条例，多得其正，故遂隐括使就绳墨焉。④

此"隐括"是"规正"的意思，指规正错误使之符合规定，其本字当作"檃栝"。

《颜氏家训·书证》：

> 吾尝笑许纯儒，不达文章之体，如此之流，不足凭信。大抵服其为书，隐括有条例，剖析穷根源，郑玄注书，往往引以为证；若不信

---

① 文渊阁《四库全书》子部儒家类《盐铁论》卷十二，武汉：武汉大学出版社，1997年。
② 文渊阁《四库全书》集部别集类汉至五代《蔡中郎集》卷五，武汉：武汉大学出版社，1997年。
③ 文渊阁《四库全书》子部艺术类书画之属《广川书跋》卷五，武汉：武汉大学出版社，1997年。
④ 文渊阁《四库全书》经部春秋类《春秋公羊传注疏》，武汉：武汉大学出版社，1997年。

其说，则冥冥不知一点一画，有何意焉。①

宋孙奕《示儿编》引此段话，"隐括"就写作"檃括"。②

除"隐括"之说外，文献中习见的"隐揉""隐审""隐实""隐核"诸说中的"隐"也都是"檃"的借字。

如《晏子春秋·内篇杂上》：

> 今夫车轮，山之直木也，良匠揉之，其圆中规，虽有槁暴，不复赢矣，故君子慎隐揉。

吴则虞《集释》："孙星衍云：《荀子·大略篇》：'君子之檃括，不可不谨也。慎之。''隐'与'檃'通，谓檃括。"③王弘治引《汉书·公孙弘传》："臣闻揉曲木者不累日。"颜师古注："揉谓矫而正之也。"认为"隐揉"不是一个联绵词，而"隐"也可以单独使用表示"矫正"的意思。④其说是。

《后汉书·安帝纪》：

> 刺史举所部，郡国太守相举墨绶，隐亲悉心，勿取浮华。

李贤注："隐亲犹亲自隐也；悉，尽也。言令三公以下各举所知，皆隐审尽心，勿取浮华不实者。"⑤案："隐审"复词同义，"隐"即"审"，也就是审查、检查。故李贤注以"隐审"释"隐"。《旧唐书·食货志》："开元中，有御史宇文融献策，括籍外剩田、色役伪滥，及逃户许归首，免五年征赋。每丁量税一千五百钱，置摄御史，分路捡括隐审。得户八十余万田。"⑥"隐审"与"捡括"并列，都是稽查的意思。这里的"隐"实际都是"檃"的借字。

---

① 王利器：《颜氏家训集解（增补本）》，北京：中华书局，1993年，第509-510页。
② 文渊阁《四库全书》子部杂家类杂说之属《示儿编》卷二十二，武汉：武汉大学出版社，1997年。
③ 吴则虞：《晏子春秋集释》，北京：中华书局，1992年，第347、349页。
④ 王弘治：《〈论语〉"亲亲相隐"章重读》，《浙江学刊》第1期，2007年，第93-98页。
⑤ 文渊阁《四库全书》史部正史类《后汉书》卷五，武汉：武汉大学出版社，1997年。
⑥ 文渊阁《四库全书》史部正史类《旧唐书》卷四十八，武汉：武汉大学出版社，1997年。

《后汉书·孔融传》：

> 辟司徒杨赐府。时隐核官僚之贪浊者，将加贬黜，融多举中官亲族。①

《晋书·张辅传》：

> 故述辩士则辞藻华靡，叙实录则隐核名检，此所以迁称良史也。②

这里的"隐核"都是审核、校核的意思，这里的"隐"也当读为"檃"。

《晋书·宣帝纪》：

> 时边郡新附，多无户名，魏朝欲加隐实。③

又《庾冰传》：

> 又隐实户口，料出无名万余人，以充军实。④

此"隐"与"核"同义，"实"也即"核"，"隐实"也是"隐核"。这种审核、核实意义上的"隐实"，"隐"的本字就是"檃"。

《尔雅·释言》："殷、齐，中也。"徐朝华《今注》："'殷'，通'隐（yǐn）'。'隐'，隐栝，矫揉弯曲的竹木等使之平直或成形的器具。引申为正，居中。"⑤这是说，"隐"即"檃栝"，本是名词，是"矫揉弯曲的竹木等使之平直或成形的器具"，引申为动词，就有"正"，使不直者直，使不正者正，也就是矫正、规正、纠正的意思。

《尔雅·释言》又说："隐，占也。"郭璞注："隐，度。"⑥《广雅·释诂一》也说："隐，度也。"⑦所谓"度"，就是审度。这里指用"檃栝"去审核规正。

---

① 文渊阁《四库全书》史部正史类《后汉书》卷一百，武汉：武汉大学出版社，1997年。
② 文渊阁《四库全书》史部正史类《晋书》卷六十，武汉：武汉大学出版社，1997年。
③ 文渊阁《四库全书》史部正史类《晋书》卷一，武汉：武汉大学出版社，1997年。
④ 文渊阁《四库全书》史部正史类《晋书》卷七十三，武汉：武汉大学出版社，1997年。
⑤ 徐朝华：《尔雅今注》，天津：南开大学出版社，1994年，第77页。
⑥ 文渊阁《四库全书》经部小学类训诂之属《尔雅注疏》卷二，武汉：武汉大学出版社，1997年。
⑦ 文渊阁《四库全书》经部小学类训诂之属《广雅》卷一，武汉：武汉大学出版社，1997年。

《书·盘庚下》："邦伯师长，百执事之人，尚皆隐哉。"郑玄注："言当庶几相隐括共为善政。"孔颖达疏："隐谓隐审也。"① 这里的"隐"，《熹平石经》作"乘"。孙星衍《尚书今古文注疏》：《周礼》"槀人"郑众注及"宰夫"郑玄注都云"乘，计也"，以为"言当计度之，亦犹云隐度也"。② 所谓"计"即"审"，也就是审度。郑玄注以"隐括"释"尚皆隐哉"之"隐"，说明此当本于用"檃栝"来规范之义。盘庚这是希望"邦伯师长，百执事之人"，都要能用"檃栝"来规正自己，都要能遵守规范。

《管子·禁藏》："是故君子上观绝理者以自恐也，下观不及者以自隐也。"尹知章注："隐，度也，度己有不及之事当效之也。"③ 姜涛注："自隐：自我纠正。隐，借为'概'，校正用的木板，引申为纠正。"④ 其说是，不过这里的"隐"并非"概"的借字，而是"檃"的借字。

东汉崔子玉《座右铭》：

> 世誉不足慕，唯仁为纪纲。隐心而后动，谤议庸何伤？

李善注："刘熙《孟子注》曰：'隐，度也。'《周易》曰：'君子安其身而后动，易其心而后语。'《吕氏春秋》曰：'内反于心不惭，然后动也。'"⑤ 案："隐"当训为正、规正。"隐心而后动"，即"正心而后动"。以什么"正心"呢？自然是"檃栝"。所以，这里的"隐"也当读为"檃"。

"檃"本为"正曲木之木""正邪曲之器"，其为木质，故字从木。名词作动词，"檃"遂有规正、矫正、纠正之义。这一意义上的"檃"，古人常写作"隐"，训为"度"。所谓"度"，也就是规范。《左传·昭公三年》："公室无度。"韦昭注："无法度。"⑥《后汉书·清河王蒜传》："蒜为人严重，动

---

① 文渊阁《四库全书》经部书类《尚书注疏》卷八，武汉：武汉大学出版社，1997年。
② 孙星衍：《尚书今古文注疏》，北京：中华书局，1986年，第241页。
③ 文渊阁《四库全书》子部法家类《管子》卷十七，武汉：武汉大学出版社，1997年。
④ 姜涛：《管子新注》，济南：齐鲁书社，2006年，第386页。
⑤ 文渊阁《四库全书》集部总集类《文选注》卷五十六，武汉：武汉大学出版社，1997年。
⑥ 文渊阁《四库全书》经部春秋类《春秋左传注疏》卷四十二，武汉：武汉大学出版社，1997年。

止有度。"① 都是明证。《尔雅》郭璞注与《广雅·释诂一》训"隐"为"度"，是从"檃栝"的规范、规正义而言的，引申就有了审核义了。所以，文献中习见的"隐括""隐揉""隐审""隐实""隐核""隐度"之"隐"都当读为"檃"，不是训为规正、矫正，就是训为检核、审核。

由此可知，将《论语·子路》篇的"父为子隐，子为父隐"读为"父为子檃，子为父檃"，训为"父亲要替儿子矫正错误，儿子也要替父亲矫正错误"，从古汉语的语言学规律看，是完全可能的，并不值得大惊小怪。

二、义理的证明

《论语·子路》篇"父为子隐，子为父隐"章之"隐"之所以不能训为隐匿、隐瞒，是由其义理，也就是孔子思想的内在逻辑决定的。

首先，从《论语》此章上下文的文义看，孔子与叶公讨论的是何者为"直"的问题。"叶公语孔子曰：'吾党有直躬者，其父攘羊，而子证之'"，叶公是以矛盾上交似的对外举证为"直"；"孔子曰：'吾党之直者异于是。父为子隐，子为父隐，直在其中矣'"，孔子则以家庭内部的互相规正错误为"直"。两者都是"隐（檃）"，都是矫正错误，规正错误，目的相同，所以都能称之为"直"。但两人手段不一，方法不同，此"直"不同于彼"直"：叶公之"党"是以对外举"证"，以告官的方式解决"攘羊"的问题；孔子之"党"则是以"隐（檃）"，以家庭成员内部互相规正来解决"攘羊"的问题。如果"父为子隐，子为父隐"是父子相互隐匿错误的话，孔子还称之为"直"，以为"直在其中矣"，那就是以不直为直，以不正为正。这就绝不是"直"，而只能说是"曲"了。所以，从《论语》此章的上下文看，"父为子隐，子为父隐"之"隐"只能为"檃"，绝不能训为隐匿。②

其次，除此章外，《论语》关于孔子的记载中并没有"匿过"说，更没

---

① 文渊阁《四库全书》史部正史类《后汉书》卷八十五，武汉：武汉大学出版社，1997年。
② 案：退一万步说，即使可以"子为父隐"，也不能"父为子隐"。父母替子女隐匿错误，不论古今，都是不明智的，适足以害之。

有相互包庇错误说；相反，多见的是改过说。如《学而》篇：

> 子曰："君子不重则不威，学则不固。主忠信，无友不如己者，过则勿惮改。"①

"主忠信"三句，又见于《子罕》篇"子曰"，可见这是孔子经常说的话。"过则勿惮改"，就是说要勇于改过，不要害怕改正错误。

《卫灵公》篇又载：

> 子曰："过而不改，是谓过矣！"②

这是从反面讲不改过之害。可见，对于"过"，孔子主张的是"改"，反对的是"不改"。

《述而》篇还有：

> 子曰："德之不修，学之不讲，闻义不能徙，不善不能改，是吾忧也。"
>
> 子曰："三人行，必有我师焉！择其善者而从之，其不善者而改之。"③

"不善者"也是"过"，也是错误，孔子强调的是"改之"，其"忧"的是"不能改"。《学而》篇孔子所说的"就有道而正焉"④，"正"是"匡正"，是用"有道"匡正自己的"不善"，其意与"择其善者而从之，其不善者而改之"同。

孔子对待错误的这种态度，对其弟子影响很大。《子张》篇载：

> 子夏曰："小人之过也必文。"⑤

---

① ④ 文渊阁《四库全书》经部四书类《论语注疏》卷一，武汉：武汉大学出版社，1997年。
② 文渊阁《四库全书》经部四书类《论语注疏》卷十五，武汉：武汉大学出版社，1997年。
③ 文渊阁《四库全书》经部四书类《论语注疏》卷七，武汉：武汉大学出版社，1997年。
⑤ 文渊阁《四库全书》经部四书类《论语注疏》卷十九，武汉：武汉大学出版社，1997年。

子夏认为小人犯了错误一定会加以掩饰,"文"实质就是隐瞒,这是"小人"而非君子之为。这是子夏的话,也可以说代表了孔子的思想。正因为孔子不掩饰错误,勇于改过,所以子贡称赞自己的老师:

> 君子之过也,如日月之食焉:过也,人皆见之;更也,人皆仰之。①

"更"就是"改","君子"勇于改过,"人皆仰之",而非鄙视。孔子勇于改过的思想和行为,可谓深入其弟子之心。从《论语》的这些记载看,说孔子主张父子相互隐匿错误,不是视孔子为小人,就是"以小人之心度君子之腹"。

孔子不主张父子相互隐匿错误,在其他的早期文献里也能得到证明。《左传·昭公十四年》云:

> 仲尼曰:"叔向,古之遗直也。治国制刑,不隐于亲,三数叔鱼之恶,不为末减。曰义也夫,可谓直矣!"②

叔向是春秋晋国的贤大夫,叔鱼为其弟。叔鱼卖狱,当权的韩起征求叔向的意见,叔向在"义"与"亲"的选择面前,选择了"义",结果"不隐于亲,三数叔鱼之恶,不为末减"③,孔子赞之为"古之遗直"。孔子既然许叔向"不隐于亲"为"直",又岂能以父子相互隐匿错误为"直"?

《孝经》还有:

> 子曰:"……父有争子,则身不陷于不义。故当不义,则子不可以不争于父。"④

《荀子·子道》也说:

---

① 文渊阁《四库全书》经部四书类《论语注疏》卷十九,武汉:武汉大学出版社,1997年。
② 文渊阁《四库全书》经部春秋类《春秋左传注疏》卷四十七,武汉:武汉大学出版社,1997年。
③ 杜预注:"末,薄也;减,轻也。"
④ 文渊阁《四库全书》经部孝经类《孝经注疏》卷七,武汉:武汉大学出版社,1997年。

孔子曰："父有争子，不行无礼。"①

正因为"父为子隐，子为父隐"是父子相互规正、矫正错误，所以孔子才肯定"争子"，才强调"当不义，则子不可以不争于父"。如果"父为子隐，子为父隐"是父子相互隐匿错误，"争子"一说又从何说起？

先秦儒学向来主张家国同构。《礼记·大学》云：

> 古之欲明明德于天下者，先治其国；欲治其国者，先齐其家……家齐而后国治，国治而后天下平。②

正因为"家齐而后国治，国治而后天下平"，所以欲"平天下"者，就要"先治其国"，"欲治其国者"，就要"先齐其家"。原因就是"天下国家，本同一体"，家与国是同构的，治国与治家，道理是一样的。这一理论，实质也代表了孔子的思想，是孔子学说的基石。

《论语·为政》篇有载：

> 或谓孔子曰："子奚不为政。"子曰："《书》云：'孝乎惟孝，友于兄弟，施于有政。'是亦为政，奚其为为政？"③

孔子认为在家讲"孝悌"，就会影响到政治，"孝悌"就是"为政"。因为家之孝子，才能是国之忠臣。在家不孝，在朝就会不忠。其弟子有子更说：

> 其为人也孝弟而好犯上者，鲜矣！不好犯上，而好作乱者，未之有也。君子务本，本立而道生。孝弟也者，其为仁之本与！④

"孝弟"是"为仁之本"，也是"为政"之本，"君子务本"，"为政"就当从"孝弟"始。后来孟子就概括为"尧舜之道，孝弟而已矣"⑤，认为尧

---

① 文渊阁《四库全书》子部儒家类《荀子》卷二十，武汉：武汉大学出版社，1997年。
② 文渊阁《四库全书》经部礼类礼记之属《礼记注疏》卷六十，武汉：武汉大学出版社，1997年。
③ 文渊阁《四库全书》经部四书类《论语注疏》卷二，武汉：武汉大学出版社，1997年。
④ 文渊阁《四库全书》经部四书类《论语注疏》卷一，武汉：武汉大学出版社，1997年。
⑤ 文渊阁《四库全书》经部四书类《孟子注疏》卷十二上，武汉：武汉大学出版社，1997年。

舜的"仁政",本质上就是"孝弟"的推衍。所以,从孔子到有子,从孟子到《大学》,都认为治国与治家同,家国一体,并无二理。这是以孔子为代表的先秦儒家的主流认识。

但是,如果《论语》"父为子隐,子为父隐"讲的是家庭里父子相互隐匿错误,那推衍到国家政治层面,君臣之间也就可以相互包庇,相互隐恶了。出现了问题,发生了错误,从家庭到国家,从父子到君臣,不是积极地想着怎样去解决,怎样去改正,而只是消极地、一味地去隐匿错误,掩盖问题,这虽然照顾到了人情,但又置社会的公平、政治的理性于何地?所以,从归谬法可知,将《论语》的"父为子隐,子为父隐"讲成是父子相互隐匿错误,只顾亲情而罔顾大义,是完全不能成立的。

将《论语》"父为子隐,子为父隐"讲成父子相互隐匿错误,从逻辑上看,是陷入了一厢情愿的两难推理。因为父亲偷了人家的羊,并非只有告官和隐瞒两种选择。告官是顾及了公义而不管亲情,隐瞒则是只顾亲情而罔顾公义,这两者皆非最好的选择。事实上,面对父亲偷羊的问题,完全还可以有第三种选择,还可以有另外的解决方案。这就是儿子可以规劝父亲,将偷来的羊给人家退回去,向人家赔礼道歉。如果人家不满意,儿子可以代父亲赔偿,可以出更高的价格,做好人家的工作。这样,"亡羊补牢,犹未为晚",身为人子,既能不犯包庇罪,又能不伤害父亲的感情,何乐不为?所以,置合情合理的解决之道于不顾,将"父为子隐,子为父隐"看成父子相互隐匿错误,可以说是陷入了道德两难的误区,自陷于险境。

现代学者多认为,儒家是亲亲为上、血缘亲情至上主义者,孔子也是如此。[①]"父子有亲","其父攘羊",其子就只能为父隐瞒,否则,就是不孝。这其实是对孔子思想的误读。

---

① 比如刘清平就认为孔子"坚持把'血亲情理'作为本根至上的基本精神",见氏著:《论孔孟儒学的血亲团体性特征》;郭齐勇主编:《儒家伦理争鸣集——以"亲亲互隐"为中心》,武汉:湖北教育出版社,2004年,第853页。

《论语·为政》篇载：

> 孟懿子问孝。子曰："无违。"樊迟御，子告之曰："孟孙问孝于我，我对曰：'无违。'"樊迟曰："何谓也？"子曰："生，事之以礼；死，葬之以礼，祭之以礼。"①

孔子认为"孝"之"无违"并非无条件地从父，而是"生，事之以礼；死，葬之以礼，祭之以礼"，要以守礼为前提。用《颜渊》篇的"子曰"来说，就是"父父、子子"②，父亲要像个父亲的样子，儿子要像个儿子的样子。换言之，当父亲不像个父亲的样子时，儿子是不能"无违"的。这就叫做"君子成人之美，不成人之恶"。③ "父攘羊"属于父的无礼，是"父不父"，"子为父隐"，就是"成人之恶"了，孔子怎能同意？所以，在社会公理和父子私情之间，孔子无疑是以父子私情服从于社会公理，不会因私而废公。

《荀子》的记载则更清楚。其《子道》篇云：

> 鲁哀公问于孔子曰："子从父命，孝乎？臣从君命，贞乎？"三问，孔子不对。孔子趋出，以语子贡曰："乡者君问丘也，曰：'子从父命，孝乎？臣从君命，贞乎？'三问而丘不对，赐以为何如？"子贡曰："子从父命，孝矣；臣从君命，贞矣。夫子有奚对焉？"孔子曰："小人哉！赐不识也。昔万乘之国，有争臣四人，则封疆不削；千乘之国，有争臣三人，则社稷不危；百乘之家，有争臣二人，则宗庙不毁。父有争子，不行无礼；士有争友，不为不义。故子从父，奚子孝？臣从君，奚臣贞？审其所以从之之谓孝、之谓贞也。"④

孔子认为不能简单地说"子从父命，孝矣"，应该是"审其所以从之之

---

① ③ 文渊阁《四库全书》经部四书类《论语注疏》卷二，武汉：武汉大学出版社，1997年。
② 文渊阁《四库全书》经部四书类《论语注疏》卷十二，武汉：武汉大学出版社，1997年。
④ 文渊阁《四库全书》子部儒家类《荀子》卷二十，武汉：武汉大学出版社，1997年。

谓孝",用《论语·阳货》篇的"子曰"来说,就是"君子义以为上"①,"孝"要以"义"为基准。荀子因而说:

> 入孝出弟,人之小行也;上顺下笃,人之中行也;从道不从君,从义不从父,人之大行也。②

孝弟、顺笃比起道义来,有小道理与大道理之别。道义作为社会公理来说,要高于父子私情。所以,当道义与父子私情发生矛盾时,就应该"从义不从父",而不是为孝而背义。这是荀子的意见,更是以孔子为代表的先秦儒家的主流看法。所以,以孔子为代表的先秦儒家虽然重视亲情、强调亲亲,但他们并非血缘至上主义者,他们基于家庭伦理讲社会公德,基于"父子有亲"讲"君臣有义"。所以真正到社会公德与父子私情有违时,他们还是能分清大是大非的,这就是"不成人之恶""从义不从父"。用《左传》"君子曰"来说,也就是"大义灭亲"。③从这一理论看,"其父攘羊",孔子是不会主张子为父隐匿的,隐匿就是"成人之恶",是为"小行"牺牲"大行"。从"父子有亲"出发,儿子替父亲解决问题,只能"子为父隐(䚢)",规正父亲,为父亲矫正错误而不是掩饰错误,这才是根本的解决之道。互相包庇,隐瞒错误,为私情而废道义,是小人之为而非君子之行也。

三、《内礼》篇的问题

吾友梁涛最近著文,以新近出土的简帛材料来阐释《论语》"父为子隐,子为父隐"章之义,颇有特色。梁文说:

> 2004年公布的《上海博物馆藏战国楚竹书(四)》中,有《内礼》

---

① 文渊阁《四库全书》经部四书类《论语注疏》卷十七,武汉:武汉大学出版社,1997年。
② 文渊阁《四库全书》子部儒家类《荀子》卷二十,武汉:武汉大学出版社,1997年。
③ 文渊阁《四库全书》经部春秋类《春秋左传注疏》卷二,武汉:武汉大学出版社,1997年。

一篇……说:"君子事父母,亡私乐,亡私忧。父母所乐乐之,父母所忧忧之。善则从之,不善则止之;止之而不可,隐而任之,如从己起。"(第6、8简)面对父母的"不善"之行,《内礼》主张"止之"。

问题是,当子女的谏诤不被父母接受时,又该如何实现直道?又该如何兼顾情理两个方面呢?《内礼》的回答是"隐而任之",任,当也,即为父母隐匿而自己将责任担当下来。故根据儒家的观点,直躬的根本错误在于当发现父亲攘羊后,不是为其隐瞒而是主动告发,正确的态度则应是,替父亲隐瞒而自己承担责任,承认是自己顺手牵羊。

所以,为全面反映孔子、儒家思想起见,"亲亲相隐"章应根据《内礼》的内容补充一句:隐而任之,则直道也。①

梁文能运用新材料来讨论《论语》"子为父隐"问题,可谓别出心裁。但是,其解释不但重走"隐"为隐匿的老路,又提出儿子当替父亲"承担责任,承认是自己顺手牵羊"新说,实在是难以服人。

《上海博物馆藏战国楚竹书(四)·内礼》篇简六所谓"隐而任"之"隐",原作"🗌",整理者隶作"惡",注:"'惡',从戁、从心。'戁'为'邻',……字从心可读为'怜'。'怜',《尔雅·释诂下》:'怜,爱也。'"②《上海博物馆藏战国楚竹书(一)·孔子诗论》篇简一"诗亡隱志,乐亡隱情,文亡隱意"之"隱"字,李学勤先生读为"隐"。③笔者曾据此,认为简文此处"惡"读"隐"比读"怜"更文从字顺。④这一意见现在看来是错误的。我曾经著文讨论过,《孔子诗论》简一的"隱"当读为"慭",训为混乱。"诗亡隱志,乐亡隱情,文亡隱意"当读为"诗无慭志,乐无慭情,文无慭意",是说诗不能有昏乱之志,乐不能有昏乱之情,文不能有昏乱之意。⑤因此,

---

① 梁涛:《"亲亲相隐"与"隐而任之"》,《哲学研究》2012年,第10期,第35-42页。
② 马承源:《上海博物馆藏战国楚竹书(四)》,上海:上海古籍出版社,2004年,第77、225页。
③ 李学勤:《〈诗论〉简"隐"字说》,清华大学"简帛讲读班"第12次研讨会论文,2000年10月19日。
④ 廖名春:《读楚竹书〈内礼〉篇札记》,孔子2000网,2005年2月19日。
⑤ 廖名春:《楚竹书〈诗论〉一号简"隱"字新释》,《古文字研究》第27辑,北京:中华书局,2008年,第437-442页。

将《内礼》篇简六"愍"读为"隐",在出土文献里难以得到支持。

《内礼》篇简六、简七原释文作:"君子事父母,无私乐,无私忧。父母所乐,乐之;父母所忧,忧之。善则从之,不善则止之。止之而不可,愍(怜)而任不可。虽致于死,从之。孝而不谏,不成[孝;谏而不从,亦不成孝]。"①原整理者将简六与简七连读,就有"愍(怜)而任不可"之句。但魏宜辉却认为简六与简八似可相缀连,即"君子事父母,……善则从之,不善则止之。止之而不可,怜而任之,如从己起。"这与《大戴礼记·曾子事父母》中的"父母之行,若中道则从,若不中道则谏,谏而不用,行之如由己"十分相近。简文中的"如从己起"与"行之如由己"应是一致的。②董珊也接受了这一意见。③

其实,魏宜辉的编连是错误的。简六与简七的主题是讲向父母进谏的问题,简八以后则是以"父母生病时的礼数为主题",如果以简八接简六,简七的内容就无法安顿了。林素清④、福田哲之⑤对此已经作了充分的研究,我们可以参看。

由此看简文"善则从之,不善则止之。止之而不可,愍而任不可。虽致于死,从之","愍"还是从原释文读为"怜",训为"爱"好。"愍"字从"㐅"得声,读为"邻"文献习见,而读"隐",则很难找到先例。从文义来看,简文是说"君子事父母",不是一味地、无原则地"无违",而是"善则从之,不善则止之":父母的意见对,就听父母的;父母的意见不对,就要劝阻他们。"止之而不可,愍而任不可",是说如果父母不听劝阻,就要出于对父母的爱担当起父母犯下的错。"虽致于死,从之",是说哪怕有牺牲的危险,也要负责到底。"止之而不可"是说提意见制止,但制止不了。"不

---

① 马承源:《上海博物馆藏战国楚竹书(四)》,第224-225页。
② 魏宜辉:《读〈上博楚简四〉札记》,孔子2000网,2005年3月5日。
③ 董珊:《读〈上博藏战国楚竹书(四)〉杂记》,简帛研究网,2005年2月20日。
④ 林素清:《〈上博楚简四·内礼篇〉重探》,《简帛》第1辑,上海:上海古籍出版社,2006年,第153-160页。
⑤ 福田哲之:《上博楚简〈内礼〉的文献性质——以与〈大戴礼记〉之〈曾子立孝〉〈曾子事父母〉比较为中心》,《简帛》第1辑,上海:上海古籍出版社,2006年,第161-175页。

可"即"不能"。"任不可",指对这种"不能",对不能制止父母犯错负责。"㥶"不是"隐",因为隐瞒解决不了父母"不善"的问题。读为"怜",训为"爱"则是说父母"不善"而子女不能制止时,子女当出于对父母的爱替父母承担责任。所以,从简文的文义看,"㥶而任不可"与子女为父母隐瞒错误并没有什么关系,以此来印证《论语》"子为父隐"之"隐"为隐匿说,只能说是误读。

至于将简文"任不可"补入《论语》"子为父隐"章中,说儿子不但要"替父亲隐瞒",而且要"自己承担责任,承认是自己顺手牵羊",这就好心过了头。纵然"父子有亲",感情深厚,但也不能指鹿为马,颠倒黑白。感情总得服从理性。自己没有偷羊,替父亲承担责任,承认是自己顺手牵羊,这样"其父攘羊"的错误解决了吗?并没有解决,反而犯下更大的错误,违反了做人的基本原则——诚信。所以,梁兄此说,是好心办坏事,实在是个馊点子。其实,笔者上文已经说得很清楚,"子为父隐"是"子为父隐(㥶)",儿子替父亲矫正错误。矫正"其父攘羊"的错误而又不过分伤害其父的办法有多种,隐瞒固然不在其列,儿子替父亲顶罪则更不在其列,而且是较之"告官"("证之")更坏的办法。因为"告官"固然伤感情但也不违反诚信原则,尽管方式方法有问题,但本质上还是"直"。而顶罪说是陷己于罪,就不仅仅是方式方法的问题了,而是有关做人底线的问题了。所以,将简文"任不可"补入《论语》"子为父隐"章,不但是"蛇足",更是糊涂。

《论语·乡党》篇"色斯举矣"章新证
——兼释《学而》《为政》及帛书《五行》篇的"易色""色难""色然"

《论语·乡党》篇有云:

> 色斯举矣,翔而后集。曰:"山梁雌雉,时哉时哉!"子路共之,三嗅而作。①

此章虽无太多的难字,但文义却并不好解,以致朱熹(1130—1200)屡云"此必有阙文",认为"不可强为之说",只能"姑记所闻,以俟知者"。② 杨伯峻(1909—1992)说③、程石泉(1909—2005)说④近同。所以,此章之难,为世所公认。

开头一句"色斯举矣",就是一大公案。其"色"字,传统的主流解释都以"颜色"或"脸色"为说。如马融(79—166)曰:"见颜色不善则去之。"⑤ 皇侃(488—545)《疏》:"谓孔子在处观人颜色而举动也。"⑥ 邢

---

① 文渊阁《四库全书》(电子版,武汉:武汉大学出版社,1997年,下同)经部四书类《论语集解义疏》卷五。
② 文渊阁《四库全书》经部四书类《四书章句集注·论语集注》卷五。
③ 杨伯峻:《论语译注》,北京:中华书局,1980年,第115页。
④ 程石泉:《论语读训——附学庸改错》,上海:上海古籍出版社,2005年1月。案:程氏此书原名《论语读训解故》,1975年由台北先知出版社出版,第182-183页。
⑤⑥ 文渊阁《四库全书》经部四书类《论语集解义疏》卷五。

昺（932—1010）《疏》："谓孔子所处，见颜色不善，则于斯举动而去之。"①朱熹《集注》："言鸟见人颜色不善，则飞去。"②钱穆（1895—1990）也说："举，起义。言鸟见人颜色不善，或四围色势有异，即举身飞去。"③杨伯峻的译文就作："孔子的脸色一动，野鸡便飞向天空。"④

不过将"色"解为"颜色不善"或"脸色一动"，虽说通了文义，但增字解经，毕竟牵强。因此，学人们提出了种种新解。

王引之（1766—1834）《经传释词》："《论语·乡党》篇曰：'色斯举矣，翔而后集。'何《注》引马融曰：'见颜色不善，则去之。'皇侃《疏》以为'孔子在处观人颜色而举动也。'《宪问》篇：'其次辟色。'何引孔《传》曰：'色斯举也。'正与此注相应。然下句'翔而后集'自指鸟言之。若谓孔子辟色，则与下句意不相属矣。若谓鸟见人之颜色不善而飞去，则人之颜色不善，又岂鸟所能喻乎？今案：'色斯'者，状鸟举之疾也。与'翔而后集'意正相反。'色斯'，犹色然，惊飞貌也。《吕氏春秋·审应》篇曰：'盖闻君子犹鸟也，骇则举。'哀六年《公羊传》曰：'诸大夫见之，皆色然而骇。'何《注》曰：'色然，惊骇貌。'义与此相近也。汉人多以'色斯'二字连读。（《论衡·定贤》篇曰：'大贤之涉世也，翔而有集，色斯而举。'《议郎元宾碑》曰：'翻翥色斯。'《竹邑侯相张寿碑》曰：'君常怀色斯，遂用高逝。'《堂邑令费凤碑》曰：'色斯轻翔，翻然高洁。'《费凤别碑》曰：'功成事就，色斯高举。'）"⑤ 此是说"色"意思为"惊飞"，相当于《吕氏春秋·审应》篇所谓"骇"，"斯"为形容词词缀，相当于"然"。

戴望（1837—1873）《注论语》进而曰："'色斯'，犹猒然，惊骇貌，言鸟猒然高举，仿佯远视而后下止。"⑥ 此是说"色斯"之所以有"惊骇貌"

---

① 文渊阁《四库全书》经部四书类《论语注疏》卷十。
② 文渊阁《四库全书》经部四书类《四书章句集注·论语集注》卷五。
③ 钱穆：《论语新解》，北京：生活·读书·新知三联书店，2002年，第269页。
④ 杨伯峻：《论语译注》，第115页。
⑤ 王引之：《经传释词》，长沙：岳麓书社，1985年，第170页。
⑥ 戴望：《戴氏注论语》卷十，《续修四库全书》第157册，上海：上海古籍出版社，1995年，第154页。

之义，是因为它犹如"歁然"，也就是说"色"是借字，其本字当为"歁"，这实质是"因声说义"，是对王引之说的一大突破。

王叔岷（1914—2008）可能没有注意到戴氏之说，其《论语斠理》也得出了近似的结论："案王说是也。此文之'色斯举'，犹《吕氏春秋》之'骇则举'。（斯犹则也。）惟色无骇义，盖歁之假借字。哀六年《公羊传》：'皆色然而骇。'《一切经音义》四六引'色'作'歁'；并引《埤苍》云：'歁，恐惧也。'恐惧与骇义合。王引之《公羊传述闻》，谓'色者，歁之借字。'以彼例此，则此文'色'亦'歁'之借字矣。"①戴氏只说"'色斯'，犹歁然，惊骇貌"，而王叔岷则直接点出"色""盖歁之假借字"，意思更为清楚。颜世铉谓："典籍中有'色''歁'互为异文的情形。'色''歁'古音相同（sək），同为山纽职部，可以通假，虽用字不同，则所指则一。"②其说是。

徐前师也认为"色"当为"歁"之假借，乃"惊骇"之义，他虽然忽视了戴望、王叔岷的研究，但在古籍的异文、字书的引用上也提供了一些有用的数据。比如哀公六年《公羊传》"皆色然而骇"引阮元按："《一切经音义》引作'歁然'，此作'色'，盖误。"又引顾野王《原本玉篇残卷·欠部》案："《公羊传》'歁然而骇'是也。今为色字，在[卪]部。"又说："歁、色上古音均为入声生母、职部字，大徐'色'音所力切，与野王反切同，可见歁、色在上古、中古都为同音字，故可互相假借。《说文》'色'字下朱骏声亦云：'或曰借为歁。'枚乘《七发》：'邪气袭逆，中若结轖。'李善注：'轖音色也。'歁、轖从嗇，此亦歁、色同音相假之证。"③李善（630—689）注和朱骏声（1788—1858）说，证明"歁""色"同音可以相假；顾野王（519—581）、阮元（1764—1849）按，则说明哀公六年《公羊传》的"色"为借字，"歁"为本字，这对戴望、王叔岷说是一支持，可惜他没有点出戴望、王叔岷的观点，不免有掠美之嫌。

---

① 王叔岷：《论语斠理》，《孔孟学报》第3期，1962年4月，第66页。
② 颜世铉：《〈论语·乡党〉"色斯举矣"小议》，台湾大学中文系等："2007中国简帛学"国际论坛论文，2007年4月10—11日。
③ 徐前师：《〈论语〉"色斯举矣"新解》，《语言研究》第26卷第4期，2006年12月，第68-70页。

商承祚（1902—1991）认为"色""危"二字在形体上是大同小异的，既然笔画相近，"色"为"危"字误写大有可能。因简在不断地舒卷，简与简之间彼此互相摩擦，致某些文字部分笔画漫漶不清，传抄者一时粗心大意，就会造成笔误，从此"危"之为"色"，以讹传讹二千余年。① 后来，他又补充说："危字古文作㐂，象一人立于悬崖之上"，"色字作㔾，与'危'字相差一垂笔，简文不清，就会造成了'色'字"。② 这是说《论语·乡党》篇"色斯举矣"之"色"是"危"的讹字。从《经典释文》的记载看，商氏之说不无可能。哀公六年《公羊传》"色然"，陆德明（约550—630）《音义》："如字。本又作垝，居委反，惊骇貌。又或作危。"③ 是有别本将"色然"写作了"危然"。

胡文辉提出《论语》中的"色斯"是一个名词，是一种鸟名，在句中用作主语。《山海经·北山经》有云："又北三百二十里，曰灌题之山。……有鸟焉，其状如雌雉而人面，见人则跃，名曰竦斯。"他认为《论语》中的"色斯"正是《山海经》中的"竦斯"，理由一是"色""竦"二字声母相同，"色斯""竦斯"乃一声之转；二是"色斯""竦斯"都是鸟类，而且形状都似"雌雉"；三是"色斯""竦斯"都容易受惊，"竦斯"是"见人则跃"，而"色斯"也是一见有人就"翔而后集""三嗅而作"；四是"色斯""竦斯"后来都由名词转化为形容词，都有惊惧之义。④

黄瑞云也有以"色"为名词主语的看法。不过他是将"色"释为"物"，认为"色斯举矣""意即一个东西突然飞了起来"。⑤

陈剑则以郭店楚墓竹简及传世古文"色"字构形有从"矣"声者为据，

---

① 商承祚：《"色斯举矣……"新论》，《中山大学学报（社会科学版）》第3期，1963年，第73-75页。
② 商承祚：《"色斯举矣"辩误》，《中国历史文献研究集刊》第2辑，长沙：岳麓书社，1981年，第280页。
③ 陆德明：《经典释文》卷二十一，北京：中华书局，1983年，第323页。
④ 胡文辉：《〈论语·乡党〉"色斯举矣"解》，《中国早期方术与文献丛考》，广州：中山大学出版社，2000年11月，第14-23页；原载《中国文化》第8期，1993年6月，有修改。
⑤ 黄瑞云：《说"色斯举矣"章》，《孔子研究》第4期，1996年。

第一编　孔子与《论语》

认为"色斯举矣"当读为"疑斯举矣",指鸟感到惊疑就飞起来。① 比如:郭店楚简《语丛一》简一一〇:"歔与頯与疾。"简四七:"有容有頯。"简五〇:"容皃,目司也。"②"頯""頯""皃"都是"色"字的异构,"页"是"色"的义符,"矣"是"色"字的声符。《说文·色部》"色"字古文作"𢒈",朱骏声《说文通训定声》说此字从"疑省声",也是"矣"为"色"字声符的证明。"色"字既可从"矣"声,自可读为"疑"。特别是,跟《孔丛子·抗志》子思所谓"疑之则举"比较,《论语·乡党》篇的"色斯举矣"读为"疑斯举矣",其文更相近,继承关系体现得更加明确。

　　近年来,李零又创新说,认为"这里的'色'是'鸟'字之误"。③

　　上述种种新解中,真正有说服力的是戴望、王叔岷说和陈剑说。二说中,到底哪个更合理?颜世铉觉得难以取舍,他说,王引之和王叔岷以《吕氏春秋》"骇则举"来解释《论语》"色斯举矣",认为二者关系密切,"色"通"欯",有骇义;而陈剑则强调《孔丛子》"疑之则举"和《论语》的关系,将"色"读为"疑",为惊疑之意。若将《孔丛子》"疑之则举"与《吕氏春秋》"骇则举"相对照,则"疑""骇"也互通,可见二者关系也相近。因此,与其说哪两者比较相近,不妨说《论语》《吕氏春秋》和《孔丛子》三段记载彼此关系密切。④

　　就《论语·乡党》篇本章而言,到底"色"是读"欯"还是读"疑",确实难下断语。不过,如果我们将视野放宽一些,就会明白陈剑所说为是,"色斯举矣"还是读为"疑斯举矣"为胜。

　　郭店楚简与马王堆帛书都有《五行》篇,它们都有这么一段话:"未尝闻君子道,谓之不聪;未尝见贤人,谓之不明。闻君子道而不知其君子道也,

---

① 陈剑:《据战国竹简文字校读古书两则》,《第四届国际中国古文字学研讨会论文集》(香港:香港中文大学中国语言及文学系,2003年10月),第373-381页。
② 荆门市博物馆:《郭店楚墓竹简》,北京:文物出版社,1989年5月,第195、199页。
③ 李零:《丧家狗——我读〈论语〉》,太原:山西人民出版社,2007年5月,第203页。
④ 颜世铉:《〈论语·乡党〉"色斯举矣"小议》。

谓之不圣；见贤人而不知其有德也，谓之不智。"①

对此，马王堆帛书《五行》篇有逐句的解释："'未尝闻君子道，[谓之不]聪'：同之闻也，独不色然于君子道，故谓之不聪。'未尝见贤人，谓之不明'：同之见也，独不色贤人，故谓之不明。'闻君子道而不知其君子道也，谓之不圣'：闻君子道而不色然，而不知其天之道也，谓之不圣。'见贤人而不知其有德也，[谓]之不智'：见贤人而不色然，不知其所以为之，故谓之不智。"②

郭店楚简《五行》篇还有："闻君子道，聪也。……见贤人，明也。"③马王堆帛书《五行》篇同，但有残损。④不过，也同样有逐句的解释："'闻君子道，聪也'：同之闻也，独色然辨于君子道，聪也。聪也者，圣之藏于耳者也。……'见贤人，明也'：同[之见]也，独色然辨于贤人，明也。明也者，智之藏于目者。"⑤

这里"色"字六见，"色然"五见，帛书整理小组的注释是："色然，改变容色。"⑥

庞朴将"同之闻也，独不色然于君子道，故谓之不聪"读为"同此闻也，独不色然于君子道，故谓之不聪"，并注曰："《说文》：'色，颜气也。'又《公羊传·哀公六年》：'诸大夫见之，皆色然而骇。'陆德明《释文》曰：'色然，本又作垝，居委反，惊骇貌。又或作危。'本书诸色然疑皆危然之误。"他将"同之见也，独不色贤人，故谓之不明"读为"同此见也，独不式贤人，故谓之不明"，并注曰："色疑假为式。《广韵》：'式，敬也。'《韵会》：'乘

---

① ③ 荆门市博物馆：《郭店楚墓竹简》，第150页；国家文物局古文献研究室：《马王堆汉墓帛书〔一〕》，北京：文物出版社，1980年3月，第18页。案：释文有一定改动，下同。
② 国家文物局古文献研究室：《马王堆汉墓帛书〔一〕》，第21页。案："谓之不圣"前原有"谓人"二字，整理者疑为衍文，故删去。
④ 国家文物局古文献研究室：《马王堆汉墓帛书〔一〕》，第18页。
⑤ 国家文物局古文献研究室：《马王堆汉墓帛书〔一〕》，第21、27页。案："聪也。聪也者"原作"道者"，据原注释〔六一〕改。
⑥ 国家文物局古文献研究室：《马王堆汉墓帛书〔一〕》，第27页。

而俯首致恭曰式。'《论语·乡党》：'子见凶服者式之，式负版者。'"①但后来他改正了将"独不色贤人"读为"独不式贤人"的做法，同时去掉了后注。在前注后又补了一条材料："《吕氏春秋·有始览·谨听》：'见贤者而不耸，则不惕于心，则知之不深。'"②并谓："耸者，色然也，危然也。"③

魏启鹏也是将"同之闻也"读为"同此闻也"，其注曰："色，颜面之色。《说文·九上·色部》：'色，颜气也。'色然于君子之道，谓闻道则面有齐庄温润之色也。参看《孟子·尽心上》：'君子所性，仁义礼智根于心。其生色也，睟然见于面。'《注》：'四者根生于心，色见于面。睟然，润泽之貌也。'又《荀子·大略》：'德至者色泽洽。'"④

池田知久将"同之闻也，独不色然于君子道"译为"即使和他人同样地能够听到（君子道），也只有自己不对君子道表示猛然吃惊"，将"同之见也，独不色贤人"译为"即使和他人同样地能够见到（贤人），也只有自己不对贤人表示猛然吃惊"，将"闻君子道而不色然"译为"即使听到君子道也不猛然吃惊"，将"见贤人而不色然"译为"即使见到贤人也不猛然吃惊"⑤，将"同之闻也，独色然辨于君子道"译为"即使和他人同样地能够听到（君子道），也只有独自猛然注意而懂得君子道"，将"同[之见]也，独色然辨于贤人"译为"即使和他人同样地[能够见到（贤人）]，也只有独自猛然注意而能分辨贤人"。⑥其注云："'色然'，A的'色然，惊骇貌'之解大概是适宜的。即吃惊而紧张的样子。F、H、S列举《春秋公羊传·哀公六年》的'诸大夫见之，皆色然而骇'，也是很有帮助的说明。另外，

---

① 庞朴：《帛书〈五行〉篇校注》，《中华文史论丛》总12辑，上海：上海古籍出版社，1979年10月，第60页。
② 庞朴：《帛书〈五行〉篇研究》，济南：齐鲁书社，1980年7月，第49页。案：引书有脱漏，原文当作："见贤者而不耸，则不惕于心。不惕于心，则知之不深。"
③ 庞朴：《竹帛〈五行〉篇校注及研究》，台北：台湾万卷楼图书股份有限公司，2000年；《庞朴文集》第二卷《古墓新知》，济南：山东大学出版社，2005年，第137页。
④ 魏启鹏：《德行校释》，成都：巴蜀书社，1991年，第49-50页。
⑤ 池田知久著，王启发译：《马王堆汉墓帛书五行研究》，北京：线装书局，北京：中国社会科学出版社，2005年4月，第307-308页。案：池田日文版原著1993年2月由日本汲古书院出版。
⑥ 池田知久著，王启发译：《马王堆汉墓帛书五行研究》，第327页。

《孔子家语·正论解》有'季孙色然悟曰，吾诚未达此义'，与本章说、第十八章说中微妙的意思一致。B认为的'色然，改变容色'，则好像稍有离题。""'色'，F怀疑是不是'式'的假借字，并做了一些考证，但是是荒唐无稽的。'色然'的'然'字一定是脱漏了，而剩下一个'色'字。"①

刘信芳注："'色然于君子道'者，闻而知其为君子道，形之于颜面如玉色然。此与《公羊传》之'色然'略有差异。第九章简13：'爱则玉色。'或释'色然'为'危然'（庞《校注》），非是。魏《校释》云：'谓闻道则面有齐庄温润之色也。'其说是。""'不色贤人'：见贤人而不知其为贤人，不以其有玉色之美也。第十章简14：'见贤人则玉色。'""'色然辨于君子道'：辨别其为君子道，心中温润而颜面为玉色也。"②

这些解释概括起来，大致有四：一是将"色然"释为"改变容色"，二是将"色然"释为"颜面如玉色然"，三是将"色然"释为"猛然吃惊"，四是将"色然"释为"危然"。但揆之帛书的上下文，这些解释都是不成立的。

帛书《五行》篇有"色然"的句子有六：

（1）"'未尝闻君子道，[谓之不]聪'：同之闻也，独不色然于君子道，故谓之不聪。"

（2）"'未尝见贤人，谓之不明'：同之见也，独不色[然于]贤人，故谓之不明。"③

（3）"'闻君子道而不知其君子道也，谓之不圣'：闻君子道而不色然，而不知其天之道也，谓之不圣。"

---

① 池田知久著，王启发译：《马王堆汉墓帛书五行研究》，第310页。案：池田所谓A指马王堆汉墓帛书整理小组：《马王堆汉墓帛书〔一〕》，北京：文物出版社，1974年9月；B指国家文物局古文献研究室：《马王堆汉墓帛书〔一〕》，北京：文物出版社，1980年3月；F指庞朴：《帛书〈五行〉篇校注》，《中华文史论丛》总12辑，上海：上海古籍出版社，1979年10月；H指庞朴：《帛书〈五行〉篇研究》，济南：齐鲁书社，1980年7月；S指庞朴：《帛书〈五行〉篇研究》，济南：齐鲁书社，1988年7月。
② 刘信芳：《简帛〈五行〉解诂》，台北：艺文印书馆，2001年12月，第77、83页。
③ "然"据上引池田说补，"于"据第（1）、第（5）、第（6）句补。

（4）"'见贤人而不知其有德也，[谓]之不智'：见贤人而不色然，不知其所以为之，故谓之不智。"

（5）"'闻君子道，聪也'：同之闻也，独色然辨于君子道，聪也。聪也者，圣之藏于耳者也。"

（6）"'见贤人，明也'：同[之见]也，独色然辨于贤人，明也。明也者，智之藏于目者。"

这六句中，第（1）句与第（5）句是一反一正，第（2）句与第（6）句也是一反一正。

这些句子中的所谓"同之闻也""同之见也"，就是"同之于闻也""同之于见也"，也就是"同属之于闻也""同属之于见也"。王充（27—97）《论衡·幸偶》篇有云："等之金也，或为剑戟，或为锋铦；同之木也，或梁于宫，或柱于桥；俱之火也，或烁脂烛，或燔枯草；均之土也，或基殿堂，或涂轩户；皆之水也，或溉鼎釜，或澡腐臭。"①"同之闻也""同之见也"与这里的"等之金也""同之木也""俱之火也""均之土也""皆之水也"句式相同，意思相近。

第（1）（2）（5）（6）句的四个"独"字，池田知久把它们都译为"独自"，其实有欠妥当。这四个"独"字都是副词，表示范围，从多数中举出一个，相当于"特"。《诗·小雅·北山》："大夫不均，我从事独贤。"②《庄子·德充符》："受命于地，唯松柏独也正，在冬夏青青。"③"独贤"，特别贤。"独也正"，特别正。

第（5）句、第（6）句的两个"辨"字，原释文作"辩"，池田知久作"辨"，释为"分辨"，而刘信芳训为"辨别"，其实当训为"确定"。《礼记·王制》："凡官民材，必先论之，论辨，然后使之；任事，然后爵之；位定，

---

① 文渊阁《四库全书》子部杂家类杂说之属《论衡》卷二。案：这一资料池田文已提及，见池田知久著，王启发译：《马王堆汉墓帛书五行研究》，第331页。
② 文渊阁《四库全书》经部诗类《毛诗注疏》卷二十。
③ 文渊阁《四库全书》子部道家类《庄子注》卷二。

然后禄之。"郑玄（127—200）《注》："辨，谓考问得其定也。"① 所谓"辨于君子道"，就是"定于君子道"；所谓"辨于贤人"，就是"定于贤人"。

第（1）句"同之闻也，独不色然于君子道，故谓之不聪"，第（5）句"同之闻也，独色然辨于君子道，聪也"，是说"同属之于闻也"，能特别"色然"于君子道、定于君子道的，就是"聪"；不能特别"色然"于君子道的，就是"不聪"。能不能特别"色然"于君子道，是"聪"或"不聪"的标准。显然，"色然"是对君子道的一种肯定性的、倾向性的态度。

第（2）句"同之见也，独不色[然于]贤人，故谓之不明"，第（6）句"同[之见]也，独色然辨于贤人，明也"，是说"同属之于见也"，能特别"色然"于贤人、定于贤人的，就是"明"；不能特别"色然"于贤人的，就是"不明"。能否特别"色然"于贤人，是"明"或"不明"的标准。显然，"色然"是对贤人的一种肯定性的、倾向性的态度。

第（3）句"闻君子道而不色然，而不知其天之道也，谓之不圣"是反说。换成正说就是"闻君子道而色然，而知其天之道也，谓之圣"。由"聪"到"圣"，不但要"闻君子道而色然"，更要"知其天之道也"，这是对第（1）句、第（5）句意思的提升。

第（4）句"见贤人而不色然，不知其所以为之，故谓之不智"也是反说。换成正说就是"见贤人而色然，知其所以为之，故谓之智"。由"明"到"智"，不但要"见贤人而色然"，更要"知其所以为之"，这是对第（2）句、第（6）句意思的深化。

由此可知，帛书《五行》篇的上述六句话，分为两组。第（1）句、第（5）句与第（3）句为一组，是讲"闻君子道"的问题，要由"聪"到"圣"，不但要"色然"，更要"知其天之道也"。第（2）句、第（6）句与第（4）句为一组，是讲"见贤人"的问题，要由"明"到"智"，不但要"色然"，更要"知其所以为之"。但不管是"闻君子道"要由"聪"到"圣"也好，还是"见贤人"要由"明"到"智"也好，"色然"都是必要条件，都是

---

① 文渊阁《四库全书》经部礼类礼记之属《礼记注疏》卷十一。

不可或缺的。因此，这里的"色然"必定是对"君子道"、对"贤人"的一种肯定性的、倾向性的态度，绝非"改变容色"或"颜面如玉色然""猛然吃惊""危然"之类的意思，这非常明显。

那么，帛书《五行》篇上述句子中的"色然"到底有什么含义？我们先从庞朴的思路谈起。

庞朴1979年的校注本提出："色疑假为式。《广韵》：'式，敬也。'《韵会》：'乘而俯首致恭曰式。'《论语·乡党》：'子见凶服者式之，式负版者。'"但他在后来的注释中舍弃了这一说法，这是正确的。因为这里所谓有"敬"义的"式"，是"轼"字的假借，所以这里的"敬"，是特指以手抚轼表示敬意的一种礼节，而非一般意义上的"敬"。《汉书·薛宣传》："礼，下公门，式路马，君畜产且犹敬之。"颜师古（581—645）《注》："过公门则下车，见路马则抚式，盖崇敬也。"① 就是明证。池田知久以为庞说"荒唐无稽"，亦不无道理。

庞朴读"色"为"式"虽然不能成立，但他以"色"有"敬"义应该是从帛书文义出发的，值得注意。在1980年的注本中，庞朴又引证《吕氏春秋·有始览·谨听》的一条材料："见贤者而不耸，则不惕于心。不惕于心，则知之不深。"② 后来又添注曰："耸者，色然也，危然也。"

案：庞氏的引文很好，但他的解释却完全是错误的。上引《吕氏春秋》文，许维遹（1900—1950）《集释》引王念孙（1744—1832）曰："耸，敬也。"③ 此"耸"通"竦"，是恭敬、肃敬义。《国语·周语下》："身耸除洁，外内齐给，敬也。"④ 王引之《述闻》："家大人曰：耸，敬貌。故曰'身耸除洁，敬也。'《贾子·礼容·语》篇作'身恭除洁'，'恭'亦敬也。'耸'字本作'竦'。《说文》：'竦，敬也。'张衡《思玄赋》曰：'竦余身而顺止兮，遵绳墨而不跌。''竦余身'即此所谓'身耸'也。《楚语》曰：'昔殷武丁能耸其德。'

---

① 文渊阁《四库全书》史部正史类《前汉书》卷八十三。
② 案：庞氏原引文有误，此为笔者改正之文。
③ 许维遹：《吕氏春秋集释》卷十三，北京：中国书店，1985年，第17页。
④ 文渊阁《四库全书》史部杂史类《国语》卷三。

韦昭《注》曰：'耸，敬也。'"①

《吕氏春秋·有始览·谨听》的"见贤者而不耸，则不惕于心。不惕于心，则知之不深"与帛书《五行》篇"见贤人而不色然，不知其所以为之，故谓之不智"文义非常接近。"见贤者而不耸"同于"见贤人而不色然"，"知之不深"近于"不智"。既然"不耸（竦）"是"不敬"，那么"色然"就应该是恭敬、肃敬的意思。

"色"本身没有敬的意思，但从上文的讨论可知，《论语·乡党》篇"色斯举矣"之"色"可读为"疑"。"疑"也没有敬的意思，但从"疑"得声的"譺"字却值得注意。《史记·龟策列传》："求之于白蛇蟠杅林中者，斋戒以待，譺然，状如有人来告之。"唐司马贞《索隐》："譺，音疑。言求龟者斋戒以待，恒譺然也。"②清吴任臣（1628—1689）《字汇补·言部》："譺，齐敬貌。"③可见，"譺"有敬义无疑。

与"譺"同源的"巍"义为高耸貌。陶潜（365—427）《感士不遇赋》："山巍巍而怀影，川汪汪而藏声。"④也有高尚、杰出义。《史记·五帝本纪》："其色郁郁，其德巍巍。"司马贞《索隐》："巍巍，德高也。"⑤《南史·蔡廓传附蔡搏》："搏风骨鲠正，气调英巍，当朝无所屈让。"⑥"巍巍"能形容道德高尚，其同源字"譺"有崇敬义自然也不值得奇怪。

准此，我们可以回到帛书的文句中进行检核：

第（1）句"同之闻也，独不色然于君子道，故谓之不聪"，可以读为"同之闻也，独不譺然于君子道，故谓之不聪"。是说"同属之于闻也"，不能独敬"君子道"，不能对"君子道"特别崇敬的，就叫做"不聪"。

第（2）句"同之见也，独不色[然于]贤人，故谓之不明"，可以读为"同

---

① 王引之：《经义述闻·国语上》第二十，《续修四库全书》第175册，第66页。
② 文渊阁《四库全书》史部正史类《史记》卷一百二十八。
③ 吴任臣：《字汇补》酉集，《续修四库全书》第233册，第666页。案：《论语·乡党》："虽蔬食、菜羹、瓜、祭，必齐如也。"何晏《集解》引孔安国曰："齐，严敬貌。三物虽薄，祭之必敬也。"
④ 文渊阁《四库全书》集部别集类汉至五代《陶渊明集》卷六。
⑤ 文渊阁《四库全书》史部正史类《史记》卷一百二十八。
⑥ 文渊阁《四库全书》史部正史类《南史》卷二十九。

之见也,独不諲[然于]贤人,故谓之不明"。是说"同属之于见也",不能独敬"贤人",不能对"贤人"特别崇敬的,就叫做"不明"。

第(3)句"闻君子道而不色然,而不知其天之道也,谓之不圣",可以读为"闻君子道而不諲然,而不知其天之道也,谓之不圣"。是说听到了"君子道"而不崇敬,不知道"君子道"就是"天之道"的,就叫做"不圣"。

第(4)句"见贤人而不色然,不知其所以为之,故谓之不智",可以读为"见贤人而不諲然,不知其所以为之,故谓之不智"。是说见到了"贤人"而不崇敬,不知道"贤人"之所以成为"贤人"的原因,就叫做"不智"。

第(5)句"同之闻也,独色然辨于君子道,聪也",可以读为"同之闻也,独諲然辨于君子道,聪也"。是说"同属之于闻也",能特别崇敬"君子道",选定"于君子道"的,就是"聪"。

第(6)句"同[之见]也,独色然辨于贤人,明也",可以读为"同[之见]也,独諲然辨于贤人,明也"。是说"同属之于见也",能特别崇敬"贤人",选定"贤人"的,就是"明"。

以上的六个"色"字读为"諲",训为"敬",皆文从字顺。可见"色然"的本字当为"諲然",也就是崇敬的样子。如果读为"歁然",训为惊恐的样子,上述六句没有一句能读通。而且,从"啬"得声的字,没有一个有"敬"义的。以此来看《论语·乡党》篇的"色斯举矣","色"读为"歁"显然不如读为"疑"。

《论语》其他篇的用例也能支持这一释读。

《为政》篇有一段著名的话:

> 子夏问孝。子曰:"色难。有事,弟子服其劳;有酒食,先生馔。曾是以为孝乎?"①

此"色难"素来有两解。包咸(前6—65)曰:"色难者,谓承顺父母

---

① 文渊阁《四库全书》经部四书类《论语注疏》卷二。

颜色乃为难。"马融曰："承顺父母颜色，乃为孝也。"邢昺《疏》同。① 皇侃《义疏》："'色'谓父母颜色也。言为孝之道，必须承奉父母颜色，此事为难，故曰'色难'也。"② 这里，"色"是指父母的容色。郑玄《注》则作："和颜悦色，是为难也。"③ 这里，"色"却是指儿子侍奉父母时的容色。后来的注家多取郑说，如朱熹④、钱穆、杨伯峻等古今名家都如此。因为"既是问孝，当直就子言。且前解必增字说之始可通"⑤，"应该说为'侍色为难'，不该简单地说为'色难'"。⑥ 也就是说，包咸、马融的"承顺"二字是增字解经，原文本无。这是很有道理的。

但是将"色"训为"和颜悦色"也属增字解经。《说文·色部》："色，颜气也。"段玉裁（1735—1815）注："颜者，两眉之间也。心达于气，气达于眉间，是之谓色。"⑦ "色"可谓之"颜色"，可谓之"容色"，但绝不能谓之"和"，绝不能谓之"悦"。所以，"和颜悦色"说和"承顺父母颜色"说在训诂上的错误可以说是以五十步笑百步。

今人黄群建看到了"色"字解释上的困境，转而在"难"字上做起了文章。他提出，本章之"难"通"戁"。《诗·小雅·桑扈》："不戁不难，受福不那。"马瑞辰《毛诗传笺通释》："难，当读为戁。"《尔雅·释诂》："戁，惧也。"《诗·商颂·长发》："不戁不竦，百禄是总。"《毛传》："戁，恐；竦，惧也。"《荀子·君道》："君子恭而不难，敬而不巩。""难"与"巩（恐）"互义见义，王引之曰："难读《诗》'不戁不竦'之'戁'。""色难"谓颜色有敬畏之神情。本章所谓"有事，弟子服其劳，有酒食，先生馔"，即"养口体"之事。在孔子看来，这些养亲之事是一般人都可以做到的，谈不上是"孝"，只有进而有敬畏之心情，方才叫真正的"孝"。⑧ 裴传永进而认

---

① 文渊阁《四库全书》经部四书类《论语注疏》卷二。
② 文渊阁《四库全书》经部四书类《论语集解义疏》卷一。
③ 《诗·凯风·疏》引，文渊阁《四库全书》经部诗类《毛诗注疏》卷三。
④ 文渊阁《四库全书》经部四书类《四书章句集注·论语集注》卷一。
⑤ 钱穆：《论语新解》，第33-34页。
⑥ 杨伯峻：《论语译注》，第16页。
⑦ 段玉裁：《说文解字注》卷九上，《续修四库全书》第206册，第520页。
⑧ 黄群建：《〈论语〉札记三则》，《古汉语研究》第2期，1989年，第48页。

为,"色"即是面色、神情之意,"难"则是一个假借字,具体地说,是"戁"字的假借。《说文·心部》解释说:"戁,敬也。从心,难声。"《字汇·心部》解释说:"戁,恭也。"把"色难"解为"色戁",取其容色恭敬之意,则孔子答子夏"问孝"语扞格不通的问题即可迎刃而解了。①

案黄、裴说释"色难"注意到了"敬",是一大进步。《为政》上章:"子游问孝。子曰:'今之孝者,是谓能养。至于犬马,皆能有养;不敬,何以别乎?'"②《礼记·坊记》也载:"子云:'小人皆能养其亲,君子不敬,何以辨?'"③孔子言"孝"都是突出"敬",都是以"敬"为重点。但黄、裴说也有问题。"子夏问孝"者,"盖问孝孰为难",如果孔子回答的是"色戁",容色敬畏、恭敬,恐怕不得其要领。因为"容色"如何在诸孝行中并非最为重要,比较起来,"色敬"不如"心敬","心敬"才是最难的。所谓"诚于中"才能"形于外"(《礼记·大学》),外在的"容色恭敬"是由内在的"心敬"决定的。因此,黄、裴说也不可信。

笔者认为,"色难"之"色"当读为"䜍",训为"敬"。所谓"色难",就是"䜍难",是说为孝之道,难就难在一个敬字,敬最为重要。这与《为政》上章、《礼记·坊记》篇"不敬,何以别乎""不敬,何以辨"的意思如出一辙。只是一称"敬",一称"䜍"而已。

《论语·学而》篇还有一段名言:

> 子夏曰:"贤贤,易色;事父母,能竭其力;事君,能致其身;与朋友交,言而有信。虽曰未学,吾必谓之学矣。"④

这段话的"贤贤易色"也颇为难解。

皇侃《义疏》:"凡人之情莫不好色而不好贤,今若有人能改易好色之心以好于贤,则此人便是贤于贤者,故云'贤贤易色'也。"⑤ 邢昺《疏》

---

① 裴传永:《〈论语〉"色难"新解》,《孔子研究》,第 4 期,2000 年,第 121-122 页。
② 文渊阁《四库全书》经部四书类《论语注疏》卷二。
③ 文渊阁《四库全书》经部礼类礼记之属《礼记注疏》卷五十一。
④ 文渊阁《四库全书》经部四书类《论语注疏》卷一。
⑤ 文渊阁《四库全书》经部四书类《论语集解义疏》卷一。

也说："易，改也。色，女人也。女有姿色，男子悦之，故经传之文通谓女人为色。人多好色不好贤者，能改易好色之心以好贤，则善矣，故曰'贤贤易色'也。"① 朱熹《集注》说同："贤人之贤，而易其好色之心。"② 这是以"易"为"改易"，以"色"为"好色之心"。

皇侃《义疏》又引一通云："言若欲尊重此贤人，则当改易其平常之色，更起庄敬之容也。"③ 黄怀信："见到贤者而改变其容色，正是见贤思齐、谦虚向善和好学上进的表现，故曰亦谓之学矣。"④ 高尚榘认为，即"尊重贤德之人，应改易平常之容色为尊重之容色"。⑤ 这是以"色"为"容色"。

《汉书·李寻传》引《论语》"贤贤易色"颜师古《注》："贤贤，尊上贤人；易色，轻略于色，不贵之也。"⑥ 清人焦袁熹（1661—1736）曰："是读'易'为'轻易'之'易'。不用旧解者，取女宫在后之义，不得不然。"⑦ 宋翔凤（1779—1860）、刘宝楠（1791—1855）等皆取此义。⑧ 杨伯峻《译注》本颜《注》，也"把'易色'解为'不重容貌'"。⑨ 这是以"易"为"轻易""轻视"，以"色"为"姿色""女色"。

以"色"为"好色之心"属于增字解经，不足为训。其实质是以"色"为"女色"。黄怀信说："下言'能竭其力''能致其身'，皆紧承其上，就事父母、事君而言。而此作轻略女色，则与'贤贤'无直接关系，且轻女色与学亦不相涉。见'色'之不应释为女色也。"⑩ 高尚榘也说："'色'，不是指妻子，若是指妻子的话，依下文'父母''君''朋友'之行文风格，必会点明'妻子'。再者，儒家重德，把对待贤者的态度放在首位，是符

---

① 文渊阁《四库全书》经部四书类《论语注疏》卷一。
② 文渊阁《四库全书》经部四书类《四书章句集注·论语集注》卷一。
③ 文渊阁《四库全书》经部四书类《论语集解义疏》卷一。
④ 黄怀信：《论语新校释》，西安：三秦出版社，2006年，第7页。
⑤ 高尚榘主编：《论语歧解辑录》，北京：中华书局，2011年6月，第17页。
⑥ 文渊阁《四库全书》史部正史类《前汉书》卷七十五。
⑦ 文渊阁《四库全书》经部四书类《此木轩四书说》卷二。
⑧ 刘宝楠：《论语正义》卷一，北京：中华书局，1990年3月，第20页。
⑨ 杨伯峻：《论语译注》，第6页。
⑩ 黄怀信：《论语汇校集释》，上海：上海古籍出版社，2008年8月，第56页。

合儒家思想的。如果把'色'理解为妻子，则是把对妻子的态度放在了对待父母的态度之前，显然是悖理的。"① 这些分析都言之有理。可见，将"易色"解为"不重女色"并不可取。

但将"色"释为"容色"也有问题。"易色"可以释为"改易容色"，但"改易容色"并不能表现"贤贤"，因为"改易容色"既可"改易平常之容色为尊重之容色"，也可"改易尊重之容色为平常之容色"。将"易色"释为"改易平常之容色为尊重之容色"，实属过度诠释，不足以服人。

笔者认为"贤贤易色"是讲尊贤的问题。《吕氏春秋·有始览·谨听》的"见贤者而不耸，则不惕于心。不惕于心，则知之不深"和帛书《五行》篇的"见贤人而不色然，不知其所以为之，故谓之不智"正可参考。

帛书《五行》篇说"见贤人"要"色（嶷）然"，也就是从心里崇敬，才能称得上"智"。《吕氏春秋·有始览·谨听》说"见贤者"要"耸（竦）"，也就是"敬"，才能"惕于心"；只有对"贤者""惕于心"，才会对"贤者""深知"而"师法之"。②

这里的"惕"，许维遹《集释》③、陈奇猷《校释》④、王利器《注疏》⑤皆从王念孙"惕犹动也"说，张双棣等《译注》也说"惕：与动义近"，并将"惕于心"译为"动心"。⑥（案："惕"训为"动"，不如训为"爱"。）《说文·心部》："惕，敬也。从心，易声。"⑦《广韵·锡韵》："惕，爱也。"⑧《尔雅·释训》："惕惕，爱也。"郭璞（276—324）《注》："《诗》云'心焉惕惕'，《韩诗》以为悦人，故言爱也。"⑨《汉书·叙传》："媱媱公主，乃女乌孙。"颜

---

① 高尚榘主编：《论语歧解辑录》，第 17 页。
② 高诱注："不深知贤者师法之也。"见王利器：《吕氏春秋注疏》，成都：巴蜀书社，2002 年，第 1323 页。
③ 许维遹：《吕氏春秋集释》卷十三，第 17 页。
④ 陈奇猷：《吕氏春秋新校释》，上海：上海古籍出版社，2002 年，第 716 页。
⑤ 王利器：《吕氏春秋注疏》卷第十三，第 1323 页。
⑥ 张双棣等：《吕氏春秋译注》，北京：北京大学出版社，2000 年 9 月，第 360、361 页。
⑦ 丁福保《说文解字诂林》，北京：中华书局，1988 年，第 10527 页。
⑧ 文渊阁《四库全书》经部小学类韵书之属《重修广韵》卷一。
⑨ 文渊阁《四库全书》经部小学类训诂之属《尔雅注疏》卷三。

师古《注》引孟康曰:"婹婹、惕惕,爱也。"①《书·盘庚》"不惕予一人",孙星衍(1753—1818)《今古文注疏》引《尔雅》郭《注》引《韩诗》云:"惕惕,悦也。"②可见,"惕于心"也就是从心里喜爱。

由此看《论语·学而》篇的"贤贤易色","易"当读为"惕",训为"爱""悦",也就是喜爱;"色"则像《为政》篇"色难"之"色"、帛书《五行》篇"色然"之"色"一样,与"容色""姿色"无关,当读为"譺",训为"敬"。所谓"贤贤易色",是说"贤贤",就要喜爱之,敬重之。《吕氏春秋·有始览·谨听》"见贤者而不耸(竦),则不惕于心;不惕于心,则知之不深"则是反说"见贤者而不竦(敬)",就不是从心里喜爱"贤者";不是从心里喜爱"贤者",就是对"贤者""知之不深"。"耸(竦)"即"色(譺)","惕于心"也就是"易(惕)"。对"贤者"能够见贤思齐,能够喜爱之,敬重之,有了这种态度,"虽曰未学,吾必谓之学矣",虽然没有"学"的名义,但子夏认为这才是真正的"学"。

《论语·学而》篇"易色"当读为"惕譺",《为政》篇的"色难"当读为"譺难",帛书《五行》篇的六个"色然"当读为"譺然",以此看《论语·乡党》篇的"色斯举矣","同之","骇"也,"色"读"疑"显然比读"猷"要好。

帛书《五行》篇《说》部与《论语·学而》等篇"色"字的这种特殊用法提醒我们,两者的渊源值得注意。柳宗元(773—819)认为《论语》"卒成其书者,曾氏之徒也"。③而帛书《五行》篇《说》部则两称"世子曰",显然帛书《五行》篇《说》部与"世子"有密切的关系。帛书整理小组注〔六八〕曰:《汉书·艺文志》儒家下有"《世子》二十一篇"。原注:"名硕,陈人也。七十子之弟子。"又《论衡·本性》:"周人世硕,以为人性有善有恶。……性各有阴阳,善恶在所养焉。……作《养书》一篇。"世硕,盖周代陈地人。④帛书《五行》篇的抄者和《论语》的抄者一样,都喜欢

---

① 文渊阁《四库全书》史部正史类《前汉书》卷一百下。
② 孙星衍:《尚书今古文注疏》卷六,北京:中华书局,1986年,第226页。
③ 柳宗元:《论语辩》,《柳河东集》卷四,上海:上海人民出版社,1974年,第69页。
④ 国家文物局古文献研究室:《马王堆汉墓帛书〔一〕》,第27页。

把"譺"或"疑"写成"色",郭店楚简《语丛一》的抄者也是如此,喜欢"色""矣"通用。由此看,帛书《五行》篇的《说》部成书也不会太晚,也应该是先秦时代的作品;《论语》的流传与帛书《五行》篇《说》部的作者也应有密切的关系,"曾氏之徒"与作为"七十子之弟子"的世硕也应该很接近。池田知久极力主张帛书《五行》篇的"杂家倾向",反对其为思孟学派的作品①,从其"色然"说来看,显然是不能成立的。

与"色斯举矣"的聚讼不已不同,《论语·乡党》篇"翔而后集"一句的解释则自古以来波澜不惊。魏人周生烈曰:"回翔审观而后下止也。"②以后的皇侃《义疏》、邢昺《疏》、朱熹《集注》也皆本此。杨伯峻因而译为:"盘旋一阵,又都停在一处。"③是以"翔"为"回翔""盘旋",以"集"为"下止""停落"。

案:以"翔"为"回翔"看起来文从字顺,由"举"而"翔"而"集",都是描写"山梁雌雉"的起落。但是从下文孔子的"时哉时哉"之叹,可知"色斯举矣,翔而后集"这些行为,表现的是"山梁雌雉"的知"时"。"色(疑)斯举矣","山梁雌雉"受惊则飞走,可说是知"时"。但"翔而后集",知"时"的意思却不明显。我们知道,"色(疑)斯举矣"与"翔而后集"是对举的。"举"与"集",一起一落,是反义词;但"色(疑)"与"翔"却不能说是反义词。"山梁雌雉"为什么要"举"?是因为"色(疑)",受到了惊骇。为什么要"集"?我们不能说是因为"翔"。所谓这里的"翔"看起来文从字顺,实质大有问题。

笔者认为,"翔而后集"之"翔"当读为"祥"。"翔""祥"上古音皆为阳部邪母,文献中经常通用。《周易·丰·小象传》:"天际翔也。"陆德明《音义》:"'翔',郑、王肃作'祥'。"④唐李鼎祚《周易集解》同⑤,吕祖

---

① 池田知久著,王启发译:《马王堆汉墓帛书五行研究》,第60-65页。
② 文渊阁《四库全书》经部四书类《论语集解义疏》卷五。
③ 杨伯峻:《论语译注》,第115页。
④ 文渊阁《四库全书》经部易类《周易注疏》卷九。
⑤ 文渊阁《四库全书》经部易类《周易集解》卷十一。

谦（1137—1181）《周易音训》："晁氏曰：'孟亦作祥。'"①《周易·履》："上九：视履考祥，其旋元吉。"②帛书本"祥"作"翔"。③

"祥"有善、顺义。《尔雅·释诂上》："祥，善也。"④《说文·示部》："祥，一云善。"⑤《诗·大雅·大明》："大邦有子，俔天之妹。文定其祥，亲迎于渭。"毛《传》："祥，善也。"⑥《国语·楚语上》："故先王之为台榭也，榭不过讲军实，台不过望氛祥。"韦昭（204—273）《注》："凶气为氛，吉气为祥。"⑦《汉书·刘向传》："由此观之，和气致祥，乖气致异；祥多者其国安，异众者其国危。"⑧《淮南子·泛论》："天下岂有常法哉？当于世事，得于人理，顺于天地，祥于鬼神，则可以正治矣。"高诱注："祥，顺也。"⑨这一意义上的"祥"，完全可以说是"色（疑）"的反义词。所以，"色斯举矣，翔而后集"当读作"疑斯举矣，祥而后集"。是说"山梁雌雉"看到危机临近、受到惊骇就飞走，感到环境祥和、安全后才又停落下来。皇侃《义疏》引虞喜（281—356）曰："去危就安，当如雉也。"⑩"去危"即"色（疑）斯举矣"，"就安"即"翔（祥）而后集"。孟子（前372—前289）谓："知命者不立于岩墙之下。"⑪习凿齿（328—383）云："识时务者，在乎俊杰。"⑫"山梁雌雉""疑斯举矣，祥而后集"，知道审时度势，避凶就吉，孔子许之以"时哉时哉"，理所当然。

"曰"的主语古注皆认定为孔子，今人黄瑞云进而以为"'曰'上脱'子'

---

① 黄灵庚、吴战垒主编：《吕祖谦全集》第二册，杭州：浙江古籍出版社，2008年，第45页。
② 文渊阁《四库全书》经部易类《周易注疏》卷三。
③ 马王堆汉墓帛书整理小组：《马王堆帛书〈六十四卦〉释文》，《文物》1984年3期，第1页。
④ 文渊阁《四库全书》经部小学类训诂之属《尔雅注》卷上。
⑤ 文渊阁《四库全书》经部小学类字书之属《说文解字》卷一上。
⑥ 文渊阁《四库全书》经部诗类《毛诗注疏》卷二十三。
⑦ 文渊阁《四库全书》史部杂史类《国语》卷十七。
⑧ 文渊阁《四库全书》史部正史类《前汉书》卷三十六。
⑨ 文渊阁《四库全书》子部杂家类杂学之属《淮南鸿烈解》卷十三。
⑩ 文渊阁《四库全书》经部四书类《论语集解义疏》卷五。
⑪ 文渊阁《四库全书》经部四书类《孟子注疏》卷十三上。
⑫ 《三国志·蜀志·诸葛亮传》裴松之注引晋习凿齿《襄阳记》，见文渊阁《四库全书》史部正史类《三国志·蜀志》卷五。

字"。① 黄怀信说同。② 周乾溁对主语为孔子说有所怀疑③，李零则认为主语为子路。④ 程石泉更谓："此节'曰'字，不知何人所说。"⑤ 案：《文选·枚乘〈七发〉》"山梁之餐"李善《注》引郑玄曰：《论语》：'子曰：山梁雌雉，时哉时哉！'孔子山行，见一雌雉，食其梁粟。"⑥ 是"曰"上有"子"字，清人翟灏早已指出。⑦ 而且下文又称"孔子山行，见一雌雉"，进一步说明见到"山梁雌雉""疑斯举矣，翔而后集"而发"时哉时哉"之叹的为孔子。因此，怀疑说是难以成立的。

"子路共之"之"共"，何晏（？—249）注为"共具"，邢昺《疏》也说："共，具也。"⑧ 实是以"共"为"供"。皇侃《义疏》则直接作"供"，曰："云'子路供之'者，子路不达孔子'时哉时哉'之叹，而谓叹'雌雉'是时月之味，故驰逐驱拍，遂得'雌雉'，煮熟而进以供养孔子，故云'子路供之'也。"又引虞喜曰："'供'犹'设'也。言子路见雉在山梁，因设食物以张之。"⑨ 这是说"共"的本字为"供"，义为供养。清人钱坫（1744—1806）指出：《吕氏春秋》曰：'子路揜雉，而复释之。'此'共之'之义。"⑩ 李零："'揜雉'之'揜'，指张罗设食，覆而取之，就是解释这两句话。"⑪ 那么，"子路共之"就不是子路"得'雌雉'，煮熟而进以供养孔子"，而是子路"张罗设食，覆而取""雌雉"了。

宋人蔡节谓："共，拱手也。"⑫ 钱穆解为"竦手上拱作敬意"⑬，商承祚译

---

① 黄瑞云：《〈论语〉"色斯举矣"章确解》，《黄冈师专学报》第2期，1996年。
② 黄怀信：《论语汇校集释》，第946页。
③ 周乾溁：《〈论语〉三题》，《天津师范大学学报（社会科学版）》第1期，1986年。
④ 李零：《丧家狗——我读〈论语〉》，第204页。
⑤ 程石泉：《论语读训——附学庸改错》，第183页。
⑥ 萧统编，李善注：《文选》卷三十四，上海：上海古籍出版社，1986年，第1564页。案：文渊阁《四库全书》本《文选》李善注无"子"字。
⑦ 翟灏：《四书考异》下编卷一二，《续修四库全书》第167册，第237页。
⑧ 文渊阁《四库全书》经部四书类《论语注疏》卷十。
⑨ 文渊阁《四库全书》经部四书类《论语集解义疏》卷五。
⑩ 钱坫：《论语后录》卷三，《续修四库全书》第154册，第264页。
⑪ 李零：《丧家狗——我读〈论语〉》，第203页。
⑫ 文渊阁《四库全书》经部四书类《论语集说》卷五。
⑬ 钱穆：《论语新解》，第269页。

为"肃然拱手"①，杨朝明《诠解》也作"向野鸡拱拱手"。②

刘宝楠虽然也认为"作'拱'是也"，但他却据《吕氏春秋·季秋纪·审己》篇"子路揜雉而复释之"说和高诱《注》"所得者小，不欲夭物，故复释之"，以"拱"为"执"，也就是捕捉。他说："'揜'即是'拱'。《尔雅·释诂》：'拱，执也。'意者雉正倦飞，子路揜而执之。"③

胡文辉在刘说基础上又进一步，谓："'共'字其实也有作'执'之义来使用的：《周易》遯六二：'执之用黄牛之革，莫之胜说。'马王堆帛书本'执'正作'共'。又，革初九：'巩用黄牛之革。'帛书本'巩'作'共'。由此可见，'子路共之'也就是'子路执之'或'子路巩之'的意思。《吕氏春秋·审己篇》'故子路揜雉而复释之'正是由《论语》'子路共之'这一句而来，亦足以证明'共'就是执（捕捉）的意思。子路出身微贱，性格豪放，亦宜有此捉野鸡的行为。而杨伯峻《论语译注》译作'拱拱手'显然是不对的。"④

程石泉认为"共"字应为"哄"字，意谓子路口作声以驱逐之。⑤蒋沛昌也将"共"读为"哄"，训为起哄、吆喝。⑥黄怀信则谓："拱，合手以轰赶之。"⑦

以上诸说中，刘宝楠、胡文辉说最有价值，但问题也有。季旭升说：帛书本"共之用"，"共"应读为"拲"（音拱，然与拱不同字）。《说文》卷十二下《手部》："拲，两手共同械也。从手、共声。"甲骨文有"𢪒"字（见《甲骨文编》307号、《甲骨文诂林》2600号），王襄释"执"、朱芳圃释"拲"（俱参《甲骨文字诂林》），二说皆有理，"拲""执"同义。《国语·吴语》"拥铎拱稽"，韦昭注："拱，执也。"字当作"拲"。《荀子·荣辱》

---

① 商承祚：《"色斯举矣……"新论》，《中山大学学报（社会科学版）》第3期，1963年，第73-75页。
② 杨朝明：《论语诠解》，扬州：广陵书社，2008年，第98-99页。
③ 刘宝楠：《论语正义》卷十，第435页。
④ 胡文辉：《〈论语·乡党〉"色斯举矣"解》，《中国早期方术与文献丛考》，第16-17页。
⑤ 程石泉：《论语读训——附学庸改错》，第183页。
⑥ 蒋沛昌：《论语今释》，长沙：岳麓书社，1999年，第253页。
⑦ 黄怀信：《论语汇校集释》，第950页。

"受小共大共",杨倞注:"共,执也。""共"盖"拱"之省,与帛书《易经》作"共"同。①其说是。如此,《尔雅·释诂》所谓"拱,执也"之"拱",其实也当作"拱"。

依此,"子路共之"当作"子路拱之",也就是"子路执之",指子路用双手去捕捉、去抓捕"雌雉"。子路听孔子赞叹"山梁雌雉"知"时",生性顽皮的他有心想试验一下,就用双手去捕捉,看看"雌雉"是否真的知"时",是否真的能"疑斯举矣,祥而后集"。"子路拱之"写的、表现的就是子路的这一心理。所谓"拱之"表现的不是已然之事,不是说子路已经抓到了"雌雉",而是说子路想去抓"雌雉","拱之"是打算,表现的是未然之事,还并没有成为现实。

"三嗅而作"一句也是自古以来的大难题。

何晏《集解》:"非本意,不苟食,故三嗅而作。作,起也。"②皇侃《义疏》:"云'三嗅而作'者,'嗅'谓鼻歆禽其气也;'作',起也。子路不达孔子意,而供此熟雉,乖孔子本心。孔子若直尔不食,则恐子路生怨;若遂而食之,则又乖我本心。故先三嗅气而后乃起,亦如得食、不食之闲也。"③是说孔子不食子路贡献上来的"熟雉",认为子路误会了自己的意思,但又不好扫子路的面子,所以只闻了闻"熟雉"的香气就起身走了。④"嗅"是"以鼻吸气",也就是闻味道的意思。

蔡节以为"嗅"疑作"叹",是"感难之去就得时,所以三叹而作也"。⑤

朱熹《集注》引晁氏曰:"石经'嗅'作戛,谓雉鸣也。"⑥商承祚从之,

---

① 季旭升主编:《〈上海博物馆藏战国楚竹书(三)〉读本》,台北:万卷楼图书股份有限公司,2005年10月,第80-81页。
② 文渊阁《四库全书》经部四书类《论语注疏》卷十。
③ 文渊阁《四库全书》经部四书类《论语集解义疏》卷五。
④ 林语堂《论孔子的幽默》(台北《"中央"日报》,1969年)云:"子路见机说这只母鸡,来的正巧,打下来供献给孔夫子。孔夫子嗅了三嗅,嫌野鸡的气味太腥,就站起来,不吃也罢。"(转引自程石泉:《论语读训——附学庸改错》,第183页)也是在皇侃《义疏》说的基础上进行发挥。
⑤ 文渊阁《四库全书》经部四书类《论语集说》卷五。
⑥ 文渊阁《四库全书》经部四书类《四书章句集注·论语集注》卷五。

谓："叫了三声，惊飞而去。"①

朱熹《集注》又引刘聘君曰："嗅，当作狊，古阒反。张两翅也。见《尔雅》。"②清人江声（1721—1799）说同。③杨伯峻因而译为"它们又振一振翅膀飞去了"。④

王夫之（1619—1692）认为："此'三嗅'当作狊，音古阒切。狊从目从犬。犬之瞻视，头伏而左右顾，鸟之惊视也亦然，故郭璞谓'张两翅狊狊然'，谓左右屡顾而张翅欲飞也。若谓张翅为狊，则鸟之将飞，一张翅而即翀举，岂待三哉？"⑤刘宝楠也说："'狊'字从目从犬，《说文》训'犬视'，亦惊顾之意，其字与'臭'相似，故沿讹为'臭'。《唐石经》'臭'字左旁加口作'嗅'，则后人所改。《五经文字》此字尚作'臭'。"⑥钱穆亦主此说，谓"嗅，本作狊，当是狊字，从目从犬，乃犬视貌。借作鸟之惊视。雉见子路上拱其手，疑将篡己，遂三狊而起飞。言三狊者，惊疑之甚，此即所谓见几而作"，并译作："那雌雉转睛三惊视，张翅飞去了。"⑦

这几种说法中，谓"嗅"字为"叹""戛""狊"之讹者，都属改字解经，难以为信。何晏、皇侃等古注以"嗅"为闻值得肯定，但他们的理解却出了问题。"三嗅而作"的主语并非孔子，而是"山梁雌雉"。所谓"三"者，形容"山梁雌雉"之"嗅"是多次，是在不断地进行。"子路共之"，子路试图去用双手去捕捉，"山梁雌雉"在嗅嗅闻闻间猛地感觉到有危机来临，闻到了危险的气息，就振翅飞走了。子路的试验证明孔子所言不虚，"山梁雌雉"果然"疑斯举矣，祥而后集"，确实是知时。

综上所述，《论语·乡党》篇的"色斯举矣，翔而后集。曰：'山梁雌雉，

---

① 商承祚：《"色斯举矣……"新论》，《中山大学学报（社会科学版）》第3期，1963年，第73-75页。
② 文渊阁《四库全书》经部四书类《四书章句集注·论语集注》卷五。
③ 江声：《论语竢质》卷中，《琳琅秘室丛书》本，第13页。
④ 杨伯峻：《论语译注》，第115页。
⑤ 王夫之：《四书稗疏》，《船山全集》第6册，长沙：岳麓书社，1996年，第38-39页。
⑥ 刘宝楠：《论语正义》卷十，第435页。
⑦ 钱穆：《论语新解》，第269页。

时哉时哉!'子路共之,三嗅而作"章当作:

疑斯举矣,祥而后集。[子]曰:"山梁雌雉,时哉时哉!"子路拳之,三嗅而作。

译成现代汉语就是:

惊恐就飞走,感到安全后才又停落下来。孔子感慨道:"这些山间堤堰上的母野鸡,得其时呀!得其时呀!"子路想用双手去抓,母野鸡嗅了嗅,感到危险,就猛地飞走了。

2013 年 7 月写于台湾大学修齐会馆

《论语·宪问》篇"欲寡其过而未能也"说辨证
——兼论"君子道者三"章"我无能焉"的释读

蘧伯玉（前585—前484以后）是春秋时期卫国的贤大夫，是孔子（前551—前479）最为尊敬的同时代政治家。①《论语》一书关于蘧伯玉的记载有二。一是《论语·卫灵公》篇孔子赞其为"君子"，说他："邦有道，则仕；邦无道，则可卷而怀之。"②政治清明就出来做官，"兼济天下"；政治黑暗就可以把自己的本领收藏起来，"独善其身"。为政既坚持原则，又识时务，懂得进退。这里的释读，并无问题。但另一处《宪问》篇的记载，却颇值得讨论。

蘧伯玉使人于孔子。孔子与之坐而问焉，曰："夫子何为？"对曰："夫子欲寡其过而未能也。"使者出。子曰："使乎！使乎！"③

二十世纪七十年代河北定州八角廊出土的汉简本《论语》有此章的残简，释文作："……人使于孔子391……使者出。子曰：使392……"整理者指出："人使"，今本作"使人"。④

---

① 《史记·仲尼弟子列传》："孔子之所严事……于卫，蘧伯玉。"
② 朱汉民整理：《论语注疏》，北京：北京大学出版社，2000年，第238页上。
③ 朱汉民整理：《论语注疏》，第222页上。
④ 河北省文物研究所、定州汉墓竹简整理小组：《定州汉墓竹简〈论语〉》，北京：文物出版社，1997年，第69页。

案:"使人"如果不是书手误倒的话,则简文与今本有别。今本的"蘧伯玉使人于孔子",简文则有可能作"[蘧伯玉遣]人使于孔子"。可惜第392号、393号简的前半部分都有残损,不然,文献价值就更大了。

《宪问》篇此章"夫子欲寡其过而未能也"自注疏以来的主流意见都认为是"使者"的谦辞,明明蘧伯玉"求进甚急,善于改过",却故意说"他老人家想减少过错却还没能做到"。① 如何晏(?—249)《集解》就说:"言夫子欲寡其过而未能无过。"② 邢昺(932—1010)《疏》亦谓:"言夫子常自修省,欲寡少其过,而未能无过也。"③ 朱熹(1130—1200)《集注》也云:"言其但欲寡过而犹未能,则其省身克己,常若不及之意可见矣。"④ 钱穆(1895—1990)《新解》因此将其译为:"我们先生只想要少些过失,但总觉还未能呀!"⑤

下文"子曰:'使乎!使乎!'",也认为是孔子对蘧伯玉"使者"善于辞令的称赞。如魏人陈群(?—237)就说:"再言'使乎'者,善之也。言使得其人。"⑥ 邢昺《疏》亦谓:"孔子善其使得其人,故言'使乎'。所以善之者,颜回尚未能无过,况伯玉乎?而使者云'未能',是伯玉之心不见欺也。"⑦ 朱熹《集注》也云:"使者之言愈自卑约,而其主之贤益彰,亦可谓深知君子之心而善于辞令者矣。故夫子再言'使乎'以重美之。"⑧ 杨伯峻(1909—1992)《译注》曰:"使者之言既得其实,又不卑不亢,所以孔子连声称赞。"⑨ 钱穆《新解》总结道:"不曰'欲无过',而曰'欲寡过',又曰'未能焉',使者言愈卑,而其主之贤愈益彰,故孔子重言叹美之,曰:'使乎!使乎!'"⑩

---

① 杨伯峻:《论语译注》,北京:中华书局,1980年,第163页。
②③ 朱汉民整理:《论语注疏》,第222页上。
④ 朱熹:《论语集注》卷七,《四书章句集注》,北京:中华书局,1983年,第155-156页。
⑤⑩ 钱穆:《论语新解》,北京:生活·读书·新知三联书店,2002年,第375页。
⑥ 朱汉民整理:《论语注疏》,第222页。
⑦ 朱汉民整理:《论语注疏》,第222页上、下。
⑧ 朱熹:《论语集注》卷七,第156页。
⑨ 杨伯峻:《论语译注》,第154页。

但东汉王充（27—97）对此却有不同的理解。其《论衡·问孔》篇云："蘧伯玉使人于孔子，孔子曰：'夫子何为乎？'对曰：'夫子欲寡其过而未能也。'使者出，孔子曰：'使乎！使乎！'非之也。说《论语》者，曰：'非之者，非其代人谦也。'"①认为"孔子曰：'使乎！使乎！'"是"非之也"，是责备使者"代人谦也"，其越俎代庖，擅自替蘧伯玉做主，过分谦虚，有损主人的名誉。

王充又接着说："夫孔子之问使者曰'夫子何为'，问所治为，非问操行也。如孔子之问也，使者宜对曰'夫子为某事，治某政'，今反言'欲寡其过而未能也'。"②是说孔子问使者说"他老先生在干什么"，问的是在政治上的所作所为，不是问他的操行。按照孔子的问话，使者应该回答说"他老先生在干某件事，治理某项政务"，如今使者反而说"他想减少自己过错还没有做到"。这是指责使者答非所问，非常不得体，进一步坐实了"孔子曰：'使乎！使乎！'"是"非之也"，是对使者的批评指责。

《三国志·蜀志·伊籍传》记：伊籍"使于吴，孙权闻其才辩，欲逆折以辞。籍适入拜，权曰：'劳事无道之君乎？'籍即对曰：'一拜一起，未足为劳。'"③刘知几（661—721）《史通·杂说中》评论道："伊以敏辞辨对，可免'使乎'之辱。"黄晖（1909—1974）认为，这也是"以'使乎'为'非之'之辞"。④当属可信。

友人黄怀信教授也持同样的看法，其大著《论语新校释》云："《论衡·问孔》引'使乎使乎'后有'非之也'三字，当是。增之惊俗，今依旧。""此章批评蘧伯玉之使，言'欲寡其过而未能'，一则见其过多，一则见其无能，可见是揭主人之短，非议主人。孔子非之甚，故重言'使乎'。使不能扬主之长反揭其短，何得为使？旧以为赞其使，谬也。"⑤其《论语汇校集释》也说："使者云'夫子欲寡其过而未能也'，明有非议其主之嫌，故孔子不

---

① 黄晖：《论衡校释》，北京：中华书局，1990年，第423页。
②④ 黄晖：《论衡校释》，第424页。
③ 陈寿：《三国志》卷三十八，《蜀书》八，百衲本景宋绍熙刊本。
⑤ 黄怀信：《论语新校释》，西安：三秦出版社，2000年，第353-354页。

以其为使，而以为是'非之'，言这还算使者吗？重言之，不满之甚也。"①如此说来，传统的解释大谬，使者于蘧伯玉不是赞而是非，孔子于使者不是褒而是贬。

这两种水火不容的理解，谁是谁非，值得一辨。

首先应该肯定，蘧伯玉之使当着孔子之面非议其主人蘧伯玉"过多"而"无能"是不可能的。因为这不但有违使命，也不合符礼节。如果真的是这样的话，只能说蘧伯玉有眼无珠，派出这样的使者，太无识人之明了！所谓"非之也"三字，应非"经"而当为"注"，是传《论语》之人的注解。"说《论语》者，曰：'非之者，非其代人谦也'"，当属解"注"之语，相当于后世之"疏"。今传《论语》各种版本，皆无"非之也"三字，当属明证。②所以，将《论衡·问孔》的"非之也"三字当成《论语》原文，疑不可从。

以注疏为代表的谦辞说、褒词说是不是就一定能成立呢？我看也未必。所谓的谦虚，是以多为少，以贵为贱，而不是彻底否认，黑白颠倒。如果蘧伯玉使者说"夫子欲寡其过而未能也"是"他老人家想减少过错却还没能做到"的话，就是说蘧伯玉尽管"欲寡其过"，主观上想减少过错，但"未能也"，客观上却未能做到，所谓的"寡过"，只是放了一个空炮而已。这就彻底地否定了蘧伯玉的"寡过"之"为"，完全有悖于文献的记载。

《淮南子·原道》有云："蘧伯玉年五十而知四十九年非。"③是说蘧伯玉活了五十岁，觉得前四十九年都做得不对。这是蘧伯玉不但有"寡过"的主观愿望，而事实上也做到了"寡过"的证明。

《庄子·则阳》篇的记载稍有不同："蘧伯玉行年六十而六十化，未尝不始于是之，而卒诎之以非也；或未知今之所谓是之非五十九非也。"④是

---

① 黄怀信等：《论语汇校集释》，上海：上海古籍出版社，2008年，第1303页。
② 至于最近海昏侯汉墓出土的《论语》有没有此3字，还有待证明。
③ 何宁：《淮南子集释》（修订本），北京：中华书局，1998年，第51页。
④ 曹础基：《庄子浅注》，北京：中华书局，2000年，第396页。

说蘧伯玉活了六十岁而六十年来随年变化、与日俱新，何尝不是年初时认为是对的而年终时又转过来认为是错的，不知道现今所认为是对的又不是五十九岁时认为是错的。这里尽管"五十"变成了"六十"，但蘧伯玉是一位求进甚急而又善于改过的人确定无疑。也就是说，蘧伯玉"寡过"不仅有主观愿望，更是将"寡过"付之于实践。所以，蘧伯玉是公认的勇于改过的标兵，蘧伯玉使者再客气、再谦虚也不能颠倒黑白，说他的主人"未能""寡其过"、"想减少过错却还没能做到"。

笔者认为"夫子欲寡其过而未能也"一句从王充到何晏、邢昺、朱熹以来的解释都是错误的，这里"欲""寡""未能"三处的理解都有问题。

这里的"欲"字，大家都训为"想"，以为表达的只是一种愿望、一种企图，大谬。这里的"欲"，其实当训为喜好、喜欢，是对蘧伯玉做事行为倾向的归纳。如果是"想"的话，蘧伯玉"寡过"只是一种想法，并没有变成事实。而训为喜好、喜欢，则想法已经成为事实，主观已经付之于实践。"欲"字的这种训诂，文献屡见。《左传·成公二年》："余虽欲于巩伯，其敢废旧典以忝叔父？"王引之（1766—1834）《经义述闻·左传中》："欲，犹好也。言余虽爱好巩伯，不敢废旧典而以献捷之礼相待也。古者'欲'与'好'同义。"①《孟子·梁惠王上》："天下之欲疾其君者，皆欲赴诉于王。"俞樾（1821—1907）《群经平议·孟子一》："上'欲'字犹好也……此文好、疾二字平列，欲其君者，谓好其君者也；疾其君者，谓恶其君者也。天下之好恶其君者莫不来告，故曰皆欲赴诉于王。"②王引之、俞樾之说，信而有征，其他的例子就不用多举了。

此章的"寡"字，邢昺、钱穆等训为"少"，杨伯峻、黄怀信等译为"减少"，也都是有问题的。这里的"寡"，其实当训为舍弃。《论衡·书解》："称干将之利，刺则不能击，击则不能刺。非刃不利，不能一且二也。蚌弹雀则失鹞，射鹊则失雁……使干将寡刺而更击，蚌舍鹊而射雁，则下

---

① 王引之：《经义述闻》第十八，清道光刻本。
② 俞樾：《群经平议》卷三十二，清光绪《春在堂全书》本。

射无失矣。"① 此是说："称赞干将的锋利，但它能刺就不能砍，能砍就不能刺。不是剑刃不锋利，而是同时不能起两种作用。用蚌弹雀就不能同时弹鹊，用弓射鹄就不能同时射雁。如果干将舍弃刺而改为砍，蚌舍弃射鹊而专门射雁，就会砍成、射中，而不会失误了。"这里"寡"与"舍"对举，"寡"义非减少而为舍弃无疑。《诗·小雅·鸿雁》："之子于征，劬劳于野。爰及矜人，哀此鳏寡。"毛传："老无妻曰鳏，偏丧曰寡。"②《左传·襄公二十七年》："齐崔杼生成及强而寡，娶东郭姜生明。"杜预（222—285）注："偏丧曰寡。"③"寡"有"丧"义，引申之，自然就有了舍弃义。将"夫子欲寡其过"理解成"他老人家喜欢舍弃他的过错"，意思就是他老人家喜欢改过，这与《庄子·则阳》的"蘧伯玉行年六十而六十化"，《淮南子·原道》的"蘧伯玉年五十而知四十九年非"说精神非常一致，都是肯定蘧伯玉是一个勇于改过的人。而将"夫子欲寡其过"说成"他老人家想减少过错"，与《庄子·则阳》《淮南子·原道》的记载明显相悖。因为想少犯错误与勇于改正错误，两者毕竟不是一回事，含义显然不同。怎能把喜欢舍弃过错、勇于改过混同于"想减少过错"、想少犯错误呢？

此章的"未能"，大家都以为是"未能做到""没能做到"的意思，以为这里的"能"是一个普通的助动词，大错特错。其实这里的"能"当读为"耐"。《礼记·礼运》："故圣人耐以天下为一家。"郑玄（127—200）注："耐，古能字。"《孔子家语·礼运》"耐"就作"能"。《礼记·乐记》："故人不耐无乐，乐不耐无形，形而不为道不耐无乱。"郑玄注："耐，古书能字也。"《唐石经》"耐"作"能"，《荀子·乐论》《史记·乐书》同。《谷梁传·成公七年》："非人之所能也。"陆德明（550—630）《经典释文》："能，一作耐。"《大戴礼·易本命》："食水者善游能寒。"《孔子家语·执辔》"能"作"耐"。《汉书·食货志上》："能风与旱。"颜师古（581—645）注："能

---

① 黄晖：《论衡校释》，第1152页。
② 龚抗云等整理：《毛诗正义》，《十三经注疏》繁体标点本，北京：北京大学出版社，2000年，第773页。
③ 浦卫忠等整理：《春秋左传正义》，《十三经注疏》繁体标点本，第1226页。

读曰耐。"①

而"耐"与"忍""堪""任"互训。如《吕氏春秋·审时》："得时者忍饥。"高诱注："忍犹能也，能，耐也。"②《急就篇》："完坚耐事逾比伦。"颜师古注："耐，堪任也。"③

湖北荆门郭店一号墓出土的楚简本《五行》篇"不仁，思不能清"章亦见于马王堆帛书《五行》篇。④ 其中"忧心不能惙惙""心不能悦""忧心不能忡忡""心不能降"四句的"不能"，按照"不会""不能够"解，扞格不通。其实《五行》篇此章的"不仁不智，未见君子，忧心不能惙惙"，是说"不仁不智"，犹如未能见到君子一样，"心""忧"，禁不住"惙惙"不安。"既见君子，心不能悦"，是说"有仁有智"，犹如见到了君子一样，"心"禁不住喜悦。"不仁不智，未见君子，忧心不能忡忡"，是说"不仁不智"，犹如"未见君子"一样，"心""忧"，禁不住"忡忡"不安。"既见君子，心不能降（愉）"，是说"有仁有智"，犹如"既见君子"一样，"心"禁不住高兴。《五行》篇此章的四个"能"字，都不是助动词，都不是"能够""会"的意思，而应读为"耐"，训为受得住，禁得起。⑤

而"未"犹"不"。《仪礼·乡射礼》："众宾未拾取矢，皆袒、决、遂。"郑玄注："未，犹不也。"⑥《墨子·亲士》："缓贤忘事，而能以其国存者，未曾有也。"⑦"未曾"即"不曾"。《孟子·滕文公下》："[仲子] 所食之粟，伯夷之所树与？抑亦盗跖之所树与？是未可知也。"⑧ "未可知"即"不可

---

① 以上例证皆见高亨纂著，董治安整理：《古字通假会典》，济南：齐鲁书社，1989年，第34页。
② 王利器：《吕氏春秋注疏》，成都：巴蜀书社，2002年，第3171页。
③ 史游：《急就篇》，《四部丛刊（续编）》景明钞本。
④ 荆门市博物馆：《郭店楚墓竹简》，北京：文物出版社，1998年5月，第149页。案：释文已经过笔者处理，假借字、异体字都直接写出本字和通行字，以便讨论。国家文物局古文献研究室：《马王堆汉墓帛书〔一〕》，北京：文物出版社，1980年3月，第17页。
⑤ 魏启鹏：《马王堆汉墓帛书〈德行〉校释》，成都：巴蜀书社，1991年8月，第5-8页；廖名春：《简帛〈五行〉篇"不仁思不能清"章补释》，中国文化遗产研究院编：《出土文献研究》第9辑，北京：中华书局，2010年1月，第109-118页。
⑥ 彭林整理：《仪礼注疏》，《十三经注疏》繁体标点本，第238页上。
⑦ 孙诒让撰，孙启治点校：《墨子间诂》，北京：中华书局，2001年，第1页。
⑧ 廖名春、刘佑平整理：《孟子注疏》，《十三经注疏》繁体标点本，第214页下。

知"。又《孟子·离娄下》:"舜,人也;我,亦人也。舜为法于天下,可传于后世;我由未免为乡人也。是则可忧也。"① "未免"即"不免""免不了"。

"未"又相当于"尚未""不曾""没有"。《尚书·金縢》:"秋,大熟,未获,天大雷电以风,禾尽偃。"② "未获"即"尚未获"。《孟子·滕文公上》:"吾闻出于幽谷迁于乔木者,未闻下乔木而入于幽谷者。"③ "未闻"即"不曾闻"。《仪礼·士冠礼》:"孔子曰:'吾未之闻也,冠而敝之,可也。'"④ "未之闻"即"没有听说过"。

这里的"未能"与简、帛《五行》篇的"不能"意义相同,也就是"不耐""无奈",即没有赶得上,没有比得过。

所以,蘧伯玉使者所谓"夫子欲寡其过而未能也",既非谦辞,说他的主人"想减少过错却还没能做到";也非其对蘧伯玉的非议,言其过多而无能。而是说蘧伯玉"他老人家喜欢舍弃他的过错",在喜欢改过、勇于改过上,无人能及,没有谁赶得上。

明白了这一点,将下文的"子曰:'使乎!使乎!'"理解成孔子对使者的贬斥就明显站不住脚了。应该说,孔子高度肯定了使者对蘧伯玉勇于改过的评价,表扬他不负使命。

孔子为何要高度肯定使者对蘧伯玉的评价?我们从《论语》一书中可找到答案。

《学而》篇有:"子曰:君子不重则不威,学则不固;主忠信,无友不如己者;过则勿惮改。"⑤ "主忠信"三句,又见于《子罕》篇"子曰"⑥,可见这是孔子经常说的话。"过则勿惮改",就是说要勇于改过,不要害怕改正错误。

---

① 廖名春、刘佑平整理:《孟子注疏》,《十三经注疏》繁体标点本,第275页下。
② 廖名春、陈明整理:《尚书正义》,《十三经注疏》繁体标点本,第400页下。
③ 廖名春、刘佑平整理:《孟子注疏》,《十三经注疏》繁体标点本,第177页上。
④ 彭林整理:《仪礼注疏》,《十三经注疏》繁体标点本,第61页上。
⑤ 杨伯峻:《论语译注》,第6页。
⑥ 杨伯峻:《论语译注》,第94页。

《卫灵公》篇又载："子曰：过而不改，是谓过矣！"①对于"过"，孔子主张的是"改"，反对的是"不改"。

《述而》篇还有："子曰：德之不修，学之不讲，闻义不能徙，不善不能改，是吾忧也。""子曰：三人行，必有我师焉！择其善者而从之，其不善者而改之。"②"不善者"也是"过"，也是错误，孔子强调的是"改之"，其"忧"的是"不能改"。《学而》篇孔子所说的"就有道而正焉"③，"正"是"匡正"，是用"有道"匡正自己的"不善"，其意与"择其善者而从之，其不善者而改之"同。

《子罕》篇也记："子曰：法语之言，能无从乎？改之为贵。"④强调要从善如流，改正错误才可贵。

《论语》这些记载，说明孔子一贯主张改过，也勇于改过，与蘧伯玉正可谓心心相印、志同道合。如果"欲寡其过而未能也"只是蘧伯玉主观上想减少过错，客观上却未能做到，孔子予以激赏是不可能的。所以孔子高度肯定使者对蘧伯玉的评价实质上是出于其与蘧伯玉道德理念、政治理念的相同，他们都是提倡改过的贤人、勇于改过的政治家。

笔者对"欲寡其过而未能也"的这一解读在《宪问》本篇的"君子道者三"章也能得到印证。

> 子曰："君子道者三，我无能焉：仁者不忧，知者不惑，勇者不惧。"子贡曰："夫子自道也。"

邢昺《疏》："言君子之道有三，我皆不能也"，"夫子言我皆不能此三者"。"'子贡曰：夫子自道也。'者，子贡言夫子实有仁、知及勇，而谦称我无，故曰夫子自道说也。所谓'谦尊而光'。"⑤认为就像子贡所云，孔子

---

① 杨伯峻：《论语译注》，第168页。
② 杨伯峻：《论语译注》，第67、72页。
③ 杨伯峻：《论语译注》，第9页。
④ 杨伯峻：《论语译注》，第94页。
⑤ 朱汉民整理：《论语注疏》，第223页上。

"夫子自道",本来"实有仁、知及勇",却"谦称我无"。这正是《周易·谦·象传》"谦尊而光",推崇谦虚之道就会事业光大的精神。朱熹《集注》也说孔子这是"自责勉人也","自道,犹云谦辞"。① 钱穆《新解》本之,云:"圣人自视常歉然,故曰:'我无能焉。'此其所以日进不止也。"② 杨伯峻《译注》将此章译为:"孔子说:'君子所行的三件事,我一件也没能做到:仁德的人不忧虑,智慧的人不迷惑,勇敢的人不惧怕。'子贡道:'这正是他老人家对自己的叙述哩。'"③ 都是把"我无能焉"说成是孔子的"谦称",说是孔子"自责勉人"。

其实,这样的理解大成问题。"仁者不忧,知(智)者不惑,勇者不惧"三者,是孔子所服膺而身体力行的"君子之道",是他大力提倡的为人准则。他说他"一件也没能做到",即使是"谦辞",对别人、对子贡一样的弟子,又有什么意义?老师都做不到"仁者不忧,知(智)者不惑,勇者不惧",其弟子乃至一般的"涂之人"更是望尘莫及,望洋兴叹!这样的现身说法、"夫子自道",不能催人上进、为人师表,只能说是匪夷所思!

特别值得注意的是《论语·为政》篇的记载:"子曰:'吾十有五而志于学,三十而立,四十而不惑,五十而知天命,六十而耳顺,七十而从心,所欲不逾矩。'"④ 孔子既然自陈"四十"岁就已经"不惑",又怎能说作为"君子道"之一的"知(智)者不惑"他"无能焉",做不到呢?由此看来,《为政》篇孔子"四十而不惑"说与《宪问》篇"君子道者三"章的"知(智)者不惑""我无能焉"的通行解释是相互矛盾的。相信《为政》篇孔子的"四十而不惑"说,就一定得否定《宪问》篇"知(智)者不惑""我无能焉"的"谦称"说、"自责勉人"说;承认《宪问》篇"知(智)者不惑""我无能焉"的"谦称"说、"自责勉人"说,就一定得否定《为政》篇孔子的"四十而不惑"说:二者必居其一。

---

① 朱熹:《论语集注》卷七,《四书章句集注》,第156页。
② 钱穆:《论语新解》,第377页。
③ 杨伯峻:《论语译注》,第155页。
④ 杨伯峻:《论语译注》,第12页。

笔者认为,《宪问》篇"君子道者三"章的"无能"与上"蘧伯玉使人"章的"未能"含义相同,"能"也非能愿动词,也当读为"耐"。定州八角廊汉简本《论语》此章的残简,"能"正作"耐"①,黄怀信等《汇校》以为"耐"为"能"之借字②,刚好说反了。"耐"通"奈",又作"奈"。张相(1877—1945)《诗词曲语辞汇释》卷二:"耐,即奈也。"③因此"无耐",又作"无奈"或"无奈",谓无可奈何。《韩非子·难三》:"王曰:'孟常、芒卯率强韩、魏,犹无奈寡人何也!'左右对曰:'甚然!'"④《战国策·秦策二》:"楚惧而不进,韩必孤,无奈秦何矣!"⑤"我无能焉"即"我无耐焉",也就是"无奈我焉",无可奈何我,没有人比得上我。

由《为政》篇"夫子自道"的"四十而不惑"说可知,孔子年四十时已经达到"知(智)者不惑"的境界。所谓"五十而知天命,六十而耳顺,七十而从心,所欲不逾矩"与《宪问》篇的"仁者不忧""勇者不惧"是否存在对应关系,尚可讨论。笔者认为"勇者不惧"可对应"五十而知天命","知天命"故能有"勇"而"不惧"。"仁者不忧"可对应"七十而从心,所欲不逾矩",达到了"仁"的境界,就是放纵情性也不会有违礼之忧。这样的推论如果能成立的话,那《宪问》篇"君子道者三"章的"子曰",很可能就是孔子晚年最后几年,即七十岁之后所说。

从《宪问》篇"君子道者三"章可知,孔子晚年回顾自己的一生,不是遗憾,不是故作谦虚状,而是非常自信,充满自豪:君子之道有三,"仁者不忧,知(智)者不惑,勇者不惧",这三件事"我无能焉",没有人比得上我。这样的"夫子自道",表面上是肯定自己、称道自己,实质是言传身教,以自己为榜样,勉励自己的学生,在"仁""知(智)""勇"的修养上苦下功夫,砥砺前行。

---

① 河北省文物研究所、定州汉墓竹简整理小组:《定州汉墓竹简〈论语〉》,第66页。
② 黄怀信等:《论语汇校集释》,第1307页。
③ 张相:《诗词曲语辞汇释》,北京:中华书局,1953年,第202页。
④ 张觉:《韩非子校疏》,上海:上海古籍出版社,2010年,1006页。
⑤ 诸祖耿:《战国策集注汇考》,南京:江苏古籍出版社,1985年,第240页。

《宪问》篇"未能""无能""能"字的确诂，是我们读懂《论语》这两章的关键。清人王念孙（1744—1832）云："小学明而经学明。"[1] 张之洞（1837—1909）谓："由小学入经学者，其经学可信。"[2] 良有以矣。

---

[1] 王念孙：《说文解字注序》，段玉裁：《说文解字注》，上海：上海古籍出版社，1981年。
[2] 张之洞：《书目答问》四，苑书义等主编：《张之洞全集》第十二册，卷二百七十七，石家庄：河北人民出版社，1998年，第9976页。

第二编

《周易》

《周易》真精神的探求

从古至今，尽管人们大多承认《周易》为文王、周公父子所作，但关于《周易》一书的性质，却始终存在分歧。

文献记载，早在春秋时期，人们就开始重视《周易》的德义。《左传·襄公九年》穆姜解随卦卦辞"元亨利贞"的"四德"说，《昭公十二年》子服惠伯的"忠信之事则可，不然必败"说，都可视为义理易学的滥觞。

《左传·昭公二年》这一段记载特别值得注意："晋侯使韩宣子来聘，……观书于太史氏，见《易象》与《鲁春秋》，曰：'周礼尽在鲁矣，吾乃今知周公之德与周之所以王矣。'"从《左传》《国语》的记载看，晋人以《周易》占筮论事，史不绝书。如果鲁太史出示给韩宣子的《易象》只是人们早就习以为常的一部筮书，韩宣子绝不会如此大发感慨。从《易象》中可以"知周公之德与周之所以王"，可见其内容绝非讲卜筮，应是一部阐发《周易》中文王、周公父子政治思想的著作。

也许是受鲁国太史所藏《易象》一书的影响，孔子"晚而喜《易》，韦编三绝"（《史记·孔子世家》），"老而好《易》，居则在席，行则在橐"（帛书《要》），以致成为文王、周公易学思想的代言人。孔子说："《易》，……我观其德义耳也。……吾求其德而已。""《易》有天道焉，而不可以日月生辰尽称也，故为之以阴阳；有地道焉，不可以水火金土木尽称也，故律之以柔刚；有人道焉，不可以父子君臣夫妇先后尽称也，故为之以上下；有四时之变焉，不可以万物尽称也，故为之以八卦。"（帛书《要》）认为《易》有"德义"，具体而言，既有"以阴阳"表现的"天道"，又有"以柔刚"表现的"地道"，还有"以上下"表现的"人道"，更有"以八卦"表现的"四时之变"。

传世文献也有相同的记载。《系辞传》云:"《易》之为书也,广大悉备。有天道焉,有人道焉,有地道焉。"并借"子曰"赞为:"《易》其至矣乎!夫《易》,圣人所以崇德而广业也。"这就是说,孔子不但视《周易》为自然哲学之书,更视它为社会政治哲学之书。

孔子的这一易学思想,产生了巨大的影响。

郭店楚简《语丛一》篇说:"《易》,所以会天道人道也。"与帛书《要》孔子所谓"《易》有天道焉""有人道焉"说同。郭店楚简《六德》更说:"故夫夫,妇妇,父父,子子,君君,臣臣,六者各行其职而狱犴无由作也。观诸《诗》《书》则亦戴矣,观诸《礼》《乐》则亦戴矣,观诸《易》《春秋》则亦戴矣。"①是说包括《周易》在内的"六经"都是肯定、推崇"夫夫,妇妇,父父,子子,君君,臣臣"之道的,与帛书《要》孔子所谓《易》"有人道焉,不可以父子君臣夫妇先后尽称也,故为之以上下"说完全一致。

荀子说《易》,忠实地秉承了孔子之教。如:"《易》曰'括囊,无咎,无誉',腐儒之谓也。"(《荀子·非相》)"《易》曰:'复自道,何其咎?'春秋贤穆公,以为能变也。""《易》之《咸》,见夫妇。夫妇之道,不可不正也,君臣父子之本也。咸,感也,以高下下,以男下女,柔上而刚下。""善为《易》者不占。"(《荀子·大略》)都是以《易》为政治伦理之书,旗帜鲜明地反对卜筮。

这种风气甚至波及其他的学派。如《庄子·天运》就模仿孔子的口气,以《易》为"六经"之一。《庄子·天下》认为"《易》以道阴阳","邹鲁之士搢绅先生多能明之"。《吕氏春秋·务本》《慎大》《召类》三篇引《易》,《尸子·发蒙》篇引《易》,都是取其义理。可见先秦时期的思想精英,不少都接受了孔子的《易》教,认定了《周易》为德义之书。

"汉兴",《周易》"列于学官",班固《汉书·艺文志》更将《周易》列为"五经"之首。从此以后,历代公私书目都以《周易》为群经之首。而

---

① 按,诸"戴"字原作"才","戴"从才声,故可通假。

以王弼注、孔颖达疏、程颐易传为代表的义理易便成为传统易学的主流。尽管其解释各有千秋，但基本秉承了孔子之教，视《周易》为讲天道人道之书。

但另一方面，将《周易》视为卜筮之书的风俗也很普遍。

《周礼·春官·宗伯下》云："大卜""掌三易之法，一曰《连山》，二曰《归藏》，三曰《周易》。其经卦皆八，其别皆六十有四。""筮人：掌三易以辨九筮之名，一曰《连山》，二曰《归藏》，三曰《周易》。"《周易》为"大卜""筮人"所掌，显然是用于卜筮。

《左传》《国语》有关《周易》的记载共二十多条。其中《庄公二十二年》的"陈侯使筮之"，《闵公元年》的毕万"筮仕于晋"，《僖公二十五年》的卜偃"筮之"，《襄公九年》的穆姜"始往而筮之"，《襄公二十五年》的崔武子"筮之"，《国语·周语》的"晋之筮之也，遇乾之否"，《国语·晋语》的"公子亲筮之"、董因"筮之"等诸条，都是以《周易》占筮，显然是以《周易》为卜筮之书。

就连晚年以前的孔子也是如此。《史记·孔子世家》说孔子"晚而喜《易》"，帛书《要》篇说孔子"老而好《易》"，可见孔子晚年以前并不喜好《周易》。为什么？因为他也跟当时的一般人一样，以为《周易》没有"德行"，是讲"卜筮"的。

他的学生子贡也是这样认为的，以致老师孔子认识一变，"老而好《易》"以后，他仍持《周易》为卜筮之书的旧说，不肯接受《周易》进入孔门的事实，对孔子易学观的改变进行了激烈的批评。[①]

1977年出土的安徽阜阳汉简本《周易》，每卦的卦爻辞后都附有卜辞，就是战国秦汉时期人们普遍以《周易》占筮的证明。

秦始皇焚书时，"非博士官所职，天下敢有藏诗、书、百家语者，悉诣守、尉杂烧之。有敢偶语诗书者弃市。……所不去者，医药卜筮种树之书。"（《史

---

① 详见帛书《要》篇"夫子老而好《易》"段的记载，廖名春《试论孔子易学观的转变》（《孔子研究》1995年第4期）一文有讨论。

记·秦始皇本纪》)在《诗》《书》及诸子百家之书禁绝的情况下，"《周易》独以卜筮得存"(《汉书·艺文志》)，"传者不绝"(《隋书·经籍志》)。从《汉书·艺文志》开始，历代书目中子部术数类的易学著作，基本上都以《周易》为卜筮之书。

至南宋，朱熹著《周易本义》，力主"《易》本是卜筮之书"说，影响颇大。

近代以来，政治形势和学术观念大变。学人们在不信王注、孔疏、程传"圣人作《易》专为说理以教人说"的同时，极为肯定朱熹的"《易》本是卜筮之书"说。从顾颉刚到李镜池，最后由高亨集其大成，形成了近代以来的以"疑古"为特征的新易学体系。

比如陆侃如说："我们知道《易经》并不是古圣王说教的著作，而是民间迷信的结晶，从起源到写定，当然需要几个世纪。这些迷信的作品，与近代之'观音籤''牙牌诀'极相近，既谈不到哲理，更谈不到文艺。"①

高亨说："我认为研究《周易》古经，首先应该认识到《周易》古经本是上古的筮书，与近代的牙牌神数性质相类，并不含有什么深奥的哲理。"②

朱伯崑也说："就《周易》全书的情况看，大部分内容仍属于筮辞的堆砌，多数卦的卦爻辞之间缺乏甚至没有逻辑的联系。所以《周易》还不是《诗经》一类的文学作品，也不是哲学著作，而是一部占筮用的迷信典籍。"③

总而言之，他们都认定《周易》的"哲理"是后人"加上去"的，是《易传》强加给《易经》的，这是"孔子之《易》"而非"文王之《易》"。

为什么同样一本书，人们的分歧如此之大？我想，最主要的是解释的方法不同所致。

《周易》源于卜筮，文王作《易》是在原来筮书的基础上精心改编、创作而成的，其工作可谓"旧瓶装新酒"。也就是说，其表现形式，是筮书；

---

① 陆侃如：《中国文学史简编》，转引李镜池《周易筮辞续考》，《岭南学报》8卷1期，1947年12月。案：《中国文学史简编》为陆侃如、冯沅君合著，有开明书店1939年10月版。
② 高亨：《周易古经今注·重印说明》，北京：中华书局，1957年，第5页。
③ 朱伯崑：《易学哲学史》第一卷，北京：华夏出版社，1995年，第10-11页。

其内容，其实质，则是文王、周公父子的思想。文王、周公父子的思想，是借用筮书的外壳来表达的。后人解《易》、用《易》，只见其筮书的外壳，便以其为卜筮之书；能发现其蕴含的文王、周公父子的思想，便以其为义理之书。认识其外在的表现形式容易，故社会上以《周易》为卜筮之书的观念非常流行。能认识到其内在思想的价值不容易，故视《周易》为义理之书的往往只是少数精英。即便是孔子，也只是"晚而喜《易》""老而好《易》"，晚年归鲁后，才透过其筮书的外壳认识到《周易》内含的文王、周公父子的"德义"。没有孔子易传的阐发，后人能认识到《周易》内在思想的价值，说难于上青天，也不完全是夸张。

读《周易》容易歧途亡羊，主要就是迷于其卜筮语言。《周易》中文王、周公父子的思想，许多都是借用卜筮语言来表达的。这些《周易》特有的语言，与一般的哲学语言是不同的。它往往"旧瓶装新酒"，在古老的卜筮语言里，注入了文王、周公父子的"德义"。不懂得《周易》语言的这种特殊性、复杂性，往往难得正解。

比如《周易》卦爻辞中"贞"字习见。传统的王弼注、孔颖达疏、程颐传释其为"正"，守持正固，以其为哲学语言。而今人一般则据甲骨文文例和《说文》训"贞"为卜问，以其为"筮辞"，认为是《周易》属卜筮书之铁证。其实，《周易》卦爻辞之"贞"虽源于筮书，但文王作《易》，经过文王、周公父子的改造后，《周易》里的"贞"，已没有一例做贞问解了。"元亨"一词在筮书里是"大亨"，大吉的意思。但在《周易》里，则已变成一个条件句。比如乾卦卦辞"乾元亨利贞"，是说强健者，做到"元"，则"亨"；做到"贞"，则"利"。这里的"元"绝非大或始的意思，而是《左传·襄公九年》穆姜所谓"体仁足以长人"之"体仁"，也就是体谅、关心下人的意思，所以下文说"而有不仁，不可谓元"。"利贞"即"利于贞"，这里的"贞"不是贞问的意思，而是守静不争的意思。"贞"与"鼎"同字，故有"定"义，引申则有静义，则有不争义。卦辞"乾元亨利贞"是说，作为强者，能体谅关心人，就能亨通；能守静不争，就能吉利。这里的"亨"，是由"元"决定的。这里的"利"，是由"贞"决定的。起决定作用的，是人为，而不是天意。因此，不需要贞问。坤卦卦辞"坤，元亨，利牝马之贞"也是如此，"利牝马之贞"不是贞问母马是否有利，而是说像母马一样柔顺不争则利。"牝马"是否"利"，不是贞问的结果，而是由是否"贞"决定的。"元亨利贞"这些"筮辞"，经过文王、周公父子的改造，在《周易》里已经脱胎换骨了，已经从卜筮语言转换成哲学语言了。这一场深刻的哲学革命，孔子晚年已经体会到了，故说"《易》有天道焉……有地道焉……有人道焉……有四时之变焉"（帛书《要》）。一般人则习焉不察，还是以卜筮语言读之，将文王、周公之《周易》混同于时下流行的筮书，辜负了文王作《易》的深意。

孔子对《周易》的解释，今本《易传》八种十篇中有所体现[①]，但对卦爻辞的直接解说，即以"子曰"为说的，非常有限。《周易》的卦爻辞，创作年代早，其哲学语言脱胎于卜筮语言，不易理解。故汉人解《易》，成就有限。虽然继承了先秦象数易学的卦气、互体、五行、爻辰、阴阳灾变种种异说并有所发展，但逻辑有欠严密，说服力不强。王弼以来的义理易学号称尽扫象数，实质是继承了《彖传》《小象传》爻位说，以乘承比应、当位得中一套解《易》，表面上《周易》的卦爻辞无所不通，没有解不了的，其实是撇开了难解的《周易》卦爻辞，另搞一套，以不懂为懂，以不知为知，离文王作《易》之精神远矣。近代以来的疑古易学号称追本溯源、无征不信，但以《周易》为卜筮之书，从根本上否定文王作《易》之精神，可谓失之毫厘，谬以千里。

孔子易教的重光，实得力于 1973 年湖南长沙马王堆汉墓帛书易传的出土。帛书易传共 6 篇，16000 余字。第一篇帛书《二三子》，记载了孔子对乾、坤、蹇、解、鼎、晋、屯、同人、大有、谦、豫、中孚、小过、恒、艮、丰、未济等卦卦爻辞的解释。其一半的篇幅着重论乾坤两卦，这种重视乾坤两卦的思想同今本《系辞传》《文言传》一致。其解《易》只谈德义，罕言

[①] 一般以为七种十篇，但《大象传》《小象传》非一人所作，是两篇不同的东西，与《系辞传》上下、《彖传》上下不同。

卦象、爻象和筮数。这种风格，与《左传》《国语》所载易说迥异，尤近于《文言传》。今本《系辞传》中的"子曰"。第二篇帛书《系辞》，与今本《系辞传》基本相同。不同处除通假字很多外，缺少今本《系辞传》上篇的第九章，下篇第五章的一部分，第六、第七、第八、第九章的一部分，第十、第十一章。① 第三篇帛书《衷》，其内容开始说阴阳和谐相济，为《易》之精义。接着历陈各卦之义，其说解多从卦名入手。然后为今本《说卦传》的前三章。再分别阐述乾坤之"详说"。最后为今本《系辞传》下篇的第六、第七、第八、第九章。这些说解大部都称之为"子曰"。第四篇是帛书《要》，其开始部分残缺，其内容应是今本《系辞传》下篇的第十章。接着是今本《系辞传》下篇第五章的后半部分。后面有两段文字特别重要，分别记载孔子晚年与子贡论《易》之事和孔子给其门弟子讲述《周易》损益二卦之理。② 第五篇是帛书《缪和》，记载缪和、吕昌、吴孟、张射、庄但等向"先生"问《易》之事，讨论了涣、困、谦、丰、屯、蒙、中孚、归妹、复、讼、恒、坤、益、睽、明夷、观等卦卦爻辞之义。第六篇是帛书《昭力》，以昭力问《易》、"先生"作答的形式出现，阐发师、大畜、比、泰等卦卦爻辞之义。③

这六篇帛书易传，明确记载了孔子《易》说的有《二三子》和《要》两篇。其中孔子许多的说解不见记载，属于首次面世，让我们对孔子的易学思想和解《易》方法有了新的了解，足以纠正前哲今贤对《周易》的种种误解。可以说，在帛书易传出土前，凭传统文献，读懂《周易》的卦爻辞是不可能的。有了帛书易传，有了帛书易传记载的孔子对《周易》的解说，我们读懂《周易》的卦爻辞才有可能。

比如《周易》之乾卦，"乾"之本字是什么？谁都没有说清楚。帛书《周易》经、传都写作"键"，联系到《大象传》的"天行健，君子以自强不息"说，我们才知道"乾"之本字当作"健"。

---

① 依朱熹《周易本义》所分，下同。
② 廖名春：《帛书〈要〉简说》，《道家文化研究》第 3 辑，上海：上海古籍出版社，1993 年。
③ 廖名春：《帛书〈缪和〉〈昭力〉简说》，《道家文化研究》第 3 辑。

又如乾卦有"用九",坤卦有"用六"。朱熹以为:"用九言凡筮得阳爻者皆用九而不用七,盖诸卦百九十二阳爻之通例也。以此卦纯阳而居首,故于此发之。而圣人因系之辞使遇此卦而六爻皆变者,即此占之,盖六阳皆变,刚而能柔,吉之道也。故为'群龙无首'之象,而其占为如是则吉也。《春秋传》曰乾之坤曰'见群龙无首,吉',盖即纯坤卦辞'牝马之贞''先迷后得''东北丧朋'之意。""用六言凡得阴爻者皆用六而不用八,亦通例也。以此卦纯阴而居首,故发之。遇此卦而六爻俱变者,其占如此辞。盖阴柔不能固守,变而为阳,则能'永贞'矣。故戒占者以'利永贞',即乾之'利贞'也,自坤而变,故不足于'元亨'云。"①而帛书《易经》中,"用九"写作"迥九";帛书《系辞》中,"通"都写作"迥"。可见,"用"当读为"通","用九"即"通九","通九"即全九、皆九。乾卦六爻都是九,所以称为"用(通)九"。"用六"当读为"通六"。坤卦六爻都是六,故称为"通六"。朱熹以假借字"用"为释,不得要领。

再如乾卦九三爻辞"君子终日乾乾夕惕若厉无咎",陆德明释文:"惕,怵惕也。郑玄云:惧也。"孔颖达疏:"'夕惕'者,谓终竟此日后,至向夕之时,犹怀忧惕。"朱熹本义:"言能忧惧如是,则虽处危地而无咎也。"②高亨今注:"君子日则黾勉,夕则惕惧,虽处危境,亦可无咎。"③都是以"惕"为"惧"。而帛书《二三子》引"孔子"说:"此言君子务时,时至而动……君子之务时,犹驰驱也。故曰:'君子终日键键'。时尽而止之以置身,置身而静。故曰:'夕沂,若厉,无咎。'"④帛书《衷》也载:"《易》曰:'君子冬日键键,夕沂。若厉,无咎。'子曰:'知息也,何咎之有?'"⑤又引"子曰"说:"'君子冬日键键',用也;'夕沂。若厉,无咎',息也。"⑥这使我们想

---

① 朱熹:《周易本义》(廖名春点校本),北京:中华书局,2009年,第32、46-47页。
② 朱熹:《周易本义》(廖名春点校本),第31页。
③ 高亨:《周易古经今注》,《高亨著作集林》第一卷,北京:清华大学出版社,2004年,第191页。
④ 廖名春:《帛书〈周易〉论集》,上海:上海古籍出版社,2008年,第372页。按:释文有改动。
⑤ 廖名春:《帛书〈周易〉论集》,第384页。
⑥ 廖名春:《帛书〈周易〉论集》,第383页。

起了《淮南子·人间》:"'终日乾乾',以阳动也;'夕惕,若厉',以阴息也。因日以动,因夜以息,唯有道者能行之。"① 他们都是以"息"释"沂(惕)"。"'终日乾乾',以阳动也",与帛书《衷》"'君子冬日键键',用也"说同。"'夕惕,若厉',以阴息也",与帛书《衷》"'夕沂。若厉,无咎',息也"说同。"因日以动,因夜以息,唯有道者能行之",说明这条爻辞讲的就是因时而动、因时而止的道理。②

  这些例子说明,《周易》卦爻辞的"德义",没有孔子的说解,后人难得正解。而孔子对《周易》卦爻辞"德义"的说解,传世文献不是缺乏,就是少而没能引起学人们的注意。有了帛书易传,我们才能得窥孔子易学的真容,才有机会超越王弼、孔颖达、程颐等前贤。而传统的义理易学,无论是象数说,还是爻位说,对于读懂《周易》并没有多大的作用,我们不能迷信它们。所以,研究《周易》的卦爻辞,正确的方法就是利用帛书易传等新材料激活传统文献,从《周易》卦爻辞语言的特点入手来把握其内在的哲学,也就是透过旧瓶发掘出其新酒,寻求蕴含其中的文王、周公之道,这就是《周易》的真精神。

---

① 刘文典:《淮南鸿烈集解》,北京:中华书局,1989年,第756页。
② 廖名春:《周易乾坤两卦卦爻辞五考》,《周易研究》第1期,1999年。

二二相耦，相反为义
——《周易》卦义新论

一、卦体与卦义

关于《周易》六十四卦的卦画结构，古往今来人们做了许多的研究。现在看来，其最根本的结构特点当是孔颖达揭示的"二二相耦，非覆即变"。①

所谓"二二相耦"，就是说今本《周易》六十四卦的结构是两个卦两个卦为一对偶，依此当分为乾坤、屯蒙、需讼、师比、小畜履、泰否、同人大有、谦豫、随蛊、临观、噬嗑贲、剥复、无妄大畜、颐大过、习坎离、咸恒、遯大壮、晋明夷、家人睽、蹇解、损益、夬姤、萃升、困井、革鼎、震艮、渐归妹、丰旅、巽兑、涣节、中孚小过、既济未济三十二对。所以，"二二相耦"就是"对"。"对"是《周易》最基本的精神。

所谓"覆"就是"表里视之，遂成两卦"，一个卦体上下颠覆而成两卦，如☳☶屯，倒过来就是☶☳蒙，说是两卦，其实只有一个卦体。所谓"变"就是两卦卦画阴阳相反，如☰乾与☷坤，☵习坎与☲离。它们"反复唯成一卦"，只好"变以对之"，以相应卦位上相反的阴、阳爻来分别。

《周易》三十二对卦中，属于卦画上下颠倒而成的覆卦有二十八对，它们是☳☶屯☶☳蒙、☵☰需☰☵讼、☵☷师☷☵比、☰☴小畜☴☰履、☷☰泰☰☷否、☰☲同人☲☰大

---
① 王弼、韩康伯注，孔颖达疏：《周易正义》，《十三经注疏》，北京：中华书局，1980年，第95页。

畜、☱咸☷恒、☷遯☱大壮、☷晋☷明夷、☷家人☱睽、☷蹇☷解、☷损☷益、☱夬☱姤、☷萃☷升、☷困☷井、☷革☷鼎、☷震☷艮、☷渐☷归妹、☷丰☷旅、☷巽☱兑、☷涣☷节、☷既济☷未济。

属于卦画阴阳相反的变卦有四对，它们是☷乾☷坤、☷颐☷大过、☷习坎☷离、☷中孚☷小过。

《周易》三十二对卦，"非覆即变"，既不属于卦画阴阳相反的变卦，也不属于上下颠倒而成的覆卦者，是不存在的。当然，☷泰☷否、☷随☷蛊、☷渐☷归妹、☷既济☷未济这四对卦，既是"覆"，也是"变"，两者兼而有之，但我们还是将其归于覆卦中。因为如孔颖达所说，只有"反复唯成一卦"，才"变以对之"。只要"反复"遂"成两卦"，就不"变以对之"，视为变卦。

变卦韩康伯称之为"错"，覆卦韩康伯称之为"综"。① 但不论是变卦，还是覆卦，它们的卦体都是相反的。只不过一是两卦卦体阴阳相反，一是两卦卦体方向相反。

《周易》卦画结构的这种相反性质，对卦义有没有影响？这是值得探讨的。对这一问题首先进行系统探讨的当属《杂卦传》。韩康伯称："《杂卦》者，杂糅众卦，错综其义，或以同相类，或以异相明也。"② 就是说《杂卦传》是利用《周易》六十四卦"错综"的特点，用"以同相类，或以异相明"的方法来探讨《周易》各卦卦义的。所谓"以同相类"，就是将卦义相同或相近的两卦作为一组，通过对举使其义凸显。所谓"以异相明"就是通过揭示两卦的对立关系来凸显其各自的意义。人们一般都论定：《杂卦传》"以同相类"者少，"以异相明"者多。"以异相明"是《杂卦传》主要的解释方法。③

---

①② 王弼、韩康伯注，孔颖达疏：《周易正义》，《十三经注疏》，第 96 页。

③ 如王兴业："《杂卦》不同，卦与卦之间，不相因承，其相偶之卦，多是相斥。"(《杂卦不杂说》，《周易研究》第 1 期，1988 年，第 24 页）戴琏璋："作者对于每一组的说明不外乎'以同相类'与'以异相明'两种观点。"(《易传之形成及其思想》，台北：文津出版社，1989 年，第 195 页）廖名春："《杂卦》主要的解释方法是'以异相明'。"(《周易经传与易学史新论》，济南：齐鲁书社，2001 年，第 346 页）

如果韩康伯说可信,《杂卦传》既有"以同相类"者,也有"以异相明"者,就说明《杂卦传》对卦义的探讨,并不是完全以卦体相反为根据的。如果完全以卦体相反为根据来探讨卦义,就应该只有"以异相明",而不应有"以同相类"。① 由此,笔者怀疑韩康伯对《杂卦传》存在误解,将本来是"以异相明"者误认为"以同相类"者。如果此说能成立,《杂卦传》就是以卦体相反为据系统探讨《周易》六十四卦卦义之作了。②

二、《周易》上经的卦义

遵循《杂卦传》的方法,以卦体相反为据来探讨《周易》各卦的卦义,会有很多新的发现。

乾为刚健,坤为柔顺。两卦卦体阴阳相反,卦义也相反。

屯蒙卦体方向相反。《序卦传》:"屯者物之始生也。物生必蒙,故受之以蒙;蒙者蒙也,物之稚也。"屯是"物之始生",蒙是"物之稚",看不出有相反之义。《杂卦传》:"屯见而不失其居,蒙杂而著。"各家注解都未说其反对之义,也难以信从。《说文・屮部》:"屯,难也。象屮木之初生,屯然而难。从屮贯一,一,地也。"由此看,初生是屯卦之卦义。《杂卦传》所谓"见"即出,义与初生同。所谓"屯见而不失其居",是说屯卦之义是出生而不离其出生地。蒙卦之义《序卦传》以蒙昧、"物之稚"为解,一般注疏据卦爻辞解为"童蒙"。其实,从卦体的相反之义看,蒙卦之义当为蒙蔽。《杂卦传》:"蒙杂而著。""杂"当读为"帀"。《广韵・合韵》:"杂,帀也。"《墨子・号令》:"守宫三杂,外环,隅为之楼。"孙诒让《间诂》:"此杂犹三帀也。"《淮南子・诠言》:"以数杂之寿,忧天下之乱。"高诱注:"杂,帀也。从子至亥为一帀。"《说文・帀部》:"帀,周也。从反之而帀

---

① 《杂卦传》末尾八个卦的"二二相耦"非今本《周易》的"二二相耦",当属错简。宋人蔡渊据今本《周易》改正,当信从之。
② 屈万里认为:"反对、相对,其爻象皆相反,故卦名亦每取相反之义。"(《周易卦爻辞成于周武王时考》,《书佣论学集》,台北:台湾开明书店,1980年,第13页)但并非说卦体相反,卦义亦皆相反。

也。"段玉裁注:"反屮(之),谓倒之也。凡物顺屰往复则周遍矣。"如此说,屯是初生,"杂(帀)"则是"反屮(之)","倒之"。其意义则近于盖、合,也就是蔽。"蒙杂而著",是说蒙卦之义是由蒙蔽到曝光。"见"是"出",而"杂(帀)"为"反屮(之)","倒之"。① 反对之义还是有的。

《序卦传》:"物稚不可不养也,故受之以需;需者饮食之道也。饮食必有讼,故受之以讼。"以需卦之义为需求,以讼卦之义为争讼。需求不足而导致争讼,两卦没有相反之义。但《杂卦传》说:"需,不进也;讼,不亲也。"《彖传》:"需,须也。""须"是等待,也就是"不进"。石声淮读"需"为"缩"或"懦",而训为退缩,"不进"之义则更明显。② 案:《太玄·耎》相当于需卦。其首辞称:"见难而缩。"其赞辞、测辞也多称"退""缩""诎"。《太玄冲》云:"耎,有畏。"《太玄错》云:"耎也退。"郑万耕:"有畏而退,自缩以待,故相当于需卦。"③ 可见在扬雄心中,需卦之义为退缩。退缩也就是"不进"。"讼"义为"争","争"故云"不亲"。相反之义无可置疑。

《彖传》:"师,众也。""比,辅也。"《序卦传》:"讼必有众起,故受之以师;师者众也。众必有所比,故受之以比。比者比也。"看不出有相反之义。但《杂卦传》说:"比乐师忧。"韩康伯注:"亲比则乐,动众则忧。"④ 相反之义则很清楚。现在看来,师卦之师,本指师众、军旅⑤,引申指战争。兵者,凶事也,故云"忧"。师卦卦体倒置则为比,比为亲比,团结,故云"乐"。

《序卦传》:"比必有所畜,故受之以小畜。物畜然后有礼,故受之以履。"《杂卦传》:"小畜,寡也;履,不处也。"历来注疏皆无相反之义。案:

---

① 郭京:"经注'稚'字并误作'杂'字。蒙之为义,当蒙昧幼稚之时,心无所定。非丛杂之义矣。"(《周易举正》,卷下,文渊阁《四库全书》,经部易类)王夫之:"郭云'杂'当作'稚',于义可通。但古无稚字,正作穉,则不与杂字相近,不至传讹。"(《周易考异》,《船山全书》第一册,长沙:岳麓书社,1988年,第811页)
② 石声淮:《说〈杂卦传〉》,《黄石师院学报(哲学社会科学版)》第2期,1981年。
③ 郑万耕:《太玄校释》,北京:北京师范大学出版社,1989年,第56页。
④ 王弼、韩康伯注,孔颖达疏:《周易正义》,《十三经注疏》,第96页。
⑤ 高亨:《周易大传今注》,济南:齐鲁书社,1979年,第654页;石声淮:《说杂卦传》;屈万里:《读易三种》,台北:联经出版事业公司,1983年,第460页。

履，行也，行故"不处"。卦辞与六爻爻辞"履"皆为行义，可见卦义为行。"寡"疑读为"顾"。《礼记·缁衣》："故君子寡言而行。"郑玄注："寡当为顾，声之误也。"《墨子·明鬼下》："恶来崇侯虎指顾杀人。"高亨新笺："寡借为顾。指顾杀人，谓手指目顾以杀人也。顾、寡古通用。"新出楚简顾、寡多互用。《说文·页部》："顾，还视也。"引申而有回、反、复义，再引申则有等待义。《谷梁传·庄公二十八年》："大无麦禾，大者有顾之辞也。"杨士勋疏："顾犹待也。"履卦是行而"不处"，而小畜则是等待。恰为反对。小畜之畜，《经典释文》训为"积也，聚也"，郑玄训为"养也"，而程颐《易传》训为"止也"。① 从相反为义看，履义为行，小畜之畜当为止。而止与《杂卦传》"顾（寡）"义近，"顾"义为等待，等待也就是止。卦辞所谓"密云不雨"，正是止步不前，正是等待。

泰为通泰，否为否闭。一是"小往大来"，一是"大往小来"。两卦卦体方向相反，卦义也相反。正因为泰卦颠倒过来就是否卦，所以"泰极否来"，上六爻辞是"城复于隍"。正因为否卦颠倒过来就是泰卦，所以"否极泰来"，上九爻辞是"倾否；先否后喜"。

同人大有卦义表面上看不出有相反之义。《杂卦传》："大有，众也；同人，亲也。"各家注疏没有可信的说法。其实，大有是不分彼此，四海俱有，故云众多；而同人则是"以类族辨物"，以特殊关系求同于人，亲则亲矣，所得自然为少。卦义还是相反。

谦豫两卦卦体方向相反，卦义也当相反。从郑玄以来，注家皆训豫为乐。其实，豫当训为大。《说文》以"豫"为"象之大者"。《杂卦传》："谦轻而豫怠也。""轻"就是自贱，就是小。《孟子·尽心下》："民为贵，社稷次之，君为轻。"《史记·平准书》："钱益多而轻，物益少而贵。"裴骃《集解》："瓒曰：'轻亦贱也。'"《说文·心部》："怠，慢也。""慢，不畏也。"《广韵·谏韵》："慢，倨也。"《周易·系辞传上》："上慢下暴。"孔颖达疏："小人居上位必骄慢，而在下必暴虐。"由此可知，"谦轻而豫怠"是说谦卦之

---

① 黄寿祺、张善文：《周易译注》，上海：上海古籍出版社，1989 年，第 89 页。

义为自贱、谦虚而豫卦之义为傲慢、自大。① 高亨读为"谦劲而豫怠"②，石声淮读作"谦敬而豫怠"③，皆不可信。

《杂卦传》："随，无故也；蛊，则饬也。""故"，俞琰、李光地《周易折中》等皆释为"旧"。④ 不可从。高亨："《广雅·释诂》：'故，事也。'《随象传》曰：'泽中有雷，随。君子以向晦入宴息。'是随之卦义为无事而休息。王弼曰：'饬，整治也。蛊所以整治其事也。'《序卦》曰：'蛊者，事也。'《蛊象传》曰：'山下有风，蛊。君子以振民育德。'是蛊之卦义为有事而治之。"⑤ 说是。随为无事而休息，蛊为有事而治之，两卦的卦义与卦体一样，都是相反的。

临观卦体方向相反。《杂卦传》："临观之义，或与或求。"韩康伯注："以我临物，故曰'与'；物来观我，故曰'求'。"⑥ 荀爽曰："临者，教思无穷，故为'与'。观者，观民设教，故为'求'也。"⑦ 高亨也说："临是临民。临民者施其政，故为与。观是观民。观民者求其情，故为求。"⑧ 案：应以荀、高说为胜。临为监临，义为居上治民。金文临字之意即像人居高俯首，瞪大眼睛下察黎民众庶，如：

🔲（孟鼎） 🔲（毛公鼎） 🔲（吊临父簋）⑨

统治者居高临下，君临天下，发号施令，是为施与。观如《汉书·艺文志》所言，是"王者所以观风俗，知得失，自考正也"，观察民情，采诗纳谏，自当为"求"。

噬嗑贲卦体方向相反，卦义也相反。噬嗑卦画象形，如《象传》所言，是"颐中有物"，嚼食食物，象征施用刑法。贲目为文饰。一文一武，卦

---

① 廖名春：《秦简〈归藏〉管窥》，《周易研究》第 2 期，2001 年。
② 高亨：《周易大传今注》，第 656 页。
③ 石声淮：《说杂卦传》。
④ 李光地纂，刘大钧等整理：《周易折中》，成都：巴蜀书社，1998 年，第 1049-1050 页。
⑤ 高亨：《周易大传今注》，第 657 页。案："王弼"当作"韩康伯"。
⑥ 王弼、韩康伯注，孔颖达疏：《周易正义》，《十三经注疏》，第 96 页。
⑦ 李鼎祚：《周易集解》卷十七，北京：中国书店，1984 年影印本，第 15 页。
⑧ 高亨：《周易大传今注》，第 654 页。
⑨ 容庚等：《金文编》卷八，北京：中华书局，1985 年，第 583 页。

义自然相反。《杂卦传》:"噬嗑,食也;贲,无色也。""无色"实在不好理解。① 疑"无"为"橆"字之借,而"橆"《说文》训为"丰"。《杂卦传》本来当作:"噬嗑,食也;贲,橆色也。""橆色"指彩色,是说贲卦之义是彩色为饰。这样,两卦卦义就是软硬相对了。

剥为剥落。复为回复。《杂卦传》:"剥,烂也;复,反也。""烂"即"落"。李鼎祚《周易集解》引郑玄曰:"阴气侵阳,上至于五,万物零落。"② 又引何妥曰:"复者,归本之名。群阴剥阳,至于几尽,一阳来下,故称反复。"③ 卦义显然相反。

无妄大畜卦体方向相反,卦义也相反。《杂卦传》:"大畜,时也;无妄,灾也。"无妄是无所希望,为之绝望,故以为"灾"。大畜是大为畜聚,五谷丰登,是得天时。"天反时为灾",相反之义也很清楚。④ 高亨疑"灾"前有"不"字,又读"时"为"㭰",引《说文》训为积储。⑤ 不可信。

颐大过阴阳卦画相反,卦义也相反。《杂卦传》:"大过,颠也;颐,养正也。"李鼎祚《周易集解》引虞翻曰:"颠,殒也。"⑥ 也就是死,也就是长逝,永别人世。《系辞传》:"后世圣人易之棺椁,盖取诸大过。"大过为埋葬之象,上兑为泽,象征墓穴;下巽为木,象征棺椁。⑦ 其义与《杂卦传》同。"正",合规范,合标准。"养正",活得合规范,合标准。也就是颐养天年。一是颐养天年,一是永别人世,卦义与卦体均完全相反。

习坎离阴阳卦画相反,卦义水火正相反。《杂卦传》:"离上而坎下也。"《尚书·洪范》:"水曰润下,火曰炎上。"火向上升腾,水往低处流。所以上下相反。⑧

---

① 如石声淮《说杂卦传》也是无解。
② 李鼎祚:《周易集解》卷五,第 13 页。
③ 李鼎祚:《周易集解》卷六,第 1 页。
④⑦ 详见石声淮《说杂卦传》。
⑤ 高亨:《周易大传今注》,第 655-656 页。
⑥ 李鼎祚:《周易集解》卷十七,第 16 页。
⑧ 石声淮《说杂卦传》已有说。

三、《周易》下经的卦义

咸恒卦体方向相反，卦义也相反。《杂卦传》："咸，速也；恒，久也。"王引之认为："卦名为咸，即有急速之义。咸者，感忽之谓也。《荀子·议兵篇》：'善用兵者感忽悠暗，莫知其所从出。'杨注曰：'感忽悠暗，皆谓倏忽之顷也。'引鲁连子曰：'弃感忽之耻，立累世之功。'累世，言其久也；感忽，言其速也。《荀子》感忽，《新序·杂事篇》作奄忽，奄忽亦谓速也。《荀子·解蔽篇》又曰：'凡人之有鬼也，必以其感忽之间，疑玄之时正之。'亦谓倏忽之顷也。咸与感声义正同。虞、韩二家训咸为感应之速，而不知咸字本有速义。"① 石声淮说结婚之前"男下女"（咸上兑下艮，兑为少女，艮为少男）是短暂的，而结婚成家之后"女下男"则是长久的（恒上震下巽，震为长男，巽为长女）。② 也可以说，咸，即感，男女相感等于今天的谈恋爱，而恒指成立家庭。比较之下，谈恋爱时间短，而成家立业过日子时间长。

遯大壮卦体方向相反。《杂卦传》："大壮则止，遯则退也。"《序卦传》说："遯者退也。物不可以终遯，故受之以大壮。"王引之认为此是说"物无终退之理，故止之使不退也"，语义与下文"涣者离也。物不可以终离，故受之以节""震者动也。物不可以终动，止之，故受之以艮；艮者止也。物不可以终止，故受之以渐；渐者进也"，"大略相同"，壮当训为止。③ 黄庆萱则认为："大壮《象》曰：'大壮，大者壮也。'《说文》：'壮，大也。'是大、壮二字，义同可以互训也。……遯者隐避退遯，大壮者浸强健盛。"④ 案：大壮之壮，马融、虞翻皆训为伤。《广雅·释诂四》："壮，伤也。"从爻辞来看，壮也有伤义。所以，大壮之义是盛大则伤。故《大象传》说："君子以非礼弗履。"正是盛大则伤，所以当有畏惧警惕之心，及时而止。

晋明夷卦体方向相反。一为"明出地上"，一为"明入地中"，《大象

---

① 王引之：《经义述闻》，南京：江苏古籍出版社，1985年，第64页。
② 石声淮：《说杂卦传》。
③ 王引之：《经义述闻》，第63-64页。
④ 黄庆萱：《魏晋南北朝易学书考佚》，台北：幼狮文化事业公司，1975年，第126页。

传》《象传》说同。《序卦传》说:"晋者进也。进必有所伤,故受之以明夷;夷者伤也。"以晋为进,也与《象传》同。《杂卦传》:"晋,昼也;明夷,诛也。"李鼎祚《周易集解》引虞翻义:"诛,伤也。离日在上,故'昼也'。'明入地中'故'诛也'也。"① 韩康伯注也说:"诛,伤也。"② 但石声淮认为"那些解释没有说服力"。③ 宋人孙奕则认为"诛"应作"昧",以与"昼"字义反对。毛奇龄引为同调。④ 案:荀爽云:"诛,灭也。"⑤ "明入地中",光明夷灭,为"夜"的委婉之说。不必改字为训。两卦一为晋升,一为陨落,相反之义非常清楚。

家人睽卦体方向相反。《序卦传》:"睽者,乖也。"《杂卦传》:"睽,外也;家人,内也。"韩康伯注:"相疏外也。"⑥《周易折中》引徐氏几曰:"睽者,疏而外也;家人者,亲而内也。"⑦ 高亨:"睽卦之义是人离家在外也。"⑧ 案:睽为同中生异,由内而外,犹如姐妹,生为同根,而归属不同。家人为异中生同,由外而内,犹如夫妻,本为异姓,而成一家。

蹇解卦体方向相反。《杂卦传》:"解,缓也;蹇,难也。"《序卦传》《象传》说同。行走艰难与舒难解困,卦义显然相反。

损益卦体方向相反,卦义一为减损,一为增益,正是相反。

夬姤卦体方向相反。《彖传》:"夬,决也,刚决柔也……姤,遇也,柔遇刚也。"《序卦传》:"夬者,决也。……姤者遇也。"《杂卦传》:"姤,遇也,柔遇刚也;夬,决也,刚决柔也;君子道长,小人道忧也。"夬为阳盛阴消,

---

① 李鼎祚:《周易集解》卷十七,第15页。
② 王弼、韩康伯注,孔颖达疏:《周易正义》,《十三经注疏》,第96页。
③ 石声淮:《说杂卦传》。
④ 毛奇龄《易小帖》卷一:"《杂卦传》:'晋,昼也;明夷,诛也。''昼'与'诛'失反对之义,初亦疑之。后观宋人孙奕作《示儿篇》,以为明入地为暗,又《卦略》有明夷为暗之主语,因谓'诛'是'昧'字之误。'昧'与'昼'对,此极近理。若'昼'与'昧'押,则无入通韵三声,与《大有·象》'以发志也''自天佑也',《宾之初筵》'三爵不识,矧敢多又'正同。"文渊阁《四库全书》,经部易类。
⑤ 陆德明《周易音义》引。见《经典释文》,北京:中华书局,1983年,第34页。
⑥ 王弼、韩康伯注,孔颖达疏:《周易正义》,《十三经注疏》,第96页。
⑦ 李光地纂,刘大钧等整理:《周易折中》,第1051页。
⑧ 高亨:《周易大传今注》,第659页。

姤为阴长阳消。两卦之义截然相反。

萃升卦体方向相反。《彖传》："萃,聚也。"《序卦传》同。《杂卦传》："萃聚而升不来也。"韩康伯注："来,还也。方在上升,故不还也。"① 一为荟萃内聚,一为上升不返,卦义相反。高亨以为"升不来"当作"升俫",并引《广雅·释诂》"俫,伸也"为训②,但熹平石经《周易·杂卦传》尚存"升不来也"四字③,可证高说不可信。

困井卦体方向相反。《杂卦传》："井通而困相遇也。"韩康伯注："井,物所通用而不吝也。困,安于所遇而不滥也。"④ 高亨认为"遇"犹遏止也。⑤ 徐志锐据项安世说训为"抵遇"。⑥ 石声淮认为"相遇"应是"不遇"之误。"通"是通达,是"遇";而"困"是穷,是"不遇",正好相对。⑦ 案:当作"井通而困丧遇也"。"丧遇"犹"失遇",犹"不遇"。后"丧"音讹为"相","井通而困丧遇也"就变成了"井通而困相遇也"。

革鼎卦体方向相反。《杂卦传》："革,去故也;鼎,取新也。"李鼎祚："革更故去;鼎亨饪,故'取新也'"。⑧ 其实革为革命,而鼎象征政权稳固⑨,鼎革之义自然相反。

震艮卦体方向相反。《序卦传》："震者,动也。……艮者,止也。"《杂卦传》："震,起也;艮,止也。"一为震动,一为限止,卦义完全相反。

渐归妹卦体方向相反。《序卦传》："渐者进也。进必有所归,故受之以归妹。"一是进,一是归,卦义相反。《杂卦传》："渐,女归待男行也;归妹,

---

① 王弼、韩康伯注,孔颖达疏:《周易正义》,《十三经注疏》,第 96 页。
② 高亨:《周易大传今注》,第 656 页。
③ 屈万里:《汉石经周易残字集证》卷二,台北:联经出版事业公司,1984 年,第 49 页。
④ 王弼、韩康伯注,孔颖达疏:《周易正义》,《十三经注疏》,第 96 页。
⑤ 高亨:《周易大传今注》,第 658 页。
⑥ 徐志锐:《周易大传新注》,济南:齐鲁书社,1986 年,第 540 页。
⑦ 石声淮:《说杂卦传》。
⑧ 李鼎祚:《周易集解》卷十七,第 15 页。
⑨ 鼎、贞古同字。《说文·鼎部》:"籀文以鼎为贞字。"甲骨卜辞多以鼎为贞。而《广雅·释诂》一:"贞,正乜。"《释名·释言语》:"贞,定也。"

女之终也。"韩康伯注一为"女从男也",一为"女终于出嫁也"。① 看不出有相反之义。但从卦辞看,渐为"女归吉",归妹为"征凶"。归妹的爻辞初九为"跛",九二为"眇",六三为"以须,反归以娣",九四为"愆期""迟归",六五为"其君之袂,不如其娣之袂",上六为"女承筐无实,士刲羊无血",故《大象传》以为有"敝"。看来,同为"女归",渐是循礼渐进而"吉",归妹则有弊而"凶"。

丰旅卦体方向相反。《杂卦传》:"丰,多故也;亲寡,旅也。"《周易折中》引潘梦旗曰:"物盛则多故,旅寓则少亲。"② 高亨:"故,故旧也,谓故旧之人也。……此篇释六十四卦,其六十三卦皆先举卦名,后列解说,此句乃释旅卦,独先列解说,后举卦名,其误显然。何楷引或曰:'"亲寡旅"当作"旅寡亲",于韵亦协。'是也。亲与上文亲、新、信协韵。寡亲与多故相对成文。"③ 其实,"亲寡旅"也可作"旅亲寡","寡"与上句"故"、下句"下"皆属鱼部。是说"家大业大,官大势大,则故旧之人多来亲近攀附","在外作客,则少有亲人"。

巽兑卦体方向相反。《杂卦传》:"兑见而巽伏也。"韩康伯:"兑贵显说,巽贵卑退。"④ 赵蕤:"兑,阴爻在上,是形于外,巽,阴爻在下,是蕴于内。人悦必以形容,巽必以蕴蓄,阴阳者常理。"⑤ 高亨:见,现也。《说卦》曰:"兑,说(悦)也。"人能为他人所喜悦,则能出仕为官,显身扬名。故曰"兑见"。经文之巽原为伏义。巽九二、上九并曰:"巽在床下。"谓伏于床下也。故此文曰"巽伏",谓巽卦之义为隐居也。⑥ 案:巽之本义当为入。《序卦传》:"巽者,入也。"《说卦传》:"巽者,入也。"巽卦初六"进退"之"退",帛书《易经》作"内"。⑦ 而《玉篇》记载"退"之古文或作"衲",或作"遒"。

---

① 王弼、韩康伯注,孔颖达疏:《周易正义》,《十三经注疏》,第 96 页。
② 李光地纂,刘大钧等整理:《周易折中》,第 1051 页。
③ 高亨:《周易大传今注》,第 660 页。
④ 王弼、韩康伯注,孔颖达疏:《周易正义》,《十三经注疏》,第 96 页。
⑤ 《关氏易传·杂义》,《续修四库全书》,经部易类,上海:上海古籍出版社,1995 年,第 158 页。
⑥ 高亨:《周易大传今注》,第 657 页。
⑦ 廖名春:《马王堆帛书周易经传释文》,《续修四库全书》,经部易类,第 13 页。

《说文》:"入,内也""内,入也"。"内"即"入"。"选"为"巽"之同源词。《广雅·释诂三》:"选、纳、妠,入也。"《列女传》:"选于林木,入于大麓。"兑为见(现),是自内往外;巽为入,是自外至内。正好相反。所谓伏,即隐伏,故又称隐,由入义引申而出。由伏又引申出屈伏、顺伏义,再引申为制伏。故《系辞下》说:"巽,德之制也……巽,称而隐……巽以行权。"所谓"制",即制伏;所谓"隐",即隐伏;所谓"行权",即屈伏、顺伏。所以,两卦一为隐入,一为显现,卦义正好相反。

涣节卦体方向相反。《杂卦传》:"涣,离也;节,止也。"《序卦传》:"说而后散之,故受之以涣。"马王堆帛书《缪和》引"子曰":"涣者,散也。"①《象传》:"节以制度。"孔颖达《正义》:"'节'者,制度之名,节止之义。"②两卦一为涣散,一为节制,意义相反。

中孚小过卦画阴阳相反。《杂卦传》:"小过,过也;中孚,信也。"孔颖达《正义》:"信发于中,谓之中孚。"③高亨:"中读为忠。"④过,过越。引申为过失。《字汇·辵部》:"过,失误也。无心之失,谓之过。"《周礼·地官·调人》:"凡过而杀人者,以民成之。"郑玄注:"过,无本意也。"一为有心于信,一为无心有过,是谓相反。

既济未济卦体方向相反,阴阳卦画也相反。郑玄云:"既,已也,尽也;济,度也。"⑤孔颖达《正义》:"'济'者,济渡之名。'既'者,皆尽之称。万事皆济,故以'既济'为名。"⑥《杂卦传》:"既济,定也;未济,男之穷也。"高亨:"未济谓事未成,即男子志未达,行未通,业未立,功未成,是穷矣。故曰'男之穷'。"⑦一为已经成功,一为尚未成功,卦义明显相反。

---

① 廖名春:《马王堆帛书周易经传释文·缪和》,《续修四库全书》,经部易类,第40页。
② 王弼、韩康伯注,孔颖达疏:《周易正义》,第70页。
③⑥ 王弼、韩康伯注,孔颖达疏:《周易正义》,第71页。
④⑦ 高亨:《周易大传今注》,第660页。
⑤ 陆德明《周易音义》引。见《经典释文》,第30页。

四、结论

如果上述分析可信,我们就可以得到下述结论:

第一,《周易》六十四卦不但是"二二相耦""非覆即变",而且是"二二相耦"、相反为义的。也就是说,《周易》六十四卦"二二相耦""非覆即变"的结构形式决定了其全部三十二个卦组间两卦的意义是相反的。《周易》六十四卦不但卦形是以"对"的形式出现的,其卦义也是以"对"的形式呈现的。"对"是《周易》的基本特点。

第二,"二二相耦"、相反为义这一意义结构规律的发现,有助于我们正确认识了解《周易》六十四卦的本义。比如需卦的本义过去一般以为是需求,现在由与其卦体方向相反的讼卦之义,可以确认其本义是退缩。小畜之义过去一般以为是积蓄,现在由与其卦体方向相反的履卦之义,可以进一步确认其积蓄之义由本义等待、止而来。豫卦之义过去一般以为是乐,现在由与其卦体方向相反的谦卦之义,可以确认其本义是傲慢自大。无妄之义过去一般以为是不要妄为,现在由与其卦体方向相反的大畜之义,可以确认其本义是无所希望,绝望。大过卦义过去一般以为是大为过甚,现在由与其卦体方向相反的颐卦之义,可以确认其本义是长逝,永别人世。这些卦义的揭示,会给认识卦爻辞的含义带来颠覆性的后果。如懂得"豫"之义为傲慢自大而不是乐,其爻辞的诸"豫"字,理解起来就顺畅多了。至少为我们认识卦爻辞的含义,提供了一个具体的语言环境,不至于让诠释漫无边际。

第三,有助于正确认识《杂卦传》和《序卦传》,有助于易学史研究的深入开展。《杂卦传》的解《易》方法,韩康伯总结为"或以同相类,或以异相明也"。从上述分析可知,《杂卦传》解《易》,基本上是"以异相明",可以说并无真正的"以同相类"。所谓的"以同相类"例,如"屯见而不失其居,蒙杂而著。……大壮则止,遯则退也。大有,众也;同人亲也。……小畜,寡也;履,不处也。需,不进也;讼,不亲也。……归妹,女之终也;

渐，女归待男行也"①，如上所述，全部是"以异相明"，相反为义。把它们列为"以同相类"，只是出于人们的误解。以"对"来讲《周易》，深入发掘《周易》卦画形式和卦义上"对"的特点，是《杂卦传》解《易》的最为成功之处。《序卦传》解《易》，列举卦名时没有破坏《周易》六十四卦"二二相耦"的规律，这与《杂卦传》是相同的。但其为了在六十四卦间建立起因果连续性的链条，阐发卦义时常常违反相反为义的原则，得出了错误的认识。如将需讲成"饮食之道"，将无妄讲成"不妄"等。应该说，《杂卦传》虽然文辞简短，甚至可以说惜墨如金，但它每一个字的分析都是有根据的，是经得起检验的；而且揭示了《周易》卦画形式和卦义上的一条重要规律。《序卦传》解《易》，虽然立意很高，理论上有深度，但有许多思想非《周易》本经所固有，特别是其对卦组与卦组关系的阐发，难以信从。可以说是其赋予《周易》本经的新思想，是新"加上去"的东西。在易学史上，在《周易》本经的解释史上，《序卦传》浮夸的因果链条说遮盖了《杂卦传》信实的"二二相耦"、相反为义说，当是治《易》者的不思之过。

---

① 见戴琏璋《易传之形成及其思想》第 195 页所举。

《周易·乾》卦新释

《乾》《坤》号称《周易》之门户，历来治《易》者，没有不重视《乾》《坤》，特别是《乾》卦的。但是，《乾》卦也还存在一些问题，笔者以前曾做过一些探讨。① 这次结合新出的简帛文献，对《乾》卦又进行了一些新的探索，现发表如下，供中外易学界的同行们批评。

一、"乾"的本字

《乾》卦的卦名"乾"，以前人们都以为是本字。德清俞樾（1821—1907）却提出："《说卦传》：'乾，健也；坤，顺也。'而《乾》卦古即谓之'健'。《象传》'天行健'即天行乾也。《乾》卦谓之'健'，故《坤》卦谓之'顺'矣。"② 这是说《乾》卦之"乾""古即谓之'健'"，根据有三：一是《说卦传》有"乾，健也"之训；二是《大象传》有"天行健"之说，"'天行健'即天行乾"；三是"《坤》卦谓之'顺'"，与"顺"反对的"乾"自当"谓之'健'"。俞樾虽是训诂大家，但他的意见并没有得到易学界的重视。

俞樾之后六七十年，原杭州大学教授刘操南（1917—1998）讨论了《大象传》"天行健，君子以自强不息"的断句。历来人们都是将"天行健"连读，以为"健"是说《乾》卦之德。③ 刘操南却认为这有违《大象传》的体例，此句应断作："天行。健，君子以自强不息。""天行"是释体，"健"是命卦，

---

① 廖名春：《周易乾坤两卦卦爻辞五考》，《周易研究》第 1 期，1999 年。
② 俞樾：《群经平议·周易一》，《续修四库全书》经部群经总义类，第 178 册，上海：上海古籍出版社，第 5 页。
③ 如孔颖达《周易正义》。

"君子以自强不息"是设辞。①

1973年年底，长沙马王堆三号汉墓出土了十二万多字的帛书。这批珍贵的帛书中，有关《周易》方面的共有两万余字，既有经，又有传。在帛书《易经》里，《乾》卦之"乾"都写作"键"。②帛书《易传》共六篇，一万六千余字。其言"乾坤"、称举《乾》名的有《二三子》③《系辞》④《衷》3篇⑤，"乾"字也毫无例外地写作"键"。

1984年，马王堆帛书整理小组的韩仲民据帛书"乾"作"键"之证，支持了刘说，认为《大象传》此句的断句，应该和其他各卦相同，"天行"可以成为一个独立的、完整的句子，"天行"即天道，指天体的运行，《象传》多有此说。⑥张立文也有相同的意见。⑦

《大象传》六十四条中，六十三条都是先释卦象，再点出卦名，最后才得出卦义。比如："地势，坤""云雷，屯""风雷，益""洊雷，震""兼山，艮""随风，巽""丽泽，兑"。唯独《乾》卦一条不同，这是很难说通的。但"天行"与"地势"句式相同，释"行"为运行，明显与"地势"不协，因为"势"只能作名词解。李镜池（1902—1975）已经看出了这一点。⑧笔者认为，"天行"之行，应释为阵行，行列、排列。"天行"依《大象传》体例，是指《乾》卦上下经卦之象，《乾》卦上下卦皆由经卦☰组成，乾为天，两经卦☰乾相重为复卦☰乾，故重卦☰乾之象为"天行"、天之阵行。将"天行健""地势坤"连读，否认"健"为卦名，不合《大象传》释象名卦以明卦义之通例。所以，从《大象传》来看，"健"就是卦名。

俞樾从"《坤》卦谓之'顺'"的角度论证"乾"自当"谓之'健'"也

---

① 刘操南：《周易大象例说》，《光明日报》，1962年10月19日。
② 见傅举有、陈松长编著：《马王堆汉墓文物》，长沙：湖南出版社，1991年，图版第110页。
③ 见《马王堆汉墓研究文集——1992年马王堆汉墓国际学术讨论会论文选》，长沙：湖南出版社，1994年，图版第2-5页。
④ 见傅举有、陈松长编著：《马王堆汉墓文物》，图版第118-126页。
⑤ 廖名春：《帛书易传初探》，台北：文史哲出版社，1998年，图第1-4页。
⑥ 韩仲民：《帛书〈周易〉释疑一例——"天行健"究应如何解释》，《文物天地》第5期，1984年。
⑦ 张立文：《帛书周易注译》，郑州：中州古籍出版社，1992年，第22页。
⑧ 李镜池：《谈易传大象的体例》，《周易探源》，北京：中华书局，1978年。

是很有说服力的。俞樾指出:"'巛'即'川'字,非坤字也。疑'巛'当读为'顺'。……此作'巛'者,乃'顺'之假字。'顺'从'川'声,古文以声为主,故'顺'或作'川'。"①《坤》卦之"坤",早期传世文献或写作"㘳",或写作"巛";马王堆帛书《周易》经、传中则都写作"川"。"川""㘳"是"巛"的不同写法,而"巛"就是"顺"。"川""㘳""巛"皆为"顺"字早期的写法。《坤》卦本为《巛》卦,"坤"是后起的会意字,"坤"作为卦名当属后起。②《坤》卦本名为"顺(巛)",作为阴阳相对的反对卦,《乾》《坤》对举,一为柔顺,一为刚健,卦画相反,卦义也相对。《乾》卦之"乾"当作"健",是非常自然的。

　　马王堆帛书《周易》经、传中的"键",多数人认为是"乾"字的假借。比如马王堆汉墓帛书整理小组的《马王堆帛书〈六十四卦〉释文》③和于豪亮的《帛书〈周易〉》④两文,就是这样处理的。而邓球柏则认为"键"是本字。他说:"卦名以键列于六十四卦之首,盖以此为六十四卦之门户(即关键)。键,引申为门锁、关键、关闭、封锁、囚禁等义。"⑤其实,《周易》是阴阳哲学。马王堆帛书《周易》的"键",是"刚健"之"健"的假借。马王堆帛书《周易》经、传"乾"皆写作"键",正证明了《大象传》"乾"作"健"的正确。《乾》《坤》两卦都是纯阳、纯阴之卦,所以其卦名分别称之为"健"和"顺",刚健和柔顺,也就是阴、阳。《乾》《坤》两卦卦名的本字,正揭示了《周易》作为阴阳哲学的本质。

二、"贞"的本义

　　对《乾》卦卦辞的解释,时人和前贤有很大的不同。
　　《彖传》说:"大哉'乾元'!万物资始,乃统天。云行雨施,品物流形,

---

① 俞樾:《群经平议・周易一》,《续修四库全书》经部群经总义类,第 178 册,第 5 页。
② 详见廖名春:《坤卦卦名探原——兼论八卦卦气说产生的时代》,《东南学术》第 1 期,2000 年。
③ 马王堆汉墓帛书整理小组:《马王堆帛书〈六十四卦〉释文》,《文物》第 3 期,1984 年。
④ 于豪亮:《帛书〈周易〉》,《文物》第 3 期,1984 年。
⑤ 邓球柏:《帛书周易校释》,长沙:湖南人民出版社,1987 年,第 68 页。

大明终始，六位时成，时乘六龙，以御天。乾道变化，各正性命。保合大和，乃'利贞'。首出庶物，万国咸宁。"

《文言传》说："元者，善之长也；亨者，嘉之会也；利者，义之和也；贞者，事之乾也。君子体仁足以长人，嘉会足以合礼，利物足以和义，贞固足以乾事。君子行此四德者，故曰：'乾，元、亨、利、贞。'……'乾元'者，始而'亨'者也。'利贞'者，性情也。"

孔颖达（574—648）疏："'元、亨、利、贞'者，是乾之四德也。《子夏传》云：'元，始也。亨，通也。利，和也。贞，正也。'言此卦之德，有纯阳之性，自然能以阳气始生万物而得元始亨通，能使物性和谐，各有其利，又能使物坚固贞正得终。"①

朱熹（1130—1200）将"元亨利贞"释为"大亨而利于正"，主张"元亨"连读②，已为现代学者多所接受。元，始，极。元亨，大为亨通，至为亨通。高亨则读"亨"为"享"，以为"元亨"为"大享之祭"。③ 吾友李申颇信其说。④ 问题是尽管"亨""享"同源，但从上海博物馆藏战国楚竹书本《周易》及马王堆帛书本《周易》来看，古人还是分得很清楚的。在战国楚竹书本《周易》中，"亨"字皆作"卿"，而"享"字则作"盲"。如《需》卦卦辞"光亨"，竹书本作"光卿"；《谦》卦卦辞"谦，亨"，竹书本作"谦卿"；《随》卦卦辞"元亨"，竹书本作"元卿"⑤；而《随》卦上六爻辞"王用亨于西山"之"亨"实为"享"字，故陆德明（556—627）《经典释文》载："陆许两反，云：祭也。"吕祖谦（1137—1181）《古易音训》引晁氏曰："京、虞、陆绩、一行作'享'，祭也。"⑥ 竹书本正作"盲"。这说明战国楚竹书本《周易》并没有将"亨"当作"享祭"之"享"。马王堆帛书本《周易》

---

① 孔颖达：《周易正义》卷二，《续修四库全书》经部易类，第 1 册，第 171 页。
② 《朱子五经语类》卷二，文渊阁《四库全书》经部五经总义类。
③ 高亨：《周易古经今注》卷一，上海：上海书店，1991 年影印开明书店 1946 年本，第 1 页。
④ 李申等：《周易经传译注》，长沙：湖南教育出版社，2004 年。案：此书由李申主编，由李申、王博、王德有、郑万耕、廖名春分著，但基本体现了李申的易学观点。
⑤ 马承源主编：《上海博物馆藏战国楚竹书（三）》，上海：上海古籍出版社，2002 年 12 月。
⑥ 吕祖谦撰，宋咸熙辑：《古易音训》，《续修四库全书》经部易类，第 1 册，第 34 页。

也是如此，今本的"享"字，皆写作"芳"。如《损》卦卦辞"二簋可用享"，帛书本"享"作"芳"。《损》卦九二、九五爻辞的"利用享祀""利用祭祀"，帛书本都写作"利用芳祀"。《益》卦六二爻辞的"王用享于帝"，帛书本作"王用芳于帝"。《大有》卦九三爻辞的"公用亨于天子"、《随》卦上六爻辞的"王用亨于西山"，"亨"字实际都是"享祭"之"享"①，帛书本都写作"芳"。而今本《周易》的"亨"字，帛书本除《乾》卦"元亨"之"亨"误作"享"外，其他都作"亨"，与今本同。②从战国楚竹书本《周易》严格区分"卿""言"，帛书本"芳""亨"不混的情况看，高亨以"元亨"为"大享之祭"说是不可信的。

"贞"字，从《彖传》到《子夏传》，到孔颖达《正义》都释为"正"。《文言传》"贞固足以乾事"则释其为"固"。③自程颐（1033—1107）而朱熹，始糅合二说，释为"正而固"。如《文公易说》记载："伊川说'贞'字只以为正，恐未足以尽'贞'之义，须是说正而固。""先生曰：'贞者，正而固也。'"④

从20世纪20年代开始，易学界开始释"贞"为"占问"，并从此蔚为主流。

王树枬（1857—1937）说："《周易》凡言'贞'者，皆'占'之假字。'贞'上从卜，其义可知。'贞''占'一声之转。《周礼·春官·天府》：'季冬陈玉以贞来岁之媺恶。'郑注云：……郑司农云：'贞，问也。《易》曰："师，贞丈人，吉。"问于丈人。'……案：'问'即'占'也。先郑以'贞丈人'为'问''丈人'，据此可以类推全书'贞'字之义。……'利贞'者，利于占也。"⑤

---

① 朱熹《周易本义·大有》就将此两"亨"字释为"亨献"，实质是读作了"享"。
② 详见廖名春：《马王堆帛书周易经传释文·马王堆帛书〈易经〉》，《续修四库全书》经部易类，第1册。
③ 《左传·襄公九年》所记"穆姜"说同。
④ 文渊阁《四库全书》经部易类《文公易说》卷十五。
⑤ 王树枬：《周易释贞·乾元亨利贞》，《续修四库全书》经部易类，第40册，影印复旦大学图书馆藏民国十三年刻陶庐丛刻本，第185页。

过了约十年，这又成了"古史辨"运动《周易》研究的一个代表性论点。李镜池说："直到大批的殷墟甲骨发现，卜辞中几乎每条都用着这个'贞'字，于是'贞'的本义才恢复。……从上面这些占词看来，可知贞之为卜问而非'正'。……'贞'的本义，我们可以断定是'问'的意思。甲骨卜辞中的贞是贞之于龟，《周易》卦爻辞的贞是贞之于蓍。"①

20世纪40年代后期，高亨（1900—1986）《周易古经今注》一书出，也认为："用龟以卜而问事，既谓之贞，则用蓍以筮而问事，自可谓之贞，故《周易》贞可训为筮问，以常用之词释之，即占问也。"②因此说《乾》卦"利贞犹言利占也"。③影响之大，几成定论。

甲骨学界对甲骨文"贞"的意义有过长期探讨。从刘鹗（1857—1909）、孙诒让（1848—1908）、罗振玉（1866—1940）以来，中国学者都认为是卜问、问。佢后来海外汉学界的饶宗颐、基德炜（Bavid N. Keighley）、舒莱、倪德卫（David S. Nivison）、拉夫布莱（Lefeuvre）、高岛谦一等则提出了不同的意见。④

近年来，就《周易》"贞"字的意义曹福敬、饶宗颐、吴辛丑（吴新楚）、张玉金发表了值得注意的专题论文。饶宗颐坚持"正"的旧训⑤；曹福敬则认为"贞"大部分还得训"正"，少部分应训为"定"。⑥吴辛丑对《周易》经文的"贞"字进行语法分析，认为都得解为"占问"，不能有"正"或"固"之解⑦；张玉金认为《周易》经文的"贞"字和甲骨文都得解为"占问"，批驳了饶宗颐等海外汉学家的意见。⑧

---

① 李镜池：《周易筮辞考》，顾颉刚编著：《古史辨》，第3册，上海：上海古籍出版社，1982年影印朴社1931年11月本，第195-202页。案：据文末尾记，此文写于1930年12月。
② 高亨：《周易古经今注》，北京：中华书局，1984年，第112页。
③ 高亨：《周易古经今注》卷一，上海：上海书店，1991年影印开明书店1946年本，第1页。
④⑧ 详见张玉金：《甲骨文中的"贞"和〈易经〉中的"贞"》，《古籍整理研究学刊》第2期，2000年。
⑤ 饶宗颐：《"贞"的哲学》，《华学》第3辑，北京：紫禁城出版社，1998年。
⑥ 曹福敬：《〈易经〉"贞"析义》，《齐鲁学刊》第5期，1987年。
⑦ 吴辛丑：《从语法角度看〈周易〉"贞"字的训诂》，《语文月刊》第9期,1991年;《〈周易〉"贞"字结构分析》，《华南师范大学学报（社会科学版）》第6期，2003年。

笔者认为,《周易》中的"贞"字,基本意义是"定",引申义是"正"。由"定"的坚定不移、固守不变而引申为坚持原则、坚持为正;由"定"引申而又有"正""固""信"等义。①

甲骨文、金文中,"贞""鼎"本同字。"贞"字所从之"贝"实即鼎。《说文》:"贞,卜问也。从卜,贝以为贽。一曰鼎省声,京房所说。"郭沫若(1892—1978)指出:"古乃假鼎为贞,后益之以卜而成鼑(贞)字,以鼎为声。金文复多假鼎为鼑。许说'古文以贞为鼎,籀文以鼎为贞'者,可改云'金文以鼎为鼑,卜辞以鼎为鼑'。鼎贝形近,故鼎乃讹变为贞也。"②陈初生说:"甲骨文中以鼎为贞,如🜨、🜨、🜨、🜨为鼎之象形,或稍加变化作🜨、🜨、🜨。金文利簋字仍象鼎形。后来为与鼎字区别,乃增卜而以鼎为声。因鼎、贝二字古形相近,声符鼎讹为贝,字便成贞了。"③

鼎,定也。因而贞也有定义。《释名·释言语》:"贞,定也,精定不动惑也。"《系辞传》:"天下之动,贞夫一者也。""贞夫一",对"天下之动"而言,"贞"就是"定"。《逸周书·祭公》:"维天贞文王之董用威。"俞樾按:"贞,当训定。"④《文言传》:"贞固足以干事。"(《左传·襄公九年》同)王引之(1766—1834):"则固守之谓贞。"⑤俞樾:"是贞有固义。"⑥"贞"有"固"义,与"定"义同。《讼》卦九四爻辞:"安贞,吉。"《小象》曰:"安贞不失也。"王引之:"谓安静不犯,不失其正。"⑦是释"贞"为"静"。定、固、静,意义相近,都是不动的意思。⑧《乾》卦卦辞的"利贞",即利于贞

---

① 详见廖名春:《周易经传十五讲》,北京:北京大学出版社,2004年,第170-171页。
② 郭沫若:《卜辞通纂·考释》,北京:科学出版社,1983年,第225页。
③ 陈初生:《金文常用字典》,西安:陕西人民出版社,1987年,第396页。
④ 俞樾:《群经平议·周书》,《续修四库全书》经部群经总义类,第178册,上海:上海古籍出版社,第117页。
⑤⑦ 王引之:《经义述闻·周易上》,《续修四库全书》经部群经总义类,第174册,上海:上海古籍出版社,第286页。
⑥ 俞樾:《春秋名字解诂补义》,《皇清经解续编》,第5册,上海:上海书店,1988年,第1017页。
⑧ "虞氏说'贞'有二义:失位者以之正为贞,得位者以不动为贞。"(曹元弼:《复礼堂文集》,中华文史丛书之四十六,民国六年刊本影印,华文书局,第106页。)

定。此指不争着为"首",与下文用辞"见群龙无首,吉"义近。如果训"贞"为"正",则具体所指不清楚,与下面的用辞"见群龙无首,吉"就失去了联系。

而训"贞"为"贞问"之说,实质上存在三大问题:

一是与爻辞相矛盾。《乾》卦不是全"吉"之卦。"初九,潜龙勿用","上九,亢龙有悔",都不能说是"吉"或"利"。将"元亨,利贞"解为"大为亨通,贞问有利",则《乾》卦变成了全"吉"之卦,这样就不好解释初九、上九爻辞。

二是与甲骨文的语序不合。甲骨文都是命辞在前,占辞、验辞在后,先"贞"而后占验。比如:

癸未卜,宁贞:旬亡囚?六月在拿。(《甲骨文合集》16689)

癸丑卜,王贞:旬亡囚?在四月甲寅酒翌自上甲。(《甲骨文合集》22669)

癸巳卜,殻贞:旬亡囚?丁酉雨,己雨,庚亦雨。(《甲骨文合集》12715)

癸亥卜,贞:旬二月乙丑夕雨?丁卯明雨,戊小采日雨,之[风],己明启。(《甲骨文合集》21016)

没有将"贞"置于占辞、验辞后的。为什么?道理很简单:贞问是未知而求知,如果已经知道结果了,就没有必要再贞问。《乾》卦的"贞"是"贞问",像甲骨文一样,正常的语序应该是:"贞,元亨,利"。"贞"是命辞,"元亨,利"是占辞。贞问是否"元亨",是否"利"。占验的结果是"元亨,利"。但现在是已经知道"元亨,利"了,还用得着"贞问"吗?所以,将《乾》卦的"贞"释为"贞问",就是在甲骨文里,也是说不通的。

三是在文义上多余。曹福敬指出:凡占断之辞,不加作为"问"义的"贞"字而其义自明。如"劳谦,君子有终,吉"(《谦》九三),"何天之衢,亨"(《大畜》上九),"剥床以肤,凶"(《剥》六四),"乾父之蛊,有子考,无咎,厉,终吉"(《蛊》初六)等,这类辞句皆未加"贞"字,但

"吉""亨""凶""厉""无咎"等"占问"结果皆明白无误。以此类推，《易》中加"贞"字表示"占问"的结果皆无必要。如"外比之，贞，吉"(《比》六四)，直曰"外比之，吉"即可，何必加一"贞"字？"翰音登于天，贞凶"(《中孚》上九)，直曰"翰音登于天，凶"即可，何必曰"贞凶"？其他如"贞吝""贞厉""利贞""可贞""不可贞"，皆可把作为"问"义的"贞"字省去，只曰"吝""厉""利""可""不可"即明。如此，"贞"就是赘语。《周易》经文字不足五千，就有这么多的赘语，显然是不可能的。①

所以，训"贞"为"贞问"，貌似圆融，实不可取。而训"贞"为"定"，既可本"正""固"之旧注而出新，又验之卦爻辞而文义无一不合，当为的论。②

由此可知，《乾》卦卦辞"乾：元亨，利贞"，是说：刚健，大为亨通，利于贞静而不争。《乾》卦的主旨就是提倡"乾"而"贞"，刚健而又不争。

三、"惕"义新解

孔颖达解释九三爻辞"君子终日乾乾，夕惕若，厉，无咎"说："阳而得位，故称'君子'；在忧危之地，故'终日乾乾'，言每恒终竟此日，健健自强，勉力不有止息；'夕惕'者，谓终竟此日后至向夕之时，犹怀忧惕。'若厉'者，若，如也；厉，危也。言寻常忧惧恒如倾危，乃得无咎。谓既能如此戒慎，则无罪咎；如其不然，则有咎。"③

后来易家皆本《正义》说，认为九三爻辞是说"君子日则黾勉，夕则惕惧，虽处危境，亦可无咎"。④ 这种解释，表面上文从字顺，实际有很大

---

① 详见曹福敬：《〈易经〉"贞"析义》，《齐鲁学刊》第5期，1987年，第37-38页。
② 关于《周易》全部"贞"字的考察，笔者拟另撰专文讨论。
③ 孔颖达：《周易正义》卷二，《续修四库全书》经部易类，第1册，第173页。
④ 高亨：《周易古经今注》(重订本)，第163页。类似的解释可见李镜池：《周易通义》，北京：中华书局，1981年，第3页；黄寿祺、张善文：《周易译注》，上海：上海古籍出版社，1989年，第3页；张立文：《帛书周易注译》，第6页；周振甫：《周易译注》，北京：中华书局，1991年，第1页。

的误读。

长沙马王堆出土的帛书易传《二三子》篇记载："《卦》曰：'君子终日键键，夕沂若，厉，无咎。'孔子曰：此言君子务时，时至而动，□□□□□□屈力以成功，亦日中而不止，时年至而不淹。君子之务时，猷驰驱也。故∃：'君子终日键键'。时尽而止之以置身，置身而静。故曰：'夕沂若，厉，无咎。'"①

帛书所载孔子对此爻辞的解释突出一个"时"字。"君子终日键键"，是"君子务时，时至而动"；"夕沂若，厉，无咎"，是"时尽而止之以置身，置身而静"。也就是说，孔子认为这一段爻辞"君子终日键键"是讲君子在"时至"的情况下，要抓住时机，顺时而动，奋发有为，自强不息；"夕沂若"是讲君子在"时尽"的情况下，要"止之以置身，置身而静"，即时机未到之时，要静止下来，养精蓄锐，休养生息，待时而动。这样，能动能静，一切依时而行，即使面临险境，也能免遭咎害。

帛书易传《衷》篇对这一段爻辞也有解释："子曰：……'君子冬日键键'，用也；'夕沂若，厉，无咎'，息也。""《易》曰：'君子冬日键键，夕沂若，厉，无咎。'子曰：知息也，何咎之有？人入渊不跃，则不见□□□□□□反居亓□□。"②

"'君子冬日键键'，用也；'夕沂若，厉，无咎'，息也"，意思与《二三子》篇一样，"日""夕"，在这里成了"时至""时尽"的代名词；"用""息"成了君子在不同的境遇（时）下的不同表现。孔子认为"冬日键键"，是讲君子在"时至"之时要努力用事；"夕沂若"，是讲君子于"时尽"之际要知道及时休息。所谓"知息也，何咎之有"，就是说懂得及时止息，就不会有什么咎害。

这里的"沂"字，《马王堆帛书〈六十四卦〉释文》作"泥"③，韩仲民

---

① 廖名春：《马王堆帛书周易经传释文·二三子》，《续修四库全书》经部易类，第1册，第17页。
② 廖名春：《马王堆帛书周易经传释文·衷》，《续修四库全书》经部易类，第1册，第31、32页。
③ 马王堆帛书整理小组：《马王堆帛书〈六十四卦〉释文》，《文物》第3期，1984年，第1页。

《帛〈易〉六十四卦校注》同。① 但验诸字形，从帛书《六十四卦》到帛书《二三子》《衷》篇，此字皆从水从斤，不能隶定作"泥"。同时"泥"今本何以作"惕"，难以回答。从字形上看，两字形体相距太远②；从字音上看，"泥"古音属脂部泥母，"惕"属锡部透母，不存在通借的可能性。③ 而"沂"字古音属微部疑母，从"斤"之字如析、晰、菥、淅、蜥与从"易"之字锡、裼古音皆为锡部心母。④ 文献中从"斤"之字与从"易"之字时有通借。帛书里的"沂"，本字应为"析"。析、惕两字，音义皆同。《淮南子·人间》："翱翔乎忽荒之上，析惕乎虹蜺之间。"⑤ "析惕"与"翱翔"相对，"翱翔"为同义词，"析惕"两字也当义近。析，字亦作恷。《玉篇·心部》："恷，忧也。""惕，忧也。"《广韵·锡韵》："恷，敬也。"《说文·心部》："惕，敬也。"《玉篇·心部》："悬，同惕。"《集韵·锡韵》："惕，古书作悬。"恷、悬（惕）实为一字的异写。析有解除之义。宋玉《风赋》："清清泠泠，愈病析酲。"李善（约630—689）注引应劭（约153—196）曰："析，解也。"《汉书·礼乐志》："百末旨酒布兰生，泰尊柘浆析朝酲。"《盐铁论·散不足》："今宾昏酒食，接连相因，析酲什半，弃事相随，虑无乏日。""析"都作解除讲。上引《淮南子·人间》"析惕乎虹蜺之间"，"析惕"一本作"倘佯"。倘佯，安闲自得貌。韩愈（768—824）《送李愿归盘谷序》："膏吾车兮秣吾马，从子于盘兮，终吾生以倘佯。"陈亮（1143—1194）《何少嘉墓志铭》："少嘉时其起居，使得倘佯以自养疾。""析惕"似乎也有安闲自得之义。帛书"夕沂若"，沂即析（恷），由解除引申为安闲、休息。由于析与恷通，而恷、悬（惕）实为一字的异写，故今本皆作"夕惕若"。由此可知，"惕"字之义就是止、息。

这一理解在《淮南子·人间》的解释中也可得到印证："故'君子终日

---

① 韩仲民：《帛易说略》，北京：北京师范大学出版社，1992年，第115页。
② 张立文认为"泥"可能为"易"，"泥"通"怩"，"易"通"惕"，"怩""惕"形近而讹。见《帛书周易注译》，第5页。案：此字字形与"易"相距太远，张说难以成立。
③ 唐作藩：《上古音手册》，南京：江苏人民出版社，1982年，第89、128页。
④ 唐作藩：《上古音手册》，第154、138页。
⑤ 张双棣：《淮南子校释》，北京：北京大学出版社，1997年，第1899-1900页。

乾乾,夕惕若厉,无咎'。'终日乾乾',以阳动也;'夕惕若厉',以阴息也。因日以动,因夜以息,唯有道者能行之。"①

"'终日乾乾',以阳动也",与帛书易传《二三子》"时至而动,□□□□□□屈力以成功,亦日中而不止,时年至而不淹。君子之务时,猷驰驱也。故曰:'君子终日键键'",以及《衷》"'君子冬日键键',用也"说同。"阳"就是"时至","动"就是"驰驱""用"。"'夕惕若厉',以阴息也",与帛书易传《二三子》"时尽止之以置身,置身而静",以及《衷》"'夕沂若,厉,无咎',息也"说同。"阴"就是"时尽","息"就是"止之以置身,置身而静"。"因日以动,因夜以息,唯有道者能行之",说明这条爻辞讲的就是因时而动、因时而止的道理。"惕"就是"息"。

由此可知,《乾》卦九三爻辞并非说"君子日则黾勉,夕则惕惧",而是说君子日则黾勉,夕则安闲休息,虽处危境,亦可无咎。

由此来看《文言传》的解释:"九三曰'君子终日乾乾,夕惕若,厉,无咎',何谓也?子曰:'君子进德修业,忠信所以进德也,修辞立其诚,所以居业也。知至至之,可与言几也。知终终之,可与存义也。是故居上位而不骄,在下位而不忧,故乾乾因其时而惕,虽危无咎矣。'……'终日乾乾',行事也。……'终日乾乾',与时偕行。……九三重刚而不中,上不在天,下不在田,故乾乾因其时而惕,虽危无咎矣。"

所谓"居上位"是指"时至","在下位"指"时尽"。"乾乾因其时而惕"即因其时而乾乾,因其时而惕,义与《淮南子·人间》"因日以动,因夜以息"同。如果是"日则黾勉,夕则惕惧",又何必说"因其时""与时偕行"呢?由此可知,《文言传》等解释爻辞强调一个"时"字,完全符合爻辞的本义。因其时而乾乾,因其时而止息,是动静的辩证观,也就是所谓"文武之道,一张一驰"(《礼记·杂记》)。②

除此,经文还有三个"惕"字,其中有两个可训为止息。如《讼》卦

---

① 张双棣:《淮南子校释》,第1916页。
② 详见廖名春:《周易乾坤两卦卦爻辞五考》,《周易研究》第1期,1999年。

卦辞的"有孚窒惕","惕"帛书本作"宁","宁"也是止息。《小畜》卦六四爻辞"有孚,血去惕出,无咎"的"血""惕",就是《讼》卦卦辞的"窒惕"。因为《讼》卦卦辞的"窒",帛书《易经》作"洫"。"血去惕出"即"窒去惕出",是"窒惕"之反,对诚信止息的否定。"惕"义为止息,也应该很清楚。至于《夬》卦九二爻辞之"惕号"之"惕",则当读为"啼"。① 这些,也可以支持、印证上文的解释。

四、用辞的意蕴

《周易·乾》卦有"用九",《坤》卦有"用六"。"用九""用六"之"用",王弼(226—249)注、孔颖达正义皆用通行义作解,后来易家多袭之。

马王堆出土的帛书《易经》中,"用九""用六"之"用",皆写作"迥"。② 帛书整理小组为代表的多数专家都认为"用"为本字,"迥"为假借。邓球柏则以"迥"为本字,依《广韵》解为"过",认为:"《周易》每一卦本来都只有六爻,因而也就只有六条爻辞相对应。但《键》《川》两卦却各多出了一条爻辞。《键》卦六阳爻,过此六爻则过九也,故题之曰'迥九'。……'迥六',过六。"③

张立文也以"迥"为本字,认为"迥"有通、达义,"迥(用)九",犹通达九或同为九,迥六犹言通六,"用九"作"迥九"为佳。④

高亨指出:"用当读为迥。迥,通也。……用九犹通九,谓六爻皆九也。"可谓凿破鸿蒙,一言中的。⑤

通行本之"用"与帛书《易经》之"迥",皆非本字。它们的本字皆当

---

① 详见廖名春:《〈周易〉惕义考——传世文献与出土简帛的互证》,《国际易学研究》第八辑,北京:华夏出版社,2005年。
② 马王堆帛书整理小组:《马王堆帛书〈六十四卦〉释文》,《文物》第3期,1984年,第1页。
③ 邓球柏:《帛书周易校释》,长沙:湖南人民出版社,1987年,第82、217页。
④ 张立文:《帛书周易注译》,第11、314页。
⑤ 高亨:《周易大传今注》卷一,济南:齐鲁书社,1979年,第59-60页。案:高氏谓"爻辞言:群龙出现于天空,其头被云遮住。此比喻众人俱得志而飞腾,自为吉",其说不可信。

作"通"。今本《系辞》"极数知来之谓占，通变之谓事"，"通"帛书本作"迵"；今本《系辞》"广大配天地，变通配四时"，帛书《系辞》也作"迵"；其他如"一阖一辟谓之变，往来不穷谓之通"，"法象莫大乎天地，变通莫大乎四时"，"变而通之以尽利，鼓之舞之以尽神"，"化而裁之谓之变，推而行之谓之通"，"刚柔者，立本者也；变通者，趋时者也"，"易穷则变，变则通，通则久"诸"通"字，帛书《系辞》皆作"迵"。① 帛书《系辞》和帛书《易经》的字迹相同，论者认为当系同一书手所书。② 帛书《系辞》"迵"的本字都作"通"，帛书《易经》中的"迵九""迵六"之"迵"的本字亦当作"通"。

今本《周易》"用九""用六"之"用"，本字亦当作"通"。"通"从辵、从甬。古"甬""用"二字形近音同，故常通用。《曾姬无恤壶》："甬乍宗彝尊壶，后嗣甬之，职才王室。"两"甬"均读为"用"。《江小仲鼎》："江小中母生自乍甬鬲。""甬"也读为用。③ "甬"可读为"用"，"通"也可写作"用"。

"用九""用六"之"用"，义为全、皆。《孟子·告子上》："弈秋，通国之善弈者也。"其"通"之用法与此同。

《乾》卦六爻筮数全为九，故称"通九"；《坤》卦六爻筮数全为六，故称"通六"。"通"，后人或作"用"，或作"迵"，皆为假借。所以，"用九"即六爻皆为九，"用六"即六爻皆为六。《周易》六十四卦只有《乾》卦六爻都是九，都是阳爻，其他卦都不是如此，所以只有乾卦有"用（通）九"。也只有《坤》卦六爻都是六，都是阴爻，其他卦都不是如此，所以也只有坤卦有"用（通）六"。④

关于《乾》卦用辞的意义，前贤时人也有不同的认识。

---

① 傅举有、陈松长编著：《马王堆汉墓文物》，图版第 118-126 页。
② 如李学勤就说"《周易》经传……等，审其字体，也出于同一抄手"。见《论〈经法·大分〉及〈经·十大〉标题》，《简帛佚籍与学术史》，台北：时报出版公司，1994 年，第 298、299 页。
③ 例见王辉：《古文字通假释例》，台北：艺文印书馆，1993 年，第 546 页。
④ 详见廖名春《周易乾坤两卦卦爻辞五考》，这次有一定修正。

《小象传》："'用九'，天德不可为首也。"强调用辞说《乾》卦的基本精神是不能争做首领。王弼注："夫以刚健而居人之首，则物之所不与也。……故《乾》吉在'无首'。"孔颖达疏："'群龙'之义，以'无首'为'吉'。"程颐传："观诸阳之义，无为首则吉也。以刚为天下先，凶之道也。"① 都有相同的认识。

　　欧阳修（1007—1072）则提出"变占"说，谓："《乾》爻七、九则变，《坤》爻八、六则变。《易》用变以为占，故以名其爻也。阳过乎亢则灾，数至九而必变，故曰'见群龙无首，吉'。物极则反，数穷则变，天道之常也，故曰'天德不可为首也'。阴柔之动，多入于邪，圣人因其变以戒之，故曰'利永贞'。"② 朱熹本之，说："凡占'用九''用六'者，用其变爻占也。遇《乾》而六爻皆变，则为阴。故有'群龙无首'之象，即《坤》'利牝马之贞'也。言群龙而却无头，刚而能柔，则吉也。遇《坤》而六爻皆变，则为阳，故有'利永贞'之象，即《乾》之'元亨利贞'也。此揲蓍之法。"并批评说："凡说文字，须有情理方是。'用九'当如欧公说方有情理，某解《易》所以不敢同伊川，便是有这般处。"③

　　"用九，见群龙，无首，吉"是说：六爻都是九，群龙出现而不争抢着作首领，吉利。从用辞的本文看，是强调刚健而不争。"群龙"，也就是"用（通）九"。都是阳刚，容易相争而不让，故用辞提倡"无首，吉"。所谓"无首，吉"，也就是卦辞所谓"利贞"，以静、以不争为利。《象传》说："保合大和，乃'利贞'。"这里的"无首""贞"，实质就是"和"。"无首，吉""利贞"，都是强调和谐。由此看，《小象传》、王弼注、孔颖达疏、程颐传对用辞的上述阐发都是信而有征的。

　　而所谓的"变占"说，可谓言似有理，查无实据。"遇《乾》而六爻皆变，则为阴"，《乾》卦用辞本身只告诉我们：在"用（通）九"的情况下，在阳刚强盛之时，要注意不争。并没有说有阳变阴之事，并没有说"凡占

---

① 《伊川易传》卷一，文渊阁《四库全书》经部易类。
② 欧阳修：《易童子问》，《文忠集》卷七十六，文渊阁《四库全书》集部别集类。
③ 《朱子语类》卷六十八，文渊阁《四库全书》子部儒家类。

'用九''用六'者，用其变爻占也"，这是欧阳修、朱熹的创意，而非《乾》卦经文的本义。从义理而言，《乾》之"群龙，无首"，是对阳刚"群龙"提倡不争；《坤》之"利牝马之贞"，是主张下不与上争，两者性质迥然不同，说阳刚强盛要注意不争，又有什么必要引下不与上争之说呢？

所以，只要读懂了用辞，就会知道其哲理十分明了。所谓"变占"说只能是蛇足而已。朱熹以此批评程《传》，只讲义理，不谈"情理"（卜筮），实不可取。

五、《乾》卦的精神

《周易》到底是一部哲理之书还是一部卜筮之书？中国大陆学界颇有争议。李镜池说："前人以为《周易》是一部哲学书，我们现在以为《周易》原来是一部卜筮书，虽则其中也包含有一些哲学思想。"① 这一观点目前应该是相当流行的。②

一叶可以知秋。从《乾》卦这一个案的分析，应该能得出明确的答案。

《乾》卦有鲜明的主旨，就是主张刚健而不争，刚健而和谐。《乾》卦主张刚健，大家没有争议。但主张不争，主张和谐，则是"百姓日用而不知"（《系辞传》）了。其实，"用九，见群龙无首，吉"，表现非常明显。"用（通）九"而"见群龙"，是阳刚之"健"；"群龙无首"而称"吉"，则是以不争为吉，以谦和为吉。卦辞是一卦之主，其虽然肯定"乾（健），元亨"，说刚健是至为亨通，但落脚点是"利贞"，以不争，也就是和谐为利。所以，从卦辞到用辞，《乾》卦主旋律都是强调刚健而不争。讲《乾》卦，只讲刚健有为而忽视其"贞""无首"的一面，只能说是蔽于一曲。帛书《衷》篇说："键之至德，刚而能让。"③ 这里的"能让"，正是就卦辞的"贞"、用

---

① 李镜池：《周易卦名考释》，《岭南学报》第九卷第一期。
② 比如中国哲学界的冯友兰、张岱年、任继愈、朱伯崑、张立文、余敦康等都属于《周易》为卜筮之书论者，主流的中国哲学史、中国思想史著作都视《周易》为卜筮之书。
③ 廖名春：《马王堆帛书周易经传释文·马王堆帛书〈衷〉》，《续修四库全书》，第1册，第32页。

辞的"无首"而言的。"键之至德"是"刚而能让",与我们说《乾》卦的主旨是主张刚健而不争、刚健而和谐,完全一致。从爻辞的角度而言,只讲刚健有为,既不能解释初九的"潜龙,勿用",也不能解释九三的"夕惕",更不能解释上九的"亢龙,有悔"。可以说,《乾》卦的六爻,九二"见龙在田"、九三"君子终日乾乾"、九四"或跃在渊"、九五"飞龙在天"都是说的刚健有为,而初九"潜龙,勿用"、九三的"夕惕"、上九的"亢龙,有悔",说的都是守静不争。六爻爻辞尽管变化纷繁,但都没有超出卦辞、用辞的思想。因此,说《乾》卦没有系统的哲理,是不能成立的。

《乾》卦又蕴含着辩证的方法论原则。孔子解《易》极其重"时",从《文言传》所载"子曰"到帛书易传的《二三子》《衷》《要》篇,都有不少记载。特别是帛书易传的《二三子》篇,孔子以"时"论《易》简直可以说是连篇累牍、不厌其烦。今本《易传》,特别是《文言传》和《象传》解《乾》卦而论"时",更为突出。"时"论是富有中国特色的辩证法,但到底是《周易》经文固有的,还是《易传》"加上去"的,一直存在激烈的争论。如果《周易》经文本身固有系统的"时"的精神,再否定《周易》为哲理之书,实在是难以交代。所以,中国大陆学界的主流认为"时"论到《易传》时才产生,《周易》经文并没有"时"的思想。这是"孔子之《易》"而非"文王之《易》"。[①] 但这种认识并不符合《乾》卦卦爻辞的实际。

《乾》卦六龙,历经"潜""在田""在渊""在天""亢"等不同的阶段,而有"勿用""利见大人""有悔"等种种不同的表现,说明的道理是什么?只能是"时",就是不能违时,只能依时而行。

这种重"时"的思想,在九三爻辞中尤其突出。"君子终日乾乾,夕惕若","终日"是整个白天,是工作的时候,就得"乾乾",健之又健,努力工作。"夕",是晚上,晚上是休息的时候,就得"惕若",及时止息,好好休息。这样,即使有"厉"也能"无咎"。"日出而作,日入而息",

---

① 朱伯崑甚至说:"孔子没有提出'时'的观念作为行为的准则,推崇'时',始于孟子。"(氏著:《易学哲学史》,第一册,北京:华夏出版社,1994年,第44页。)

一切依时而行,"文武之道,一张一弛"。这不是讲"时"又是讲什么?可以说,《乾》卦六爻,虽然没有一个"时"字,但没有哪一爻不是在说"时"。"时"是"乾"卦的核心精神。

此外,上九爻辞"亢龙"之所以"有悔",就是因为"物壮则老""物极必反"。不然,"亢龙"之"悔"又从何而来?

懂得了《乾》卦的主旨,懂得了《乾》卦分析问题的方法论原则,就应该说,《乾》卦不但有系统的哲理,而且其哲理是相当深刻而独到的。

从其他六十三卦的情况来看,也能得出与《乾》卦一样的结论。[①]孔子说:"学而不思则罔,思而不学则殆。"(《论语·为政》)信哉!

---

① 可系统参看金景芳、吕绍纲:《周易全解》,长春:吉林大学出版社,1989年。

从帛书《二三子》论《周易·蹇》卦六二爻辞的本义

《周易》卦爻辞由于年代久远,不少已晦涩难懂,本义难觅。《蹇》卦的六二爻辞就是明显的例子。

一、关于《蹇》卦六二爻辞的传统训释

王弼(226—249)注云:

> 处难之时,履当其位,居不失中,以应于五。不以五在难中,私身远害,执心不回,志匡王室者也。故曰:"王臣蹇蹇,匪躬之故。"履中行义,以存其上,处蹇以比,未见其尤也。[①]

这是本于《象传》《序卦传》《杂卦传》之说,将"蹇"训为"难",将"躬"训为"私身",将"蹇蹇"训为"处难""处蹇"。"王臣蹇蹇,匪躬之故"就是"王臣"有"蹇蹇"之难,并非他们自身的原因,而是忠于王事所致。这一解释实本于《小象传》。"蹇蹇"而"终无尤也",终将没有过错。所以说"匪躬之故",并非他们自身的原因。唐明邦因此将爻辞译为:"王公大臣处境极为艰难,这并非他们自己造成的。"[②]

---

① 《周易注疏》卷七,文渊阁《四库全书》。
② 唐明邦主编:《周易评注》,北京:中华书局,1995年,第102页。

孔颖达（574—648）疏曰：

> "王"谓五也。"臣"谓二也。九五居于王位而在难中，六二是五之臣，往应于五，履正居中，志匡王室，能涉蹇难，而往济蹇，故曰"王臣蹇蹇"也。尽忠于君，匪以私身之故而不往济君，故曰"匪躬之故"。①

这是说"王"在"蹇难"中，"臣"前"往济蹇"，"匪以私身之故而不往"，"尽忠于君"，并不顾惜他们自身。也是以"躬"为"私身"，"故"表原因，"蹇"为"难"，"蹇蹇"则为"能涉蹇难，而往济蹇"。所谓"疏不破注"，大意与王弼注同。

对于王注孔疏的说解，清儒王引之（1766—1834）颇以为不辞，提出"故"当训为"事"，以为爻辞是：

> 言王臣不避艰难，尽心竭力者，皆国家之事而非其身之事也，故曰："王臣蹇蹇，匪躬之故。"不言"事"而言"故"者，以韵初爻之"誉"也。②

并在《增字解经》一条中专门对孔疏提出批评：

> 经典之文自有本训。得其本训则文义适相符合，不烦言而已解。失其本训而强为之说，则扤陧不安，乃于文句之间增字以足之，多方迁就而后得申其说。此强经以就我，而究非经之本义也。如《蹇》："六二，王臣蹇蹇，匪躬之故。"故，事也。言王臣不避艰难者，皆国家之事，而非其身之事也。而解者曰："尽忠于君，匪以私身之故而不往济君。"正义则于"躬"上增"以"字，"故"下增"不往济君"字矣。③

后来黄寿祺（1910—1990）、张善文将爻辞译为："君王的臣仆努力奔走济难，不是为了自身私事。"④ 即汲取了王氏的成果。

---

① 《周易注疏》卷七。
② 王引之：《经义述闻》第一，清道光刻本。
③ 王引之：《经义述闻》第三十二，清道光刻本。
④ 黄寿祺、张善文：《周易译注》，上海：上海古籍出版社，2001年，第322页。

不过，关于"蹇蹇"的训诂，不管是王弼注的"处难""处蹇"说、孔颖达疏的"能涉蹇难，而往济蹇"说，还是王引之的"不避艰难，尽心竭力"说，都有问题。"蹇蹇"是"蹇"的重叠，只是加强了语气、加深程度而已，犹如"齐"与"齐齐"、"黑"与"黑黑"，重叠的结果，意义基本未变，只是程度加深了。而上引训释都将"蹇蹇"变成了动宾结构，都落入王引之所谓"增字以足之，多方迁就而后得申其说"的陷阱。

值得注意的是，早期文献引《蹇》卦六二爻辞却别有说。如《说苑·正谏》篇云：

> 《易》曰："王臣蹇蹇，匪躬之故。"人臣之所以蹇蹇为难而谏其君者，非为身也；将欲以匡君之过，矫君之失也。①

是解"王臣蹇蹇，匪躬之故"为不畏险难而进谏，"非为身也"，不是为了自身，而是为了"匡君之过，矫君之失"。

《魏志·陈群传·注》引《袁子》：

> 或云：故少府杨阜，岂非忠臣哉？见人主之非，则勃然怒而触之；与人言，未尝不道也。岂非所谓"王臣蹇蹇，匪躬之故"者欤？②

以"见人主之非，则勃然怒而触之"解"王臣蹇蹇，匪躬之故"，也是定义在进谏上。

《群书治要》引桓范（？—249）《世要论·谏争》篇曰：

> 国之将兴，贵在谏臣；家之将盛，贵在谏子。若托物以风喻，微生而不切，不切则不改；唯正谏直谏可以补缺也。《诗》云："衮职有缺，仲山甫补之。""柔亦不茹，刚亦不吐。"正谏者也。《易》曰："王臣謇謇。"《传》曰："谔谔者昌。"直谏者也。③

---

① 《说苑》卷九，文渊阁《四库全书》。
② 《三国志·魏志》卷二十二，文渊阁《四库全书》。
③ 魏征：《群书治要》卷第四十七，《四部丛刊》影印本。

这里的引文，将"蹇蹇"写作"謇謇"，与其"正谏""直谏"的解释相呼应，说明爻辞之义就是讲进谏。①

《说文》无"謇"字而有"蹇"字。徐铉（916—991）曰："《易》'王臣蹇蹇'，今俗作'謇'，非。"②黄生曰："《易·蹇卦》'王臣蹇蹇，匪躬之故'，言人臣履历险阻，知有国而不知有身也。自《晋书·王豹传》引作'王臣謇謇'，字家遂训'謇'为直言之貌，与卦义相戾矣。《广韵》：'謇，吃也。'謇、难于言，蹇、难于行，故取其字为意。今《易》而省作'謇'，又与吃义相戾。"③都认为"謇"为俗写，正文当作"蹇"。段玉裁（1735—1815）曰："行难谓之蹇，言难亦谓之蹇。俗作謇，非。"④

但惠栋（1697—1758）意见却相反，其云：

"蹇"字下《说文》不引《易》，明《易》不作"蹇"也。徐氏反以"謇"为俗，大误。当云：案古文《易》："王臣謇謇。"今俗作"蹇"，非。⑤

吴玉搢（1698—1773）也认为：

然屈原已用"謇謇"，而王逸时所见《易》即有作"謇謇"者。《衡方碑》"謇謇王臣"，亦用《易》语，而字亦作"謇"。晋王豹亦引《易》"王臣謇謇"。则当时经本定有作"謇"者。"謇"固非俗作矣，不得以《说文》之漏略，遂谓古无其文也。⑥

他们都不同意徐铉说，认为"当时经本定有作'謇'者"，"古文《易》"即作"謇謇"。

高亨（1900—1986）进而以"謇"为"蹇"之本字，认为"謇謇当训直

---

① 以上三条，杨树达先生均曾引及（《周易古义》卷三，《杨树达文集·周易古义 老子古义》，上海：上海古籍出版社，2006年，第56页）。
② 《说文解字》卷二下，文渊阁《四库全书》。
③ 黄生撰，黄承吉合按，包殿淑点校：《字诂义府合按》，北京：中华书局，1984年，第126页。
④ 段玉裁：《说文解字注》卷二篇下，清嘉庆二十年经韵楼刻本。
⑤ 惠栋：《惠氏读说文记》第二，清借月山房汇钞本。
⑥ 吴玉搢：《别雅》卷三，文渊阁《四库全书》。

谏",云：

"蹇"借为"謇"。《一切经音义》十引本卦名作《謇》。又六二云："王臣蹇蹇，非躬之故。"《楚辞·离骚》王注、《后汉书·杨震传》李注、《三国志·陈群传》裴注、《文选·辨亡论》李注并引"蹇蹇"作"謇謇"。此本卦"蹇"字古本有均作"謇"字者之证。《楚辞·离骚》："余固知謇謇之为患兮。"王注："謇謇，忠贞貌。"《汉书·龚遂传》："蹇蹇亡已。"颜注："蹇蹇，不阿顺之意也。""蹇蹇"即"謇謇"。《说文》无"謇"字。《广韵》："謇，正言也。"余谓"謇謇"当训直谏也，从言，寒省声。本卦"蹇"字皆借为"謇"也。"往蹇来誉"，言直谏于君而人誉我也……知本卦"蹇"字皆谓臣直谏于君矣。[1]

二、对楚简《蹇》卦六二爻辞的解读

1994年上海博物馆从香港文物市场买回1200余支战国楚简，整理成《上海博物馆藏战国楚竹书》九本，由上海古籍出版社出版。其第三册所收四种典籍中，第一种就是《周易》。尽管是残本，但所幸的是《蹇》卦的卦画符号和整个卦爻辞犹存。《蹇》卦的所有"蹇"，竹书本皆作"訐"，其六二爻辞作："六二王臣訐=非今之古"。整理者濮茅左认为：

"訐"，《说文·言部》："訐，面相斥罪，相告訐也，从言，干声，居谒切。"《玉篇》："訐，攻人之阴私也。""訐"，音与"謇""蹇"通，意亦相近……"訐="，意同"謇謇"，直言。《楚辞章句·离骚经》"余固知謇謇之为患兮，忍而不能舍也"，王逸注："謇謇，忠贞貌也，《易》曰：'王臣謇謇，匪躬之故。'舍，止也，言已知忠言謇謇，刺君之过，比为身患，然中心不能自止而不言也。""古"，读为"故"。[2]

---

[1] 高亨：《周易古经今注》，上海书店影印《民国丛书》本，1991年，第134-135页。
[2] 马承源主编：《上海博物馆藏战国楚竹书（三）》，上海：上海古籍出版社，2003年，第183-184页。

是以楚竹书《周易》本"謇"均作"訐"为据,肯定"蹇蹇"当作"謇謇",意为"直言",否定了传统的训诂。

郑万耕意见也与濮茅左相同,同时他还指出这是高亨的创见:

> 此"訐"字从言,高说古本"謇"均作"謇",也从言,皆与言辞相关,足证此卦本义是讲正言直谏之事。而作"蹇",也当依高说"借为謇",不宜训为"险难"。①

这是说,从楚竹书来看,高亨说是正确的。古人将"蹇"训为"险难"不可信,还是"正言直谏"靠谱。

三、对帛书易传《二三子》篇相关文句的解释

《周易·蹇》卦之"蹇"和《蹇》卦六二爻辞到底如何释读,早楚竹书《周易》二十年出土的长沙马王堆汉墓帛书易传《二三子》篇实际给出了答案,只是我们没有读懂而已。

在我们整理的、也是最早面世的《二三子》篇释文里,这一段文字作:

> 易曰:"王臣蹇蹇,非今之故。"孔子曰:"王臣蹇蹇"者,言亓难也。夫唯智(知)其难也,故重言之,以戒今也。君子智(知)难而备[之,则]不难矣;见几而务之,□有功矣,故备难□易。务几者,成存亓人,不言吉凶焉。"非今之故"者,非言独今也,古以狀也。②

在1995年1月出版的新释文中,我修正了几处,作:

> 易曰:"王臣蹇蹇,非今之故。"孔子曰:"王臣蹇蹇"者,言亓难也。夫唯智亓难也,故重言之,以戒今也。君子智难而备[之],则不难矣;见几而务之,[则]有功矣。故备难[者]易,务几者成。存亓人,不

---

① 郑万耕:《周易释读八则——以楚竹书为参照》,《周易研究》第2期,2005年。
② 陈松长、廖名春《帛书〈二三子问〉〈易之义〉〈要〉释文》,《道家文化研究》第3辑,上海:上海古籍出版社,1993年,第425页。

言吉凶焉。"非今之故"者，非言独今也，古以状也。①

又过了差不多二十年，中华书局推出裘锡圭主编的《长沙马王堆汉墓简帛集成》全七册，其帛书《二三子》篇这一段的释文，与我们当年的工作，并没有什么大的不同，只是将"古以状也"句改为"古以（已）状〈肰（然）〉也"而已。②说老实话，从1993年年初做帛书易传释文以来的二十多年时间里，我一直没有读懂这一段名之为"孔子曰"解《易》文字，所以只做释文，不加解释。其他的帛书易传研究者，倒是做了不少释读。

比如《蹇》卦六二爻辞"王臣蹇蹇，匪躬之故"之"蹇蹇"，帛书《二三子》引作"寋寋"，一从"足"，一从"走"，这是义符相近，可以通用。"匪"，帛书《二三子》引作"非"，楚竹书《周易》同，两字谐声相同，故可通用，而"非"为本字，这是帛书《二三子》、楚竹书《周易》优于今本者。但"躬"作"今"，问题就复杂了。

楚竹书《周易》"躬"亦作"今"，论者曰：

> 于隶定行文中，首先可视"今"为"躬"之误摹。事实上，作"今"作"躬"，两说可并存，而有语意上之程度差异……又可视为音近通假，"今"字古为见母侵部，"躬"字亦可写作"躳"，简本《缁衣》已有例证，《说文》亦以"躬"为"躳"之或体，古为见母中部，前文已说过，中、侵可通押，又一例也，此其三。要以第一说视为误摹者，最为不妥。③

> 楚简「今（见/侵）」，今本作「躬（见/冬）」。侵、冬旁转，故二字可通假。如《诗经·大雅·思齐》三章以雝（东部）韵临（侵部）。④

这都是肯定"躬"作"今"是音近通用，至于两者谁为本字，则不置

---

① 廖名春：《帛书〈二三子〉释文》，《国际易学研究》第1辑，北京：华夏出版社，1995年，第8页。
② 裘锡圭主编：《长沙马王堆汉墓简帛集成（三）》，北京：中华书局，2014年，第43页。
③ 黄人二：《上海博物馆藏战国楚竹书（三）研究·上博藏简周易校读（下）》，台中：高文出版社，2005年，第66-67页。
④ 陈惠玲：《上海博物馆藏战国楚竹书（三）读本·周易译释》，台北：万卷楼图书股份有限公司，2005年，第92页。

可否。

赵建伟对帛书《二三子》篇的这一异文看法是：

"今"字各本均作"躬"，此读"躬"为"今"，音近相假（同为见母字，冬、侵合韵。《礼记·表记》引《诗·谷风》"我躬不阅"即作"我今不阅"）。①

谁是谁非，谁优谁劣，也是避而不谈。

刘大钧则认为帛书《二三子》篇和楚竹书作"今"更胜，他说：

帛书《二三子》中紧接"易曰：'王臣蹇蹇，非今之故'"后有"孔子曰：'王臣蹇蹇'者，言亓难也。夫唯智亓难也，故重言之，以戒今也……'非今之故'者，非言独今也，古以狀也。"由孔子之释更可确证帛本此爻作"王臣蹇蹇，非今之故"，与竹书本相同。而由此爻上下文意考之，其作"今"亦较之今本作"躬"似于义更胜。今本作"躬"，恐抄书者失误。②

丁四新也接受了这一意见。③

刘彬等《帛书〈易传〉新释暨孔子易学思想研究》认为：

"今"，赵建伟、丁四新、刘大钧认为与"躬"互假，疑非。从下文"非言独今也，古以狀〈朕（然）〉也"看，"今"与"古"相对而言，非"躬"字之假，应为"今"。上博楚竹书《周易》亦作"今"。此爻意为王和大臣都有危难，这种情况不只是现在才有，在过去也一样存在。④

这是说"今"与"躬"不是通假的关系，而是不同意义的异文。他与刘大钧、丁四新一样，都以帛书《二三子》篇下文的"非言独今也，古以

---

① 赵建伟：《出土简帛〈周易〉疏证》，台北：万卷楼图书股份有限公司，2000年，第208页。
② 刘大钧：《今、帛、竹书〈周易〉综考》，上海：上海古籍出版社，2004年，第60页。
③ 丁四新：《楚竹书与汉帛书〈周易〉校注》，上海：上海古籍出版社，2011年，第107页。
④ 刘彬、孙航、宋立林：《帛书〈易传〉新释暨孔子易学思想研究》，北京：中国社会科学出版社，2016年，第20-21页。

状〈肤(然)〉也"为据,认为"今"与"古"相对,"今"当为本字。

四、从帛书《二三子》篇的论述看《蹇》卦六二爻辞的文意

笔者认为无论是今本的"躬",还是帛书《二三子》篇和楚竹书的"今"皆非本字。从帛书《二三子》篇的论述和《蹇》卦六二爻辞的文意看,本字当作"信"。

《周易·蒙》卦六三爻辞:"勿用取女,见金夫,不有躬,无攸利。"上海博物馆藏战国楚竹书《周易》"躬"写作"躳"。① 战国古玺习见"中躳"印文,即读为"忠信";赵国兵器铭刻中,相邦建信君即写作"建躳君"。② 所以,曹锦炎将"不有躳"读作"不有信"③,非常正确。按照孔颖达《周易正义》,"不有躬"是"是为女不能自保其躬"④,解释非常牵强。而读作"不有信",《蒙》卦六三爻辞"勿用取(娶)女,见金夫,不有躬(信),无攸利"就是说"不要娶这个女子,她一看见有钱有势的男人,就没有信义了,娶她是不利的"。爻辞强调诚信的重要,文从字顺。

同理,《蹇》卦六二爻辞"王臣蹇蹇,匪躬之故"的"躬"或"今"也当读为"信"。"匪"当从帛书《二三子》、楚竹书《周易》读为"非"。今本之"故",帛书易经本、帛书《二三子》引皆同,唯楚竹书《周易》作"古",郑玉珊以为"古"为本字,将爻辞翻译为:

> 六二居中得正,象征六二人臣能助九五君王以渡蹇险。这非今朝之独例,而是古今皆然的事。⑤

---

① 马承源主编:《上海博物馆藏战国楚竹书(三)》,第136页。
② 李家浩:《从战国"忠信"印谈古文字中的异读现象》,《北京大学学报(哲学社会科学版)》第2期,1987年。
③ 曹锦炎:《马王堆帛书〈易经〉札记》,《马王堆汉墓研究文集——1992年马王堆汉墓国际学术讨论会论文选》,长沙:湖南出版社,1994年,第36页。
④ 《周易注疏》卷二,文渊阁《四库全书》。
⑤ 郑玉珊:《楚竹书与汉帛书〈周易〉校注》,台北:花木兰出版社,2010年,第473页。

这样的译文,可以说是"增字为训"的典型。

其实"匪躬之故"读作"非信之故",就用不着如此"增字以足之,多方迁就而后得申其说"了。"非信之故"即不讲诚信的缘故。正因为不讲诚信,所以"王臣蹇蹇",非常艰险。由此可见,《蹇》卦六二爻辞"王臣蹇蹇,匪(非)躬(信)之故",其实是一个倒装的因果复句:"王臣蹇蹇"是果,"匪(非)躬(信)之故"是因。译成现代汉语,"王臣蹇蹇,非信之故",即君王的臣仆之所以处境非常艰难,就是因为不讲诚信的缘故。帛书《二三子》篇引孔子曰:"'王臣蹇蹇'者,言其难也。"清楚指出,"蹇"义为"难"。由此看,《彖传》《序卦传》《杂卦传》"蹇""难"之训,至为可信;读为"謇",训为直谏,则完全没有必要。至于将"蹇蹇"训为"处难""处蹇","能涉蹇难,而往济蹇"或"不避艰难,尽心竭力",更是辗转曲说,有违训诂学的规范。

笔者对《蹇》卦六二爻辞的这一解释,在帛书《二三子》篇里可得到充分证明。

帛书《二三子》篇所载孔子对《蹇》卦六二爻辞的论述中,"故重言之,以戒今也"如何释读,是一大问题。陈惠玲认为"戒今"是"戒惕今之俗世"[1],刘彬等以为是"告诫今世之人"[2],意思差不多。连劭名则认为"身同躬,故'戒今'犹'戒身'"。[3]

案:此两说都不妥。"蹇"是难,重言而称"蹇蹇",犹言很难,是强调难的程度,并非针对"身"和"今世之人"而言。所以,说"戒今"是"戒身"或"告诫今世之人",实在是文不对题。

我意"今"当读为"申"。上文已论定"躬"和"今"可读为"信",而"申"与"信"同属真部字,自然可以通用。东汉刘熙《释名·言语第十二》:"信,申也,言以相申束使不相违也。"[4]魏了翁(1178—1237)《古今考》:"师古

---

[1] 陈惠玲:《上海博物馆藏战国楚竹书(三)读本·周易译释》,第92页。
[2] 刘彬、孙航、宋立林:《帛书〈易传〉新释暨孔子易学思想研究》,第21页。
[3] 连劭名:《帛书周易疏证》,北京:中华书局,2012年,第213页。
[4] 刘熙:《释名》释名卷第四,《四部丛刊》景明翻宋书棚本。

曰：韩申徒即韩王信，《楚汉春秋》作信都。古信、申同字。"①《管子·七臣七主》："申主任势，守势以为常。"王念孙（1744—1832）《读书杂志》引王引之曰："申，读曰信。《汉书·高惠高后文功臣表》注曰：'古信申同义。'信之通作申，犹申之通作信也。出政而信于民，故曰信主。"② 所以，帛书之"戒今"可读为"戒申"。《史记·历书》："年耆禅舜，申戒文祖，云：'天之历数在尔躬。'"③《汉书·武五子传》："齐怀王闳与燕王旦、广陵王胥同日立，皆赐策，各以国土风俗申戒焉。"④《后汉书·郑兴传》："天于贤圣之君，犹慈父之于孝子也，丁宁申戒，欲其反政。故灾变仍见，此乃国之福也。"⑤ "戒申"即"申戒"，叮咛告诫意也。帛书"重言之，以戒今也"，即"重言之，以戒申也"，是说重复称之"蹇蹇"，是叮咛，是告诫。

"存其人，不言吉凶焉"，陈惠玲译为"只说人的努力态度，不讨论吉凶成败"。⑥ 刘彬等以为："'存其人'，吉凶成败全在于人。今本《系辞》：'神而明之存乎其人，默而成之，不言而信，存乎德行。'即此意。"并将此句译为："从事情的微小征兆做起，无论成功还是失败都在于做事之人，所以不必讲究什么吉凶了。"⑦

案：此"存"字当训为关注、重视。《后汉书·桓帝纪》："其舆服制度有逾侈长饰者，皆宜损省。郡县务存俭约，申明旧令，如永平故事。"⑧ 嵇康（223—263？）《答难养生论》："又常人之情，远，虽大莫不忽之；近，虽小莫不存之。夫何故哉？诚以交赊相夺，识见异情也。"⑨ "人"指人的品性行为。《孟子·万章下》："颂其诗，读其书，不知其人可乎？"⑩ 王安石

---

① 魏了翁：《古今考》卷二十五，文渊阁《四库全书》。
② 王念孙：《读书杂志》管子第九，清道光十二年刻本。
③ 《史记》卷二十六，文渊阁《四库全书》。
④ 《前汉书》卷六十三，文渊阁《四库全书》。
⑤ 《后汉书》卷六十六，文渊阁《四库全书》。
⑥ 陈惠玲：《上海博物馆藏战国楚竹书（三）读本·周易译释》，第93页。
⑦ 刘彬、孙航、宋立林：《帛书〈易传〉新释暨孔子易学思想研究》，第21页。
⑧ 《后汉书》卷七，文渊阁《四库全书》。
⑨ 《嵇中散集》卷四，文渊阁《四库全书》。
⑩ 《孟子注疏》卷十下，文渊阁《四库全书》。

（1021—1086）《祭欧阳文忠公文》："世之学者，无问乎识与不识，而读其文，则其人可知。"①"存其人，不言吉凶焉"，以人的品性行为为重，就不要计较什么吉凶利害。这里的"人"，即为人之道，换言之，也就是"信"。

"'非今之故'者，非言独今也"，帛书这一句也很不好读，值得讨论。上文已经指出，"非今之故"当读为"非信之故"。那么"非言独今也"的"非"就不是一般的"非"，而是"非信"之"非"，指代"非信"之事。因此，这个"非"字当加引号，"非言独今也"当标点为"'非'言独今也"。这个问题我1993年做释文时没有注意到，二十多年过去了，释文出了不少，仍然如此，令人感慨。

"言"就是说，这没有问题。那么，自然"独今"就是对"非"，也就是"非信"的解释。赵建伟认为"非言独今也"当作"言非独今也"②，陈惠玲解为"并不独言今"③，刘彬等译为"不是说今天才是这样子"④，这些解释都非常勉强，难以服人。

我意"独今"之"今"当读为"信"，说见上文。"'非'言独今"，即"非信"说的是"独信"。由于"非今之故"是"非信之故"，讨论的是"信"的问题，所以这里说"'非'言独信"。由此看，"独"不能读如本字，解为独自；当读为"渎"。"渎"古音为屋部定母，"独"声韵皆同，故可通用。刘熙《释名·释水第四》："渎，独也，各独出其所而入海也。"⑤因此，"独今"当读为"渎信"，即弃信、背信，正与"非信"义同，所以能互训，用来解释"非信"。张洽（1161—1237）《春秋集注》："交相盟会，纷纷离合，惟利是视，烦盟渎信，祇以长乱"，"其为人渎信而好乱，不仁而佳兵，人理灭矣，宜其不逾年，见杀于齐也。"⑥其"烦盟渎信"之说，正是"非信"之义也。所以，"非言独今也"当读作"'非'言渎信也"，是说爻辞的"非

---

① 《临川文集》卷八十六，文渊阁《四库全书》。
② 赵建伟：《出土简帛〈周易〉疏证》，第208页。
③ 陈惠玲：《上海博物馆藏战国楚竹书（三）读本·周易译释》，第93页。
④ 刘彬、孙航、宋立林：《帛书〈易传〉新释暨孔子易学思想研究》，第21页。
⑤ 刘熙：《释名》第一，《四部丛刊》景明翻宋书棚本。
⑥ 张洽：《春秋集注》卷二，清通志堂经解本。

信之故"之"非信",意思是"渎信",不讲信用,背信弃义。孔子对《蹇》卦六二爻辞的这一解释,可以说非常精彩。

"古以状也"一句,赵建伟以为:"'以'同'已'。'状',如此。'古以状也'即自古已然、自古就是如此。"① 陈惠玲译为"古代就是这样的"。② 连劭名则认为:"'古以状也',比类于古也。状、类义同。"③ 张政烺(1912—2005)则认为:"'古以状也','状'疑为'然'字之误。"④ 陈剑按:"准确说是'肰'字之形近而误,'肰'读为'然'。又《衷》12上:'子[曰]:《蹇(蹇)》之"王臣",反故(古)也。'与此合。"⑤ 刘彬等接受他们意见,将"'非今之故'者,非言独今也,古以状也"译为"此言所谓'非今之故',不是说今天才是这样子,自古已然"。⑥

这些意见都是不能成立的。首先,"古以状也"之"古"当读为"故"。其次,"以"也不必读为"已"。再次,"状"字也并非形近而讹,不必改为"肰(然)"。"古以状也"即"故以状也"。"故以状也"即"故以'蹇蹇'状之也"。这是说,"'非信之故'者,'非'言渎信也,故以'蹇蹇'状之也"。爻辞讲不守诚信之故,不守诚信说的就是背信,所以用"蹇蹇"来形容"王臣"做事的艰难。这样,上下文意才能贯通。《论语·为政》篇载:"子曰:'人而无信,不知其可也。大车无輗,小车无軏,其何以行之哉?'"⑦ 帛书《二三子》篇孔子对《蹇》卦六二爻辞的解释强调"王臣""非信","渎信"则"蹇蹇"难行,两者是完全一致的。

陈剑以帛书《衷》十二行上的"子[曰]:《蹇(蹇)》之'王臣',反故(古)也"来支持上述帛书《二三子》篇"古""今"的释读也是靠不住的。这里的"故"没有必要读作"古"。"故"是诡诈、巧伪的意思。王念孙《读

---

① 赵建伟:《出土简帛〈周易〉疏证》,第208页。
② 陈惠玲:《上海博物馆藏战国楚竹书(三)读本·周易译释》,第93页。
③ 连劭名:《帛书周易疏证》,第213页。
④ 张政烺:《马王堆帛书周易经传校读》,北京:中华书局,2008年,第104页。
⑤ 裘锡圭主编:《长沙马王堆汉墓简帛集成(三)》,第43页。
⑥ 刘彬、孙航、宋立林:《帛书〈易传〉新释暨孔子易学思想研究》,第22页。
⑦ 《论语注疏》卷二,文渊阁《四库全书》。

书杂志·荀子第四》有《诈故》条可以参考，其文曰：

> "不隆本行，不敬旧法而好诈故。"念孙案：故，亦诈也。《晋语》："多为之故，以变其志。"韦注曰："谓多作计术，以变易其志。"《吕氏春秋·论八》篇："释智谋，去巧故。"高注曰："巧故，伪诈也。"《淮南·主术》篇："上多故则下多诈。"高注曰："故，巧也。"是"故"与"诈"同义。《王制》篇曰："进退贵贱则举幽险诈故。"《大戴记·文王官人》篇曰："以故取利。"《管子·心术》篇曰："恬愉无为，去知与故。"《淮南·原道》篇曰："偶䁗智故，曲巧伪诈。""故"皆谓诈也。故曰："不隆本行，不敬旧法而好诈故。"杨云："故，事变也。"则分"诈""故"为二义，矢之矣。①

所以，帛书《衷》篇之"反故"，就是反对欺诈的意思。为什么说《蹇》卦六二爻辞的"王臣蹇蹇"是"反故"，是反对欺诈？因为爻辞有"匪躬之故"说。"匪躬"就是"非信"，不讲诚信，就是"渎信"，背信弃义。孔子说由此导致"王臣蹇蹇"的局面，不正是"反故"，反对欺诈吗？由此可知，帛书《衷》篇的"反故"说，不仅不是笔者上说的反证，反而更能坐实笔者对帛书《二三子》篇孔子《蹇》卦六二爻辞论述的释读。

扫除了这些文字的障碍，帛书《二三子》篇的这一段文字就可写作：

> 《易》曰："王臣蹇蹇，非信之故。"孔子曰："王臣蹇蹇"者，言其难也。夫唯知其难也，故重言之，以戒申也。君子知难而备之，则不难矣；见几而务之，则有功矣。故备难者易，务几者成。存其人，不言吉凶焉。"非信之故"者，"非"言渎信也，故以状也。

译成现代汉语，就是：

> 《周易》说："王臣蹇蹇，非信之故。"孔子说："所谓'王臣蹇蹇'，是说他们处境困难。正因为知道他们处境困难，所以重复称之'蹇蹇'，

---

① 王念孙：《读书杂志》荀子第四，清道光九年刻本。

以叮咛告诫之。君子知道事情艰难而有充分的准备，就不难了；发现了事情细微的征兆就立即去做好它，就会取得成功。因此对艰难有准备就容易，发现征兆就去做就能成功。以人的品性行为为重，对人讲信用，就不要计较什么吉凶利害。所谓'非信之故'，'非信'就是说的背信弃义，所以其后果就用'蹇蹇'来形容。"

五、结论

如果笔者以上的分析能成立的话，我们就可以得出如下结论：

一是《蹇》卦六二爻辞的"躬（今）"当读为"信"。

二是从"非信之故"来看，"蹇蹇"当为本字，义为艰难；《蹇》卦所有"蹇"字同。将"蹇蹇"训为"处难""处蹇"，"能涉蹇难，而往济蹇"，"不避艰难，尽心竭力"，这些糅合了爻位说的解释，都不可信。而将"蹇"读为"謇"，训为直谏，也不符合帛书《二三子》篇、《衷》篇的说解。

三是"故"义为缘故，王引之训为"事"不可取。

四是《蹇》卦六二爻辞的逻辑性、思想性很强，整个爻辞强调的是诚信对于政治的重要。由此可知，《周易》卦爻辞富于哲理，我们不能简单地以卜筮之书视之。

第三编

《尚书》

《尚书》名义与清华简《书》类文献

一、引言

新出的清华简中有大量的《书》类文献,其中有的见于今文《尚书》,如《周武王有疾周公所自以代王之志》(即今本《尚书》的《金縢》);有的属于逸《书》,如《傅说之命》;有的属于《逸周书》,如《皇门》《程寤》《祭公之顾命》《命训》。此外还有《保训》《耆夜》等。这些文献是否属于《书》类文献,至今仍有争议。

李学勤先生认为,"《清华大学藏战国竹简》第一辑九篇中,有八篇是《尚书》类的文献"。具体来说,他认为第一辑中的《楚居》不是《尚书》类文献,而《保训》和《耆夜》则是《尚书》类文献。[1] 刘光胜认为《保训》不属于《书》经的范围,而《耆夜》属于《书》经的范围。[2] 李守奎的看法相反,他认为《保训》属于《书》类文献,而《耆夜》不属于《书》类文献。[3] 程浩则认为《保训》《耆夜》《命训》都不属于《书》类文献。[4] 刘成群认为《赤鹄之集汤之屋》《耆夜》《汤处于汤丘》《汤在啻门》《殷高宗

---

[1] 李学勤:《清华简与〈尚书〉〈逸周书〉的研究》,《史学史研究》第2期,2011年。
[2] 刘光胜:《清华简与先秦〈书〉经传流》,《史学集刊》第1期,2012年。
[3] 李守奎:《汉代伊尹文献的分类与清华简中的伊尹诸篇的性质》,《深圳大学学报(人文社会科学版)》第3期,2015年。
[4] 程浩:《"书"类文献先秦流传考——以清华藏战国竹简为中心》,清华大学历史学博士论文,2015年,第7页。

问于三寿》都属于《书》类文献。①

　　从上列意见可以看出，学者们对于清华简各篇文献归类的看法分歧很大。那么，判断是否为《书》类文献的标准是什么呢？李学勤先生没有具体说明。刘光胜主要依据竹简的形制和字体："《保训》形制、字体与《尹至》《金縢》等篇明显不同，因此并非先秦《尚书》或《逸周书》的佚篇。《耆夜》简与《尚书》体裁简册长度接近，《耆夜》'作册逸'见于今本《尚书·洛诰》，《明明上帝》一诗见于《逸周书·世俘》篇，作《明明》，《耆夜》尊崇周公的倾向与《逸周书》相同，应属《尚书》体裁。"②

　　刘成群主要依据墓中文献的堆放编排来判定，认为"墓主人对《书》类文献的认识应该是相当宽泛的，不但对《尚书》与《逸周书》没有进行区分，甚至凡涉及上古明君贤臣且又提供治国理民之术的，都会被墓主人视之为《书》。这从墓主人将《赤鹄之集汤之屋》《尹至》《尹诰》编排在一起即可见之一斑"。③

　　李守奎的界定标准则是："所记内容是三代文献，下迄于春秋初年；语言风格或如《周书》佶屈聱牙，或有明显的古老痕迹，不论是传承还是仿拟；文体主要以训诰等记言为主，不同的文体各有不同的特点。"④

　　程浩也认为《书》类文献的特点是以记言为主:《汉志》言"左史记言，右史记事，事为《春秋》，言为《尚书》"，"左史"与"右史"的执掌虽然仍存争议，但"言为《尚书》"的说法基本是被接受了的。如刘勰在《文心雕龙·宗经》中即云"诏策章奏，则《书》发其源"，认为《书》类文献就是从行政过程中的文书档案演变而来的。刘知几《史通》也说，"《书》之所主，本于号令，所以宣王道之正义，发话言于天下，故其所载，皆典、谟、训、诰、誓、命之文"，其云《书》"本于号令"，乃是承认了《书》类文献编纂的材料来源就是君臣言论记录形成的档案文书。⑤他之

---

①③　刘成群：《清华简与古史甄微》，上海：上海古籍出版社，2016年，第57页。
②　刘光胜：《清华简与先秦〈书〉经传流》。
④　李守奎：《汉代伊尹文献的分类与清华简中的伊尹诸篇的性质》。
⑤　程浩：《"书"类文献先秦流传考——以清华藏战国竹简为中心》，第144页。

所以不将《保训》《耆夜》《命训》归入书类文献，理由是：学者认为《保训》时代较晚，并非文王亲述。况且《保训》篇用简较短，与清华简中其他"书"篇的简制有着明显区别。《耆夜》篇虽有大量君臣对话，但都是以诗歌的形式进行，难以归入"书"类。第五辑整理报告收录的《命训》篇，虽见于今传《逸周书》，但从内容与思想来看，已近似于战国子书的风格。①

笔者认为，上述说法都值得商榷。竹简的形制和编排都属于外在属性，不能因为形制与已确定的某些《书》类文献有差异就否定该篇为《书》类文献。同理，也不能因为与已确定的某些《书》类文献编排在一起就断定该篇为《书》类文献。将记言作为《书》类文献的特点，虽然十分流行，其实也不可尽信。要解决清华简哪些篇目确属《书》类文献的问题，还得从何谓《书》、何谓《尚书》说起。

二、记言与记事之辨

《汉书·艺文志》称："古之王者世有史官，君举必书，所以慎言行，昭法式也。左史记言，右史记事，事为《春秋》，言为《尚书》。"②《礼记·玉藻》亦云："动则左史书之，言则右史书之。"③郭店楚简《性自命出》篇也说："《诗》《书》《礼》《乐》，其始出皆生于人。《诗》，有为为之也。《书》，有为言之也。《礼》《乐》，有为举之。"④所以，刘起釪就断言："所有《尚书》的较早篇章，都是夏、商、周三代统治者在政治活动中讲话的纪录。"⑤程元敏也认为，"《尚书》系记言体"，"《尚书》体亦兼记事，但以记言为主"。⑥

---

① 程浩：《"书"类文献先秦流传考——以清华藏战国竹简为中心》，第7页。
② 班固：《汉书》卷30，北京，中华书局，1962年，第1715页。
③ 阮元校刻：《十三经注疏》，第1473-1474页。
④ 荆门市博物馆：《郭店楚墓竹简》，北京：文物出版社，1998年，第179页。为方便讨论，释文采宽式处理。
⑤ 刘起釪：《尚书学史》，北京：中华书局，1989年，第3-4页。
⑥ 程元敏：《尚书学史》，上海：华东师范大学出版社，2013年，第5-16页。

艾兰也说:"《书》是所有宣称为先王演讲的实时记录的文本。"①

不过,反证也不少。《荀子·劝学》云:

> 《书》者,政事之纪也;《诗》者,中声之止也;《礼》者,法之大分,类之纲纪也,故学至乎《礼》而止矣。夫是之谓道德之极。《礼》之敬文也,《乐》之中和也,《诗》《书》之博也,《春秋》之微也,在天地之间者毕矣。……《礼》《乐》法而不说,《诗》《书》故而不切,《春秋》约而不速。②

"《书》者,政事之纪也",唐杨倞注:"《书》所以纪政事。"③ 就是说《书》是记载政事的,也就是重要的政治文献。

其《儒效》篇也载:

> 故《诗》《书》《礼》《乐》之归是矣。《诗》言是,其志也;《书》言是,其事也;《礼》言是,其行也;《乐》言是,其和也;《春秋》言是,其微也。④

"《书》言是,其事也",也是说《书》记载的是"事"。

《庄子·天下》亦云:

> 《诗》以道志,《书》以道事,《礼》以道行,《乐》以道和,《易》以道阴阳,《春秋》以道名分。⑤

"《书》以道事",也是把《书》看作记载政事的文献。

秦汉以降,学者看法也是如此。《春秋繁露·玉杯》:

> 君子知在位者之不能以恶服人也,是故简六艺以赡养之。《诗》《书》

---

① 艾兰:《何为〈书〉?》,《光明日报》2010年12月20日,第12页。
② 王先谦:《荀子集解》,北京:中华书局,2016年,第13-16页。
③ 王先谦:《荀子集解》,第13页。
④ 王先谦:《荀子集解》,第158页。
⑤ 郭庆藩:《庄子集释》,北京:中华书局,2004年,第1067页。

序其志,《礼》《乐》纯其养,《易》《春秋》明其知。六学皆大,而各有所长。《诗》道志,故长于质;《礼》制节,故长于文;《书》著功,故长于事;《乐》咏德,故长于风;《易》本天地,故长于数;《春秋》正是非,故长于治人。①

董仲舒认为《书》是著录功绩的,所以在叙事方面比较擅长。
《史记·太史公自序》:

《易》著天地阴阳四时五行,故长于变;《礼》经纪人伦,故长于行;《书》记先王之事,故长于政;《诗》记山川溪谷禽兽草木牝牡雌雄,故长于风;《乐》乐所以立,故长于和;《春秋》辩是非,故长于治人。是故《礼》以节人,《乐》以发和,《书》以道事,《诗》以达意,《易》以道化,《春秋》以道义。②

不难发现,司马迁"《书》记先王之事,故长于政""《书》以道事"说,与董仲舒说同。
《史记·孔子世家》:

孔子之时,周室微而礼乐废,《诗》《书》缺。追迹三代之礼,序《书传》,上纪唐虞之际,下至秦缪,编次其事。③

可见,司马迁认为孔子编书是编次从唐虞之际到秦穆公之"事"。
《史记·滑稽列传》开篇云:

孔子曰:六艺于治一也。《礼》以节人,《乐》以发和,《书》以道事,《诗》以达意,《易》以神化,《春秋》以道义。④

此处引用孔子的话,也说"《书》以道事"。如果可信,则汉人此说当

---

① 苏舆:《春秋繁露义证》,北京:中华书局,1992年,第35-36页。
② 司马迁:《史记》,北京:中华书局,1982年,第3297页。
③ 司马迁:《史记》,第1935-1936页。
④ 司马迁:《史记》,第3197页。

渊源有自，并非凭空捏造。

再来看《尚书》本文。

《尧典》共七大段：第一段颂扬尧的品德和功绩；第二段说明尧制定历法节令的情况；第三段说明尧选拔官吏的情况；第四段叙述尧提拔虞舜代替自己的经过；第五段叙述舜在摄政期间的功绩；第六段记叙舜任用百官的情况；第七段赞美舜毕生为国鞠躬尽瘁而死。虽有记言，但主体是记尧舜二帝之行事。说《尧典》记言不记事，肯定是糊涂。

《金縢》清华简本有题名"周武王有疾周公所自以代王之志"。"志"者，事也。本为记载之义，原是动词，习惯用以称所记之事，遂成名词。① 从其别名看，其为记事文献无疑。从其内容看，也是如此。其文共三大段：第一段记周公祈求先王让他去代替武王死，以安定周邦；第二段记成王怀疑周公，隔阂很深；第三段记成王得《金縢》之书而彻底悔改，迎接周公。通篇都是记事。

《顾命》记载了成王将死之时命令大臣召公和毕公辅佐太子的情况；又记载了成王逝世后，太子钊在先王之庙接受册命的仪式；还记载了康王即位，朝见诸侯时召公、芮公的献词和康王勉励诸侯保卫王家的答辞。不唯有记言，亦有记事。

《禹贡》记大禹的功绩。其文共三大段：第一段记录大禹治理九州岛的功绩；第二段记录大禹治理山水的功绩；第三段记录大禹统一中国的功绩。② 组织严密，很有条理，是古代记叙文的典范作品，怎么能以"记言体"概括之？

所以，不论从《尚书》本文看，还是从先秦秦汉学者的认识看，说"言为《尚书》""《尚书》系记言体"，都是不能成立的。③ 应该说《尚书》记

---

① 王树民：《释"志"》，《文史》第 32 辑，北京：中华书局，1989 年，第 313-317 页。
② 上述《尚书》四篇内容的概括，皆参见周秉钧：《白话尚书》，长沙：岳麓书社，1990 年，各篇的"说明"。
③ 金景芳：《"左史记言，右史记事，事为春秋，言为尚书"䜣言发覆》，《史学集刊》1980 年复刊号，第 6-7 页。

言为多，记事也有一些。记言中有记事，记事中亦有记言。但记言或记事，都不是《尚书》之所以为《尚书》的区别性标准。

三、《尚书》与《书》之别

判断《尚书》的区别性标准是什么？我们得从《书》的名称说起。

《说文·聿部》："书，箸也。"徐灏注笺："书从聿，当以作字为本义。"① 《释名·释书契》："书，亦言着也。着之简纸永不灭也。"②《广雅·释言》："书，记也。"③其本义是书写、记录。其书写、记录下来的文书也称为"书"。《书·顾命》："太史秉书，由宾阶隮，御王册命。"孔颖达疏："太史持策书顾命欲以进王。"④《周礼·天官冢宰》："司书上士二人、中士四人。"郑玄注："司书主计会之簿书。"⑤《礼记·曲礼下》："振书端书于君前，有诛。"⑥由此，书特指重要的政治文献。如《礼记·经解》："温柔敦厚，《诗》教也；疏通知远，《书》教也……故《诗》之失愚，《书》之失诬。"⑦上举《荀子·儒效》："故《诗》《书》《礼》《乐》之归是矣。《诗》言是，其志也；《书》言是，其事也；《礼》言是，其行也；《乐》言是，其和也；《春秋》言是，其微也。"《庄子·天下》："《诗》以道志，《书》以道事，《礼》以道行，《乐》以道和，《易》以道阴阳，《春秋》以道名分。"这里的《书》，与《诗》《礼》《乐》《易》《春秋》并称，即今之所谓《尚书》。

但古人所谓"《书》"也有超出今文《尚书》之外者。如《左传·僖公五年》宫之奇称："《周书》曰：皇天无亲，惟德是辅。又曰：黍稷非馨，明

---

① 《续修四库全书》编纂委员会编：《续修四库全书·说文解字注笺》，上海：上海古籍出版社，2002年，第353页下栏。
② 刘熙撰，毕沅疏证，王先谦补：《释名疏证补》，北京：中华书局，2008年，第207页。
③ 王念孙：《广雅疏证》，南京：江苏古籍出版社，2000年，第156页下栏。
④ 廖名春、陈明整理：《尚书正义》，北京：北京大学出版社，1999年，第512页。
⑤ 赵伯雄整理：《周礼注疏》，北京：北京大学出版社，1999年，第17页。
⑥ 龚抗云整理：《礼记正义》，北京：北京大学出版社，1999年，第111页。
⑦ 龚抗云整理：《礼记正义》，第1368页。

德惟馨。又曰：民不易物，惟德繄物。"① 这三处引文皆不见于今文《尚书·周书》，而分别见于《伪古文尚书·周书·蔡仲之命》《君陈》《旅獒》。《左传·襄公三十一年》北宫文子称："《周书》数文王之德曰：大国畏其力，小国怀其德，言畏而爱之也。"② "大国畏其力，小国怀其德"也不见于今文《尚书·周书》，而见于《伪古文尚书·周书·武成》。

《荀子》引《书》也有此类现象。如《君道》篇云："《书》曰：先时者杀无赦，不逮时者杀无赦。"③ 所引不见于今文《尚书》，但见于《伪古文尚书·胤征》。《臣道》云："《书》曰：从命而不拂，微谏而不倦，为上则明，为下则逊。"④ 所引也不见于今文《尚书》，但与《伪古文尚书·伊训》"从谏弗咈，先民时若，居上克明，为下克忠"相近，故杨倞注以为《伊训》之文。⑤

《伪古文尚书》不可信，《左传》《荀子》上述引《书》不能说皆出自《伪古文尚书·胤征》《伊训》《蔡仲之命》《君陈》《旅獒》《武成》，但《胤征》《伊训》《蔡仲之命》《君陈》《旅獒》《武成》这些篇名应该不是后人伪造的，应在"《书》百篇"之类。扬雄《法言·问神》："昔之说《书》者，序以百。"⑥《汉书·艺文志》："《书》之所起远矣，至孔子纂焉，上断于尧，下讫于秦，凡百篇，而为之序，言其作意。"⑦ 所称"《书》""百篇"，远远超出了今文二十九篇之数。

比如《荀子·尧问》有云："其在《中蘬之言》也，曰：诸侯自为得师者王，得友者霸，得疑者存，自为谋而莫己若者亡。"⑧ 所引不见于今文《尚书》，但与《伪古文尚书·仲虺之诰》"予闻曰：能自得师者王，谓人莫己若者亡"近，与《吕氏春秋·骄恣》"仲虺有言……曰：诸侯之德，能自为

---

① 廖名春、陈明整理：《尚书正义》，第 453、491、328 页。
② 浦卫忠等整理：《春秋左传正义》，北京：北京大学出版社，1999 年，第 1135 页。
③ 王先谦：《荀子集解》，北京：中华书局，2016 年，第 282 页。
④⑤ 王先谦：《荀子集解》，第 299 页。
⑥ 汪荣宝：《法言义疏》，北京：中华书局，1987 年，第 150 页。
⑦ 班固撰，颜师古注：《汉书》，北京：中华书局，1962 年，第 1706 页。
⑧ 王先谦：《荀子集解》，第 647 页。

取师者王，能自取友者存，其所择而莫如己者亡"也略同。① 《中虺之言》、"仲虺有言"即《仲虺之诰》。《仲虺之诰》三见于《墨子·非命》（上、中、下各一），《左传·宣公十二年》《襄公十四年》都有"仲虺之言"，《襄公三十年》有"仲虺之志"，也应该属于《书》。

不唯《书》"百篇"的逸《书》，今本《逸周书》篇目内的，也可视为《书》类文献。清人庄述祖著《尚书记》，已经把《商誓》《度邑》《皇门》《祭公》《芮良夫》《尝麦》《世俘》列入。② 蒋善国认为："《克殷解》《大聚解》《世俘解》《商誓解》《度邑解》《作雒解》《皇门解》《王会解》《祭公解》《芮良夫解》十篇可以与《尚书·大诰》诸篇有同等价值。"③ 刘起釪也说："初步可以肯定为周代《书》篇的，是关于周武王的几篇和周公篇卷中少数几篇，即《克殷》《世俘》《商誓》《度邑》《作雒》《皇门》《祭公》七篇，可确认为西周文献。"④ 可见，上述诸篇较为可信，已经成为学界的共识。

不过，在出土文献面前，上述认识还是略显保守。清华简属于《逸周书》的篇目，除《祭公之顾命》外，尚有《皇门》《程寤》《命训》，后两篇不在目前学界"公认"之类。以此类推，可见"公认"外的其他篇也不一定太晚。他们不但被先秦秦汉古书当《书》引，甚至还被《伪古文尚书》所袭用。如《左传·襄公二十五年》："《书》曰：慎始而敬终，终以不困。"⑤ 所引见于《逸周书·常训》，《伪古文尚书·蔡仲之命》袭用。《墨子·七患》："《周书》曰：国无三年之食者，国非其国也。家无三年之食者，子非其子也。"⑥ 所引见于《逸周书·文传》引《夏箴》语。《战国策·魏策一》："《周书》曰：绵绵不绝，缦缦奈何；毫毛不拔，将成斧柯。"⑦ 所引见于《逸周书·和

---

① 许维遹：《吕氏春秋集释》，北京：中华书局，2016年，第501页。
② 程浩："'书'类文献辨析"，《出土文献》第八辑，上海：中西书局，2016年，第145页。
③ 蒋善国：《尚书综述》，上海：上海古籍出版社，1988年，第440页。
④ 刘起釪：《尚书学史》，第96页。
⑤ 浦卫忠等整理：《春秋左传正义》，第1028页。
⑥ 孙诒让：《墨子间诂》，北京：中华书局，2001年，第30页。
⑦ 范祥雍：《战国策笺证》，上海：上海古籍出版社，2006年，第1263页。

寤》。《左传·襄公十一年》:"《书》曰:于安思危。"① 所引见于《逸周书·程典》。《左传》《墨子》《战国策》摘引《逸周书·常训》《文传》《和寤》《程典》语称之为"《书》曰""《周书》曰",我们又怎能将其拒之门外,拒不承认其属于《书》类文献呢?

所以,先秦所谓"《书》",不但包括今文《尚书》二十九篇,也当包括属于"《书》""百篇"的逸《书》,还当包括今本《逸周书》。《书》无定本,亦无定形,不在记言,也不在记事,唯在于价值。只要是被公认为有资于治的文献,皆可谓之《书》。因此,先秦所谓《书》就是当时人们普遍认可的重要政治历史文献。

而《尚书》之称,从帛书《要》篇的记载看,当出于孔子。1973年长沙马王堆三号汉墓出土的帛书《要》篇云:

> 夫子老而好《易》,居则在席,行则在橐。子赣曰:"夫子它日教此弟子曰:'德行亡者,神灵之趋;知谋远者,卜筮之繁。'赐以此为然矣。……夫子何以老而好之乎?"夫子曰:"……《尚书》多仝(疏)矣,《周易》未失也,且又(有)古之遗言焉。予非安其用也。"②

其中"《尚书》多仝(疏)矣,《周易》未失也",《尚书》与《周易》并称,应该是书名。笔者曾著文指出,帛书《要》篇的抄写不会晚于汉文帝前元十二年(前168年),其写成应在战国。而《要》篇记载的可靠性难以怀疑,应该是关于孔子和子贡对话的实录。因此,《尚书》之称始于孔子。③

《史记·三代世表》:"孔子因史文次《春秋》,纪元年,正时日月,盖其详哉。至于序《尚书》则略,无年月;或颇有,然多阙,不可录。"④ "序"就是编次,所以与"次"对文。司马迁这是认为《尚书》为孔子编次而成。

---

① 浦卫忠等整理:《春秋左传正义》,第903页。
② 廖名春:《马王堆帛书周易经传释文》,《续修四库全书》经部第1册。案:释文有改正。
③ 廖名春:《〈尚书〉始称新证》,《文献》第4期,1996年。
④ 司马迁:《史记》,第487页。

因此,《尚书正义》引郑玄《书赞》:"孔子尊而命之曰《尚书》。"① 说《尚书》之名为孔子所命。与帛书《要》孔子称《尚书》的记载相印证,不能说没有道理。

别人皆称"《书》",孔子为何要独创"《尚书》"这一新名呢?笔者认为这既与孔子的教学活动有关,更与孔子的价值选择有关。《史记·孔子世家》:"孔子以《诗》《书》《礼》《乐》教","《书传》《礼记》自孔氏"。② 教《书》得有"《书传》",得有教材。帛书《要》篇孔子云:"《诗》《书》《礼》《乐》不[止]百扁(篇),难以致之。"③ 当时流行的各种各样的《夏书》《商书》《周书》又何止"百篇",都拿来做教材,显然不可能。因此,出现了孔子删《书》说。相传《书》有几千篇,孔子删为百篇。《汉书·艺文志》说:"《书》之所起远矣,至孔子纂焉。上断于尧,下讫于秦,凡百篇而为之序。"④ 这"百篇"本如果可信,当是孔子的初始选本。而以"百篇"《书》为教材,篇帙浩繁,恐不现实。因此,孔子选定的教材,当以今文《尚书》二十九篇最为可能。⑤

《尚书》名称的意义,前贤今人多有讨论。伪孔安国《尚书序》云:"济南伏生,……以其上古之书,谓之《尚书》。"⑥ 司马贞《史记索隐·五帝本纪》:"尚,上也,言久远也。"⑦《释名·释典艺》:"《尚书》,尚,上也,以尧为上始,而书其事也。"⑧ 今人多持此说,如刘起釪就说:"'尚'只是上古的意思。用今天语言来说,《尚书》就是'上古的史书'。"⑨ 又有说《尚书》就是人们所尊崇的天书。《史通·六家》引《尚书璇玑钤》:"尚者上也,上天垂文,

---

① 廖名春、陈明整理:《尚书正义》,第 13 页。
② 司马迁:《史记》,第 1938 页。
③ 廖名春:《马王堆帛书周易经传释文》,《续修四库全书》经部第 1 册。
④ 班固撰,颜师古注:《汉书》,第 1706 页。
⑤ 伏生所传二十九篇不一定只是壁中残余,可能二十九篇本身经过挑选后成为一种选本。参见朱廷献:《伏生今文孔壁古文为百篇之选本考》,收入朱廷献:《尚书研究》,台北:商务印书馆,1987 年,第 50-52 页。
⑥ 廖名春、陈明整理:《尚书正义》,第 12 页。
⑦ 司马迁:《史记》,第 47 页。
⑧ 王先谦:《释名疏证补》,北京:中华书局,2008 年,第 213 页。
⑨ 刘起釪:《尚书学史》,第 9 页。

以布节度，如天行也。"①《尚书正义》引郑玄《书赞》说："尚者上也，尊而重之，若天书然，故曰《尚书》。"②还有说"上"即"君上"。王充《论衡·正说》云："《尚书》者，以为上古帝王之书，或以为上所为，下所书。"③《须颂》云："或说《尚书》曰：尚者上也；上所为，下所书也。下者谁也，曰臣子也。"④认为《尚书》是臣子们所记载的古代帝王之书。这些意见，离开了孔子的价值选择，都不足以说明孔子编选《尚书》、以《尚书》为教材的用心。

笔者认为，《尚书》之"尚"，并非"上古"之义，而是价值上等，最为重要的意思。"尚"当读为"上"。《周易》卦爻辞的"上九""上六"，马王堆帛书本皆作"尚九""尚六"。《左传·昭公二十六年》："寡人今而后闻此礼之上也。"《晏子春秋·外篇七》"上"作"尚"。《老子》七十一章："知不知，上。"马王堆帛书甲本、乙本"上"皆作"尚"，傅奕本引同。⑤《老子》第一章："道可道，非常道；名可名，非常名。"⑥"常道"当读为"尚道"，"常名"当读为"尚名"。"尚道""尚名"之"尚"，与《老子》第三十八章"上德"之"上"音义俱同。⑦"上"有等第高或质量良好义。《周礼·考工记·弓人》："凡取干之道七：柘为上，檍次之……竹为下。"⑧《孟子·万章下》："上农夫食九人，上次食八人，中食七人……下食五人。"⑨所以，《尚书》就是价值上等、最为重要之《书》，是孔子从"百篇"《书》——历代重要政治文献中选出来用于教学的政治教材。其价值最高，故谓之《尚书》。

《尚书》是孔子从"百篇"《书》中挑选出来的精品，这从《说命》篇的遭遇可以得到证明。清华简《说命》三篇与《国语·楚语上》楚灵王时大夫白公子张所述近同，而与《伪古文尚书》的《说命》三篇迥异。从《孟

---

① 张振佩：《史通笺注》，贵阳：贵州人民出版社，1985年，第5页。
② 廖名春、陈明整理：《尚书正义》，第13页。
③ 黄晖：《论衡校释》，北京：中华书局，1990年，第1139-1140页。
④ 黄晖：《论衡校释》，第847页。
⑤ 高亨、董治安：《古字通假会典》，济南：齐鲁社，1989年，第297页。
⑥ 楼宇烈：《老子道德经注校释》，北京：中华书局，2008年，第1页。
⑦ 廖名春：《〈老子〉首章新释》，《哲学研究》第9期，2011年。
⑧ 赵伯雄整理：《周礼注疏》，第1172页。
⑨ 廖名春、陈明整理：《孟子注疏》，北京：北京大学出版社，1999年，第272页。

子·滕文公》《礼记·缁衣》《文王世子》《学记》《墨子·尚同中》的称引看,《说命》无疑属于先秦之《书》。而今文《尚书》却没有收入,原因何在?应该跟孔子的选择有关。《论语·述而》:"子不语怪力乱神。"[①] 而清华简《说命》开篇就讲"殷王赐说于天",殷王武丁梦见天帝将傅说赏赐给他这样荒诞不经的故事。这样的历史文献,别人可奉之为《书》,比如相信鬼神的墨子,而孔子则绝不会将其选入,用为学生的政治教材。

《武成》篇的遭遇也能说明问题。《史记·周本纪》:

> 武王为殷初定未集,乃使其弟管叔鲜、蔡叔度相禄父治殷。已而命召公释箕子之囚。命毕公释百姓之囚,表商容之闾。命南宫括散鹿台之财,发巨桥之粟,以振贫弱萌隶。命南宫括、史佚展九鼎保玉。命闳夭封比干之墓。命宗祝享祠于军。乃罢兵西归。行狩,记政事,作《武成》。[②]

从"记政事,作《武成》"说来看,《武成》记武王灭商定周"政事"成就,其属《周书》无疑,当在古文"《书》百篇"之内。但今文《尚书》为什么没有收入?也许从孟子的评论中我们可以得到启发。《孟子·尽心下》载孟子曰:

> 尽信《书》则不如无《书》,吾于《武成》,取二三策而已矣。仁人无敌于天下。以至仁伐至不仁,而何其血之流杵也?[③]

孟子从"仁人无敌于天下"的理念出发,认为武王伐商"以至仁伐至不仁",绝不会"血之流杵",因此发出了"尽信《书》则不如无《书》,吾于《武成》,取二三策而已矣"的感慨。孟子此说,虽然不能完全代表孔子的看法,但至少说明孔子对《武成》篇没有很高的评价。也就是说,《武成》属于《书》而非《尚书》,故孟子会放胆批评。如果《武成》属于《尚书》,

---

① 朱汉民整理:《论语注疏》,北京:北京大学出版社,1999年,第92页。
② 司马迁:《史记》,第126页。
③ 廖名春、陈明整理:《孟子注疏》,第449页。

属于孔子认定价值上等，最为重要，列为教科书的文献，孟子绝不会说"吾于《武成》，取二三策而已矣"。由此可见，《书》不等于《尚书》，"青出于蓝而胜于蓝"，将孔子按照自己的理念精心挑选而成的政治学教科书《尚书》视同于一般之《书》，实在是辜负了孔子编《尚书》的苦心。

四、清华简《书》类文献的认定

懂得《尚书》与《书》的区别，再来讨论清华简《书》类文献的认定就好办了。清华简真正属于今文《尚书》（也就是《尚书》）的，只有《周武王有疾周公所自以代王之志》一篇。属于《书》类文献的，有今本《逸周书》范围内的《皇门》《程寤》《祭公之顾命》和《命训》四篇。属于逸《书》的，有《傅说之命》《尹诰》《厚父》《摄父》。至于《尹至》《封许之命》《四告》三篇，尽管整理者认为它们是"书类文献"，但它们既不在《逸周书》的篇目中，又不见于逸《书》，更不属于今文《尚书》，是不好称为"《书》类文献"的。如果硬要算的话，只能称为"类《书》文献"——性质与《书》类似而实非《书》的文献。而《保训》《耆夜》与它们其实性质相似，就价值而言，完全可称为《书》。只可惜历史上没有记载，我们不能代劳。因此，也只能称为"类《书》文献"了。

从郭店简和马王堆帛书论"晚书"的真伪

《尚书》是我国最早的一部历史文献，也是儒家最重要的一部经典。但今传《尚书》问题颇多，其问题又主要集中于25篇所谓"晚书"。这25篇"晚书"，用孔颖达的话说，是：

> 《大禹谟》一，《五子之歌》二，《胤征》三，《仲虺之诰》四，《汤诰》五，《伊训》六，《太甲》三篇九，《咸有一德》十，《说命》三篇十三，《太誓》三篇十六，《武成》十七，《旅獒》十八，《微子之命》十九，《蔡仲之命》二十，《周官》二十一，《君陈》二十二，《毕命》二十三，《君牙》二十四，《冏命》二十五。①

这25篇"晚书"为伏生所传授的今文《尚书》所无，出自梅赜所献孔安国《古文尚书传》。因此，从宋人吴棫、朱熹以来，怀疑者不绝。至清代阎若璩《尚书古文疏证》出，"晚书"25篇为后人伪作，基本上已为学界主流所接受。②但为其辩护者也不乏其人，如清代就有著名学者毛奇龄、赵翼、林春溥、郝懿行、陈逢衡、万斯同等。③现代学界，自张荫麟《伪〈古文尚书〉案之反控与再鞫》一文后④，公开为"晚书"辩护者日稀，但也还有人从维护"道统"出发，对"晚书"心存幻想。因此，"晚书"的真伪

---

① 廖名春、陈明整理：《尚书正义》，北京：北京大学出版社，1999年，第22页。
② 详见蒋善国：《尚书综述》，上海：上海古籍出版社，1988年，第276-301页；刘起釪：《尚书学史》，北京：中华书局，1989年，第344-359页。
③ 详见刘起釪：《尚书学史》，第362-366页；古国顺：《清代尚书学》，台北：文史哲出版社，1981年，第85-116页。
④ 载《燕京学报》第5期，1929年。

问题还不能说已获彻底解决。

1973 年，湖南长沙马王堆三号汉墓出土了大批帛书。从该墓的随葬木牍可知，该墓葬于汉文帝前元十二年，即公元前 168 年。[①] 帛书的抄写，最晚不会迟于该年。1993 年 10 月，湖北省荆门市郭店一号楚墓出土了 804 枚楚简。考古专家从墓葬形制和器物特征判断，郭店一号墓具有战国中期偏晚的特点，因而断定其下葬年代当在公元前 4 世纪中期至公元前 3 世纪初，其竹简字体有明显的战国时期楚国文字的特点。[②] 这些论定，都是可信的。

马王堆帛书和郭店楚简有许多篇与《尚书》有关。据我初步统计，至少有马王堆帛书的《二三子》《要》《缪和》篇，郭店楚简的《缁衣》《成之闻之》《唐虞之道》《性自命出》[③]《六德》篇。它们既有征引《尚书》文句处，也有从微观或宏观论述《尚书》意义处。马王堆帛书和郭店楚简的这些引《书》、论《书》，对于讨论"晚书"的真伪问题，具有非常重要的意义。下面，试为探讨。

一

帛书《二三子》是帛书易传六篇中的首篇，它主要记载孔子与其弟子——"二三子"讨论《周易》经文大义。其中第 8 至 10 行有些内容与"晚书"《伊训》有关：

《易》曰："鼎折足，复公悚，亓（其）刑（形）屋（渥），凶。"孔子曰："此言下不胜任也。非亓（其）任也而任之，能毋折虖（乎）？下不用则城不守，师不战，内乳（乱）[於]上，胃（谓）'折足'；路亓（其）国，[芜其]地，五种不收，胃（谓）'复公悚'；口养不至，饥饿不得食，谓'刑（形）屋（渥）'。"二三子问曰："人君至于饥乎？"

---

① 晓菡：《长沙马王堆汉墓帛书概述》，《文物》第 9 期，1974 年，第 40 页。
② 湖北省荆门市博物馆：《荆门郭店一号楚墓》，《文物》第 7 期，1997 年。
③ 当称为《性情》篇，说见廖名春：《郭店楚简儒家著述考》，《孔子研究》第 3 期，1998 年。

孔子曰:"昔者晋厉公路亓(其)国,羌亓(其)地,出田七月不归,民反诸云梦,无车而独行,□□□□□公[不胜]亓(其)饥也,□□□朊不得食亓(其)月(肉),此亓(其)'刑(形)屋(渥)'也。故曰'德义无小,失宗无大',此之胃(谓)也。"①

所谓"故曰"是称引它书之说,"德义无小,失宗无大"语又见于《墨子·明鬼》:

且《禽艾》之道之曰:"得玑无小,灭宗无大。"则此言鬼神之所赏,无小必赏之,无大必罚之。②

《吕氏春秋·报更》篇也有节引:

昔赵宣孟将上之绛,见骫桑之下,有饿人卧不能起者,宣孟止车,为之下食,蠲而哺之,再咽而后能视。宣孟问之曰:"女何为而饿若是?"对曰:"臣宦于绛,归而粮绝,羞行乞而憎自取,故至于此。"宣孟与脯一朐,拜受而弗敢食也。问其故,对曰:"臣有老母,将以遗之。"宣孟曰:"斯食之,吾更与女。"乃复赐之脯二束与钱百,而遂去之。处二年,晋灵公欲杀宣孟,伏士于房中以待之。因发酒于宣孟。宣孟知之,中饮而出。灵公令房中之士疾追而杀之。一人追疾,先及孟宣,之面曰:"嘻,君轝!吾请为君反死。"宣孟曰:"而名为谁?"反走对曰:"何以名为!臣骫桑下之饿人也。"还斗而死。宣孟遂活。此《书》之所谓"德几无小"者也。③

《说苑·复恩》篇的记载同,但末一句作:

此《书》之所谓"德无小"者也。④

---

① 廖名春:《马王堆帛书周易经传释文》,《续修四库全书》第1册,上海:上海古籍出版社,1995年,第16页。
② 吴毓江:《墨子校注》,北京:中华书局,1993年,第343页。
③ 陈奇猷:《吕氏春秋校释》,上海:学林出版社,1984年,第893-894页。
④ 向宗鲁:《说苑校证》,北京:中华书局,1987年,第128页。

第三编 《尚书》

　　《墨子·明鬼》所引之"得玑无小，灭宗无大"句，吴毓江校注说："玑"，绵眇阁本作"矶"。毕沅云：此即魃祥字。苏时学云：《禽艾》盖《逸书》篇名。《吕氏春秋·报更》篇云，"此《书》之所谓'德几无小'者也"，"得玑"与"德几"古字通用。孙诒让云：苏说是也。《说苑·复恩》篇云"此《书》之所谓'德无小'者也"，疑即本此。今《书》伪古文《伊训》亦云"惟德无小"。① 按，毕说近是，苏、孙说有误。如以"玑"为"几"，以"得玑"为"德几"，则与下句"灭宗"失对。所谓"玑"，当为"禨"字之借。《玉篇·示部》："禨，祥也。"② 《广韵·去声·八未》："禨，福祥。"③ "晚书"《伊训》篇孔传："祥，善也。"④ 所谓"得玑无小，灭宗无大"，"得玑"与"灭宗"相对，"无小"与"无大"相对，"得"应读为德，德为动词，指报德。"得""德"古同字。"得玑无小，灭宗无大"，是说获得善报和获得灭宗大祸是不论大小的。施恩于小人，小人也会报德；"大人"胡作非为，也会遭到灭宗的报应。《吕氏春秋·报更》篇之"几"也是"禨"字之借。所谓"德几无小"义与《墨子·明鬼》"得玑无小"同，"德"为动词，指报德。帛书《二三子》篇作"德义无小，失宗无大"，完全证明了这一点。"德义"即"得（德）禨"，指报答恩义，报答德义，"禨"与"义"皆有善义，义同通用；"失宗"即"灭宗"，指坠失宗庙。"德义无小，失宗无大"，即报德不在小，失宗不在大。

　　上述几家之说谁更接近原文呢？笔者认为当属帛书《二三子》篇。帛书《二三子》篇的"失宗"与"灭宗"虽然义同，但比较而言，当以"失宗"为优。因为得、失相对，上句既言"德（得）"，下句自当言"失"。"德义"与"得玑""得几"虽然义近，但帛书《二三子》篇"义"为本字，从《吕氏春秋·报更》篇可知，赵孟子施恩于"骫桑下之饿人"，故称为"义"。"骫桑下之饿人"在赵孟子有难之时舍命相救，故称为"德义"。《墨子·明鬼》篇的"得"与"德"虽属同源，但从报德的意义上看，帛书《二三子》篇

---

① 吴毓江：《墨子校注》，第 377 页。
② 《宋本玉篇》，北京：中国书店，1983 年，第 12 页。
③ 陈彭年：《钜宋广韵》，上海：上海古籍出版社，1983 年，第 256 页。
④ 《十三经注疏》，北京：中华书局，1980 年，第 163 页。

的"德"更为准确。所以帛书《二三子》篇的"德义无小，失宗无大"当更接近于故书。

《说苑·复恩》篇的"德无小"，陈梦家以为"德"后缺一字。① 这是正确的。问题是它为什么要缺一字？说它是无心之失，还不如说是误读所致。依《吕氏春秋·报更》篇，"德"后当有"几（機）"字。去掉了"几（機）"字，实际影响了文意。如依帛书《二三子》篇，"德"后则是"义"字。《说苑·复恩》篇的作者将动宾结构的"德义"理解成并列结构，以为去掉了"义"字，并没有影响文意。所以报德不在小的"德义无小"就误读成"德无小"。

"晚书"《伊训》篇有如下一段文字：

> 尔惟德罔小，万邦惟庆；尔惟不德罔大，坠厥宗。

孔传："修德无小，则天下赉庆。……苟为不德无大，言恶有类，以类相致，必坠失宗庙。"② 孙诒让认为《伊训》篇的这一段文字与《墨子·明鬼》等有关。许维遹、陈奇猷、向宗鲁更说《伊训》篇的此段文字系"撼拾"《墨子·明鬼》篇、《吕氏春秋·报更》篇、《说苑·复恩》篇的上述文字而"改之"。③ 这些意见都是正确的。所谓"德罔小"即"德无小"，"罔大，坠厥宗"即"灭宗无大""失宗无大"，"坠"就是"灭""失"，孔传已说得非常清楚了。

但是，"晚书"《伊训》篇的这些撼拾、改造是在误读的基础上做出的。它将动词"德"读为名词，又置"玑"或"几"于不顾，实质是受了《说苑·复恩》篇"德无小"说的影响，以致偷换了"逸书"《禽艾》篇这句话的主题。因为先秦《尚书》里，这句话的主旨是说报应不在官的大小，不在地位的高低。如在帛书《二三子》中，孔子就是以"晋厉公"为例说解"德义无小，

---

① 陈梦家：《尚书通论》，北京：中华书局，1985年，第93页。
② 《十三经注疏》，第163页。
③ 见陈奇猷：《吕氏春秋校释》，第900页；向宗鲁：《说苑校证》，第128页。

失宗无大"的①，其意为，就是官大如"晋厉公"，"路亓（其）国，芜亓（其）地，出田七月不归"，也会"无车而独行"，"[不胜]亓（其）也"，导致"坠失宗庙"。而"晚书"《伊训》篇却说成了"修德无小"，"苟为不德无大"，"必坠失宗庙"，其旨可谓"谬以千里"。所以，"晚书"《伊训》篇的"尔惟德罔小，万邦惟庆；尔惟不德罔大，坠厥宗"说，肯定不是出于先秦，而是袭用了《说苑·复恩》篇的误读。

二

郭店楚简引《书》最多的是《缁衣》篇，共有 9 处。《缁衣》篇引《书》有两条很值得注意。

第一是简 9 至简 10：

《君臨》员："日居雨，少民佳曰悁；晉冬旨滄，少民亦佳曰悁。"②

这一引文亦见于《礼记·缁衣》篇和"晚书"《君牙》篇。《礼记·缁衣》篇作：

《君雅》曰："夏日暑雨，小民惟曰怨；资冬祁寒，小民亦惟曰怨。"③

"晚书"《君牙》篇作：

夏暑雨，小民惟曰怨咨；冬祁寒，小民亦惟曰怨咨。④

这里有许多异文，我们可试作讨论。

楚简的"臨"，《礼记·缁衣》作"雅"，"晚书"《君牙》篇作"牙"。郑玄注："雅，《书序》作牙，假借字也。"⑤《说文·牙部》："牙，牡齿也。象上下相错之形。臨，古文牙。"⑥《曾侯乙墓竹简》第 165 简"牙"字就

---

① "晋厉公"实当为"楚灵王"，说见于豪亮：《帛书〈周易〉》，《文物》第 3 期,1984 年，第 22 页。
② 《郭店楚墓竹简·图版》，北京：文物出版社，1998 年，第 17 页。
③⑤ 《十三经注疏》，第 1650 页。
④ 《十三经注疏》，第 246 页。
⑥ 段玉裁：《说文解字注》，上海：上海古籍出版社，1988 年，第 80 页。

写作"昷"。① 这是真正的战国古文的写法。由此可见,《君牙》篇的篇名当非杜撰,其真实性无可怀疑。

楚简"员",《礼记·缁衣》作"曰"。《石鼓文·吾车》:"君子员邋,员邋员斿。"吴大澂云:"员,假借为云。"罗振玉云:"《诗·正月》《释文》:'云本作员。'《诗》:'出其东门,聊乐我员。'《正义》:'云,员古今字。'又《玄鸟》《笺》:'员,古文作云。'《正义》:'古文云、员字同。'"②"员""云"音同,故"云"可借为"员"。"曰""云"义同,故可通用。

楚简"日",《礼记·缁衣》篇作"夏日"。"晚书"《君牙》篇有"夏"无"日"。从下文"冬"字看,楚简当脱"夏"字,疑"晚书"《君牙》篇为与下文"冬"字相对,故意删去"日"字。而楚简有"日"字,说明"晚书"《君牙》篇之删是错误的。除《礼记·缁衣》篇所引外,"晚书"《君牙》篇在编撰时恐怕没有看到更古的版本,否则,就不会出此下策,删去"日"字。

楚简"居",《郭店楚墓竹简》隶定为"㴉",认为简文左旁与《汗简》"容"字形同,读作"溶"。《说文》:"溶,水盛貌。"溶雨,就是雨盛。③李家浩认为其字当隶定为"居"④,其说可信。今从之。《礼记·缁衣》篇和"晚书"《君牙》篇作"暑"。"居""暑"古音皆属鱼部,故"暑"字可借为"居"。

楚简两"少"字,《礼记·缁衣》篇和"晚书"《君牙》篇均作"小"。"少""小"古通,故书当作"小"。

楚简两"隹"字,《礼记·缁衣》篇和"晚书"《君牙》篇也均作"惟"。"隹""惟"古通,故书当作"惟"。

楚简两"悁"字,《郭店楚墓竹简》皆隶定为"悄"。裘锡圭认为字应从今本释作"怨",字形待考。⑤李家浩认为"悄"为"悁"之讹体。⑥李说是。《说文·心部》:"悁,忿也。""悁""怨"义近,古音又同属元部,故可通用。

---

① 湖北省博物馆:《曾侯乙墓》,北京:文物出版社,1989年,第498页。
② 罗君惕:《秦刻十碣考释》,济南:齐鲁书社,1983年,第174、175页。
③⑤ 《郭店楚墓竹简·释文注释》,北京:文物出版社,1998年,第133页。
④⑥ 见李家浩1998年6月10日在炎黄艺术馆"郭店楚简学术研讨会"上的发言。

楚简"旨",《礼记·缁衣》篇、"晚书"《君牙》篇、陆德明《经典释文》皆作"祁"。明版本也有作"祈"的。严可均云:"明英宗讳祁镇,景帝讳祁钰,故明人雕板因改祁为祈也。"① 裘锡圭曰:"简文'旨'读为'耆','耆''祁'音同可通。'祁寒'犹言极寒、严寒。"② 案:裘说"旨"读为"耆"是。"耆"当为本字,"祁"当为借字。《广雅·释诂一》:"耆,强也。"③ 是"耆"做程度副词之证。《庄子·齐物论》:"鸱鸦耆鼠。"④《荀子·非十二子》:"无廉耻而耆饮食。"⑤ 这种做动词的用法当从其做程度副词的用法引申而来。所以,"耆"在先秦有极、特别之义。郑玄"'祁'之言'是'也,齐西偏之语也"说误⑥,孔传、正义以"大"释"祁"⑦,虽未破除假借,但显然较郑注为优。"晚书"《君牙》篇与《礼记·缁衣》篇同作"祁"而不作"旨"或"耆",说明其在编撰时没有看到更古的版本,其文很可能就出自《礼记·缁衣》篇的引文。

楚简"沧",《礼记·缁衣》篇、"晚书"《君牙》篇皆作"寒"。《说文·水部》:"沧,寒也。"段玉裁注:"《仌部》滄字音义同。"⑧《逸周书·周祝》:"天地之间有沧热。"孔晁注:"沧,寒。"⑨《列子·汤问》:"日初出沧沧凉凉。"⑩ "沧""寒"两字义近,故可通用。"晚书"《君牙》篇与《礼记·缁衣》篇同作"寒"而不作"沧",其出自《礼记·缁衣》篇引文的可能性也很大。

如果说以上的异文还可作两可之说,那么,以下的事实就绝无可疑了。

楚简"晋",《郭店楚墓竹简》隶定为"晋",注云"从'至'省"⑪,

---

① 见黄焯:《经典释文汇校》,北京:中华书局,1980年,第145页。
② 《郭店楚墓竹简·释文注释》,第133页。
③ 王念孙:《广雅疏证》,南京:江苏古籍出版社,1984年,第28页。
④ 郭庆藩:《庄子集释》,《诸子集成》本,上海:中华书局,1954年,第44页。
⑤ 王先谦:《荀子集解》,《诸子集成》本,上海:中华书局,1954年,第66页。
⑥ 《十三经注疏》,第1650页。
⑦ 《十三经注疏》,第246页。
⑧ 段玉裁:《说文解字注》,第563页。
⑨ 黄怀信、张懋镕、田旭东:《逸周书汇校集注》,上海:上海古籍出版社,2007年,第1065页。
⑩ 杨伯峻:《列子集释》,北京:中华书局,1979年,第168页。
⑪ 《郭店楚墓竹简·释文注释》,第129、133页。

《礼记·缁衣》作"资"。"晋""资"音同,故可通用。《周易·旅》九四:"得其资斧,我心不快。"马王堆帛书《易经》"资"作"溍"①,帛书易传《昭力》第13行云"旅之溍斧","溍斧"即"资斧"。② 郑玄注:"资当为至,齐、鲁之语,声之误也。"③ 其说是。《说文·日部》:"晉,进也,日出而万物进。从日,从臸。"段玉裁注:"臸者,到也。以日出而作会意,隶作晋。"④"晉"有"到"义,足证郑玄"资当为至"说之确。"晚书"《君牙》篇其字作"咨",乃由"资"字而来;其归上读,"怨咨"连言,更是望文生义。依"晚书"《君牙》篇,"夏日暑雨"句去掉一"日"字,以与"冬祁寒"相对;"咨"归上读,故下句"怨"后也得增一"咨"字,方能与上句相称。这一调整,实际是没有认清"资"字的本义是至、到。楚简作"晉",说明"晚书"《君牙》篇以"咨"归上读,下句"怨"后增一"咨"字是完全错误的。由此可见,"晚书"《君牙》篇此句并非出于先秦古文,而是袭用《礼记·缁衣》引文并加以变通而成。

三

郭店楚简《缁衣》篇的第19简对于探讨"晚书"也很有价值。其简文曰:

《君迋》员:"未见圣,如亓弗克见;我既见,我弗迪圣。"⑤

这一引文《礼记·缁衣》作:

《君陈》曰:"未见圣,若己弗克见;既见圣,亦不克由圣。"⑥

"晚书"《君陈》篇作:

---

① 见拙作:《马王堆帛书周易经传释文》,《续修四库全书》第1册,第12页。
② 见拙著:《帛书易传初探》,《帛书昭力释文》,台北:文史哲出版社,1998年,第291页。
③ 《十三经注疏》,第1650页。
④ 段玉裁:《说文解字注》,第303页。
⑤ 《郭店楚墓竹简·图版》,第18页。
⑥ 《十三经注疏》,第1649页。

凡人未见圣，若不克见；既见圣，亦不克由圣。尔其戒哉！①

它们之间的异文，很值得探讨。

"君迪"，《礼记·缁衣》篇、"晚书"《君陈》篇皆作"君陈"。《说文·𠧞部》："陈，宛丘。舜后妫满之所封。从𠧞，从木，申声。敶，古文陈。"②"迪"乃古文"敶"之借。"申"与"东"音近，故"陈"可写作"迪"或"敶"。由此可见，《君陈》篇的篇名当非杜撰，其真实性无可怀疑。

"未见"句前，"晚书"《君陈》篇有"凡人"二字，而楚简《缁衣》篇和《礼记·缁衣》篇皆无。由此知"晚书"《君陈》篇此处语气是第三人称，而楚简《缁衣》篇和《礼记·缁衣》篇则不同。

楚简"如"字，《礼记·缁衣》篇和"晚书"《君陈》篇皆作"若"。"若""如"义同，故可通用。

楚简"亓"，《礼记·缁衣》篇作"己"③，"晚书"《君陈》篇无。"亓""己"古音声近韵同，故可通用。从楚简下文言"我"看，"亓"当为"己"之借字。"晚书"《君陈》篇无，是因为它的人称有了变化，上句既称"凡人"，这里就不得不删去"己"字。

楚简"弗"，《礼记·缁衣》篇同，"晚书"《君陈》篇作"不"。"弗""不"义同，故可通用。

楚简"我既见"句之"我"字，《礼记·缁衣》篇和"晚书"《君陈》篇皆无，但它们"既见"后皆多一"圣"字。"我"字《礼记·缁衣》篇是承前"己"省略，而"晚书"《君陈》篇因前称"凡人"，此则不能有"我"字。"圣"字楚简是承后省，"我既见"即"我既见圣"。

楚简"我弗迪圣"句之"我"字，《礼记·缁衣》篇和"晚书"《君陈》篇也皆无，但多一"亦"字。《礼记·缁衣》篇是承前"己"省略"我"，因前文已说"未见圣，若己弗克见"，故此用"亦"。楚简无连词"亦"，

---

① 《十三经注疏》，第237页。
② 段玉裁：《说文解字注》，第735页。
③ "己"字别本作"已"（见《十三经注疏》，第1652页《校勘记》），当系形近而讹。因为"已"与楚简"亓"韵母虽同，但声母相距太远。

其又亦同。"晚书"《君陈》篇因是第三人称,故不能有"我"。

楚简"弗"字,《礼记·缁衣》篇和"晚书"《君陈》篇也皆作"不"。"弗""不"可通。

楚简"迪",《礼记·缁衣》篇和"晚书"《君陈》篇皆作"由"。"迪""由"可通。

从以上异文看,"晚书"《君陈》篇基本同于《礼记·缁衣》篇而异于楚简,其袭用《礼记·缁衣》篇之文是很清楚的。但"晚书"《君陈》篇对《礼记·缁衣》篇之文也稍有改造,以致语气截然有别。

楚简此句两称"我",显然是第一人称。《礼记·缁衣》篇虽不称"我",但称"己",其人称与楚简实际是一致的。

而在"晚书"《君陈》篇中,此为成王批评常人、训诫君陈之语,已是第三人称。既是常人之为,而非己之行,故称"人"而不称"我",也不称"己"。如称"我"或"己",不但与称"人"矛盾,而且下文"尔其戒哉",也难以解释。楚简所引,不称"人"而称"我",置于"晚书"《君陈》篇中,上下文意就会扞格不通。楚简所引,反映的当是战国中期以前之人所见到的《尚书·君陈》篇的原貌,它与"晚书"《君陈》篇的上下文不合,说明"晚书"《君陈》篇并非战国中期以前人所见之《尚书·君陈》篇之旧。说它是后人摘录《礼记·缁衣》篇等所引加以编造而成,是有道理的。

四

郭店楚简《成之闻之》篇第 33 简所引之文对认识"晚书"也具有一定的意义。其文曰:

> 大䵣曰"余才宅天心"害?此言也,言余之此而宅於天心也。①

"䵣"为"禹"之繁文。"才"与"在"通,简文解为"之此",从上文看,当指"治人伦",即在人伦上下功夫。"宅",《郭店楚墓竹简》一书认

---

① 《郭店楚墓竹简·图版》,第 51 页。

为通"宅",其说是。① "宅"可训顺应、归顺。"天心"即楚简上文所谓"天德"。"宅天心"与《书·康诰》"亦惟助王宅天命"之"宅天命"义同。

古文《尚书》有《大禹谟》篇,"大禹谟"可称"大禹曰"。因此,简文的"大塱曰"当属先秦《尚书·大禹谟》篇,是简文引《尚书·大禹谟》篇之文。今传《古文尚书》记载大禹言行事迹的有《舜典》《大禹谟》《皋陶谟》《益稷》《禹贡》5篇,皆无简文所引"余才厇天心"句。这5篇除《大禹谟》外的4篇都见于今文,其属先秦《尚书》无疑。有争议的只有属于所谓"晚书"的《大禹谟》,而且也只有《大禹谟》称"大禹曰"。简文所引出于《大禹谟》而不见于"晚书"《大禹谟》篇。这一事实,对于讨论"晚书"的真伪很有启发。

除此篇外,郭店楚简引"晚书"较多的还有《缁衣》篇。其引"晚书"有《尹诰》《君牙》《君陈》。其中《君陈》还两见。《缁衣》篇所引都见于"晚书",而此处所引则不见于"晚书"。这说明"晚书"确实出于后人之手,它将传世文献中的佚《书》都尽可能地搜集起来,利用原有的篇名,加工编成。楚简《缁衣》篇所引都见于《礼记·缁衣》,所以也都见于"晚书"。因为《礼记·缁衣》是常见的经书,所以被"晚书"的编造者列为主要对象。但编造者没有见到此篇楚简,所以此篇楚简的佚文在"晚书"《大禹谟》篇里找不到。因此,楚简所引的这一佚《书》,当是"晚书"《大禹谟》,也是整个"晚书"晚出的又一证明。

以上马王堆帛书和郭店楚简的四条材料,前三条是积极的证据,证明"晚书"《伊训》篇、《君陈》篇、《君牙》篇的文句,不可能是先秦《尚书》的旧文;后一条是消极的证据,楚简所引先秦《尚书·大禹谟》的文句不见于"晚书"《大禹谟》。这两方面的证据告诉我们,从宋人吴棫、朱熹以来,考订今传《古文尚书》25篇"晚书"非先秦《尚书》之旧,而为后人所编造是正确的,出土材料与传统文献材料所得出的结论是完全一致的。

---

① 见《郭店楚墓竹简·释文注释》,第168页。

清华简《尹诰》篇研究

新近公布的《清华大学藏战国竹简》第一册中，有一篇称为《尹诰》的竹书，颇为重要。此篇竹书共有简4枚，简背有次序编号。简长45厘米，3道编。满简书写31至34字，共112字。清华大学出土文献研究与保护中心的整理者对该篇竹书已作了很好的释文和注释[①]；作为先睹者，笔者也曾有两文作过初步的探索[②]；近几月来，网上的讨论更是火热，将《尹诰》篇的探讨推向了高潮。本文拟在上述工作的基础上，对《尹诰》篇的内容、思想及其史料价值，作一系统的研究。其不当之处，敬请批评。

一、清华简《尹诰》篇的释读

《清华大学藏战国竹简》第一册《尹诰》篇的释文为：

> 惟尹既及汤咸有一惠，尹念天之败西邑夏，曰："夏自绝其有民，亦惟厥众，非民亡与守邑，厥辟作怨于民，民复之用离心，我捷灭夏，今后胡不监？"挚告汤曰："我克协我友，今惟民远邦归志。"汤曰："呜呼，吾何祚于民？俾我众勿违朕言？"挚曰："后其赉之，其有夏之金

---

① 清华大学出土文献研究与保护中心编，李学勤主编：《清华大学藏战国竹简（壹）》，上海：中西书局，2010年12月，第132-134页。
② 廖名春：《清华简与〈尚书〉研究》，"首届国际《尚书》学学术研讨会"论文，扬州大学，2010年6月16日，后刊于《文史哲》第6期，2010年；廖名春：《清华简〈尹诰〉篇补释》，简帛研究网站，2011年1月4日。

第三编 《尚书》

玉实邑,舍之吉言。"乃致众于亳中邑。①

"惟尹既及汤咸有一悳"一句的"既"字,我曾做过讨论,以为当读为"暨",是与、及、和之义。《尔雅·释诂下》:"及、暨,与也。"《公羊传·隐公元年》:"'及'者何？与也,'会''及''暨'皆与也。""惟尹暨及汤",也就是"惟尹与汤"。"暨""及"复词同义。

《礼记·缁衣》所引作"惟尹躬及汤",郭店楚简和上海博物馆藏战国楚竹书本《缁衣》篇"躬"都写作"㐬"。裘按以为系"允"字繁文,并疑今本"躬"字也可能是"㐬"之讹字。②裘说是。"允",介词,犹"以"。《墨子·明鬼下》引《商书》曰:"百兽贞虫,允及飞鸟。"孙诒让《间诂》:"王引之云:允犹以也,言百兽贞虫以及飞鸟也。"③所以,"躬及"当为"允及","允及"相当于"以及","既(暨)及"与此义同。

"尹念天之败西邑夏":"念",今本《礼记·缁衣》引作"躬"。"躬"与"念"古音相近,《诗·邶风·谷风》:"我躬不阅。"《礼记·表记》引"躬"作"今"。今本《周易·蹇》卦六二爻辞:"王臣蹇蹇,匪躬之故。"上海博物馆藏楚简本和帛书《二三子》引"躬"也都作"今"。④所以,"躬"与"念"可以互用。不过,《礼记·缁衣》的"躬"当为假借,而清华简本的"念"方为本字。为什么？因为《礼记·缁衣》所引"惟尹躬天见于西邑夏"讲不通。所以当年郑玄作注就不得不改字为训,"'天',当为'先'字之误",以为是"伊尹言:尹之先祖,见夏之先君臣"。但即便如此,郑玄也还是不放心,又指出了所见异文:"'见'或为'败';'邑'或为'予'。"⑤现在看来,郑注"'见'或为'败'"说是正确的,今本之"见",清华简本正作

---

① 清华大学出土文献研究与保护中心编,李学勤主编:《清华大学藏战国竹简(壹)》,第133页。案:为简便计,释文尽量取宽式,下同。
② 荆门市博物馆:《郭店楚墓竹简》,北京:文物出版社,1998年,第132页。
③ 孙诒让:《墨子间诂》,北京:中华书局,1986年,第216页。
④ 廖名春:《帛书〈二三子〉释文》,《帛书周易论集》,上海:上海古籍出版社,2008年,第371页。
⑤ 郑玄注,孔颖达疏:《礼记正义》卷五十五,《十三经注疏》本,北京:中华书局,1980年9月,第1649页。

"败","见"当是因与"败"字左旁"贝"形近而讹。但郑注"'天',当为'先'字之误"说,比照清华简本,显然有误。至于"'邑'或为'予'"说,当是形近而讹。所以,《礼记·缁衣》所引"惟尹躬天见于西邑夏"当依清华简本作"尹念天之败西邑夏",是说伊尹思考"西邑夏"为"天"所"败"、被上天抛弃的问题。

"夏自绝其有民,亦惟厥众":所谓"绝"字,原作"䌛",整理者隶作"蠡"。① 张新俊以为有可能从"弦"得声;苏建洲则进一步隶为"蒸",训为"虔",是杀、翦除、灭绝的意思。② 其说可从。"厥",我曾说当读为"蹶"而训为挫败。"惟",表原因,相当于"因而"。王引之《经传释词》卷三:"惟,犹以也。"并举《书·盘庚中》的"亦惟汝故"、《左传·僖公二年》的"亦唯君故"、《诗·狡童》的"维子之故"为证。《荀子·子道》:"及其至江之津也,不放舟,不避风,则不可涉也,非维下流水多邪?"《说苑·杂言》"维"作"唯"。③ "非维下流水多邪"即"非因下流水多邪"。简文"夏自绝其有民,亦惟厥众",即"夏自虔其有民,亦惟蹶于众",是说夏自己伤害了其百姓,也因而挫败于众,为众所颠覆。

"我捷灭夏,今后胡不监":"捷"字原作"戬",网上有读为"翦"的④,似乎更好。"胡",原作"䰟",网上有读为"曷"的⑤,也可接受。简文"厥辟作怨于民,民复之用离心,我剪灭夏,今后胡(曷)不监(鉴)",这是说:没有百姓的支持就不能巩固政权,夏桀得罪了百姓,百姓就以离心离德来回报他,我们因而消灭了夏桀,君上您怎能不引以为鉴?"天视自我民视,天听自我民听"⑥,伊尹认为上天之所以抛弃夏桀,就是因为夏桀"自虔其有民""作怨于民"而为民所"蹶",为民所颠覆。所以警告商汤要汲取教训,引以为"鉴"。

---

① 清华大学出土文献研究与保护中心编,李学勤主编:《清华大学藏战国竹简(壹)》,第133页。
②④⑤ 见复旦大学出土文献与古文字研究中心研究生读书会:《清华简〈尹至〉〈尹诰〉研读札记(附:〈尹至〉〈尹诰〉〈程寤〉释文)》(复旦大学出土文献与古文字研究中心网站,2010年1月5日)的文后评论。
③ 裴学海:《古书虚字集释》,北京:中华书局,1954年,第188页。
⑥ 《孟子·万章上》引《泰誓》语。

"我克协我友，今惟民远邦归志"："远邦"，也就是远国。"归志"之"归"，当训为"不返"，也就是离、出走之义。《左传·庄公二十七年》："凡诸侯之女，归宁曰来，出曰来归。夫人归宁曰如某，出曰归于某。"杜预注："归，不反之辞。"杨伯峻注："出者，见弃于夫家。来归者，来而不再返回。《宣十六年·经》云'秋，郯伯姬来归'，《传》云'出也'，是其例。"① 简文的"远邦归志"，当指远方之国的背离之心。而"民"则可读为"泯灭"之"泯"。"民远邦归志"，即泯灭远方之国的背离之心。简文"我克协我友"，是说要尽力协和自己的友邦，这是一面；"今惟泯远邦归志"，则是另一面，对于远方之国，现今一定要泯灭他们的背离之心。这是伊尹贡献给商汤的对内对外之策。

"吾何祚于民"："祚"，原文为"复"，当读为"作"。"吾何作于民"，即"吾作何于民"。"汤曰：'呜呼，吾何作于民？俾我众勿违朕言？'"商汤向伊尹问计：对"民"，我要干些什么，才能使他们"勿违朕言"，听我的话？这是就上文伊尹提出的协和友朋、泯灭远方之国背离之心提出的问题。

"后其赍之"："赍"字原作"𠀀"，张崇礼以为本为"李"字。② 其说是。不过，"李"仍当读为"赍"，训为"赐""与"。《尔雅·释诂上》："赍，赐也。"《书·汤誓》："予其大赍汝。"孔传："赍，与也。"简文的"后其赍之"，当是伊尹劝商汤要分财于民，以使"我众"听命，"勿违朕言"。

"其有夏之金玉实邑，舍之吉言"："实"，原文为"日"，张崇礼读为"牣"③，为充实、充牣之义。其说可从。《说文·牛部》："牣，牣满也。"《玉篇·牛部》："牣，满也，益也。"《诗·大雅·灵台》："于牣鱼跃。"毛传："牣，满也。"《正字通·人部》："仞，通作牣。"《史记·殷本纪》："益收狗马奇物，充仞宫室。"《文选·司马相如〈上林赋〉》："虚宫馆而勿仞。"郭璞曰："仞，满也。""舍"，我曾读为"予"，训为给予。《墨子·非攻中》："施舍群萌。"

---

① 杨伯峻：《春秋左传注》，北京：中华书局，1981年，第236页。
②③ 见复旦大学出土文献与古文字研究中心研究生读书会：《清华简〈尹至〉〈尹诰〉研读札记（附：〈尹至〉〈尹诰〉〈程寤〉释文）》的文后评论。

孙诒让《间诂》："舍、予声近字通，施舍，犹赐予也。"①《九店楚简·宜忌》："毋以舍人货于外。"整理者曰："'舍'，读为给予之'予'。"②"言"，黄杰以为当读为"焉"。③其说可从。因此，简文当作："其有夏之金玉牣邑，予之，吉焉。"所谓"予之"，即上文"赍之"。其所以称"吉焉"，是因为此举可以收服民心，"俾我众勿违朕言"。

"乃致众于亳中邑"："致众"即聚众，我已有说。"亳中邑"，刘云据马瑞辰《毛诗传笺通释》说以"中"为语词，"亳中邑"即"亳邑"。④案：马氏说或可讨论。《诗·周南·葛覃》："施于中谷。"毛传："中谷，谷中也。"《小雅·小宛》："中原有菽。"毛传："中原，原中也。"⑤依此，"亳中邑"即"亳邑中"也。

按照上述考证，《尹诰》篇的释文可订正为：

> 惟尹暨及汤咸有一惪。尹念天之败西邑夏，曰："夏自虐其有民，亦惟蹶众。非民亡与守邑，厥辟作怨于民，民复之用离心，我剪灭夏。今后曷不监？"挚告汤曰："我克协我友，今惟泯远邦归志。"汤曰："呜呼！吾何作于民，俾我众勿违朕言？"挚曰："后其赍之。其有夏之金玉牣邑，予之，吉焉。"乃致众于亳中邑。

二、清华简《尹诰》篇的思想

依据上述释文，我们再来探讨《尹诰》篇的思想内涵。

清华简《尹诰》篇思想的起点是"君权天命"论。"尹念天之败西邑夏"，伊尹认为，殷商取代"西邑夏"夺得天下，实质是"西邑夏"为"天"所

---

① 孙诒让：《墨子间诂》，第127页。
② 湖北省文物考古研究所、北京大学中文系编：《九店楚简》，北京：中华书局，2000年，第50、102页。
③④ 见复旦大学出土文献与古文字研究中心研究生读书会：《清华简〈尹至〉〈尹诰〉研读札记（附：〈尹至〉〈尹诰〉〈程寤〉释文）》的文后评论。
⑤ 郑氏笺，孔颖达疏：《毛诗正义》卷一一二，《十三经注疏》本，第276、451页。

"败",为上天所抛弃。所以,能否得天下,关键就在于"天",就在于天命。这应该是当时人们的普遍认识。但在《尹诰》篇中,伊尹的这一思想只是表层的,只是一个发生学上的逻辑起点。

"天之败西邑夏"而成就了商汤,原因就在于"天"与"民"同欲。换言之,这也是一种"天人合一"观。从这一观念出发,民心的向背就成了能否得天命的关键。这是伊尹深层的认识。

"非民亡与守邑",得不到"民"的支持,则不能"守邑",就会为"天"所"败",以夏桀为代表的"西邑夏""有夏"的覆灭正证明了这一点。"夏自虐其有民",其君"作怨于民",结果"民复之用离心"。因此,商汤"剪灭夏",推翻了夏桀的统治,其实质是夏桀"蹶众",为民众所颠覆。"今后曷不监",如果商汤不汲取夏桀的教训,重走夏桀的老路,也会像夏桀一样覆灭,所以,必须得引以为鉴。这就是《诗·大雅·荡》所谓的"殷鉴不远,在夏后之世"。这种政治哲学,也就是《荀子·王制》所引《传》曰"君者舟也,庶人者水也,水则载舟,水则覆舟"的精神,是先秦颇具代表性的重民思想、民本学说。

这种建立在"君权天授""天人合一"基础上的民本思想应该是孟子民主思想的源头。孟子说:"桀纣之失天下也,失其民也;失其民者,失其心也。得天下有道:得其民,斯得天下矣;得其民有道:得其心,斯得民矣。"(《孟子·离娄上》)"失其心也",近于伊尹所谓"民复之用离心";"失其民",近于伊尹所谓"蹶众";"得其民,斯得天下矣",近于伊尹所谓"非民亡与守邑"。不过,比较起来,孟子的思想更激进,他抛开了"君权天授"说,直接强调君权民与,说:"民为贵,社稷次之,君为轻,是故得乎丘民而为天子。"(《孟子·尽心下》)"得乎丘民而为天子",较之"天之败西邑夏"说,显然已经有了发展。

不过,孟子尽管强调"得乎丘民而为天子",但他同时也持"天"与"民"同欲的"天人合一"观。在《孟子·万章上》的记载里,孟子与其弟子万章作了详细的讨论:"万章曰:……'舜有天下也,孰与之?'曰:'天与之。'……曰:'敢问荐之于天,而天受之;暴之于民,而民受之,如何?'

曰：'使之主祭，而百神享之，是天受之；使之主事，而事治，百姓安之，是民受之也。天与之，人与之……《太誓》曰："天视自我民视，天听自我民听。"此之谓也。'"这里表面讲君权是"天与"，是"天"给的，但实际上却是"民与"，即是百姓给的，由百姓定的。"天受之"，百神享不享，谁也不知道，这是虚的。但"民受之"，事治不治，百姓安不安，却是实实在在的。虚衣实而定："事治"而"百姓安"就是"百神享"，"民受之"就是"天受之"，"人与之"就是"天与之"。所以，"天"与"民"实际是一回事，孟子讲"天与"，落脚点在"民与"。而伊尹讲"天之败西邑夏"，落脚点也在夏桀"蹶众"。两者的逻辑是完全一致的。所以，伊尹的"天命"论完全是为其民本思想服务的，其"君权天授"的实质是君权民与。

既然"民"如此重要，那如何去争取民众的支持呢？这是清华简《尹诰》篇讨论的第二个问题。伊尹对此的回答是"后其赉之"，建议商汤要将夺得有夏天下的好处拿来与民分享。"其有夏之金玉牣邑"，非常富裕，但仍亡国，原因就是其财富不能与民共享，贫富分化，招致民众离心离德。商汤要引以为鉴，就必须反其道而行之。"予之，吉焉"，能将利益与民共享，就能"克协我友"，团结自己的盟友；就能"泯远邦归志"，消除、泯灭远方之国的背离之心，使"我众勿违朕言"，达到争取民心的目的，所以说"吉焉"。商汤"乃致众于亳中邑"，在"亳中邑"聚众大赉，这显然是采纳了伊尹的意见。

由此看，清华简《尹诰》篇实际讲了两个问题，一是"非民亡与守邑"，强调民为国本；二是强调利益与民共享，以"赉"民争取民心。懂得这些，再来看篇首的"惟尹暨及汤咸有一悳"一句，就能获得新的启发。

《礼记·缁衣》郑玄注："君臣皆有壹德不贰，则无疑惑也。"[①] "晚书"《咸有壹德》孔氏传："言君臣皆有纯一之德。"[②] 从上文的考释看，这些解释恐怕都属凿空之论。简文所谓"一悳"，当是与民同利之德，就是与民共

[①] 郑玄注，孔颖达疏：《礼记正义》卷五十五，《十三经注疏》本，第1648页。
[②] 孔氏传，孔颖达疏：《尚书正义》卷八，《十三经注疏》本，第165页。

享共有而不专利独占之德。简文一开篇就说"惟尹暨及汤咸有一悳",实质是标明主题,赞扬伊尹与商汤都有与民同利之美德。下面就用具体的例证说明伊尹如何反思夏桀失民而亡国的教训,提出了与民同利、与民共享共有以得民的治国方案,这一方案马上被商汤所接受并获得了实施。所以,这里的"一悳",显然并非泛泛之论,而是有特定内涵的概念,与下面文章的展开有着密切的逻辑联系。懂得这一点,才能把握住清华简《尹诰》篇的真精神。

三、清华简《尹诰》篇的史料价值

网上近来有文质疑清华简《尹诰》篇的真实性[1],笔者这里可以略为一辨。

首先,其作者认为清华简《尹诰》中伊尹所论与"咸有一德"无关的说法是不能成立的。从上文的考证可知,伊尹反思夏桀失民而亡国的教训提出了与民同利的治国方案,这正是对"一德"内涵的印证。而商汤"乃致众于亳中邑",马上接受并将其付诸实施,更是伊尹君臣"咸有一德",皆有与民同利之德的表现。所以读懂了简文,就不能说下文伊尹所论与篇首"咸有一德"说无涉。

其次,其作者认为简文"惟尹暨及汤咸有一悳。尹念天之败西邑夏"是袭自《礼记·缁衣》和郑玄注说不可信。《礼记·缁衣》的"惟尹躬及汤","躬"实为"允"字之讹。后人如果伪造,怎么会刚好将其写作"既"呢?"既"读为"暨"而与"及"同训,"躬"为"允"字之讹而与"及"同训,两者义近互用,这是我们最近研究的成果,伪造者又如何知晓?"惟尹躬天见于西邑夏"句也如此。郑玄当年就读不通,只好改字为训。如果"尹念天之败西邑夏"是后人改通的,又怎么知道要将"躬"改作"念"?"躬""念"音近而相通,这可不是瞎蒙就能蒙得出来的。所以,读懂了两者音近换用和义近换用的异文,就肯定不会说清华简《尹诰》篇是伪造的了。

---

[1] 房德邻:《〈清华大学藏战国竹简(壹)〉收录的〈尹诰〉是一篇伪作》,北京师范大学历史学系官方网站,2011年3月。

《礼记·缁衣》篇所引《尹诰》，其"自周有终，相亦惟终"8字不见于清华简《尹诰》篇，颇为难解。笔者怀疑此8字当为错简，本来就非《尹诰》篇的文字，因错简混入《尹诰》篇引文"惟尹躬天见于西邑夏"之后。虽然郭店楚简本《缁衣》和上海博物馆藏战国楚竹书本《缁衣》都没有《尹诰》篇的这一条引文，但以这两种楚简本《缁衣》与《礼记·缁衣》篇对照，可以发现《礼记·缁衣》篇确实存在错简的现象，如两种楚简本皆无《礼记·缁衣》本首章。郑玄《礼记注》就发现："此篇二十四章，唯此一'子言之'，后皆作'子曰'。"① 显然，《礼记·缁衣》本首章"子言之"章当从别篇窜入，故称呼与其他二十三章有异。而篇名为《缁衣》，"好贤如缁衣"章自应居篇首，此为古书通例。又如《礼记·缁衣》"禹立三年"章《诗》云：'赫赫师尹，民具尔瞻'"10字，两楚简本《缁衣》都在"下之事上也"章，《礼记·缁衣》"禹立三年"章引《诗》有3段，而"下之事上也"章却无引《诗》，显然，《礼记·缁衣》"禹立三年"章的10字是错简，是"下之事上也"章的简混入了"禹立三年"章。这样的例证还有一些，恕不繁举。② 因此，以《礼记·缁衣》篇所引《尹诰》"自周有终，相亦惟终"8字不见于清华简《尹诰》篇，就怀疑清华简《尹诰》篇为伪，并没有多少说服力。

至于其论证大量使用默证、丐词，属于方法论的问题，限于篇幅，本文就不一一辨证了。

清华简《尹诰》篇不伪，其史料价值非常珍贵。

《史记·殷本纪》称"伊尹作《咸有一德》"，《书序》说同。《礼记·缁衣》篇两引《尹吉》，郑玄注："'吉'，当为'告'。'告'，古文'诰'，字之误也。'尹告'，伊尹之诰也。《书序》以为《咸有壹德》，今亡。"③ 郭店楚简和上海博物馆藏战国楚竹书本《缁衣》篇，"尹吉"都作"尹诰"，足证郑注之确。

《尹诰》篇虽为《商书》之一篇，但向无师说，可能在郑玄后不久就亡失了，其内容基本上无人知晓。今"晚书"中有《咸有一德》篇，孔颖达

---

① 郑玄注，孔颖达疏：《礼记正义》卷五十五，《十三经注疏》本，第1647页。
② 详见廖名春：《郭店楚简儒家著作考》，《孔子研究》第3期，1998年。
③ 郑玄注，孔颖达疏：《礼记正义》卷五十五，《十三经注疏》本，第1649页。

疏以为"是伊尹诰大甲，故称'尹诰'"①，是据"晚书"《咸有一德》而立论。从清华简本看，该篇中伊尹与之对话的其实是汤。孔颖达以为是"诰大甲"，实是上了"晚书"《咸有一德》的大当。这也说明，"晚书"《咸有一德》确属伪书，而清华简本，才是久佚的真正的《尹诰》或《咸有一德》。

其篇名《缁衣》称为《尹诰》，是名从主人，因为"'尹告'，伊尹之诰也"。"《书序》以为《咸有壹德》"，既是以首句"惟尹暨及汤咸有一德"而名，更是揭示该篇的主旨，赞扬伊尹君臣与民同利之德。这一点，没有清华简《尹诰》篇的出土，我们是不可能明白的。

从思想史的眼光看，《尹诰》篇所保存的伊尹建立在"君权天授""天人合一"基础上的民本思想，特别是伊尹提出的利益与民共享，以"赍"民争取民心的思想格外夺目。孟子主张"得其心，斯得民"，而伊尹则主张以"赍"民来得民，相较之下，其得民的方法更为具体、直接，更具操作性，其意义不应低估。

---

① 郑玄注，孔颖达疏：《礼记正义》卷五十五，《十三经注疏》本，第1648页。

《尚书》"孺子"考及其他

今文《尚书》中"孺子"一词八见,其中《金縢》篇一见,《洛诰》篇四见,《立政》篇三见。"孺子"之义,从所谓"孔传"开始,学界主流的意见都认为是指"小孩子,用以称呼晚辈"①,具体而言,也就是指成王。《尚书》中"孺子"都是指成王并无问题,但是否义为"小孩子",其本字为何,则值得一辨。本文试为讨论。

一、前人成说检讨

《金縢》篇:"武王既丧,管叔及其群弟乃流言于国,曰:'公将不利于孺子。'"孔传:"孺,稚也。稚子,成王。"②是说"孺"义为"稚","孺子"即"稚子",指的就是成王。《洛诰》篇"孺子其朋""乃惟孺子颁""孺子来相宅",孔传皆释"孺子"为"少子""小子"。③《立政》篇"呜呼!孺子王矣",孔传:"叹稚子今已为王矣。""咸告孺子王矣",孔传:"皆以告稚子王矣。""今文子文孙孺子王矣",孔传:"告文王之子孙,言稚子已即政为王矣。"④也都是以"孺子"为"稚子"。《洛诰》篇"孺子其朋",郑玄(127—200)注:"孺子,幼少之称,谓成王也。"⑤意思还是与"孔传"同。

---

① 周民:《尚书词典》,成都:四川人民出版社,1993年,第183页。
② 孔安国传,孔颖达疏,廖名春、陈明整理:《尚书正义》卷十三,北京:北京大学出版社,2000年,第399页。
③ 《尚书正义》卷十五,第481、484页。
④ 《尚书正义》卷十七,第551页。
⑤ 袁钧辑:《郑氏佚书·尚书注八》,光绪戊子夏浙江书局本。

迄今为止，学界基本上都认可"孔传"郑注说，但也还有一些不同的意见。清儒朱彬（1753—1834）云：

> 古人亲爱之辞多以幼小称之，此"孺子其朋""孺子来相宅""汝惟冲子""小子"同，未在位。《檀弓》舅犯曰："孺子其辞焉。"秦穆公使人吊公子重耳曰："孺子其图之！"《左氏传》栾盈将叛曰："今也得栾孺子何如？"①

崔东壁（1739—1816）也说："孺子乃少之亲之之称，非谓年幼。"② 这是说，这里的"孺子"并非"专斥其幼少也"，而是"亲爱之辞"。

《礼记·文王世子》孔颖达《正义》："案郑注《金縢》云：'文王崩后，明年生成王。'则武王崩时成王年十岁，服丧三年毕，成王年十二，明年将践阼，周公欲代之摄政，群叔流言，周公辟之，居东都，时成王年十三也。"③ 说《金縢》篇"孺子"为"幼少"似乎也还说得过去。

不过，《路史·发挥》卷四、《资治通鉴前编》卷六皆引《竹书纪年》言："武王年五十四。"④ 据《逸周书·度邑解》，武王在克商后对周公说："旦：惟天不享于殷，发之未生，至于今六十年。夷羊在牧，飞鸿过野。"⑤ 武王克商后仅二年即故去，则"年五十四"的说法当为事实。而成王为武王长子，所以陈梦家（1911—1966）说："武王灭殷已过半百，则成王即位当早已成年。"⑥ 屈万里（1907—1979）也说："成王即位不久，就曾亲自东征（原注：《尚书·多方》说：'惟五月丁亥，王来自奄，至于宗周。'可证成王亲自参加了伐殷的战事。）；足证他的年龄也不会太小……成王即位时

---

① 朱彬：《经传考证·尚书上》，《清经解》第七册，上海：上海书店，1988年，第702页。
② 杨筠如：《尚书核诂》，西安：陕西人民出版社，1959年，第155页。
③ 郑玄注，孔颖达疏：《礼记正义》卷二十，北京：中华书局，1980年，第1404页。
④ 罗泌：《路史》，北京：中华书局，1989年，第272页；金履祥《资治通鉴前编》卷六，文渊阁《四库全书》第332册，第50页。
⑤ 黄怀信、张懋镕、田旭东撰：《逸周书汇校集注》，上海：上海古籍出版社，2007年，第468页。案：《史记·周世家》引略同。
⑥ 陈梦家：《西周铜器断代》，北京：中华书局，2004年，第365页。

或者已到二十以上。"①《晋公盆》铭文有:"我皇祖唐公,〔膺〕受大命,佐佑武王。"②既然为弟的唐叔虞当年已能"佐佑武王",则为兄长的成王即位时肯定早已成年!如此,以《金縢》篇的"孺子"为"幼少",也不无问题。

《洛诰》篇末有"惟周公诞保文武受命,惟七年"句,明言是在成王即位的第七年,则此时的成王,依上引孔颖达说,应该接近二十岁了;如依《晋公盆》所云,年纪就更大了。以这里的"孺子"为"少子""小子",确实有点勉强。

《史记·鲁周公世家》:"成王在丰,天下已安。周之官政未次序,于是周公作《周官》,官别其宜;作《立政》,以便百姓,百姓说。"孔传:"周公既致政成王,恐其怠忽,故以君臣立政为戒也。"③《立政》篇也说:"告嗣天子王矣。"这时的成王,早就是成年人了。再将这里的"孺子王"说成是"稚子今已为王",再也说不过去了。所以,清人崔东壁、朱彬不同意"幼少"说而另辟新径,应该是有道理的。

但崔东壁、朱彬以《尚书》中的"孺子"为"亲爱之辞"也有问题。《洛诰》篇记载的主要是周公与成王的三段对话,其"孺子其朋""乃惟孺子颁""孺子来相宅"等语,皆见于周公与成王的对话中。《立政》篇为周公归政后对成王及百官的诰辞,其"孺子王"三见,都属于周公训诫成王诰辞的内容。这些地方的"孺子",都是面对成王而言的,说是"亲爱之辞",表达的是周公对成王的亲昵之情,不无可能。但《金縢》篇之"孺子"则不然,是"流言于国","管叔及其群弟"并非面对成王而言,不存在"亲爱"的问题。更重要的是,"管叔及其群弟乃流言于国,曰:'公将不利于孺子'","孺子"作为昵称,与"少子"一样,所指并不清楚,不足以突出成王法定继承人的身份。所以,昵称说与"少子"说一样,都是难以成立的。

---

① 屈万里:《西周史事概述》,《"中央研究院"历史语言研究所集刊》第四十二本,第四分,第781-782、796页。
② 中国社会科学院考古研究所编:《殷周金文集成释文》第六卷,香港:香港中文大学中国文化研究所,2001年,第194页。
③ 司马迁:《史记》卷三十三《鲁周公世家》,北京:中华书局,1982年,第1522页。

估计正是看到了昵称说与"少子"说的问题，王国维（1877—1927）因而揣测："孺子盖犹成王之字，周公称成王为孺子王。"认为成王可能是字"孺子"。其弟子刘盼遂（1896—1966）进一步论证："汉人多以少子为字，盖同此义。"① 王氏师徒此说颇为牵强②，"《晋语》里克、先友、杜原款称申生为孺子，里克又称奚齐为孺子。晋献公之丧，秦穆公使人吊，公子重耳称为孺子，而舅犯亦称之"③。我们知道，申生（？—前 656）是公子重耳（前 697—前 628）之兄，奚齐（前 665—前 651）是公子重耳之弟，他们弟兄三人都字"孺子"，这可能吗？所以，"孺子"为成王字说也是不能成立的。

近来，又有学者陆续撰文讨论"孺子"之所指。如赵敏俐以为，"孺子"乃成王自称。④ 季旭升进一步认为，"孺子"是成王对先祖自称。⑤ 孙永凤吸收二氏之说后亦云："'孺子'亦可为成王在特殊场合（如祭祀上天、祖先，或面对长辈时）对自己的谦称；'王'为活用作动词，义为'称王'；'孺子王矣'为主谓句，意谓：'孺子（我，即成王）称王了'。"⑥ 对于此间诸说，笔者以为同样不可信从。毕竟，通过本文全篇所举例证可知，用"孺子"作谦称的例子是非常罕见的。

比较起来，还是清人钱大昕（1728—1804）的分析更为可信：

> 考诸经传，则天子以下嫡长为后者乃得称孺子。《金縢》《洛诰》"立政之孺子"，谓周成王也。《晋语》里克、先友、杜原款称申生为孺子，里克又称奚齐为孺子。晋献公之丧，秦穆公使人吊，公子重耳称为孺子，而舅犯亦称之，是时秦欲纳之为君也。孺子𧃒之丧，哀公欲设拨，亦以世子待之也。齐侯荼已立为君，而陈乞鲍牧称为孺子，其死也谥之

---

① 刘盼遂：《观堂学书记》，清华学校研究院：《国学论丛》第 2 卷第 2 号，1930 年，第 263 页。
② 案：王氏此说当为课堂上的率尔之言，并非其深思熟虑之见。刘氏信以为真，殊不足取。
③ 钱大昕：《十驾斋养新录》卷二，《嘉定钱大昕全集》七，南京：江苏古籍出版社，1997 年，第 35 页。
④ 赵敏俐：《〈周公之琴舞〉的组成、命名及表演方式蠡测》，《文艺研究》第 8 期，2013 年。
⑤ 季旭升：《〈清华三·周公之琴舞·成王敬毖〉第四篇研究》，《古文字研究》第三十辑，北京：中华书局，2014 年，第 392-395 页。
⑥ 孙永凤：《清华简〈周公之琴舞〉集释》，吉林大学硕士学位论文，2015 年，第 27 页。

曰安孺子,则孺子非卑幼之称矣。栾盈为晋卿,而胥午称为"栾孺子"。《左传》称孟庄子曰"孺子速"、武伯曰"孺子泄"。庄子之子秩虽不得立,犹称孺子,是孺子贵于庶子也。齐子尾之臣称子良曰"孺子长矣",韩宣子称郑子蟜曰"孺子善哉",皆世卿而嗣立者也。《内则》:"异为孺子室于宫中,母某敢用时日,祇见孺子。"亦贵者之称。①

钱大昕的论证,涵盖了《尚书》《国语》《左传》《礼记》等先秦重要文献,得出的结论是"天子以下嫡长为后者乃得称孺子",即"孺子"有一义,是指"天子以下嫡长为后者"。从《尚书·金滕》《洛诰》《立政》三篇的称引看,这一结论概莫能外,比起少子说、昵称说、成王字说来,无疑更有说服力。

但是,"孺子"本为少子之称,为什么到《尚书·金滕》《洛诰》《立政》三篇中,就成了"天子以下嫡长为后者"之称了。这一问题,钱氏并没有回答,还得继续探讨。

二、"孺子"当为"嗣子"形讹

笔者认为,先秦文献作为"天子以下嫡长为后者"之称的"孺子",本字当为"嗣子"。《尚书·金滕》《洛诰》《立政》三篇的"孺子",更是如此。

《尚书·君奭》篇"我后嗣子孙"之"嗣"字,《魏三体石经》作"▨";其"有殷嗣天灭威"之"嗣"字,《魏三体石经》也作"▨";《无逸》篇"继自今嗣王"之"嗣"字,《魏三体石经》作"▨"。② 洪适(1117—1184)《隶释》载《魏三体石经·左传》遗字,"嗣"也作"▨"。③ 郭忠恕(?—977)《汗简》则将《尚书》中的"嗣"字写作了"▨",而"▨"反而被误作了"副"字。④ 夏竦(985—1051)《古文四声韵》也将《古尚书》中的"嗣"

---

① 钱大昕:《十驾斋养新录》卷二,《嘉定钱大昕全集》七,第35页。
② 顾颉刚、顾廷龙合编:《尚书文字合编》第3册,北京:中华书局,1996年,第2241、2253、2172页。
③ 洪适:《隶释 隶辨》,北京:中华书局,1985年,第310页。
④ 《汗简 古文四声韵》,北京:中华书局,1983年,第40页。

字写作了"㝊"。①《说文·册部》:"嗣,诸侯嗣国也。从册从口,司声。㝊,古文嗣,从子。"②"嗣",《说文》古文作"㝊",显然与《魏三体石经》"㝊"形近;《汗简》将《尚书》中的"嗣"字写作"㝊",并说是出自《尚书》,与《魏三体石经·尚书》中的"㝊(嗣)"字也属形近。《古文四声韵》"嗣"字也写作"㝊",也说是出自《古尚书》,与《魏三体石经·尚书》的"㝊"也形近。这些"嗣"字,人们往往把它们隶定为"孠"或"㝊"。其实,这些"㝊(㝊)"字,与《说文·乙部》"乳"字的小篆"㝊"形体并没有区别。而"乳"是可以假借为"孺"的。所以,《魏三体石经·尚书》中的三个"㝊"字,实质上是三个"孺"字,它们在《尚书·君奭》篇中都作"嗣",这才是它们的本字。《说文》古文"嗣"作"㝊",《汗简》作"㝊",《古文四声韵》作"㝊",较之《魏三体石经》中的《尚书》或《左传》遗字作"㝊""㝊"更准确,应该没有问题。

《尚书·君奭》篇、《无逸》篇及《左传》中的"嗣"字,《魏三体石经》可以写作"㝊""㝊",也就是"乳",而"乳"可以读为"孺"。这说明,在古文中,"孺"和"嗣"形近是可以通用的。懂得这一点,今文《尚书·金縢》《洛诰》《立政》三篇的八处"孺子",我们完全可以将其本字视为"嗣子"。下面,试为证明。

所谓"嗣子",指的是帝王或诸侯的承嗣子,而且往往是嫡长子。《左传·哀公二十年》:"赵孟曰:'黄池之役,先主与吴王有质,曰:"好恶同之。"今越围吴,嗣子不废旧业而敌之。'"杜预注:"嗣子,襄子自谓。"③《史记·五帝本纪》:"尧曰:'谁可顺此事?'放齐曰:'嗣子丹朱开明。'尧曰:'吁!顽凶,不用。'"④《汉书·高后纪》:"今欲差次列侯功以定朝位,臧于高庙,世世勿绝,嗣子各袭其功位。"《汉书·淳于长传》"立嗣子融从长请车骑",

---

① 《汗简 古文四声韵》,第 53 页。
② 许慎:《说文解字》卷二,天津:天津古籍出版社,1991 年,第 48 页。
③ 杜预注,孔颖达疏:《春秋左传正义》卷六十(十三经注疏本),北京:中华书局,1980 年,第 2180 页。
④ 司马迁:《史记》卷一《五帝本纪》,第 20 页。

颜师古注:"嗣子谓嫡长子,当为嗣者也。"①

《金縢》篇云:

> 武王既丧,管叔及其群弟乃流言于国,曰:"公将不利于孺子。"

"孺子"当为"嗣子","管叔及其群弟"称成王为"嗣子",切合成王的身份,既突出了成王作为承嗣嫡长子的合法性,又间接抨击了周公的不义。而称成王为"孺子",张扬的是成王的不成熟,等于为周公张目。谁是谁非,非常清楚。

《洛诰》篇的三"孺子"也当为"嗣子"。"周公曰":

> 孺子其朋,孺子其朋,其往!

是说"嗣子""其往"要结交朋友,要能团结人。"嗣子"为尊称,"孺子"为蔑称。显然,"嗣子"更合符成王的身份。

> 乃惟孺子颁,朕不暇听。

周公这是说,"朕不暇听","乃惟嗣子颁",唯"嗣子颁"是从。以"嗣子"称成王,更合符成王承嗣嫡长子的身份;作为尊称,与"乃惟"语气合。如果是"孺子",以成王为"小子",显然不妥。

> 孺子来相宅,其大惇典殷献民,乱为四方新辟。

所谓"相宅",即视察新都。"大惇典殷献民"和"乱为四方新辟",都是天子"立政"的大事,称"孺子"应该不如称"嗣子"更为妥帖。

《立政》篇周公三称"孺子王":

> 呜呼!孺子王矣!继自今,我其立政,立事、准人、牧夫,我其克灼知厥若,丕乃俾乱。

---

① 班固:《汉书》卷三、卷九十三,北京:中华书局,1962年,第96、3732页。

这里的"孺子王",开篇周公称之为"嗣天子王",都是指成王。显然,"孺子王"只有作"嗣子王",才能与"嗣天子王矣"相应。

呜呼!予旦已受人之徽言咸告。孺子王矣!继自今,文子文孙,其勿误于庶狱、庶慎,惟正是乂之。

今文子文孙,孺子王矣。其勿误于庶狱,惟有司之牧夫。

这里的"孺子王"都是"今""文子文孙",也应该是"嗣子王",是文王的嫡系子孙继嗣为王。解为"稚子已即政为王",实在有悖常理。

由此可知,《尚书》这三篇八处的"孺子",从文义来看,完全应该是"嗣子"。

其他的早期文献里也有一些"孺子"当作"嗣子",可印证笔者上述意见,详列表1。

表1 早期文献中的"孺子"

引文与出处	按释
里克退,见太子。太子曰:"君赐我以偏衣、金玦,何也?"里克曰:"孺子惧乎?衣躬之偏,而握金玦,令不偷矣。孺子何惧!夫为人子者,惧不孝,不惧不得。且吾闻之曰:'敬贤于请。'孺子勉之乎!"(《国语·晋语一》)	"太子"指申生,里克称"太子"为"孺子",此三处"孺子"皆当为"嗣子"
杜原款将死,使小臣圉告于申生,曰:"……孺子勉之!死必遗爱,死民之思,不亦可乎?"申生许诺。(《国语·晋语二》)	此"孺子"指申生,也当为"嗣子"
二十六年,献公卒。里克将杀奚齐,先告荀息曰:"三公子之徒将杀孺子,子将如何?"荀息曰:"死吾君而杀其孤,吾有死而已,吾蔑从之矣!"里克曰:"子死,孺子立,不亦可乎?子死,孺子废,焉用死?"……里克告丕郑曰:"三公子之徒将杀孺子,子将何如?"(《国语·晋语二》)	这四处"孺子"皆指申生,也当为"嗣子"

续表

引文与出处	按释
吕甥曰:"以韩之病,兵甲尽矣。若征缮以辅孺子,以为君援,虽四邻之闻之也,丧君有君,群臣辑睦,兵甲益多,好我者劝,恶我者惧,庶有益乎?"……吕甥逆君于秦,穆公讯之曰:"晋国和乎?"对曰:"不和。"公曰:"何故?"对曰:"其小人不念其君之罪,而悼其父兄子弟之死丧者,不惮征缮以立孺子,曰:'必报仇,吾宁事齐、楚,齐、楚又交辅之。'其君子思其君,且知其罪,曰:'必事秦,有死无他。'故不和。比其和之而来,故久。"(《国语·晋语三》)	吕甥所谓"孺子"指子圉,子圉为晋惠公的太子,故此二"孺子"皆当作"嗣子"
梁由靡曰:"不可。我能行之,秦岂不能?且战不胜,而报之以贼,不武;出战不克,入处不安,不智;成而反之,不信;失刑乱政,不威。出不能用,入不能治,败国且杀孺子,不若刑之。"(《国语·晋语三》)	此"孺子"也是指晋惠公太子子圉,也当作"嗣子"
吕甥曰:"君亡之不恤,而群臣是忧,惠之至也,将若君何?"众曰:"何为而可?"对曰:"征缮以辅孺子。诸侯闻之,丧君有君,群臣辑睦,甲兵益多。好我者劝,恶我者惧,庶有益乎!"(《左传·僖公十五年》)	此与《国语·晋语三》同,"孺子"指子圉,也当作"嗣子"
秋,齐侯围成,孟孺子速徼之。齐侯曰:"是好勇,去之以为之名。"速遂塞海陉而还。(《左传·襄公十六年》)	"孟孺子速"即孟庄子,为孟献子的世子,此"孺子",是贵于庶子之"嗣子"
晋将嫁女于吴,齐侯使析归父媵之,以藩载栾盈及其士,纳诸曲沃。栾盈夜见胥午而告之。对曰:"不可。天之所废,谁能兴之?子必不免。吾非爱死也,知不集也。"盈曰:"虽然,因子而死,吾无悔矣。我实不天,子无咎焉。"许诺。伏之而觞曲沃人,乐作,午言曰:"今也得栾孺子何如?"对曰:"得主而为之死,犹不死也。"皆叹,有泣者。爵行,又言。皆曰:"得主,何贰之有!"盈出,遍拜之。(《左传·襄公二十三年》)	栾盈为晋卿,而胥午称为"栾孺子"。此"栾孺子"当为"栾嗣子"

续表

引文与出处	按释
孟庄子疾，丰点谓公鉏："苟立羯，请雠臧氏。"公鉏谓季孙曰："孺子秩固其所也。若羯立，则季氏信有力于臧氏矣。"弗应。己卯，孟孙卒。公鉏奉羯立于户侧。季孙至，入哭而出，曰："秩焉在？"公鉏曰："羯在此矣。"季孙曰："孺子长。"公鉏曰："何长之有？唯其才也。且夫子之命也。"遂立羯。秩奔邾。（《左传·襄公二十三年》）	"庄子之子秩虽不得立，犹称孺子，是孺子贵于庶子也。""孺子秩"本是嗣子，又是长子，"孺子秩"当为"嗣子秩"
七月甲戌，齐子尾卒。子旗欲治其室。丁丑，杀梁婴。八月庚戌，逐子成、子工、子车，皆来奔，而立子良氏之宰。其臣曰："孺子长矣，而相吾室，欲兼我也。"授甲，将攻之。陈桓子善于子尾，亦授甲，将助之。或告子旗，子旗不信，则数人告。将往，又数人告于道，遂如陈氏。桓子将出矣，闻之而还，游服而逆之，请命。对曰："闻强氏授甲将攻子，子闻诸？"曰："弗闻。""子盍亦授甲，无宇请从。"子旗曰："子胡然？彼，孺子也。吾诲之，犹惧其不济，吾又宠秩之——其若先人何？子盍谓之。周书曰：'惠不惠，茂不茂'，康叔所以服弘大也。"（《左传·昭公八年》）	钱氏以为"齐子尾之臣称子良曰'孺子长矣'"，"是世卿而嗣立者也"。案："彼，孺子也"，是子旗对子良的蔑称，此"孺子"为小子义。但"其臣曰：'孺子长矣，而相吾室，欲兼我也'"句之"孺子"，则是子良家臣对其家主子良的尊称，此"孺子"则当作"嗣子"
夏，四月，郑六卿饯宣子于郊。宣子曰："二三君子请皆赋，起亦以知郑志。"子蟜赋《野有蔓草》。宣子曰："孺子善哉！吾有望矣。"（《左传·昭公十六年》）	杜预注："子蟜，子皮之子婴齐也。"① 子皮死于昭公十三年。子蟜嗣位为郑上卿。韩宣子称为"孺子"，非以其年幼也，当为尊称。故此"孺子"当为"嗣子"

---

① 杜预注，孔颖达疏：《春秋左传正义》卷四十七，第 2080 页。

续表

引文与出处	按释
冬，十月丁卯，立。将盟，鲍子醉而往。其臣差车鲍点曰："此谁之命也？"陈子曰："受命于鲍子。"遂诬鲍子曰："子之命也！"鲍子曰："女忘君之为孺子牛而折其齿乎，而背之也？"悼公稽首，曰："吾子，奉义而行者也。若我可，不必亡一大夫；若我不可，不必亡一公子。义则进，否则退，敢不唯子是从？废兴无以乱，则所愿也。"鲍子曰："谁非君之子？"乃受盟。使胡姬以安孺子如赖，去鬻姒，杀王甲，拘江说，囚王豹于句窦之丘。……使毛迁孺子于骀。不至，杀诸野幕之下，葬诸殳冒淳。（《左传·哀公六年》）或谮胡姬于齐侯曰："安孺子之党也。"六月，齐侯杀胡姬。（《左传·哀公八年》）	杨伯峻注："孺子谓已立之君齐君荼，以其年幼小，故曰孺子。""安孺子即荼，在位不及一年，且幼小即被杀，无谥，号之为安孺子。"①案：鲁哀公六年（前489年）齐景公病重，命国惠子、高昭子立少子公子荼为太子。太子可称为嗣子。故此四"孺子"也当为"嗣子"
孟孺子泄帅右师，颜羽御，邴泄为右。……孟孺子语人曰："我不如颜羽，而贤于邴泄。子羽锐敏，我不欲战而能默，泄曰：'驱之'。"（《左传·哀公十一年》）初，孟孺子泄将围马于成，成宰公孙宿不受，曰："孟孙为成之病，不围马焉。"孺子怒，袭成，从者不得入，乃反。成有司使，孺子鞭之。（《左传·哀公十四年》）	此两处"孺子"即上文之"孟孺子泄""孟孺子"，孟孺子泄本为孟懿子之世子，其称"孺子"，当为"嗣子"，"孟孺子泄"当为"孟嗣子泄"，"孟孺子"当为"孟嗣子"
里克弑奚齐、卓子，逆惠公而入。里克立惠公，则惠公曷为杀之？惠公曰："尔既杀夫二孺子矣，又将图寡人，为尔君者，不亦病乎？"于是杀之。（《公羊传·僖公十年》）	"二孺子"指"奚齐、卓子"，奚齐、卓子先后为晋君，故"二孺子"当为"二嗣子"
逢蒙学射于羿，尽羿之道，思天下惟羿为愈己，于是杀羿。孟子曰："是亦羿有罪焉。"公明仪曰："宜若无罪焉？"曰："薄乎云尔，恶得无罪？郑人使子濯孺子侵卫，卫使庾公之斯追之。子濯孺子曰：'今日我疾作，不可以执弓，吾死矣夫！'"（《孟子·离娄下》）	疑"子濯孺子"也当为"子濯嗣子"

---

① 杨伯峻：《春秋左传注》，北京：中华书局，1981年，第1638页。

续表

引文与出处	按释
齐田午弑其君及孺子喜而为公。（《史记索隐》引《纪年》）①	这是说田孺子在田侯剡和桓公午之间曾为君，"孺子喜"当为"嗣子喜"
淳于人纳女于景公，生孺子荼，景公爱之。（《晏子春秋·内篇谏上》）	"孺子荼"当为"嗣子荼"，说见上
晋献公之丧，秦穆公使人吊公子重耳，且曰："寡人闻之：亡国恒于斯，得国恒于斯。虽吾子俨然在忧服之中，丧亦不可久也，时亦不可失也。孺子其图之。"以告舅犯，舅犯曰："孺子其辞焉；丧人无宝，仁亲以为宝。父死之谓何？又因以为利，而天下其孰能说之？孺子其辞焉。"（《礼记·檀弓下》）	秦穆公欲扶重耳上位，故称其为"孺子"；舅犯以重耳为君，故亦称其为"孺子"。此三"孺子"都当为"嗣子"
孺子䡷之丧，哀公欲设拨，问于有若，有若曰："其可也，君之三臣犹设之。"（《礼记·檀弓下》）	钱大昕谓："孺子䡷之丧，哀公欲设拨，亦以世子待之也。"故"孺子䡷"当作"嗣子䡷"

上表所列这些文献里的"孺子"，都是承嗣子，都当作"嗣子"。这与《尚书》里的"孺子"本质上是一样的。②

三、清华简的"孺子王"及"孺子"问题

最近面世的清华简里有一些"孺子王"及"孺子"的例子，也值得探讨。清华简《楚居》篇云：

至酓王、康王、🈶王皆居为郢。【简十一】

---

① 案：此例为李锐所提供，特此致谢！
② 案：王维在研究《金縢》篇时曾对相关文献进行分析，所得结论是：春秋时期文献所见"孺子"含义均非"童稚"，战国及之后文献中的"孺子"则当指"童稚"（《清华简研究三题》，东北师范大学硕士学位论文，2018年，第25-29页）。可以参看。

"𥞤"整理者隶定为"㝅="。其注释云:"'㝅'字下有合文符号,'㝅'为《说文》'嗣'字古文,此读为'嗣子'。嗣子王,康王之子郟敖,名员,《楚世家》索隐又作'麇',在位四年。嗣子王之称当是针对非嗣子的嗣王而言。康王之后,郟敖以嗣子为王,却被其叔父王子围绞杀,王子围即位为楚灵王。灵王虽然是嗣王,但不是嗣子王。"①

赵平安则认为"𥞤"当释为"乳",乳子王即孺子王。在楚王的序列里,郟敖处于父王和几位叔王之间,是诸王的子侄辈,这大概是他被称作孺子王的原因。他还认为,《尚书》中周公称成王为孺子王,和《楚居》称郟敖为孺子王道理是一样的。②

清华简《系年》篇有载:

康王既殁,𥞤王即位。灵王为令尹,令尹会赵文子及诸侯之大夫,盟于【简九七】虢。𥞤王既殁,灵王即位。【简九八】

这里的"𥞤",整理者都隶定为"乳=",释为"孺子",其注释采用了赵平安说,并谓:查清华简有"兹武王乳=肇嗣"一语,"乳""嗣"二字形体用法明显有别,足证其说可从。③

案:赵平安将"𥞤"释为"乳",读"𥞤王"为"孺子王",当为卓见。但从《魏三体石经》中的《尚书》或《左传》遗字看,古文中确实存在将"嗣"讹为"乳"字的现象。赵君以为这只是"三国时期古文",是"在《说文》古文基础上,又发生了严重讹变"。④我则认为过于保守。可能早在战国时期或者更早时期,"嗣""乳"相混的现象就出现了,以致早期的传世

---

① 李学勤主编:《清华大学藏战国竹简(壹)》,上海:中西书局,2010年,上册第122页、下册第189页。
② 赵平安:《释战国文字中的"乳"字》,《中国文字学报》第4辑,北京:商务印书馆,2011年,第53-54页;收入《金文释读与文明探索》,上海:上海古籍出版社,2011年,第113页。
③ 李学勤主编:《清华大学藏战国竹简(贰)》,上海:中西书局,2010年,上册第88页、下册第180、181页。
④ 赵平安:《释战国文字中的"乳"字》,《中国文字学报》第4辑,第52页;收入《金文释读与文明探索》,第113页。

文献和清华简里,将"嗣子"写作"乳(孺)子"的现象屡见不鲜。所以,从字面上看来清华简的这三处"孺"确实是"乳(孺)子",但实质上,"乳(孺)子"还得视作"嗣子"。道理很简单,郑敖是"嗣子为王",并非"少子为王"。如果说"郑敖处于父王和几位叔王之间,是诸王的子侄辈",就"被称作孺子王",那成王被称为"孺子王"又如何解释呢?总不能说成王也是周康王的子侄辈吧。所以,成王和郑敖被称为"孺子王",实质就是"嗣子王",也就是"嗣子为王"。① 如此反观,可知李家浩先生在改释甲骨文北方神名的过程中,将《楚居》孺形和《系年》孺形隶定作"孚=",解作"子孚(孕)"二字合文,即指楚王"子麇"②的观点,其实并不可从。

清华简《郑武夫人规孺子》篇中又有所谓"孺子",凡十一见,散布于篇中各处。简文云:

郑武公卒,既肂,武夫人规孺曰:"昔吾先君,如邦将有大事,必再三进大夫而与之偕【简一】图。既得图乃为之毁,图所贤者焉申之以龟筮,故君与大夫晏焉,不相得恶。……今吾君即世,孺【简五】汝毋知邦政,属之大夫,老妇亦将纠修宫中之政……不敢【简六】以兄弟婚姻之言以乱大夫之政。孺亦毋以嬖竖卑御……【简七】……以乱大夫之政。

孺汝恭大夫,且以教焉。如及三岁,幸果善之,孺其重得良【简八】臣……如弗果善,欨吾先君而孤孺,其罪亦足数也。邦人既尽闻之,孺【简一〇】或诞告,吾先君如忍孺之志,亦犹足。吾先君必将相孺,以定郑邦之社稷。"

孺拜,乃皆临。自是【简一一】期以至葬日,孺毋敢有知焉,属之大夫及百执事,人皆惧,各恭其事。【简一二】

---

① 案,笪浩波曾将所谓"孺子王"径自释为"嗣子王"而无说(笪浩波:《从清华简〈楚居〉看"为"郢之所在》,《中国历史地理论丛》,第4期,2016年,第28-29页)。

② 李家浩:《甲骨文北方神名"勹"与战国文字从"勹"之字》,《文史》第3期,2012年,第58-60页。

这里的"🖸",整理者也都隶定为"乳=",释为"孺子"而无说。① 李学勤先生认为是"孺子",并云："简文说的'武夫人'便是武姜，'孺子'是她所生长子庄公。武公死的那一年，庄公才十三岁，称作'孺子'是恰当的。"② 这显然都是采用了赵平安的意见。子居则认为，武姜称庄公为"孺子"之原因在于"孺子乃天子、诸侯、大夫正適之称"，与其年龄无关。③

案：子居所言有理。《史记·郑世家》云："犬戎杀幽王骊于山下，并杀桓公。郑人共立其子掘突，是为武公。武公十年，娶申侯女，曰武姜。生太子寤生。生之难，及生，夫人弗爱。后生少子叔段，段生易，夫人爱之。二十七年，武公疾，夫人请公，欲立段为太子，公弗听。是岁，武公卒，寤生立，是为庄公。"据此可知，郑武公死时，世子庄公寤生至多十七岁，其年尚少；武公既然以之为后，则前引简文之中的十一个所谓"孺子"自是"嗣子"无疑。

清华简《治邦之道》云：

爱民则民孝，知贤则民劝，长🖸则【简二一】囗蕃。【简二二】

其中的🖸，整理报告从赵平安之说，释为"乳"。④ 杨蒙生根据借用竹简边栏成字而省略合文符号之例，将之改释为"乳子"合文，读为孺子，并解简文意为："人君爱民则民知孝义，知贤良则民自劝勉，长养幼子则（人民）繁衍滋盛。"⑤

案：🖸宜如杨蒙生说，释作"乳子"合文，亦即"嗣子"。嗣子为一族之大宗，嗣子长则支庶繁，支庶之又有嗣，子子孙孙无穷困矣，则民人越

---

① 李学勤主编：《清华大学藏战国竹简（陆）》，上海：中西书局，2016 年，上册第 27-32 页、下册第 104-105 页。
② 李学勤：《有关春秋史事的清华简五种综述》，《文物》第 3 期，2016 年，第 79 页。
③ 子居：《清华简〈郑武夫人规孺子〉解析》，中国先秦史网站，2016 年 6 月 7 日。
④ 李学勤主编：《清华大学藏战国竹简（捌）》，上海：中西书局，2018 年，上册第 81 页、下册第 138 页。
⑤ 杨蒙生：《战国文字简化研究》，安徽大学硕士学位论文，2012 年，第 75-81、104 页；《读清华简第八辑〈治邦之道〉丛札》，清华简入藏暨清华大学出土文献研究与保护中心成立十周年国际学术研讨会论文（2018 年 11 月）。

发滋盛。

由此可知，不但《尚书》中的"孺子"当为"嗣子"之形讹，《国语》《左传》等早期传世文献中的这种讹误也屡见不鲜，清华简的"![]王"或"![]"从字面上为"孺子王"或"孺子"，但其本质上则还当是"嗣子王"或"嗣子"。

四、余论

清华简"乳""嗣"二字形体用法明显有别这一现象，并不足以保证战国以前"乳""嗣"二字不相混。最有趣的例子是今本《周易·需》卦的"需"字，上海博物馆藏楚简《周易》五见，分别写作"![]""![]""![]""![]""![]"。① 此字的隶定学界分歧非常大。以前主流的意见是释为"[]"，也就是"嗣"。② 陈炆虽然早在 2004 年就将其释为"乳"③，但几乎没人注意。最近，赵平安文出，释"乳"才越来越受到人们的重视。楚简《周易》的"![]"确实当释为"乳"而读为"需"，赵平安文已经作了详密而有说服力的论证，但战国文字中的"乳"和"嗣"字形体如果不相近，我们就不会如此误释。我们今天将楚简《周易》的"乳"字误释为"嗣"，将清华简《楚居》的"孺子"二字误释为"嗣子"，战国时代的人们将"嗣子"讹为"孺子"，自然也就没有什么奇怪的了。

郭永秉《从战国楚系"乳"字的辨释谈到战国铭刻中的"乳（孺）子"》一文④，其谓龙阳庶子灯的"庶子"之![]当隶作"孺子"；"龙阳孺子"，龙阳就是《战国策·魏策四》的龙阳君，"孺子"指的是这些封君的继承人。

---

① 马承源主编：《上海博物馆藏战国楚竹书（三）》，上海：上海古籍出版社，2003 年，第 14 页。
② 陈斯鹏：《楚简〈周易〉初读记》，孔子 2000 网站，2004 年 4 月 25 日；季旭升：《上博三·〈周易〉"需"卦说》，简帛研究网站，2004 年 5 月 3 日；何琳仪、程燕：《沪简〈周易〉选释》，简帛研究网站，2004 年 5 月 16 日。
③ 陈炆：《竹简〈周易〉需卦卦名之字试解》，简帛研究网，2004 年 4 月 29 日。案：李零《读上博楚简〈周易〉》（《中国历史文物》第 4 期，2006 年）一文据其所说是在竹书《周易》发布之前所写，也有此观点。如此，最早释"乳"字的则是李零。此为黄甜甜所指出，特此致谢。
④ 香港浸会大学："简帛·经典·古史研究"国际论坛论文（2011 年 11 月 29 日—12 月 3 日）。

案:"龙阳孺子"是龙阳君的继承人,这里的"孺"字当作"嗣","龙阳孺子"即"龙阳嗣子"。只有"嗣子"才能称为封君的继承人,"孺"当为"嗣"之讹。

此外,《商周青铜器铭文暨图像集成》第 1674 号有私人藏器一件,器名曰"吴嗣子鼎",其中"嗣子"原是合文,作 [字形]①;《殷周金文集成》(以下简称《集成》)第 9719、9720 号两件令狐君嗣子壶"唯十年四月吉日,令狐君嗣子作铸尊壶,简简优优,康乐我家"中的"嗣子"之嗣亦作 [字形]、[字形]②,显是一字。近见《商周青铜器铭文暨图像集成》电子版"备注",据裘锡圭先生说,将之全部改释为"乳子"。案:依前文所论,仍当维持旧释,以"嗣子"之说为是。另外,《集成》第 2708 号收录一件名为戍嗣子鼎的商代晚期器,其铭曰:"丙午,王赏戍嗣子贝廿朋,在阑宗,用作父癸宝𣪘。惟王阑大室,在九月。"其中的"嗣子"原是合文作 [字形]③,与前引"嗣子"字形相比,多出一个形旁"册"。据此推断,西周以后的"嗣子"写法多半是此字的省简写法。它们与真正的"乳"字,如甲骨文的 [字形](《甲骨文合集》22246),以及由之发展而来的秦文字 [字形](睡虎地秦简《日书甲种》简四二背壹)④有明显区别。

还需要补充的是,楚简《周易》的既济卦中,其六四爻辞有一个"需"字,写作"[字形]"。⑤其笔迹与楚简《周易》需卦同,当为同一书手所书。楚简《周易》本有"需"字,却还要将需卦的"需"写作"[字形]",这不跟清华简本有"嗣"字,却还要将"嗣子王"写作"孺子王"一样吗?

清华简《金縢》篇有"需子",写作"[字形]子"⑥,即今本的"孺子"。这只

---

① 吴镇烽:《商周青铜器铭文暨图像集成》,上海:上海古籍出版社,2012 年,第 337 页。
② 中国社会科学院考古研究所编:《殷周金文集成》(增订本)第六册,北京:中华书局,2007 年,第 5108、5109、5366 页。
③ 中国社会科学院考古研究所编:《殷周金文集成》(增订本)第二册,第 1388、1667 页。
④ 赵平安:《释睡虎地秦简中一种古文写法的"乳"字》,《新出简帛与古文字古文献研究续集》,北京:商务印书馆,2018 年,第 145-149 页。又案:杨蒙生君近来撰文指出,戍嗣子鼎中的"嗣子"可能是"乳子"亦即"孺子",字形所会乃孺子在册之意(《再谈古文字中的几个从子之形兼及相关问题》,《出土文献综合研究集刊》第九辑,2019 年 6 月)。此不取。
⑤ 马承源主编:《上海博物馆藏战国楚竹书(三)》,第 69 页。
⑥ 李学勤主编:《清华大学藏战国竹简(壹)》上册,第 78 页。

能说明"嗣子"被误为"孺子",很早就开始了。

本文初稿曾在2012年4月举行的湖南长沙"国际《尚书》学会首届学术研讨会"上做过报告。最近又得清华大学博士后杨蒙生之助,补充了若干新材料;博士生张帆帮助修订了一部分注释。特此感谢。

第四编

《老子》

《老子》篇序的新解释*

《老子》一书，思想博大精深，内容涉及自然与社会政治诸方面，是研究先秦史和中国哲学史的重要著作。但《老子》一书未能解决的疑难之处也颇多，其《道》《德》二篇的顺序问题便是典型。这不仅牵涉到《老子》一书的形成，牵涉到老子思想、老子生平事迹的重估，更是牵涉如何认识出土文献与传世文献关系、如何正确评价中国古代文明的大问题。本文拟试作一探讨。

一、《老子》的两种篇序

《老子》一书，传世本大致分为河上公本和王弼本两个系统。朱谦之认为，"河上本近民间系统，文句简古，其流派为景龙碑文、遂州碑本与敦煌本"，"王本属文人系统，文笔晓畅，其流派为苏辙、陆希声、吴澄诸本"。① 但无论河上公本一系还是王弼本一系，传世本《老子》书都是《道经》在前，《德经》居后。

典籍的记载也是如此。司马迁《史记·老庄申韩列传》曰："于是老子乃著书上、下篇，言道德之意五千余言而去。"② 所谓"上、下篇"与"道德之意五千余言"相配，似乎上篇即《道经》，下篇即《德经》。唐陆德明《经典释文》中《老子音义》分为《老子道经音义》和《老子德经音义》，《序

---

* 本文与李禤合作。
① 朱谦之：《老子校释·序文》，北京：中华书局，1984年，第1页。
② 司马迁：《史记》卷63《老子韩非列传》，北京：中华书局，1959年，第2141页。

曰："(老子)为关令尹喜说道德二篇,尚虚无无为,凡五千余言。"① 也是《道经》为上,《德经》为下。南宋道士董思靖《道德真经集解序说》引刘歆《七略》云："刘向定著二篇八十一章,上经三十四章,下经四十七章。"② "上经三十四章"显然是指《道经》,"下经四十七章"显然是指《德经》。如此说来,"《道》上《德》下"的篇序,至少从西汉刘向以来就有了。

所以,在传世文献中,《老子》二篇虽篇名不同,或称为"上篇""下篇",或称为"道经""德经",但篇序排列却高度统一,"《道》上《德》下"是绝对的主流,几乎是《老子》篇次排列的唯一顺序。

1973年12月,湖南长沙马王堆三号汉墓出土大批文物,其中最为珍贵的是三十多种帛书和竹、木简。其抄写年代大约在战国末期秦统一天下至汉初的二三十年间。最令人震撼的是,帛书中居然有两种本子的《老子》,整理者分别将之称为"甲本""乙本"。帛书甲本的文字介于篆、隶之间,没有避汉高祖刘邦的"邦"字讳,其抄写年代应当早于高祖在位时期,因此推断可能在秦、汉之际;帛书乙本的文字是隶书,避"邦"字讳,但仍然使用"盈"和"恒"两字,因此推断其抄写年代当在文、景之前。但无论是甲本,还是乙本,都与传世本的"《道》上《德》下"篇序不同,都是《德经》在前而《道经》在后。如帛书甲本,上、下篇虽然没有篇名,但上篇以"上德不德,是以有德;下德不失德,是以无德"开头,以"故天之道,利而不害;人之道,为而弗争"结尾,下篇以"道,可道也,非恒道也;名,可名也,非恒名也"开头,以"不辱以情,天地将自正"结尾;明显是"《德》上《道》下"。而帛书乙本上篇不但以"上德不德,是以有德;下德不失德,是以无德"开头,而且篇末"故天之道,利而不害;人之道,为而弗争"后,还有尾题曰《德》,并记字数"三千卌一";下篇不但以"道,可道也,非恒道也;名,可名也,非恒名也"开头,而且篇末"不辱以情,天地将

---

① 陆德明:《经典释文·老子音义》,上海:上海古籍出版社,2013年,第1393页。
② 董思靖:《道德真经集解序说》,张继禹主编:《中华道藏》第11册,北京:华夏出版社,2004年,第276页。

自正"后,也有尾题曰"《道》",并记字数"二千四百廿六"。①《德》为上篇,《道》为下篇,更为明显。

北京大学于 2009 年获得捐赠,入藏一批海外回归的珍贵竹简,共有 3300 多枚,包含 17 种古书。这批竹书按照《汉书·艺文志》的分类顺序编为 7 卷,其中第 2 卷收录了目前发现的简、帛古本中最为完整的《老子》,受到学界广泛关注。整理者认为:"西汉竹书中未见汉武帝以后年号,仅在一枚数术类竹简上发现有'孝景元年'纪年。……由书体特征并结合对全部竹书内容的分析,我们推测这批竹书的抄写年代主要在汉武帝后期,下限不晚于宣帝。"《老子》的字体在这批竹书的各种文献中属于相对较早的一种,但仍然晚于银雀山汉简,估计其抄写年代有可能到武帝前期,但不太可能早到景帝。"② 这一结论应该是可信的。

北大汉简本《老子》所谓"《老子上经》"以"上德不德,是以有德"开始,以"人之道,为而弗争也"结束,并记字数"凡二千九百冊二";其所谓"《老子下经》"以"道可道,非恒殹"开始,以"不辱以静,天地将自正"结束,并记字数"凡二千三百三"。③ 其所谓"《老子上经》"显然就是帛书本的《德》篇,其所谓"《老子下经》"显然就是帛书本的《道》篇。非常清楚,北大汉简本《老子》与帛书甲本、乙本一样,《老子》两篇的次序,也是"《德》上《道》下"。

出土简、帛《老子》三种"《德》上《道》下"的篇序,虽不见于主流的河上公本和王弼本,但亦并非毫无痕迹可寻。西汉末年严遵《老子指归》一书就提供了这方面的信息。《老子指归》一书《隋书·经籍志》《经典释文》《旧唐书·经籍志》《新唐书·艺文志》《宋史·艺文志》皆有著录,不过卷数略有差异。《隋志》11 卷,《经典释文》、两《唐志》14 卷,晁公武

---

① 裘锡圭主编:《长沙马王堆汉墓简帛集成(一)》,北京:中华书局,2014 年,第 95-102、140-149 页。
② 北京大学出土文献研究所编:《北京大学藏西汉竹书(二)》,上海:上海古籍出版社,2012 年,第 2、209 页。
③ 北京大学出土文献研究所编:《北京大学藏西汉竹书(二)》,第 122、143、144、162 页。

《郡斋读书记》、《宋志》13 卷。陆游曾云："右汉严君平《道德经指归》古文……予求之逾二十年，乃尽得之。"① 说明南宋乾道二年（1166 年）时 13 卷本的《老子指归》尚存。该书之序即《君平说二经目》称"上经四十""下经三十二"，上经多、下经少，与传世本上经少、下经多正好相反。此书所本《老子》上、下经正分别对应传世本《德经》《道经》，前 7 卷注《老子·德经》，后 6 卷注《老子·道经》，与诸多传世本《道经》在前、《德经》在后的篇序迥然不同。② 为此，曾被人疑为伪书。③ 现在，三种简、帛《老子》的出土足以证明《老子指归》的篇序是"吾道不孤"矣。④

二、三种不同的解释及其问题

对于《老子》一书的篇次，迄今为止大致有三种看法：

一是"《道》上《德》下"说。如颜师古说："《道经》象天，所以言上。《德经》象地，所以言下。"⑤ 成玄英亦云："上下二卷法两仪之生育，是以上经明道以法天，下经明德以法地。"⑥ 陈景元表达得更为清楚："道无为无形，故居化物之先，德有用有为，故在生化之后。道衰而有德，德衰而有五常，是明道德为众行之先、五常之本。故道经居前，德经次之。上下二卷，法两仪之生育。"⑦ 马王堆帛书甲、乙本《老子》出土后，学界仍有不少人坚持传统说法。如饶宗颐就说："《老子》书多次提到'道生之，德畜之'，都是先道后德，'道上德下'是合理的篇序安排。"⑧ 严灵峰认为"《道》上《德》

---

① 陆游：《渭南文集》卷 26，景印文渊阁《四库全书》，第 1163 册，台北：商务印书馆，1986 年，第 508-509 页。
② 宋以后该书只存前 7 卷，详见王德有点校：《老子指归》，北京：中华书局，1994 年。
③ 王德有：《严君平〈老子指归〉真伪考辨》，《齐鲁学刊》第 4 期，1985 年，第 60 页。
④ 参见：《座谈长沙马王堆汉墓帛书》，《文物》第 9 期，1974 年，第 48 页。
⑤ 颜师古：《玄言新记明老部》，张继禹主编：《中华道藏》第 9 册，第 223 页。
⑥ 成玄英：《老子道德经开题序诀义疏》，张继禹主编：《中华道藏》第 9 册，第 232 页。
⑦ 陈景元：《道德真经藏室纂微篇》，张继禹主编：《中华道藏》第 10 册，第 404 页。
⑧ 饶宗颐：《书〈马王堆老子写本〉后》，陈鼓应主编：《道家文化研究》第 3 辑，上海：上海古籍出版社，1993 年，第 297-298 页。

下"为《老子》古本篇序,而"《德》上《道》下"的文本出现是抄写之人无意将两篇倒置所致。① 张学方则认为是战国时期的黄老学家根据学派思想所需而改变篇序。② 李炳海认为,"道上德下"的顺序是成立的,不应依帛书本篇次改动。他对"道经""德经"的地位和性质的看法与众不同,以为"道经"是本经,应该在前,而"德经"是传,是对本经的解释,理应排在后。③

二是"《德》上《道》下"说,此说为今天绝大多数学者所坚持。他们共同的理由一是帛书甲、乙两本与北大汉简本都是《德》经在前《道》经在后,二是《韩非子·解老》一文开篇即解释《老子》第三十八章,即《德》经第一章。④ 不同的理由也有一些。比如徐复观就认为,"先秦以至西汉,皆《德经》在前,《道经》在后,这种情形或因老子本人多言德而少言形而上学之道","或者只反映出《德经》集结于先,《道经》集结于后"。⑤

三是"《道》上《德》下"与"《德》上《道》下"两种文本战国期间并存流传说。高亨认为《老子》传本有两种,"一种是《道经》在前,《德经》在后,这当是道家传本","另一种是《德经》在前,《道经》在后,这当是法家传本","大概是道法两家对于《老子》书各有偏重","帛书《老子》的编法属于法家传本一类"。⑥ 田昌五持同样观点。⑦ 李学勤则认为《史记·乐毅列传》中载老子授受系统为北方老学传流,河上公注可能是出于这一派学者,帛书《德经》在前的《老子》是南方道家系统的传本。⑧ 高华平以郭简对待"仁""义""礼""圣"的态度为出发点认为儒者重视"德",先

---

① 严灵峰:《马王堆帛书老子试探》,台北:河洛图书出版社,1976年,第11-12页。
② 张学方:《〈老子〉古本道德顺序试探》,《北京社会科学》第2期,1994年,第83页。
③ 李炳海:《〈老子〉一书的经、传结构及编次》,《东北师大学报》第1期,1984年,第47页。
④ 《座谈长沙马王堆汉墓帛书》,《文物》第9期,1974年,第48页。
⑤ 徐复观:《帛书老子所反映出来的若干问题》,《两汉思想史》第3卷,上海:华东师范大学出版社,2001年,第334页。
⑥ 高亨、池曦朝:《试谈马王堆汉墓中帛书〈老子〉》,《文物》第11期,1974年,第2页。
⑦ 田昌五:《再谈黄老思想和法家路线》,《文物》第4期,1976年,第78页。
⑧ 李学勤:《简帛佚籍与学术史》,南昌:江西教育出版社,2001年,第22页。

秦《老子》将《德经》置于《道经》之前反映了编者崇儒抑道（至少是调和儒道）的倾向。①

以上三者中首先应排除的是第三种意见，即"《道》上《德》下"与"《德》上《道》下"两种文本战国期间并存流传说。因为不同地域、不同学派的不同传本说回答的只是《老子》流传中的问题，而非回答其祖本，即《老子》最原始状态如何的问题。《老子》的作者只能为老子一人，不可能为不同学派的学者所作。后人对《老子》的改编与《老子》书的本来面貌是两回事。

传统的"《道》上《德》下"篇序为《老子》的本来面貌这一看法也不能成立。从"先道后德"角度来证明"'《道》上《德》下'是合理的篇序安排"只是想当然而已。事实上《老子》一书"《道》篇不专言道、《德》篇不专言德"，而是"道德混说"。② 所谓"道生之，德畜之"，并不是《老子》全书的逻辑主线。以"道"或"德"为主题为《老子》一书分篇，显然是不合适的。至于说《道经》是本经，应该在前，而《德经》是传，是对本经的解释，理应排在后，这种理解有悖于《老子》书的实际，强分经、传而硬定篇序，难以服人。无意倒置说同样缺乏理据。我们不能说帛书《老子》甲本无意颠倒了，《老子》乙本也无意颠倒了，北大汉简本又无意颠倒了。世界上哪有这么多的意外？所以，这些理由并不能证明《道》上《德》下就是《老子》书的本来面目。

有学者结合韩非所见本、楚简、帛书、汉简进行综合比较研究，认为《老子》古本篇序排列为"《德》上《道》下"，直到刘向校书才将《老子》的篇序调整为"《道》上《德》下"。③ 实际上，郭店楚简《老子》虽有甲本、乙本、丙本之分，但看不出与"《德》上《道》下"或"《道》上《德》下"

---

① 高华平：《楚简本、帛书本、河上公注本三种老子仁义观念之比较》，《中国历史文物》第1期，2003年，第26-28页。
② 邵若愚：《道德真经直解叙事》，张继禹主编：《中华道藏》第11册，第216页。
③ 丁四新：《早期〈老子〉文本的演变、成型与定型——以出土简帛本为依据》，《中州学刊》第10期，2014年，第106-107页。

两种篇序的关系。比如其甲本既有王弼本第三、第九、第十五、第十六、第十九、第二十五、第三十、第三十二章的内容，也有第四十、第四十四、第四十六、第五十五、第五十六、第五十七、第六十四、第六十六章的内容。其乙本基本上是《德》篇的内容，但也有第十三章的文字。其丙本既有第十七、第十八、第三十一章，也有第三十五、第六十四章的内容。用它支持"《德》上《道》下"的篇序早出，没有多少说服力。

以韩非《解老》《喻老》所见《老子》版本为"《德》上《道》下"篇序也不可靠。日本学者金谷治早已辨明，韩非《解老》《喻老》引用《老子》篇章凌乱，"无法确认是按照版本顺序而来"，"被作为论据的下编在前，上编在后那样的事实无论在《解老》篇或《喻老》篇中都是不存在的"。①其说可信。

以帛书《老子》甲本乙本、北大汉简本为据来推定《老子》篇序原为"《德》上《道》下"表面上证据充足，但其实也经不起分析。

三种简帛本《老子》中抄写年代最早的是帛书甲本，整理者推断其"可能在秦、汉之际"。但传世本会不会比它晚呢？"《道》上《德》下"的篇序会不会是刘向所为呢？我看未必。

陆德明《老子·道经音义》云："老子生而皓首，为周柱下史，睹周之衰乃西出关，为关令尹喜说道德二篇，尚虚无无为，凡五千余言。河上公为章句四卷，文帝征之，不至。自至河上责之，河上公乃踊身空中。文帝改容谢之，于是授汉文以老子章句四篇，言治身治国之要。其后谈论者，莫不宗尚玄言，唯王辅嗣妙得虚无之旨。"②这告诉我们，最早的《老子》注是"河上公""章句"，而王弼本也出于河上公本。

马叙伦校《老子》时曾指出："依河上本以改王本者颇多"，"王注原本

---

① 金谷治：《关于帛书〈老子〉——其资料性的初步探讨》，陈鼓应主编：《道家文化研究》第 3 辑，第 303 页。
② 陆德明撰，黄焯断句：《经典释文》卷 25《老子音义》，北京：中华书局，1983 年影印本，第 356 页。

盖已不复观"。① 瓦格纳也说："与王弼的注释一起流传的《老子》并非王弼注释的原本，而是被河上公本《老子》取代了的文本。"② 因此现在的研究者普遍认为："王弼本《老子》实际上是河上公流传谱系上的一种。……尽管王弼和河上公的注彼此迥异，但他们的《老子》原文则非常相似，都可以当作河上公本《老子》的样本。指出这点的重要之处在于通行本《老子》，不管我们是指河上公本还是王弼本，本质上都是河上公本《老子》。"③ 所以，传世本《老子》最早的源头就是河上公本。

从《史记》的记载看，河上公本《老子》可从西汉上溯至战国时代。《史记·乐毅列传》记载："其后二十余年，高帝过赵，问：'乐毅有后世乎？'对曰：'有乐叔。'高帝封之乐卿，号曰华成君。华成君，乐毅之孙也。而乐氏之族有乐瑕公、乐臣公，赵且为秦所灭，亡之齐高密。乐臣公善修黄帝、老子之言，显闻于齐，称贤师。"又云："太史公曰：始齐之蒯通及主父偃读乐毅之报燕王书，未尝不废书而泣也。乐臣公学黄帝、老子，其本师号曰'河上丈人'，不知其所出。河上丈人教安期生，安期生教毛翕公，毛翕公教乐瑕公，乐瑕公教乐臣公，乐臣公教盖公。盖公教于齐高密、胶西，为曹相国师。"④ 太史公将时人曹相国师盖公的《老子》之学，由乐臣公上溯至乐瑕公，再由乐瑕公上溯至毛翕公，进而由毛翕公上溯至安期生，最后追溯到河上丈人，这么具体、清楚，应该有所本，属于实录而非猜测。乐臣公是"赵""为秦所灭，亡之齐高密"之人，乐瑕公、毛翕公、安期生则应该为战国时人，而"河上丈人"为这一系《老子》之学传授的"本师"，更当属战国时人无疑。司马迁虽说"不知其所出"，但从其传《老子》之学的弟子安期生、毛翕公、乐瑕公、乐臣公、盖公来看，应该是历史上的真实人物而非神话虚构（"踊身空中"的描写除外）。明白了这一点，我

---

① 马叙伦：《老子校诂·序》，北京：中华书局，1974年，第2页。
② 瓦格纳：《王弼注本〈老子〉》，夏含夷主编：《远方的时习》，上海：上海古籍出版社，2008年，第275页。
③ 鲁惟一主编：《中国古代典籍导读·老子》，李学勤等译，沈阳：辽宁教育出版社，1997年，第292页。
④ 司马迁：《史记》卷80《乐毅列传》，第2436页。

们就知道尽管《老子》"河上公章句"最早出现于汉文帝时，好像没有帛书甲、乙本早，但其来源、其祖本，完全可以上溯至战国时代。战国时"河上丈人教安期生"的《老子》，篇序推想应该是"《道》上《德》下"的。从这点看，传世本《老子》的篇序也不一定会晚于帛书甲、乙本。

我们的假设从出土文献中也可得到印证。南宋谢守灏《混元圣纪》卷3记载："唐傅奕考核众本，勘数其字，云：项羽妾本，齐武平五年，彭城人开项羽妾冢得。望安丘之本，魏太和中，道士寇谦之得。河上丈人本，齐处士仇岳传家之本，有五千七百二十二字，与韩非《喻老》相参。又洛阳有官本，五千六百三十五字。王弼本五千六百八十三字，或五千六百一十字。河上公本有五千五百五十五字，或五千五百九十字。并诸家之注多少参差。然历年既久，或以他本相参，故舛戾不一。"① 同时代的董思靖《道德真经集解序说》则作："傅奕考核众本，勘数其字，云：项羽妾本，齐武平五年，彭城人开项羽妾冢得之。安丘望之本，魏太和中，道士寇谦之得之。河上丈人本，齐处士仇岳传之。三本有五千七百二十二字，与韩非《喻老》相参。又洛阳官本五千六百三十五字。王弼本五千六百八十三字，或零六百一十，或三百五十五，或三百九十。多少不一。"② 两者虽有个别字句的出入，但内容大致相同。是说北齐武平五年（574年），彭城（今徐州）有人盗发项羽妾墓，得到一个《老子》本子，称之为"项羽妾本"。唐太史傅奕《道德经古本篇》即由此而来。傅奕用"项羽妾本""考核众本"，与汉魏以来流行的安丘望之本、河上丈人本、洛阳官本、王弼本相参校，强调各本字数舛戾不一、诸家注释多少参差。但傅奕仅是强调字句异于其他传本，并未提及其篇次与传世本有何区别。诸参校本皆为"《道》上《德》下"，假若"项羽妾本"分篇有所不同，傅奕应当有所反映。傅氏一句不提，可见"项羽妾本"篇序与传世本没有什么不同。③ 如果谢守灏说属实，从年代而言，"项羽妾本"也不会晚于帛书甲本。

---

① 谢守灏：《混元圣纪》，张继禹主编：《中华道藏》第46册，第49页。
② 董思靖：《道德真经集解序说》，张继禹主编：《中华道藏》第11册，第276页。
③ 宁镇疆：《〈老子〉"早期传本"结构及其流变研究》，上海：学林出版社，2006年，第173页；刘晗：《今传王弼本〈老子〉分篇分章源流考》，《管子学刊》第2期，2014年，第109页。

第四编 《老子》

从文字学角度看，谢守灏说是经得起检验的。宋人夏竦撰《古文四声韵》，其卷第一收有《道德经》的"刍"字①，其卷第三又收有《古老子》的两个"狗"字。②徐在国、黄德宽通过对传抄《老子》古文的系统整理及与郭店楚简《老子》还有其他出土古文字数据的对照，证明历史上流传的《老子》古文，绝非向壁虚造，它们渊源有自，多数是来自战国时代的《老子》写本。③李学勤指出，所谓"《古老子》"当指北齐武平五年（574 年）彭城人开项羽妾冢所得的《老子》。项羽楚人，其妾墓中的《老子》也很可能是用楚文字写成的。④这说明夏竦所见《道德经》和《古老子》都是用战国古文，甚至是楚文字写成的，说它们是"战国时代的《老子》写本"，当属可信。

"刍"字甲骨文作"✶"（甲九九〇）、"✶"（佚六八三）⑤，金文作"✶"（散盘）⑥，从"又"，从"艸"，会以手割草之意。战国文字"又"旁讹作"彐""彐"，小篆"又"旁讹作"勹"⑦，因而有"✶"（包山楚简）⑧、"彐"（古玺）⑨、"✶"（《说文·艸部》）⑩、"彐"（睡虎地秦简）、"✶"（帛书《老子》甲本）、"✶""✶"（汉印）等写法⑪，以致《说文》称："刍，刈艸也。象包束艸之形。"⑫《古文四声韵》所收《道德经》的"刍"字作"✶"，其所从之"又"旁，与甲骨文、金文同。而包山楚简、古玺以及秦汉文字中，"又"已讹变为"彐"，显然要晚一些。

---

① 夏竦：《古文四声韵》卷 1，北京：中华书局，1983 年影印本，第 12 页。
② 夏竦：《古文四声韵》卷 3，第 48 页。
③ 徐在国、黄德宽编著：《古老子文字编》，合肥：安徽大学出版社，2007 年，第 441 页。
④ 李学勤：《郭店楚简与儒家经籍》，见《中国哲学》编辑部、国际儒联学术委员会编：《郭店楚简研究》（《中国哲学》第 20 辑），沈阳：辽宁教育出版社，1999 年，第 20-21 页。
⑤ 两个甲骨文字形都见于中国社会科学院考古研究所编：《甲骨文编》，北京：中华书局，1965 年，第 21 页。
⑥ 容庚编著，张振林、马国权摹补：《金文编》，北京：中华书局，1985 年，第 38 页。
⑦ 何琳仪：《战国古文字典——战国文字声系》，北京：中华书局，1998 年，第 388 页。
⑧ 李守奎、马楠、贾连翔：《包山楚简文字编》，上海：上海古籍出版社，2012 年，第 27 页。
⑨ 徐中舒：《汉语古文字字形表》，成都：四川人民出版社，1981 年，第 25 页。
⑩⑫ 段玉裁：《说文解字注》，上海：上海古籍出版社，1981 年影印本，第 44 页。
⑪ 睡虎地秦简、帛书《老子》甲本以及汉印的字形皆见于汉语大字典字形组：《秦汉魏晋篆隶字形表》，成都：四川辞书出版社，1985 年，第 54 页。

由此可推知,《古文四声韵》所收之《道德经》写本,早到战国是很有可能的。从包山楚简"㠯"写作"㠯"看,《古文四声韵》所收之《道德经》写本,也不一定晚于郭店楚简本。傅奕不提"项羽妾本"篇序与传世本有什么不同,只能说"项羽妾本"篇序与传世本一样,也是"《道》上《德》下"。因此,我们不能简单地以帛书《老子》甲本、乙本及北大汉简本为据,否定《老子》"《道》上《德》下"篇序的早出。

三、《道》《德》两篇本单篇别行论

我们认为《老子》一书的原貌,既不是"《德》上《道》下",亦非"《道》上《德》下"。《老子》最早并非一部专著,并非一时一地之作,而是后人编成的一部老子的论文集。《道》《德》二篇本为老子在不同时间所作的两篇独立的文章,分别以单篇形式在社会上流传。两篇论文最初彼此之间并没有固定篇次顺序,即无所谓上下先后之分。后人将《道》《德》两篇论文汇编成《老子》一书时,对各自成文的两篇论文的先后次序并不讲究,不同的人有不同编法:既有《道》上《德》下的篇次顺序,亦有《德》上《道》下的篇序排列。这就是《老子》一书两种篇序的真相。下面,我们从三个方面予以证明。

第一,由"古书单篇别行之例"看。余嘉锡《古书通例》卷3《论编次》中有"古书单篇别行之例",认为古之诸子"因事为文,其书不作于一时,其先后亦都无次第。随时所作,即以行世……迨及暮年或其身后,乃聚而编次之","既本是单篇,故分合原无一定"。①李学勤通过"对古书的第二次反思",总结了古书产生、流传过程中值得注意的10种情况,也肯定"篇章单行""异本并存"的现象。②李零也指出:"古书往往是随时所作,即以行世,所以多以单篇流行。如今《管子》中的《内业》和《弟子职》,在《汉志》中本来就是作为单独的书。出土的简帛书籍,很多也是单篇。特别是

---

① 余嘉锡:《古书通例》,上海:上海古籍出版社,1985年,第93页。
② 李学勤:《新出简帛与学术史》,南昌:江西教育出版社,2001年,第28-33页。

数术、方技之书尤其是如此。"①

正因为古书往往"单篇别行",所以才造成分合无定、"异本并存"的结果。刘向《晏子书录》云:"所校中书《晏子》十一篇,臣向谨与长社尉臣参校雠太史书五篇,臣向书一篇,参书十三篇,凡中外书三十篇,为八百三十八章。"②是说"中书"皇家图书馆所藏的《晏子》一书有"十一篇",而太史所藏的《晏子》只有"五篇",刘向所藏《晏子》仅"一篇",长社尉杜参所藏《晏子》则有"十三篇"。《列子书录》云:"所校中书《列子》五篇,臣向谨与长社尉臣参校雠太常书三篇,太史书四篇,臣向书六篇,臣参书二篇,内外书凡二十篇,以校除复重十二篇,定著八篇。"③"中书"所藏《列子》一书有"五篇",太常所藏有"三篇",太史所藏有"四篇",刘向所藏有"六篇",长社尉杜参所藏有"二篇"。不论《晏子》还是《列子》,各家所藏篇皆有不同,可谓"异本并存"。

《史记·韩非列传》载:"韩非疾治国不务修明其法制,执势以御其臣下,富国强兵而以求人任贤,反举浮淫之蠹而加之于功实之上。以为儒者用文乱法,而侠者以武犯禁。宽则宠名誉之人,急则用介胄之士。今者所养非所用,所用非所养。悲廉直不容于邪枉之臣,观往者得失之变,故作《孤愤》《五蠹》《内》《外储》《说林》《说难》十余万言。④……人或传其书至秦。秦王见《孤愤》《五蠹》之书,曰:'嗟乎,寡人得见此人与之游,死不恨矣!'李斯曰:'此韩非之所著书也。'"⑤其时韩非仍在世,秦王所见到的韩非著作,并非其全部,而是"《孤愤》《五蠹》"等篇。由此可知,韩非著作当时也是"单篇别行"于世,编成《韩非子》一书,乃后人所为。其称举之篇序,与今本明显不同。如依今本之序,则当作"《孤愤》《说难》《说林》《内》《外储》《五蠹》"是也。

---

① 李零:《出土发现与古书年代的再认识》,《李零自选集》,桂林:广西师范大学出版社,1998年,第28页。
② 邓骏捷:《七略别录佚文·七略佚文》,上海:上海古籍出版社,2008年,第40页。
③ 邓骏捷:《七略别录佚文·七略佚文》,第53-54页。
④ 司马迁:《史记》卷63《老子韩非列传》,第2147页。
⑤ 司马迁:《史记》卷63《老子韩非列传》,第2155页。

《老子》两篇亦如此，其写成时间有先有后，本来是作为单篇各自在世上流传。或有人只得《道》篇而习之，后又得《德》篇；或者反之。或有人得两篇，任意选择其中一篇先抄写之后再抄写另一篇，两篇孰先孰后取舍皆由己意。与其他先秦诸子文章相比（如《墨子》71篇，《庄子》52篇，《韩非子》55篇），《老子》短小，只有两篇五千言，结集最为容易，结集时间也较早。结集之后，《老子》两篇才有了固定的先后次序：或是"《德》上《道》下"，或是"《道》上《德》下"。但无论哪一种篇序，都是后人的作为，无关老子本意。

　　第二，由《老子》一书的重复、互见看。《道》《德》两篇内容重复、互见之处颇多。前人常因"《道》篇不专言道，《德》篇不专言德"而怀疑《老子》篇章划分的合理性，认为不应分上、下篇，应为一个整体。比如宋人邵若愚就认为："缘其史有上下篇目之文，后人因之，上卷说道，下卷说德。今以理考，道德混说，无上下篇，此史辞之流言。"①

　　确实如此，《老子》一书，"道"字出现在36章里，凡72次。《德》篇、《道》篇各有18章谈到"道"。② 在《道》篇中有关于"德"的论述，如第二十一章"孔德之容，唯道是从"，第二十三章"故从事于道者，道者同于道，德者同于德"。在《德》篇中亦有论述"道"的极为重要的几个章节，如第四十二章"道生一，一生二，二生三，三生万物"，第四十章"反者道之动，弱者道之用；天下万物生于有，有生于无"。

　　论者认为《道》《德》两篇虽皆言道德之意，主体思想相近，但二者所论又各有所重，《道》篇多言道，侧重于理论阐发及天地万物，《德》篇多言德，以道治国，以德修身，注重人事方面。但事实上，单独看《道》篇，其论述依然完整，从第一、四、十四、二十一、二十五、三十二、三十四、三十五、三十七等章，我们仍然能够理解老子的道论，认识到"道"自身的状态、性质、运动发展反复之规律及其创生万物的情境。至于"道"和

---

① 邵若愚：《道德真经直解叙事》，张继禹主编：《中华道藏》第11册，第216页。
② 尹振环：《重识老子与〈老子〉——其人其书其术之演变》，北京：商务印书馆，2008年，第62页。

"德"的关系,《道》篇仍然论及,"孔德之容,唯道是从"。离开《德》篇,《道》篇完全可作为一个独立体系存在。

《德》篇也是如此,其虽然侧重于讲人事、治国、修身、用兵,但仍然讲到道和德的关系,第五十一章"道生之,德畜之,物形之,势成之。是以万物莫不尊道而贵德。道之尊,德之贵,夫莫之命,而常自然",仍然兼顾"道"这一最高理论根据,使"道德"之说在《德》篇也较为完整。

有鉴于此,严灵峰突破两篇限制,将其重新编订为"道体""道理""道用""道术"四篇。① 古棣等的《老子校诂》虽然形式上保留了上、下二篇之分,但是从内容上,却打破《道》《德》二篇界限,调整章次,将内容相近的部分归并到一处。②

其他还有比如作为《老子》一书重要概念的"无"和"有",也分别在两篇中都有阐释。《道》篇第一章即说:"无,名天地之始;有,名万物之母。"《德》篇第四十章说:"天下万物生于有,有生于无。""无为"也时时变换用字闪现在两篇之中。如《道》篇第二章的"不言""不为始",第三十四章的"不为主",第三十七章的"道常无为而无不为";《德》篇第四十七章的"不为""不行",第六十三章的"不为大",第六十四章的"以辅万物之自然而不敢为",第七十七章的"不恃""不处"。

老子尚阴守柔守雌,其书中直接以"水"为喻的两个章节正好分别属于《道》篇和《德》篇,如第八章云:"上善若水,水善利万物而不争。"第七十八章云:"天下莫柔弱于水,而攻坚强者莫之能胜。"以"江海"为喻论居下,也分属于《道》《德》二篇。如第三十二章有:"譬道之在天下,犹川谷之于江海。"第六十六章有:"江海之所以能为百谷王者,以其善下之,故能为百谷王。""守雌"之说主要见于《道》篇第二十八章"知其雄,守其雌,为天下溪",但是《德》篇第六十一章同样讲到"大国者下流,天下之交,天下之牝。牝常以静胜牡,以静为下"。

《道》篇第二十九章有"天下神器,不可为也。为者败之,执者失之",

---

① 严灵峰:《老子章句新编》,台北:中华文化出版事业委员会,1954年。
② 古棣、周英:《老子通》上部《老子校诂》,长春:吉林人民出版社,1991年。

《德》篇第六十四章有"为者败之，执者失之。是以圣人无为故无败，无执故无失"。奚侗、马叙伦、古棣都认为第六十四章不当有此二句①，但帛书本两章皆有，郭简甲本和丙本同。可见前人所谓错简复出当删除的此二句，皆为《老子》旧文。从文义上讲，这两章讲的都是"无为"思想，各自都有自己的语境，皆与其上下文联系密切，作为一个整体，不可分割。

《道》篇第二章有："万物作焉而不辞，生而不有，为而不恃，功成而弗居。"第十章有："生之畜之，生而不有，为而不恃，长而不宰。"第三十四章有："万物恃之而生而不辞，功成不名有。"《德》篇第五十一章有："生而不有，为而不恃，长而不宰。"第七十七章有："是以圣人为而不恃，功成而不处。"北大汉简本第四十六章有："生而不有，为而不恃。"第七十四章有："万物作而生弗辞，成功而名弗有。"

又如"知止不殆"一句见于《道》篇第三十二章："始制有名，名亦既有，夫亦将知止，知止可以不殆。"《德》篇第四十四章作："知足不辱，知止不殆，可以长久。"马叙伦认为第三十二章中"知止所以不殆"（马从河上公本）本为第四十四章错简"知止不殆"误入，又从注中加"所以"二字成句。②现证之以帛书甲乙本、郭简甲本，马说非，第三十二章中"知止所以不殆"为《老子》旧文。

《道》《德》两篇文义、语句上有如此多的重复、互见的内容，难怪邵若愚发"无上、下篇"之论，要否定《道》《德》分篇的必要；严灵峰、古棣进而要重组《老子》一书的篇章结构。若将《道》《德》两篇看作老子在不同时间写成的两篇相对独立的文章，形式上各有偏重，内容上相互联系，这种重复、互见的问题就好理解了。③

第三，如何看待《史记·老子列传》的记载。我们说《道》篇、《德》

---

① 古棣、周英：《老子通》上部《老子校诂》，第 301 页。
② 马叙伦：《老子校诂》，第 334 页。
③ 日本学者武内义雄提出，读《老子》一书都会给人语句反复的印象，书中不少意义相近、句式相同的语句重复出现，并以此为《老子》非一人一时之作的证据。参见武内义雄：《老子原始》，江侠庵主编：《先秦经籍考》，北京：国家图书馆出版社，2013 年。武内氏《老子》非一时之作说可以肯定，非一人之作说我们不敢苟同。

篇乃老子两篇各自独立的文章,并不作于同一时间,原本也非同一整体,最大的反证是《史记·老子列传》的记载:"老子修道德,其学以自隐无名为务。居周久之,见周之衰,乃遂去。至关,关令尹喜曰:'子将隐矣,强为我著书。'于是老子乃著书上、下篇,言道德之意五千余言而去,莫知其所终。"① 从"至关,关令尹喜曰:'子将隐矣,强为我著书。'于是老子乃著书上、下篇,言道德之意五千余言而去"看,司马迁《史记·老子列传》确实是认为《老子》"上、下篇""五千余言"是老子在函谷关为关令尹喜所迫一时写成的。

但这一记载并非实录,而近于小说家言。这一点从下文"盖老子百有六十余岁,或言二百余岁,以其修道而养寿也"②可知。哪有活"百有六十余岁"或"二百余岁"之人?故太史公用"盖""或"表示自己也有疑惑。又下文曰:"老子之子名宗,宗为魏将,封于段干。宗子注,注子宫,宫玄孙假,假仕于汉孝文帝,而假之子解为胶西王卬太傅,因家于齐焉。"③ 老子是春秋末期人,到汉文帝时已有300来年,从老子到假,只传了五代,人多不信。由此可知,《史记》关于《老子》成书的记载也是传言,不可尽信。不但《老子》,《史记》关于先秦其他诸子的记载也是如此。与帝王将相相比,先秦诸子的记载大多虚而不实,档案材料严重缺乏。所以,司马迁只能求诸口头传说。《史记》关于老子的记载与《老子》本文相比何者为重?我们认为《史记》的记载是二手材料,是外证;《老子》本文是一手材料,是内证。论证老子《道》《德》两篇的性质,还得以《老子》书为主,司马迁《史记》的记载只能作为参考。

综上所述,我们的结论是:《老子》一书由老子两篇单篇别行的文章构成,这两篇作品非成于一时,内容各有交叉而又各有特点。跟《论语》等近似,其篇名源于篇首一章的主题词。《道》篇首章称"道"如何如何,就名之为《道》;《德》篇首章称"德"如何如何,就名之为《德》。后人

---

① 司马迁:《史记》卷63《老子韩非列传》,第2141页。
② 司马迁:《史记》卷63《老子韩非列传》,第2142页。
③ 司马迁:《史记》卷63《老子韩非列传》,第2142-2143页。

将《道》《德》两篇结集成《老子》一书，才有了上、下篇之名。由于《道》《德》两篇本无上下先后之别，结集成《老子》一书时不同的人就有不同编法，或以《道》篇在前、《德》篇居后，或以《德》篇在前、《道》篇居后，所以就造成战国秦汉时期《老子》一书《道》《德》两篇上下不定的现象。懂得《道》《德》两篇原为老子"单篇别行"之作，《老子》一书非老子所编定的道理，就会明白：无论"《道》上《德》下"，还是"《德》上《道》下"，都不是老子所定，而是后人所为。老子的《道》《德》两篇原本就不存在"篇序"的问题。

《老子》首章新释

《老子》首章在《老子》思想研究中有着举足轻重的地位，历代讨论之作不胜枚举。但老实说，《老子》首章的本义至今还没有读懂，仍然还是一有待深究的问题。下面，本文试对《老子》首章的各句逐一讨论，并试图对其主旨作一辨析。不妥之处，敬请批评。

一、"上道"与"上名"

《老子》首章的第一段王弼（226—249）本作："道可道非常道名可名非常名。"[①] 帛书甲本作："·道可道也⌞非恒道也⌞名可名也⌞非恒名也。"[②] 帛书乙本作："■道可道也□□□□□□□恒名也。"[③] 北京大学藏西汉竹书本作："·道可道非恒道殹名可命非恒名也。"[④]

这一段的断句河上公本与帛书甲本同，后人虽有种种不同的标点，但要想推倒古人，也并不容易。

异文的问题则没有如此简单。首先是虚词。帛书甲本每句末尾都有"也"字，帛书乙本虽有残损，但从现有部分看，应该也是一样的。句尾的"也"

---

① 王弼：《老子道德经注》，武英殿聚珍本，《四部要籍注疏丛刊·老子上》，北京：中华书局，1998年。
② 国家文物局古文献研究室：《马王堆汉墓帛书〔一〕》，北京：文物出版社，1980年，《老子甲本及卷后古佚书图版》第93行。
③ 国家文物局古文献研究室：《马王堆汉墓帛书〔一〕》，《老子乙本及卷前古佚书图版》第218行上。
④ 荣新江：《国际汉学研究通讯》（试刊号），北京：中华书局，2009年。

字表示停顿语气，起到了断句的作用，这与帛书甲本的标点符号所起到的作用基本相同。王弼本、河上公本四句后都没有语气词"也"字，虽然简洁，但也给后人的胡乱标点开了方便之门。张政烺（1912—2005）说："帛书本《老子》上卷有尾题'德三千卌（四十）一'，下卷有尾题'道二千四百廿六'，相加即总字数，共5467字，这是关于《老子》字数的最早记录。古人取成数，所以说'五千言'。东汉张鲁所传'系师本'为了要符合'五千言'之数，想方设法压掉字数，除抹去兮乎者也等虚字外，还删掉不少关系比较大的字句，所以唐代的通行本多是4999字。"[①] 因此，帛书本的这些语气词"也"字，应该是被后人删去的。

北京大学藏西汉竹书本则处于两者之间，其分句后没有语气词，但复句后则有。其"道可道非恒道"后不用"也"而用"殹"，从其下文皆用"也"来看，当为借字。《古文苑·石鼓文》："汧殹沔沔。"章樵（？—1234前后）注："殹即也字，见《诅楚》及秦斤，下同。"段玉裁（1735—1815）《说文解字注》："秦人借为语词。……然则周秦人以'殹'为'也'可信。《诗》之'兮'字，偶《诗》者或用'也'为之，三字通用也。"朱珔（1769—1850）《说文假借义证》："案'甘'即'也'字。'殹''也'一声之转。"《睡虎地秦墓竹简·语书》："自从令、丞以下智而弗举论，是即明避主之明法殹，而养匿邪避之民。"马王堆汉墓帛书《经法·道法》："法者，引得失以绳，而明曲直者殹。"以"殹"代"也"是秦地、楚地的习惯。由此看来，北京大学藏西汉竹书本很可能为楚人所书。

《韩非子·解老》有引为："道之可道，非常道也。"是较各本又多出一"之"字。此一"之"字，虽然强调"道"与"可道"的领属关系，但也当是后人所衍。

实词的异同问题则更大。王弼本、帛书甲本的"名可名"，北大汉简本作"名可命"。"名"与"命"音义皆同，自然可以通用。但北大汉简本如此写，恐怕当是为了区别动词与名词的不同，有其深意焉。

[①] 张政烺：《座谈长沙马王堆汉墓帛书》，《文物》第9期，1974年，第48-49页。

最大的问题是以王弼本、河上公本为代表的今本系统的"常",在帛书甲本、帛书乙本、北大汉简本中都写作了"恒",无一例外。一般的解释是:"'恒''常'义同,汉时因避孝文帝刘恒讳,改'恒'字为'常'。"① 也就是说,"恒"为本字,"常"为汉文帝刘恒（前202—前157）以后改。

不过,《韩非子·解老》却说:"夫物之一存一亡,乍生乍死,初盛而后衰者,不可谓'常'。唯夫与天地之剖判也具生,至天地之消散也不死不衰者谓'常'。而'常'者,无攸易,无定理。无定理,非在于常所,是以不'可道'也。圣人观其玄虚,用其周行,强字之曰'道',然而可论。故曰:'道之可道,非常道也。'"这里,不但引文作"常",其说解还是屡屡称"常"。当然,人们也可以说,《韩非子·解老》的这些"常"字,并非先秦旧书的原貌,都是在流传的过程中,为后人所改。原因嘛,当然还是汉人避汉文帝刘恒的讳。

不管是作"常道""常名",还是作"恒道""恒名",古今的主流认识都是一致的。王弼注:"可道之道,可名之名,指事造形,非其常也。故不可道,不可名也。"释者认为:"'指事造形'指可识可见有形之事或物,非永存恒在也;'不可道'之'道','不可名'之'名',则永存恒在。"而"'恒道'谓永存恒在之道","'恒名'指永存恒在之名"。② 可见,所谓"常道""常名"与"恒道""恒名"意义上并无区别。

《老子》虽然号称《道德经》,但在以王弼本、河上公本为代表的今本系统里,却是不分篇的,没有《上经》《下经》或《道经》《德经》之别。《史记·老子韩非列传》记载:"于是老子乃著书上下篇,言道德之意五千余言而去。"宋人谢守灏（1134—1212）《混元圣纪》引《七略》:"刘向雠校中《老子》书二篇,……定著二篇,八十一章。《上经》第一,三十七章,《下经》第二,四十四章。"可见,司马迁（前145—前87年后）、刘向（约前77—前6）所见之《老子》是分为《上经》《下经》的。而北大汉简本《老子》也正是如此。其相当于帛书本《德经》第一章的第二简,其背面上端写有

---

① 高明:《帛书老子校注》,北京:中华书局,1996年,第221页。
② 高明:《帛书老子校注》,第221-222页。

"老子上经"四字；其篇末记："·凡二千九百册二"。其相当于帛书本《道经》第一章的第一简，背面上端写有"老子下经"四字，其篇末记："·凡二千三百三。"①而上述的所谓《上经》到了帛书《老子》中，则成了《德经》，所谓《下经》则成了《道经》。这些说明《老子》分上、下经或"德""道"名篇的传统应该很早，应该不会晚于战国，很有可能就反映了《老子》一书的早期面貌。②

原本《老子》的《上经》《下经》或《德经》《道经》两两对举的这一结构特点可以给我们以启发。王弼本的第三十八章，即北大汉简本的《老子下经》、帛书本的《德经》开篇就说："上德不德，是以有德；下德不失德，是以无德；上德无为而无以为；下德为之而有以为。"这里的"上德"与"下德"两两相对，"'上德'即最上之品德"③，当无疑义。

《老子·德经》开篇就说"上德"如何如何，是无意的，还是有意的？我倾向于后者。这一认识如能成立，我们对《老子·道经》开篇所谓"常道"内涵的认识就会有所突破。

笔者认为，正如《老子·德经》开篇就言"德"一样，《老子·道经》开篇言"道"正是点题。正因如此，这里的"常道"也当如《老子·德经》的"上德"一样，读为"上道"，训为"最上之道"。马王堆汉墓帛书《道原》："上道高而不可察也，深而不可则（测）也。"④《韩非子·八经》："故以一得十者，下道也；以十得一者，上道也。"可见，在先秦，"上道"也是成辞。

俞樾（1821—1907）很早就有了这样的意见。他说："'常'与'尚'古通。《史记·卫绾传》'剑尚盛'，《汉书》'尚'作'常'。《汉书·贾谊传》'尚

---

① 韩巍:《北京大学藏西汉竹书本〈老子〉的文献学价值》,《中国哲学史》第 4 期, 2010 年, 第 16-18 页。
② 这虽然在郭店楚简本《老子》得不到支持，但有相当一部分学者都认为郭店本是一个摘抄本，这从王弼本《老子》第六十四章的"为者败之，执者失之"至"以辅万物之自然，而不敢为"一段既见于其甲本又见于其丙本可以得到证明。
③ 古棣、周英:《老子通》上部《老子校诂》,长春:吉林人民出版社, 1991 年, 第 271 页。
④ 国家文物局古文献研究室:《马王堆汉墓帛书〔一〕》, 第 87 页。

惮，以危为安'，《贾子·宗首》篇'尚'作'常'。并其证也。尚者，上也。言道可道，不足为上道；名可名，不足为上名。即'上德不德'之旨也。河上公以上篇为《道经》，下篇为《德经》。《道经》首云：'道可道，非尚道。'《德经》首云：'上德不德。'其旨一也。"①这一意见，足以凿破混沌，可谓先得我心。

但俞樾的意见并没有引起重视，尤其是帛书甲、乙本《老子》出土以来。原因是帛书本、北大汉简本"常"作"恒"，人们都以"恒"为本字，遂下意识地否定了"恒道""恒名"读为"尚道""尚名"的可能，否定了《道经》篇首"道可道也，非恒道也；名可名也，非恒名也"与《德经》篇首"上德不德"之间的呼应关系。其实，"恒"既能与"常"通用，与"尚（上）"通用也自然不成问题。于省吾（1896—1984）《双剑誃管子新证》卷三"故曰法者不可恒也"条曰："按'恒'上脱'不'字是也。惟俞谓'恒'为'慎'字之误则非。'恒'本应作'常'，此汉人避讳所改。如'常山'亦作'恒山'、'田常'亦作'田恒'。此例古籍习见。'常''尚'古同字，金文'常'字通作'尚'。此谓'法者不可不崇尚也'。下云'故明王之所恒者二'，'此二者主之所恒也'，'恒'均应作'常'，读为'尚'。"②《管子》的此三"恒"字都当读为"尚"，帛书《道经》篇首的"恒道""恒名"自然也可读为"尚（上）道""尚（上）名"。所以，我们不能因为帛书甲乙本、北大汉简本的三"恒"字影响了对《老子》本身逻辑的理解。

治《老子》者，多将"道"视为其哲学的最高范畴。从《老子》首章"上道"与"上名"并称来看，"道"与"名"其实是相等的，视为最高范畴并不合适。韩愈（768—824）《原道》谓："仁与义为定名，道与德为虚位。"作为"虚位"的"道"，其内涵并不确定。因此，各家有各家的"道"，自然也有高低上下之分。

---

① 俞樾：《诸子平议》卷八，北京：中华书局，1954年，第143页。
② 于省吾：《双剑誃群经新证　双剑誃诸子新证》，上海：上海书店出版社，1999年，第233页。

二、"无"与"有"

《老子》首章的第二段王弼本作:"无名,天地之始;有名,万物之母。"帛书甲、乙本作"无名万物之始也有名万物之母也"。北京大学汉简本同,只是"无"写作了"無"。

以王弼本为代表的今本系"天地"二字,出土的三本都作"万物",而《史记·日者列传》所引《老子》也作"万物",这说明"万物"当是故书的面貌。其实,从王弼注"则为万物之始"看,王弼本原来也作"万物"[1],所谓的"天地",当为后人所改。

出土的三个本子都有"也"字,而以王弼本为代表的今本系统皆无,说明这两个"也"字当为故书原有。

《史记·日者列传》载宋忠有"此《老子》之所谓'无名者万物之始也'"说。王弼注:"凡有皆始于无,故未形'无名'之时,则为万物之始。及其有形'有名'之时,则长之,育之、亭之、毒之,为其母也。言道以无形'无名'始成万物,以始以成而不知其所以,'玄之又玄'也。"从"及其有形'有名'之时,则长之,育之、亭之、毒之,为其母也"看,其是以"有名"为读;从"未形'无名'之时,则为万物之始"看,其是以"无名"为读,与宋忠同。

河上公注也说:"'无名'者谓道,道无形,故不可名也。'始'者道本也,吐气布化,出于虚无,为天地本始也。'有名'谓天地。天地有形位阴阳,有柔刚,是其'有名'也。'万物母'者,天地含气生万物,长大成熟,如母之养子也。"

后来的注家,多本此说,以"无名""有名"为读。其理由近人蒋锡昌(1897—1974)说得很清楚:"按天地未开辟以前,一无所有,不可思议,亦不可名,故强名之曰'无名'。……迨天地既辟,万物滋生,人类遂创种种名号以为分别,故曰'有名'。质言之,人类未生,名号未起,谓之'无

---

[1] 马叙伦:《老子校诂》,北京:古籍出版社,1956年,第31页;蒋锡昌:《老子校诂》,上海:商务印书馆,1937年,第4页。

名';人类已生,名号已起,谓之'有名'。故'无名''有名',纯以宇宙演进之时期言。《庄子天地》:'泰初有无,无有无名。'此庄子以'无名'为泰初之时期也。'无名'为泰初之时期,则'有名'为泰初以后之时期也明矣。……三十二章'道常无名',二十五章'有物混成,先天地生;……吾不知其名,字之曰道',四十二章'道生一,一生二,二生三,三生万物',四十章'天下万物生于有,有生于无','道''无'二字与'无名'同为万物之始,可见'无'即'无名','无名'即'道'也。'有名''无名'为《老子》特有名词,不容分析。三十二章:'道常无名,……始制有名';三十七章:'吾将镇之以无名之朴';四十一章:'道隐无名'。"①

但晁公武(1105—1180)《郡斋读书志》却载宋人司马光(1019—1086)、王安石(1021—1086)"皆于'有''无'字下断句,与先儒不同"。他们的读法近代以来影响愈来愈大。高亨(1900—1986)说:"梁先生曰:'以"无"名彼天地之始,以"有"名彼万物之母。'亨按:先生之说是也。四十章曰:'天下万物生于有,有生于无。'即其明证。"②古棣(1919—2005)进一步指出:"《老子》书中,凡言'无名'者,都是说道本来没有名字,上引三处都是从道'无名'(没有名字)这方面说的;但是又要勉强地给它起名字,把它叫做'无'、叫做'有'。所以不能以彼例此;在此章如读作'无名''有名'就扞格不通了。'无名',怎么能成了万物的创始者?'有名'怎么成了万物的母亲?也不能说给它起个名叫'无名',起个字叫'有名',这于理难通。"③

梁启超(1873—1929)、高亨、古棣的意见是正确的。"天下万物生于有",所以以"有","名"彼"万物之母";"有生于无",所以以"无","名"彼"万物之始"。这里的"无"应该是宇宙的本体,是《老子》书中最高的哲学范畴。这一道理,在下面的文字里,更加清楚。

---

① 蒋锡昌:《老子校诂》,第 4-6 页。
② 高亨:《老子正诂》,上海:开明书店,1943 年,第 2 页。
③ 古棣、周英:《老子通》上部《老子校诂》,第 4-5 页。

三、"尚无"与"尚有"

《老子》首章第三段王弼本作:"故常无欲,以观其妙;常有欲,以观其徼。"帛书甲本作:"□恒无欲也以观其眇└恒有欲也以观其所噭。"帛书乙本作:"故恒无欲也□□□□恒又欲也以观亓所噭。"帛书甲、乙本两句"欲"后都有"也"字,而以王弼本为代表的今本系统则无。

自王弼、河上公以来,注家都是以"常无欲""常有欲"为读。而宋人司马光、王安石、苏辙(1039—1112)、范应元(南宋理宗年间人)、林希逸(1193—1271)、白玉蟾(1194—1229)等则以"常无""常有"为读,陈景元(1024—1094),明人释德清(1546—1623),清人杨文会(1837—1911),日人大田晴轩(明治年间),近人易顺鼎(1858—1920)、马叙伦(1885—1970)等同。其理由今人古棣之说可谓集大成。① 而俞樾虽以"常无""常有"断句,却将"常无""常有"读为"尚无""尚有",他说:"'常'字依上文读作'尚'。言尚无者欲观其微也,尚有者欲观其归也。下云'此两者同出而异名:同谓之玄',正承'有''无'二义而言。若以'无欲''有欲'连读,既'有欲'矣,岂得谓之'玄'乎?"② 这一反诘,抓住了《老子》的内在逻辑,可谓击中了以"常无欲""常有欲"为读的要害。但马王堆帛书甲、乙本其"无欲""有欲"后皆有"也"字,从字面上看,显然当读为:"故恒无欲也,以观其眇(妙)。恒有欲也,以观其所噭。"③ 这样,"常无""常有"的断句就遇到了帛书甲、乙本极大的挑战,当代学者们因而又多回到王弼注断句的老路上。④

笔者认为上述意见中,俞樾说最为有见。但也有一些值得补充的地方。

首先,此处的两"欲"字,当训为"可"或"能"。《国语·晋语四》:

---

① 古棣、周英:《老子通》上部《老子校诂》,第 6-13 页。
② 俞樾:《诸子平议》卷八,第 143 页。
③ 国家文物局古文献研究室:《马王堆汉墓帛书〔一〕》,第 10 页。
④ 许抗生:《帛书老子注译与研究》(增订本),杭州:浙江人民出版社,1985 年,第 138-139 页;高明:《帛书老子校注》,第 225-226 页;刘笑敢:《老子古今》,北京:中国社会科学出版社,2006 年,第 93-95 页。

"我欲击楚,齐、秦不欲,其若之何?"《左传·僖公二十八年》作:"我欲战矣,齐、秦未可,若之何?""齐、秦不欲"即"齐、秦未可",是"欲"与"可"义同。《韩诗外传》卷九:"上无明王,下无贤方伯,王道衰,政教失,强陵弱,众暴寡,百姓纵心,莫之纲纪。是人固以丘为欲当之者也。丘何敢乎!""欲当之者也",即"能当之者也","欲"义为能。《吕氏春秋·禁塞》:"无道与不义者存,是长天下之害而止天下之利,虽欲幸而胜,祸且始长。""虽欲幸而胜",即"虽能幸而胜"。《顺民》:"文王非恶千里之地,以为民请炮烙之刑,必欲得民心也。""必欲得民心也"即"必能得民心也"。所以,"故尚无,欲以观其妙;尚有,欲以观其徼"即"故尚无,可以观其妙;尚有,可以观其徼"。这里的两"欲"字,都不能训为"将",都是可、能的意思;所谓"欲以",都是能够以此、可以凭此之义。俞樾据唐景龙本,以为两"以"字当无。①显然有误。

王弼本的"徼"字,王弼注训为"归终",河上公注为"归",陆德明《经典释文》训为"边",蒋锡昌释为"求"。马王堆帛书甲、乙本都作"所噭",高明以为"徼"为本字,也依蒋训为"求"。②朱谦之(1899—1972)曰:"宜从敦煌本作'曒'。十四章'其上不曒',景龙本亦作'曒',是也。《一切经音义》……卷七十九、卷八十三引:'说文"曒"从日,敫声,二徐本无。'田潜曰:'案慧琳引《埤苍》"明也",《韵会》云"明也",未著所出。《诗》"有如曒日",《诗》传云:"曒,光也。"《说文》古本旧有"曒"字,后世或借用"皎"。"皎",月之白也,《诗》"月出皎兮"是也。或借用"皦",皦,白玉之白也,《论语》"皦如"是也。字义各有所属,"有如曒日"之"曒",碻从日,不从白也。'(《一切经音义》引《说文笺》卷七)经文'常无观其妙',妙者,微眇之谓,荀悦《申鉴》所云:'理微谓之妙也。''常有观其噭','曒'者,光明之谓,与'妙'为对文,意曰理显谓之曒也。"③其说是。王弼本的"徼"、帛书甲乙本的"噭",本字当从敦煌本作"曒"训

---

① 俞樾:《诸子平议》卷八,第 143 页。
② 高明:《帛书老子校注》,第 225-226 页。
③ 朱谦之:《老子校释》,北京:中华书局,1984 年,第 6-7 页。

为"明"。

"尚无，欲以观其妙；尚有，欲以观其所曒"，是说崇尚"无"，可以体悟到理之微妙；而崇尚"有"，则只可以观察理之显明，也就是表面。"尚无"与"尚有"两相对比，"尚无"远胜于"尚有"，其推崇"无"之主旨，跃然而出。

易顺鼎曰："按《庄子·天下》篇：'老聃闻其风而悦之，建之以常无有。''常无有'即此章'常无''常有'，以'常无''常有'为句，自《庄子》已然矣。"① 案：易说当本于由宋入元的丁易东。② 其云："以'有'字、'无'字绝句者，本于《庄子》。盖《庄子·天下》篇言'建之以常无有'者，正指此段'常无''常有'之说也。"③

丁易东此说影响颇大，今之"以'有'字、'无'字绝句者"多好援引。但丁氏之说，其实是对《庄子·天下》篇的误读。以《庄子·天下》篇"建之以常无有"为"建之以'常无''常有'"，有两大问题。一是不合语法。以"建之以常无有"为"建之以'常无''常有'"，很难找出先例，明显违反上古汉语的语言规律。二是违反《老子》的本意。如上所述，《老子》首章此段"尚无"与"尚有"两相对比，强调的是"尚无"而非"尚有"，用《周易·系辞传》的语言来说，是"天尊地卑"，而非"乾坤并建"。如果说"建之以常无有"是"建之以'常无''常有'"，显然不合《老子》的本意。因此，当另作别解。

笔者认为《庄子·天下》篇的"建之以常无有，主之以太一"当读为"建之以'尚无'，又主之以'太一'"。"有"与"又"互用，出土文献与传世文献例证颇多，此不烦举。所谓"常无"即"尚无"，"建之以'尚无'"正概括了《老子》首章此段之意。而"又主之以'太一'"，传统的说法皆未中的。李学勤认为郭店《老子》丙组与《太一生水》就是一篇，是"道

---

① 朱谦之：《老子校释》，第6页。
② 蒋锡昌：《老子校诂》，第8页；古棣、周英：《老子通》上部《老子校诂》，第7页。
③ 刘惟永：《道德真经集义》卷四引"石潭曰"，引自张继禹：《中华道藏》第12册，北京：华夏出版社，2004年，第316页。

家后学为解释《老子》所增入","荆门郭店楚简《老子》可能系关尹一派传承之本,其中包含了关尹的遗说"。① 这样,就给《庄子·天下》篇"关尹、老聃""又主之以'太一'"说找到了根据。所以,从《庄子·天下》篇来看,以"尚无"为读,言之成理。

以"无""有"为读,最大的问题是帛书甲、乙本"欲"后的两个"也"字。根据帛书甲、乙本,的确不能在"无""有"后断句。我们不能说是帛书的抄手抄错了,因为即使甲本抄错了,乙本也不会错。可见帛书甲、乙本"欲"后的两个"也"字渊源有自,其战国时期的祖本已经如此。

但文献学家严灵峰(1903—1999)、王叔岷(1914—2008)、古棣等为什么都坚持"无""有"为读,以帛书甲、乙本为误呢? 主要还是取决于《老子》的内在逻辑。只有去掉帛书甲、乙本的这两个"也"字,文本前后的思想才能贯通。

同时也要看到,在现行的《老子》各本中,帛书甲、乙本毕竟也只是其中最有权威的本子之一,不能说是唯一。如傅奕本是唐初傅奕主要依据北齐武平五年(574年)徐州项羽妾墓出土古本校定的,虽不免有后人改动,但大体可据范应元《老子道德经古本集注》所引傅奕本文字加以订正。傅奕本出自项羽妾墓,与帛书甲、乙本时间相当。② 皆无两"也"字。北大汉简本据说也没有这两个"也"字。③ 因此,我们不能说帛书甲、乙本就是唯一的选择。

高明自己就承认:"帛书《老子》甲、乙本在当时只不过是一般的学习读本,皆非善本。书中不仅有衍文脱字、误字误句,而且使用假借字也极不慎重。"④

最有趣的是今本《老子》第三十七章的"道常无为而无不为",在帛书

---

① 李学勤:《荆门郭店楚简所见关尹遗说》,《中国哲学》第20辑,沈阳:辽宁教育出版社,1999年,第161、164页。
② 《马王堆汉墓帛书〔一〕》卷末有《老子甲本乙本傅奕本对照表》,帛书整理小组在今本的诸多版本中,唯取傅奕本为代表与帛书甲、乙本对照,足以说明傅奕本的价值之高。
③ 整理者韩巍曾面告,特此致谢。
④ 高明:《帛书老子校注》,第5页。

《老子》的甲、乙本中，均作"道恒无名"；而第四十八章的"无为而无不为"六字，帛书甲本、乙本则全残。高明、郑良树都认为："老子谈'无为'，谈'无以为'，老子不谈'无不为'。"① 学界一时皆以帛书本为是，今本为误。但郭店简本出，其相当于今本第四十八章的乙组"为学日益"章赫然就有"亡为而亡不为"句。这一教训难道不值得汲取吗？②

所以，当帛书本与《老子》的内在逻辑发生矛盾时，我们应该优先考虑其内在的逻辑，要以能说清楚文本的思想为先。正确的态度应该是，既要极其重视帛书本但又不能唯帛书本是从。因此，尽管帛书甲、乙本两句"欲"后都有"也"字，我们还是要以"尚无""尚有"为句，将此段读为："故尚无，欲以观其妙；尚有，欲以观其所噭。"

四、"同"与"异"

《老子》首章第四段王弼本作"此两者同出而异名同谓之玄玄之又玄众妙之门"。河上公本、范应元本等同。帛书甲本作"两者同出异名同胃⌐玄之有玄众眇之[门]"。帛书乙本作"两者同出异名同胃玄之又玄众眇之门"。

王弼本与帛书本的差别主要在前两句上。谁是谁非，值得斟酌。笔者认为从逻辑上而言，王弼本应该胜过帛书本。

"两者"谓何？学人们见解不一。王弼注："'两者'，'始'与'母'也。"河上公注："'两者'，谓'有欲''无欲'也。"范应元注："'两者'，'常无'与'常有'也。"③ 王安石注："'两者'，'有''无'之道，而同出于道也。"俞樾曰："'此两者同出而异名：同谓之玄'，正承'有''无'二义而言。"④

---

① 高明：《帛书老子校注》，第421-425页；郑良树：《老子新校》（四），《大陆杂志》第58卷第4期，1979年。
② 廖名春：《〈老子〉"无为而无不为"说新证》，《中国哲学》第20辑，第148-159页。
③ 范应元：《老子道德经古本集注》，《四部要籍注疏丛刊·老子上》，北京：中华书局，1998年。
④ 俞樾：《诸子平议》卷八，第143页。

高亨曰："'两者'，谓'有'与'无'也。"① 张松如（1910—1998）云："细审文义，当是承上两句'其妙''其徼'而言，也就是说的无名自在之道的微妙与有名为我之道的运行这两个方面。或曰：'两者'径指'道'与'名'，即'恒道'与'可道'，或'无名'与'有名'，此义自可与'其妙''其徼'相通。"② 这些注释中，可信的应是俞樾和高亨说。

上文"故尚无，欲以观其妙；尚有，欲以观其所徼"，比较了"尚无""尚有"的高下，强调"尚无"远胜于"尚有"，突出"无"的重要。这里接着继续比较"无""有"的异同，揭示其价值的不同。"此两者同出而异名"是总说。"同出"即下文"同谓之玄"，是言"无""有"之同。"异名"是言"无""有"之不同，下文"玄之又玄，众妙之门"，是说"无""有"之异，也就是"无""有"价值不同之处。"有"虽然与"无""同谓之玄"，但"有"只是一般的"玄"，而"无"则是"玄之又玄，众妙之门"，远远胜过了"有"。因此，这一段话当标点为："此两者同出而异名：同谓之玄；玄之又玄，众妙之门。"

把握了这一段文字的逻辑思路，就会发现帛书本"两者同出异名同胃"之说有问题。"同胃"如果是"同谓""玄之又玄，众眇（妙）之门"，既看不出"无""有"之异，而且甲本"胃"字后还有断句标志"∟"，因此"同谓"与"玄之又玄，众眇（妙）之门"之间肯定不能连读。如果以"异名同胃"连读，则"异名"与"同胃"矛盾。因为既是"异名"，所"胃（谓）"就应当不"同"，而不应当"同胃（谓）"。因此，我们只能说帛书本"同胃（谓）"后有脱文，至少脱落了一个"玄"字。如果是"两者同出异名，同谓[玄]"的话，这些矛盾就自然消除了。从帛书甲、乙两本皆作"两者同出异名同胃"来看，这并非帛书抄手之误，而是其祖本的问题。应该早在战国时期，"玄"字就脱落了。其原因非常简单，第一个"玄"字本来应当是重文，作"玄 ="，后来重文符号"="被抄手抄漏了，"两者同出异

---

① 高亨：《老子正诂》，第 3 页。
② 张松如：《老子说解》，济南：齐鲁书社，1987 年，第 6 页。

名同胃玄＝之又玄众眇之门"就成了"两者同出异名同胃玄之又玄众眇之门"。少了一个"玄"字，"两者同出异名同胃"自然就不通了。不懂得这一点，盲目地送信帛书本，不敢正视帛书本的错误，绝不是科学的态度。

不过，帛书本的异文也自有用处。陈景元以"此两者同"为句，吴澄（1249—1333）、释德清同。严复（1854—1921）也说："'同'字逗，一切皆从同得。"高本汉（Klas Bernhard Johannes Karlgren，瑞典，1889—1978）更提出"同""名"为韵做根据。古棣本之。[①] 朱谦之曾经指出："惟'同出''异名'为对文，不应于'同'字断句。"[②] 但人多不信。帛书本作"两者同出异名"，无"而"字。刘殿爵（1921—2010）指出："这样便不可能以'字'为句，因为余下三字不能成句。"[③] 其说是也。

由此可见，《老子》首章是通过"无""有"的对比，论述"无"之重要。"无"，"名"彼"万物之始"；"有"，"名"彼"万物之母"。"无"重于"有"。"尚无"，可"以观其妙"；"尚有"，则只可"以观其所噭"。所以，"尚无"胜过"尚有"。"无"与"有"虽然"同谓之玄"，但"有"只是"玄"，而"无"则是"玄之又玄，众妙之门"。所以，"无"高于"有"。"无"乃是《老子》书中哲学的最高范畴、宇宙本体。这就是《老子》首章的题中之义，这就是《老子》首章的主旨。

---

① 古棣、周英：《老子通》上部《老子校诂》，第13-14页。
② 朱谦之：《老子校释》，第7页。
③ 郑良树：《老子新校》，台北：学生书局，1997年，第4页。

《老子》"尚仁"说辨证

长期以来学人们都认为儒家尚仁,老氏贵自然而不仁。但郭店楚简《老子》的出土,使此说受到了极大的冲击。

郭店楚简《老子》与帛书本、通行本《老子》在内容上有一个重要的不同,即帛书本、通行本中比较激烈地批评儒家仁义思想的话不见于楚简本。研究者由此认为,早期的儒道关系并不像后来那样对立。① 陈鼓应甚至提出,"老子不仅没有排斥仁义、孝慈的意思,反而是对仁义、孝慈在社会化的人际关系中采取肯定的态度"②,老子"尚仁",而"攘弃仁义"思想当出于"庄子后学"。③

老子是否不"排斥仁义"?是否"尚仁"?这是先秦学术史研究的重大问题,本文拟通过考释《老子》关键性的三段文字,对这一问题作一检讨。

一、"大道废,有仁义"章的本义

通行本第十八章"大道废,有仁义;智慧出,有大伪;六亲不和,有孝慈;国家昏乱,有忠臣",郭店楚简本作"古(故)大道發(废),安又(有)悬(仁)义;六新(亲)不和,安又(有)孝孳;邦家縉[乱],安又(有)

---

① 裘锡圭和陈鼓应都有近似的说法,见王博:《美国达慕思大学郭店老子国际学术讨论会纪要》,《道家文化研究》第17辑,北京:生活·读书·新知三联书店,1999年,第6-7页;李存山《从郭店楚简看早期道儒关系》(《道家文化研究》第17辑)也有相似的观点。
② 陈鼓应:《先秦道家之礼观》,《哲学门》第一卷第二册,武汉:湖北教育出版社,2000年。
③ 陈鼓应:《从郭店简本看老子尚仁及守中思想》,《道家文化研究》第17辑,第72页。

正臣"。① 与通行本、帛书甲本、帛书乙本等比较，主要是少了"智慧出，有大伪"句。

裘锡圭先生认为，此句应是在简本之后的时代添加进去的，并非《老子》原本所有。老子并未以仁义、孝慈与大伪相提并论。②

池田知久也说："可以确证的是这六至七个字绝非竹简保存状态恶化等原因导致的残缺。笔者推测，并非经抄写者之手时有意识或无意识地将其抄落，难道不是著者原文最初就不存在这一段吗？因为没这六至七个字的第十八章，更体现着古朴自然性。"③

陈鼓应更发挥说，如果我们删除后人妄添的"智慧出，有大伪"这一句话，从整章的结构来看，可以看出"大道"是寄寓了老子理想中最完美的状况，在一个大道流行的自然状态中，仁义本就蕴含在大道里，正如孝慈蕴含在六亲和睦、忠臣蕴含在国家安泰的情境中，但如果这个和调的状态发生变化，以致六亲不和、国家昏乱，那么孝慈和忠臣反显得特殊而难能可贵了。而所谓"大道废，有仁义"，它正面的意思是在原本的状态中，仁是以一种和谐方式自然地融合在大道之中，如鱼之"相忘于江湖"，因此无须将仁义、孝慈的伦理关系予以外化而特别加以彰显。反之，只有在理想状态失衡、社会秩序丧失了它维系伦理的功能，以致六亲失和的状态下，孝慈和仁义等德性才会如雪中送炭般显得特别珍贵。总之，自郭店楚简本来看十八、十九章，老子不仅没有排斥仁义、孝慈的意思，反而是对仁义、孝慈在社会化的人际关系中采取肯定的态度。④

笔者认为，"智慧出，安有大伪"句，到底是后出，还是《老子》原本所有，是一个值得讨论的问题。

一般而言，楚简本早，而帛书甲本、帛书乙本、王弼本晚，说后出是有理由的。但是，《老子》是韵文，从用韵考虑，此句非有不可。依楚简本，

---

① 荆门市博物馆：《郭店楚墓竹简》，北京：文物出版社，1998年，第121页。
② 裘锡圭：《郭店老子简初探》，《道家文化研究》第17辑，第43页。
③ 池田知久：《尚处形成阶段的〈老子〉最古文本》，《道家文化研究》第17辑，第180页。
④ 陈鼓应：《先秦道家之礼观》。

"义"和下句的"孳（慈）",一为歌部,一为之部,并不押韵,是不正常的。如有"智慧出,安有大伪"句,则"义"和"伪"为韵,皆属歌部。"孳（慈）"和"臣"为韵,之真合韵。还要细分的话,则"废"和"出"为韵,月物合韵;"和"和"乱"为韵,歌元通韵。整个四句,皆为交韵。其中之真合韵,虽非多见,但文献中也不乏其证。如"囟"本真部字,"囟"声之"思","思"声之字如"总"入之部;"謷",语巾切,真部字,又读若"憖",而"憖"从"来"声,"来"隶之部;"恛"读若"沔",真部字,而"恛"从"弭"声,"弭"从"耳"声,"耳"隶之部;"宰",之部字,从"宀"从"辛",严可均谓"辛"亦声,而"辛"隶真部。又,"丝"省声之"兹"与从二"玄"之"兹",经典多通用,非仅以形似,实亦音可通转故也。[①]

由此可知,楚简本当是抄漏了"智慧出,安有大伪"句,帛书甲本、帛书乙本、王弼本等有此句,当反映了"《老子》原本"的面貌,绝非衍文。

《老子》这一段话里的"仁义",到底是贬义还是褒义,也颇值得探讨。

楚简本"大道鼗（废）,安又（有）悥（仁）义"前之"古"字,帛书甲、乙本作"故",而通行本等则无。从简文看,"古"前没有任何分章符号。从内容看,"大道废,安有仁义"与上文"大上,下知有之;其次,亲誉之;其次,畏之;其次,侮之"相应。"大道"即"大上"治世之道,"仁义"即"其次",亦即衰世之道。两者原为一体,本系一章,用"古（故）"正体现了这种相承关系。后人不理解简文的这一内在联系,将其硬分为两章,删去了"故"字,显然是错误的。

懂得楚简本"大道废,安有仁义"一段是接"大上,下知有之;其次,亲誉之;其次,畏之;其次,侮之。信不足,安有不信"段而来的,根据两段话意义的对应关系,我们就能确定其对"仁义"的态度。

"信不足"相当于"大道废","安有不信"相当于"安有仁义"。同理可知,楚简本这里的"仁义",相当于上文的"不信",显然是贬义。下文的"六

---

① 说见孙雍长:《老子韵读失误指例》,《中国语言学报》第9期,北京:商务印书馆,1999年,第216-217页。

新（亲）不和，安又（有）孝孚；邦家緍[乱]，安又（有）正臣"也是一样，"孝孚""正臣"都属于"不信"一类，都是贬义。所以，就是没有"智慧出，安有大伪"句，从楚简上文的"信不足，安有不信"，也能看出简文对"仁义"采取的是贬低而非"肯定"的态度。

通行本三十八章所谓"失道而后德，失德而后仁，失仁而后义"说，虽然不见于楚简本，但贵道德而贬仁义，逻辑与此也是一致的。

《淮南子·本经》："古之人，同气于天地，与一世而优游。当此之时，无庆贺之利，刑罚之威，礼义廉耻不设，毁誉仁鄙不立，而万民莫相侵欺暴虐，犹在于混冥之中。逮至衰世，人众财寡，事力劳而养不足，于是忿争生，是以贵仁。仁鄙不齐，比周朋党，设诈谞，怀机械巧故之心，而性失矣，是以贵义……是故德衰然后仁生，行沮然后义立……知道德，然后知仁义之不足行也。"应该也是对这一思想的阐释。

《淮南子·齐俗》《俶真》："仁义立而道德废矣。"《文子·上礼》："性失然后贵仁义，仁义立而道德废，纯朴散而礼乐饰，是非形而百姓眩，珠玉贵而天下争。"也是本于《老子》"大道废，安有仁义"说的阐发。

所以，无论从楚简文本的内证，还是从其他的外证来看，说"大道废，有仁义"章不是排斥仁义反而是肯定仁义，是完全站不住脚的。

二、"天地不仁"章的有无

郭店甲本第二十三简与帛书甲本、帛书乙本及王弼本等比较，"天地之间"前无"天地不仁，以万物为刍狗；圣人不仁，以百姓为刍狗"四句。论者就以此为《老子》原本不排斥仁义之证①，是大有问题的。

从用韵的角度说，楚简上文"大""漝（折）""連（转）""反""大""大""大""大""大""堕（地）""肰（然）"为韵，属歌月元通韵；这里"勿（间）""漝（折）"为韵，属元韵，应该是一体的。如插入"天地不仁，以万物为刍狗；圣人不仁，以百姓为刍狗"四句，用韵的连续性就被打断了。

---

① 李存山：《从郭店楚简看早期道儒关系》，《道家文化研究》第17辑，第425页。

因此，楚简本这里无"天地不仁，以万物为刍狗；圣人不仁，以百姓为刍狗"四句，当为《老子》故书的原貌。

但是，楚简"天地之间"前无"天地不仁，以万物为刍狗；圣人不仁，以百姓为刍狗"四句，并非说这四句就非《老子》故书所有，它还有在《老子》其他处的可能。

前贤多有这四句另属他章的意见。

陈柱："'天地不仁，以万物为刍狗；圣人不仁，以百姓为刍狗'二句当在第二章。"

马叙伦："陶绍学谓此下当别为一章，谂义，陶说是也。"①

严灵峰："疑以下各句，与此文不相应；故移他章。"②

高亨："上四句为一段，与下文不相连属。"③

今人彭浩也说："值得注意的是，《文子·自然》引《老子》仅有'天地不仁……以万物为刍狗'。……它们并无'天地之间……动而愈出'四句。《群书治要》（日本天明本）引《老子》同《文子·自然》引文。……这不是一种偶然的巧合，说明今本《老子》第五章的文字，原本并非在同一章中，'天地之间，其犹橐籥乎，虚而不屈，动而愈出'四句是一个独立的部分。简本的这四句接在'人法地……道法自然'后，进一步阐明天、地、人之间的关系，衔接自然，文意连贯、顺畅。"④

从帛书甲本、帛书乙本到王弼本、河上公本、景龙碑本、傅奕本、范应元本以及《文子·自然》引《老子》都有"天地不仁……以百姓为刍狗"四句，说明从秦汉以来的各种《老子》版本都有这四句并非偶然，其来源应追溯到战国。不能说郭店楚简本无，战国时期的《老子》皆无。郭店楚简虽然有三种不同的《老子》抄本，但由于它们都是残本，都是不全之本，"天地不仁"四句恰好在残去的部分，这种可能性，是不能排除的。因此，

---

① 马叙伦：《老子校诂》，北京：古籍出版社，1956年，第41页。
② 严灵峰：《道家四子新编》，台北：商务印书馆，1968年，第114页。
③ 高亨：《老子注释》，郑州：河南人民出版社，1980年，第29页。
④ 彭浩：《郭店楚简〈老子〉校读》，武汉：湖北人民出版社，2000年，第48-49页。

我们只能说残存的郭店楚简《老子》没有"天地不仁"四句，而不能说郭店楚简《老子》本来就没有这四句。

《老子》中"刍狗"二字只见于此四句。宋人夏竦撰《古文四声韵》卷第一第二十四页收有《道德经》的"刍"字，其卷第三第二十八页又收有《古老子》的两个"狗"字。① 可见夏竦所见《道德经》和《古老子》的两个古文《老子》本子中，也是有"天地不仁"四句的。

徐在国、黄德宽通过对传抄《老子》古文的系统整理以及与郭店楚简《老子》及其他出土古文字资料的对照，证明历史上流传的《老子》古文，绝非向壁虚造，它们是渊源有自的，多数来自战国时代的《老子》写本。②

李学勤先生曾指出，所谓"古《老子》"，当指北齐武平五年（574 年）彭城人开项羽妾冢所得的《老子》。唐代傅奕的《道德经古本篇》即校定该本。项羽楚人，其妾墓中的《老子》也很可能是用楚文字写成的。③

这些说明夏竦所见《道德经》和《古老子》，都是战国古文，甚至是用楚文字写成的，说它们是"战国时代的《老子》写本"，当属可信。

"刍"字甲骨文作"𮬨"（甲九九〇）、"𮬩"（佚六八三），金文作"𮬪"（散盘），从"又"，从"艹"，会以手割"艹"之意。战国文字"又"旁讹作"ョ""ヨ"，小篆"又"旁讹作"𠃌"④，因而有"𮬫"（包山楚简）、"𮬬"（古玺）、"𮬭"（《说文·艹部》）、"𮬮"（睡虎地秦简）、"𮬯"（帛书《老子》甲本）、"𮬰""𮬱"（汉印）等写法，以致《说文》称："刍，刈艹也。象包束艹之形。"《古文四声韵》所收《道德经》的"刍"字作"𮬨"，其所从之"又"旁，与甲骨文、金文同。而包山楚简、古玺以及秦汉文字中，"又"已讹变为"ヨ"，显然要晚一些。由此可推知，《古文四声韵》所收之《道德经》写本，早到战国是很有可能的。从包山楚简"刍"写作"𮬫"看，《古文四声韵》所收之《道德经》写本，也不一定晚于郭店楚简本。

---

① 夏竦:《古文四声韵》，李零、刘新光整理本，北京：中华书局，1983 年，第 12、48 页。
② 徐在国、黄德宽:《传抄老子古文编说》，《"中央研究院"历史语言研究所集刊》第七十二本第二分；徐在国、黄德宽编著:《古老子文字编》，合肥：安徽大学出版社，2007 年，第 441 页。
③ 李学勤:《郭店简与儒家经典》，《人民政协报》1998 年 8 月 3 日。
④ 何琳仪:《战国古文字典——战国文字声系》，北京：中华书局，1998 年，第 388 页。

《古文四声韵》所收之《道德经》和《古老子》写本皆有"天地不仁"四句的事实，说明以残存的郭店楚简《老子》无"天地不仁"四句来证明《老子》原本无"不仁"说，很不可信。

三、"与善仁"的异文

老子"尚仁"说的唯一依据是今本第八章的所谓"与善仁"。陈鼓应"在达大研讨会上，曾举今本第八章的'与善仁'，来说明老子肯定仁"①，认为"与善仁"之义是"强调人与人间的相互交换要重视'仁'"②，但此说的立论基础很成问题。

清人严可均指出："'善人'，各本作'善仁'，古字通。"朱谦之案："王羲之本亦作'人'。"③ 景龙碑本、傅奕本、赵孟頫本、庆阳本④、邓锜本、李嘉谋本⑤，"仁"字皆作"人"。《道藏》本河上公章句也作"人"。⑥ 因此，从传世各本看，"《老子》原本是否用'仁'字还难以肯定"。⑦ 将老子"尚仁"说的基础建立在这样的传世文献基础上，是非常危险的。

从出土文献看，老子"尚仁"说更是无中生有。

郭店楚简没有"上善若水"这一章，其作"仁"还是作"人"自然无从得知。

帛书《老子》甲本这几句作"居善地心善瀟∨予善信∨正善治∨事善能蹱善时∨"⑧，马王堆帛书整理小组认为"此脱三字"。⑨ 故高明标点为："居

---

① 裘锡圭：《郭店老子简初探》，《道家文化研究》第17辑，第44页。
② 陈鼓应：《先秦道家之礼观》。
③ 朱谦之：《老子校释》，北京：中华书局，1984年，第32页。
④ 高明：《帛书老子校注》，北京：中华书局，1996年，第256页。
⑤ 古棣、周英：《老子通》上部《老子校诂》，长春：吉林人民出版社，1991年，第187页。
⑥ 王卡点校：《老子道德经河上公章句》，北京：中华书局，1993年，第31页。
⑦ 裘锡圭：《郭店老子简初探》，《道家文化研究》第17辑，第44-45页。
⑧ 国家文物局古文献研究室编：《马王堆汉墓帛书〔一〕·老子甲本及卷后古佚书图版》，北京：文物出版社，1980年，第105-106行。
⑨ 国家文物局古文献研究室编：《马王堆汉墓帛书〔一〕·老子甲本及卷后古佚书释文》注释〔一六〕，第14页。

善地，心善潚（渊），予善，信，正（政）善治，事善能，蹱（动）善时。"①依此说，帛书《老子》甲本是抄手抄漏了"天言善"三字。严灵峰说："此'善'字七句，考与全书文例不合；盖老子文，凡对偶三字句，多系偶数，殊少奇数。……故'与善仁'句，疑系错简复出，当删。"②郑良树看到帛书《老子》甲本后，认为严说"或可考虑"。③依此说，帛书《老子》甲本此处本无脱漏，"与善仁"或"与善人""予善天"本来就不见于帛书《老子》甲本。帛书《老子》甲本这一段的真相究竟如何，恐怕还是要看帛书乙本。

帛书乙本此句既不作"仁"，也不作"人"，而是作"天"。④马王堆帛书整理小组认为"范应元注'称物平施'，亦即'予善天'之意"。⑤是以范应元注"称物平施"来证明乙本作"天"不误。

黄钊进一步发挥："予善天"，意为施与善于仿效天道，一视同仁，平均对待。在老子看来，"天"是善于给予的，第七十六章所谓"天之道，其犹张弓也……天之道，损有余而补不足。"这正是天之"善予"的表现。可见"予善天"正合老旨。⑥

高明也指出："近年内出版之《老子》注译，此经文多从今本，将帛书甲、乙本改作'与善仁'。窃以为'予'字和'与'词义虽同，而'天'字与'仁'意义迥别。问题未待深研，即随意改动帛书经文，则不可取。……经文所谓'予善天'，犹言水施惠万物而功遂身退好如天。且经文多韵读，'心善渊，与善天，言善信'，'渊''天''信'皆真部字，谐韵。今本作'与善仁'者，'仁'乃'天'之误，或为后人所改。"⑦

这些意见，基本上都是正确的，下面稍作补充。

---

① 高明：《帛书老子校注》，第 255 页。
② 严灵峰：《老子达解》，台北：华正书局，1979 年，第 39-40 页。
③ 郑良树：《老子新校》，台北：学生书局，1997 年，第 32 页。
④ 国家文物局古文献研究室编：《马王堆汉墓帛书〔一〕·老子乙本及卷前古佚书图版》223 行上。
⑤ 国家文物局古文献研究室编：《马王堆汉墓帛书〔一〕·老子乙本及卷前古佚书释文》注释〔七〕，第 98 页。
⑥ 郑良树：《老子新校》，第 30 页。
⑦ 高明：《帛书老子校注》，第 256-257 页。

帛书乙本作"天",帛书整理小组、黄钊、高明皆认为其有深意,值得重视。《庄子·天地》"无为为之之谓天",《淮南子·原道》:"所谓天者,纯粹朴素,质直皓白,未始有与杂糅者也。"《庄子·在宥》"广成子之谓天矣",郭象注:"天者,自然也。"《庄子·山木》"有人,天也;有天,亦天也",郭象注:"凡所谓天,皆明不为而自然。"《荀子·解蔽》"庄子蔽于天而不知人",杨倞注:"天,谓无为自然之道。""予善天",是说施与以"天"为善,也就是说施与以无为自然为善,目的要"纯粹朴素",不能搀杂杂念。上文"居善地"是说立身以柔顺卑下为善①,此以"天"与其"地"相应,也是说得过去的。如将帛书乙本的"天"依今本改作"人","与善人",说施与以"人"为善,意义就不清楚了。改作"仁","与善仁",说施与以"仁"为善,也颇费词。因为"施与"本来就是帮助别人,本来就是爱人的表现,再说以"仁"为善,属于循环论证。帛书乙本"予(与)善天",则是强调"施与",帮助别人,要以无为自然为善,既不能心怀杂念,也不能矜功傲人。孟子云:"一箪食,一豆羹,得之则生,弗得则死,呼尔而与之,行道之人弗受;蹴尔而与之,乞人不屑也。"(《孟子·告子上》)"施与"也是要讲究动机和方法的,而"天",无为而自然,就是最好的动机和方法。当然,"与善仁"也可读为"举善仁",这样,就是"举"以"仁"为善。也可读为"兴善仁"②,这样,就是"兴"以"仁"为善。但比较而言,还是帛书乙本的"予(与)善天","施与"以无为自然为善说更符合老子的思想。由此可知,帛书乙本的"天",才该是老子的本字。

帛书乙本的"天"后来为什么又写作了"仁"或"人"?值得思考。高明的"'仁'乃'天'字之误,或为后人所改"说③,可备参考。

笔者揣测,"天"有可能是先形讹为"人",再被假借为"仁"。《说文》:"天,颠也。至高无上,从一、大。"王国维《观堂集林》:"古文天字,本象人形。……本谓人颠顶,故象人形。……天字于大上加一,正以识其在

---

① 《荀子·儒效》:"至下谓之地。"《礼论》:"地者,下之极也。"
② 陈鼓应:《先秦道家之礼观》。
③ 高明:《帛书老子校注》,第 257 页。

人之首。"① 《古文四声韵》所收《古老子》的"人"字作"󰀀"②，与"天"字古文"󰀀"下半同。疑"人"是"天"的残文。抄手因形近将"天"抄成了"人"，"人"与"仁"常互用，故又被转抄为"仁"。

据谢守灏《老君实录》，傅奕本来自"齐武平五年，彭城人开项羽妾冢得之"之"项羽妾本"。③ "特点是他比其他传本保存了较多的古言和古句"，故"马王堆帛书整理组校勘帛书《老子》即选用此书"。④ 其号称"古本"，较之其他传本距离帛书《老子》甲、乙本最近。帛书乙本此处"天"字作"人"而不作"仁"，当是"人"较"仁"早出的证明。如果"仁"字早出，其与"天"字形体距离太远，抄手是不会把"仁"字错抄成"天"字的。如果此说可信，就只能认定"仁"字晚出了。

不过，比较之下，"天""仁""人"三字通假的可能性更大。它们古韵都属真部，声母虽有透、日之别，但皆为舌音，相当接近。《史记·西南夷列传》："从东南身毒国。"裴骃《集解》："《汉书音义》曰：'一名天竺，则浮屠胡是也。'"⑤ 《汉书·西南夷两粤朝鲜传》："曰：从东南身毒国。"颜师古注："(身毒)即天竺也。"⑥ 是"天"与"身"通用之证。而郭店楚简中"仁"字则写作"㤥"⑦，从"人"之"仁"字，又可从"身"，是"人"与"身"通用之证。所以，"天""仁""人"三字音近互用是完全可能的。⑧ 虽然我们难以据此确定它们孰先孰后，但从《老子》"道法自然"的思想性格推论，从作"天"的帛书乙本早于作"仁"字的通行本考虑，我们还是倾向于"天"当是本字，"仁""人"都当是后起的借字。

今本《老子》第八章的所谓"与善仁"既然原当依帛书乙本作"与善

---

① 王国维：《观堂集林》卷第六《释天》，北京：中华书局，1959 年，第 282-283 页。
② 夏竦：《古文四声韵》，李零、刘新光整理本，第 16 页。
③ 国家文物局古文献研究室编：《马王堆汉墓帛书〔一〕·乙本及卷前古佚书释文》注释〔三九〕，第 99 页。
④ 高明：《四部要籍注疏丛刊〈老子〉·前言》，北京：中华书局，1998 年，第 12 页。
⑤ 司马迁：《史记》，北京：中华书局，1959 年，第 2995-2996 页。
⑥ 班固撰，颜师古注：《汉书》，北京：中华书局，1962 年，第 3841 页。
⑦ 如上文所举郭店《老子》"安又㤥义"句，见荆门市博物馆：《郭店楚墓竹简》，第 121 页。
⑧ 此一意见为李锐所提出，特此致谢。

天",老子"尚仁"说的唯一依据也就自然消解了。再来说老子"尚仁""肯定仁",也就无从谈起了。

所以,从上述三章的考证看,说老子不"排斥仁义""尚仁""肯定仁",只能说是无视文献、曲解老子精神的"一厢情愿",绝非先秦的历史事实。

本文第三节原有疏忽,蒙匿名审稿者指出,得以纠正,特此感谢。

第五编

《礼记》

《大学》篇四考

现存儒学经典，原载于《小戴礼记》的《大学》篇，作为"四书"之首，无疑影响最大。但老实说，《大学》篇有些基本问题，学术界尚存疑义，难成定谳。在讲儒学、讲国学蔚为风气的当今，我们在言必称"修齐治平"的同时，读懂《大学》经、传本文，尽可能地解决其疑难和有争议的问题，应该是《大学》研究的首选。笔者以前曾著文探讨过《大学》篇的"慎独""听讼，吾犹人也""汤之盘铭"等问题。① 现不嫌浅陋，再就"大学""皆自明也'"无所不用其极""自谦"等四处疑难试为讨论。抛砖引玉，希望大家批评。

一、"大学"名义考

《大学》篇以"大学"名篇，但"大学"的含义，各家之说颇有不同。

东汉郑玄（127—200）《礼记目录》云："名曰《大学》者，以其记博学，可以为政也。"唐人孔颖达（574—648）疏："此《大学》之篇，论学成之事，能治其国，章明其德于天下。"② 今贤任铭善（1912—1967）说："据郑、孔义，是'大学'者，博学之谓。盖此'大'字，犹《易》'大有众''大有庆'之'大'，谓大之也。"③ 依此说，"大"是使动词，"大学"就是使"学""大

---

① 详见以下三文：廖名春：《"慎独"本义新证》，《学术月刊》2004年第8期；廖名春：《〈论语〉"听讼"章与〈大学〉篇的误读》，《社会科学战线》2014年第6期；廖名春：《〈大学〉篇"汤之盘铭"新释》，《国学学刊》2015年第2期。
② 孔颖达：《礼记正义》，《十三经注疏》本，北京：中华书局，1980年，第1673页。
③ 任铭善：《礼记目录后案》，济南：齐鲁书社，1982年，第90页。

之",也就是使"学"广博,使"学"广大,使"学"大成。

南宋朱熹(1130—1200)却认为:"大学者,大人之学也。"① 什么是"大人之学"?朱子有进一步的解释:"古之为教者,有小子之学,有大人之学。小子之学,洒扫、应对、进退之节,诗、书、礼、乐、射、御、书、数之文是也。大人之学,穷理、修身、齐家、治国、平天下之道是也。此篇所记皆大人之学,故以'大学'名之。"② 依此说,"大"是名词,指"大人"。"大学",就是大人们所要学习的内容,也就是"穷理、修身、齐家、治国、平天下之道"。而"小子之学","洒扫、应对、进退之节,诗、书、礼、乐、射、御、书、数之文",则不包括在内。

明清以来,以"大学"为"太学"者也不少。比如王夫之(1619—1692)就说:"'大小''太少'古通用。如'大宰'一曰'太宰','小宰'一曰'少宰'之类,不以老稚巨细分也。'大学'之对'小学'而得名,虽程、朱未之易也。'小学'为童子之学,'大学'为成人之学。是'小学'为少学,而'大学'为太学矣。"③ 李光地(1642—1718)也说:"其实'大学'者,太学也。今人于《周官》'小司马''小司寇'等皆知读'小'为'少',却不知'大司马''大司寇'等亦常读'大'为'太'也,如'大宰'之为'太宰','小宰'之为'少宰',其显然者,则'大学'之为'太学','小学'之为'少学'明矣。"④ 现今的《中国教育史》一类著作多认定"《大学》是儒家论大学教育"的著作⑤,其说也本于"太学"说。依此,"大学"就是一专有名词,是一高层次的教育机构了。

以上三说虽言之成理,持之有据,但都有不够周延、难以服人之处。

比如朱熹以"大学"为"大人之学",明人王廷相(1474—1544)、高

---

① 朱熹:《四书章句集注·大学章句》,北京:中华书局,1983年,第3页。
② 朱熹:《晦庵先生朱文公文集》卷第十五《经筵讲义》,《四部丛刊》初编集部,北京书同文公司电子版,2009年。
③ 王夫之:《船山全书》第六册《四书稗疏·大学》,长沙:岳麓书社,1998年,第17页。
④ 李光地著,陈祖武点校:《榕村语录 榕村续语录》上册,北京:中华书局,1995年,第6页。
⑤ 毛礼锐、沈冠群主编:《中国教育史》第一卷,济南:山东教育出版社,1985年,第400页;孙培青主编:《中国教育史》,上海:华东师范大学出版社,1992年,第155页。

拱（1513—1578）就颇不以为然。王廷相说："古人论小学，如农圃、医卜、历象、干支之类，非谓八岁入小学也。大学即诗、书、礼、乐、修、齐、治、平之道，故六乡三岁大比，宾与贤能而进于天子之大学，盖德行道艺之纯者。若学其大，则自八岁至十五，其学非有二本。后世乃将年之大小歧而二之，非古人之义矣。"高拱赞曰："兹言良是。"[①] 这是说，"小学，如农圃、医卜、历象、干支之类"，并非"小子之学"，也是"大人之学"。"诗、书、礼、乐、修、齐、治、平之道"的"大学"，并非"大人"所专，也应当"自八岁至十五"学起，也当为"小子"所"学"。最为明显的，莫过于《大学》之书，朱熹认为它是"大人之学"，但又引"子程子曰"，以为它是"初学入德之门也"。[②]事实上，汉人启蒙教育，主要是传授《孝经》和《论语》。[③] 这两部书的难易程度，与《大学》相近。后来人们读书也是如此，先学《三字经》，再读"四书"，最后才读"五经"。作为"四书"之首的《大学》，本来就是"初学"之书，怎能说是"大人之学"呢？所以，从《大学章句》所引"子程子'之说看，朱熹的"大人之学"说也是不能成立的。

"太学"说更难以服人。不论是明德、自新，以至善为止归，还是格物、致知、诚意、正心、修身、齐家、治国、平天下，固然是"太学"所学的内容，但也不可能只局限于"太学"，应该更具有普遍性。如果"太学"是"王官"之学，是高层次的教育机构，难道乡国之学、私塾、低层次的教育机构就只能讲"洒扫、应对、进退之节，诗、书、礼、乐、射、御、书、数之文"，就不能讲"修、齐、治、平之道"？更何况"诗、书、礼、乐"之类的学问，"太学"也绝不可能不讲。所以，以"大学"为"太学"、为高层次的教育机构，实在是低估了《大学》篇的普世价值。

"博学"说突出了《大学》篇"治""平"的一面，但偏离了其"以修身为本"的主题。整个《大学》篇，讨论的其实是何谓善学的问题。它告诉我们：所谓善学，一是目标要明确，这就是"在明明德，在亲民，在止

[①] 高拱著，流水点校：《高拱论著作四种·问辨录》，北京：中华书局，1993年，第94页。
[②] 朱熹：《四书章句集注·大学章句》，第3页。
[③] 详见张鹤泉：《东汉时代的私学》，《史学集刊》1993年第1期，第54页。

于至善",所谓"三纲领";二是方法要得当,先后、主次要分明,这就是"自天子以至于庶人,壹是皆以修身为本"。表面上说"修""齐""治""平",实质是由内而外,"以修身为本"。懂得了《大学》篇的主旨,就知道"大学"其实就是"善学","大学之道"就是"善学之道"。朱子所谓"三纲领""八条目"是"大学之道",也就是"善学之道"的具体内容。

"大"有善义、高明义,其他文献也有佐证。《周易·系辞传上》:"探赜索隐,钩深致远,以定天下之吉凶,成天下之亹亹者,莫大乎蓍龟。"唐陆德明(550—630)《经典释文》本"大"作"善"。[①]《孟子·梁惠王下》:"大哉言矣!"杨伯峻(1909—1992)译为:"您的话真高明啊!"[②] 金良年译为:"说得好!"[③] 显然也是以"大"义为善、为高明。《礼记·礼运》"是谓大假",朱彬(1753—1834)训纂:"大,善也;大假,犹言善福。"[④] 所以,"大"有善义、高明义并不奇怪。

由此可见,《大学》篇的"大学"既非"博学",亦非"大人之学",更不可能是"太学",其内涵应该是"善学","大学之道"就是高明的为学之道。"在明明德,在亲民,在止于至善","大学之道"善在立意高远;由内而外,由近及远,"以修身为本",再求"齐家""治国""平天下","大学之道"高在方法得宜。懂得这一点,才能说是读懂了《大学》。

二、"皆自明也"与"无所不用其极"考

"无所不用其极"现在已成为成语了,指没有什么极端的手段不使出来。[⑤] 这就颇含贬义了。但在其原出处《礼记·大学》篇里它却是褒义无疑。其原文作:

---

① 王弼、韩康伯注,孔颖达疏:《周易正义》,《十三经注疏》本,第 82 页。
② 杨伯峻:《孟子译注》,北京:中华书局,1962 年,第 31 页。
③ 金良年:《孟子译注》,上海:上海古籍出版社,2004 年,第 31 页。
④ 朱彬撰,饶钦农点校:《礼记训纂》,北京:中华书局,1996 年,第 340 页。
⑤ 罗竹风主编:《汉语大词典》第七卷,上海:汉语大词典出版社,1989 年,第 118 页。

《汤之盘铭》曰:"苟日新,日日新,又日新。"《康诰》曰:"作新民。"《诗》曰:"周虽旧邦,其命惟新。"是故君子无所不用其极。

郑玄注:"极,犹尽也。君子日新其德,常尽心力不有余也。"孔颖达疏:"言自新之道,唯在尽其心力,更无余行也。"① 因此,所谓"无所不用其极",就是无处不用尽心力,没有不用尽心力的。

北宋程颐(1033—1107)步武其兄程颢(1032—1085)的古本《大学》错简说,将《大学》全篇的结构形式重新调整为:三纲、八目;释三纲、释八目。② 由此认为"在明明德,在亲民,在止于至善"这"三纲"中的"亲,当作新"。③ 朱熹《集注》全盘接受程子的说法,说:"新者,革其旧之谓也,言既自明其明德,又当推以及人,使之亦有以去其旧染之污也。"④ 这样,《大学》篇上述"《汤之盘铭》"一章,就不再是"广明'诚意'之事"了,而是"三纲"中的第二纲"在亲(新)民"的"传",是"释新民"。从这一认识出发,朱子认为所谓"君子无所不用其极"说的是:"自新新民,皆欲止于至善也。"⑤ 也就是说,"君子无所不用其极"的意思是"君子""自新新民",都要至"至善"而后止。

"无所不用其极",据郑、孔义,是无处不用尽心力;依朱熹说,是"自新新民",要至"至善"而后止。这两种解释表面上有别,其实意思都差不多。但可惜皆未中的,训诂未能落实。

依程、朱说,《大学》篇的"《诗》云'邦畿千里,惟民所止'"章是"释'止于至善'",是"三纲"中的第三纲"在止于至善"的"传"。⑥《康诰》曰'克明德',《太甲》曰'顾諟天之明命',《帝典》曰'克明峻德',皆自明也",是"传之首章,释'明明德'",是"三纲"中的首纲"在明明

---

① 孔颖达:《礼记正义》,第 1673 页。
② 李纪祥:《两宋以来大学改本之研究》,台北:学生书局,1988 年,第 44-48 页。
③④ 朱熹:《四书章句集注·大学章句》,第 3 页。
⑤ 朱熹:《四书章句集注·大学章句》,第 5 页。
⑥ 朱熹:《四书章句集注·大学章句》,第 6 页。

德"的"传"。① 而《汤之盘铭》》章是"传之二章,释'新民'"。② 这一分析,尽管泥古不化者难以接受,但确实言之有理,故为后来学界的主流所信从。

《大学》篇"《康诰》"章的"皆自明也",郑玄注:"皆自'明明德'也。"孔颖达疏:"人先能明己之明德也。"③ 朱熹《集注》:"结所引书,皆言自明己德之意。"④ 都是将"自"视为"自己""自身"之"自"。现代的注本也莫不如此。⑤ 其实这是想当然耳。"自",当训为用。《书·皋陶谟》:"天秩有礼,自我五礼有庸哉。"孔传:"自,用也。"⑥《书·康诰》:"凡民自得罪。"孔颖达疏:"自,用也。"⑦《荀子·儒效》:"知之曰知之,不知曰不知,内不自以诬,外不自以欺。"王念孙(1744—1832)案:"《唐风·羔裘》传曰:'自,用也。'(《大雅·绵》传、《江汉》笺及《大传》注并同。)言内不用以诬己,外不用以欺人也。杨释下句云:'不自欺人。'失之。"⑧《大学》篇此章"《康诰》曰'克明德'",《太甲》曰'顾諟天之明命'",《帝典》曰'克明峻德'",都是引经据典,用三篇《尚书》里的"明德""明命""明峻德"之教来证明经之"明明德"之说。显然,"皆自明也"的"自",就是"用"的意思,而绝非什么"自己""自身"之义。

从"《康诰》"章的"皆自明也"说来看《汤之盘铭》》章的"是故君子无所不用其极",我们就会发现,"是故君子无所不用其极"应该是概括"《汤之盘铭》曰""《康诰》曰""《诗》曰"的精神并用以点明、回应经之"在亲(新)民"之教的。《汤之盘铭》之"日新"、《康诰》的"作新民"、

---

① ④ 朱熹:《四书章句集注·大学章句》,第 4 页。
② 朱熹:《四书章句集注·大学章句》,第 5 页。
③ 孔颖达:《礼记正义》,第 1673 页。
⑤ 如杨天宇:《礼记译注》,上海:上海古籍出版社,2007 年,第 1038 页;宋天正:《大学今注今译》,台北:商务印书馆,1977 年,第 11 页;陈槃:《大学中庸今释》,台北:"国立编译馆",1954 年,第 19 页;劳思光:《大学中庸译注新编》,香港:香港中文大学出版社,2000 年,第 11 页。
⑥ 廖名春、陈明整理:《尚书正义》繁体标点本,北京:北京大学出版社,2000 年,第 129 页。
⑦ 廖名春、陈明整理:《尚书正义》繁体标点本,第 433 页。案:"目"乃"自"字形讹。
⑧ 王念孙:《读书杂志·荀子二》,南京:江苏古籍出版社,1985 年,第 669 页。

《诗》之"其命惟新",都是奔着经之一个"亲(新)"字去的。作为点睛之笔的"君子无所不用其极",也应当如此。但是,据郑、孔义,"无所不用其极",是无处不用尽心力,是以"尽"释"极",看不出与"新"有什么关系。依朱熹说,"无所不用其极",是"至善"而后止,则是落脚"在止于至善"上,明显不是奔着"在新民"去的。因此可以说,这两说都是强为作解,难以服人。

程石泉(1909—2005)看到了这些,所以说:"依本节之文理,'是故君子'下应有'之新民也'四字。不知因何脱落。"① 如此,"是故君子无所不用其极"就当作"是故君子之新民也,无所不用其极"。程氏是通过补字的办法来弥合原文文不对题的矛盾的。可惜还是以偏概全,是"新"而非"新民"才是本节"《汤之盘铭》曰"《康诰》曰"《诗》曰"的"最大公约数"。因此,程氏也是强作解人。

笔者认为,"无所不用其极"之"极"字,当读为"革"。"极"古音为职部群母,"革"为职部见母。但"亟"古音则与"革"全同,文献通用。比如《礼记·檀弓下》:"若疾革。"陆德明《经典释文》:"革,本又作亟。"②《集韵·职韵》:"䩯,《说文》:'急也。'或作革。"清朱骏声(1788—1858)《说文通训定声·颐部》:"革,假借为亟。"③ 至于"亟"与从"戒"之字通用,而"革"也与从"戒"之字通用;"极"与"忌"通用,而"革"与"改"通用;"亟"与"棘"通用,而"革"也与"棘"通用,高亨(1900—1986)《古字通假会典》有详细记载,可以参看。④ 唐玄应(644—695)《一切经音义》卷十四引《说文》:"革,更也。"《玉篇·革部》:"革,改也。"《易·杂卦》:

---

① 程石泉:《〈大学〉改错及新铨》,见氏著《论语读训》,上海:上海古籍出版社,2005年,第355页。案:此文原题为《〈大学〉改错与新铨》,初刊于台湾省东海大学1987年之《中国文化月刊》。
② 高亨、董治安:《古字通假会典》,济南:齐鲁书社,1989年,第385页。
③ 汉语大字典编纂委员会编纂:《汉语大字典》第二版九卷本,武汉:湖北长江出版集团崇文书局;成都:四川出版集团四川辞书出版社,2010年,第4610页。
④ 高亨、董治安:《古字通假会典》,第381-385页。

"革，去故也。"《诗·鲁颂·閟宫》："新庙奕奕。"郑玄注："修旧曰新。"①可见"革"与"新"义近，以致后来能以"革新"并称。

"无所不用其极"之"其"，则当训为"于"或"以"。《礼记·祭义》："夏后氏祭其暗，殷人祭其阳。"②"祭其暗"，即"祭于暗"或"祭以暗"；"祭其阳"，即"祭于阳"或"祭以阳"。又如《庄子·达生》："不厌其天，不忽于人。"③《史记·滑稽列传》："齐、赵陪位于前，韩、魏翼卫其后。"④《荀子·议兵》："故汤之放桀也，非其逐之鸣条之时也；武王之诛纣也，非以甲子之朝而后胜也。"裴学海（1899—1970）曰："其，犹'以'也。"⑤"其"或与"于"相对，或与"以"相对，都是作介词用。所以，"无所不用其极"可读为"无所不用于革"或"无所不用以革"。"革"与"新"是同义词，因此，"无所不用于革"或"无所不用以革"，完全可以视为"无所不用于新"或"无所不用以新"，也就是没有不用"新"的。换言之，也就是处处用"新"。这样，《汤之盘铭》之"日新"、《康诰》的"作新民"、《诗》之"其命惟新"，则囊括已尽；经之"在亲（新）民"之教也扣住了；其句式与《康诰》章的"皆自明也"说也相应了。

由此看，不但郑玄注、孔颖达疏、朱熹集注、程石泉说不可信，我们对"无所不用其极"这一成语的解释也只能说是"差之毫厘，失之千里"。

三、"诚意"章"自谦"本义考

《大学》篇"诚意"章又曰：

> 所谓"诚其意"者：毋自欺也，如恶恶臭，如好好色，此之谓自谦，故君子必慎其独也！

---

① 汉语大字典编纂委员会编纂：《汉语大字典》，第 4610、2173 页。
② 孔颖达：《礼记正义》，第 1594 页。
③ 曹础基：《庄子浅注》（修订本），北京：中华书局，2000 年，第 267 页。
④ 司马迁：《史记》，第 3200 页。
⑤ 王天海：《荀子校释》，上海：上海古籍出版社，2005 年，第 628 页。

郑玄注："谦，读为慊，慊之言厌也。厌，读为黡，黡，闭藏貌也。"①这是说，"自谦"之"谦"，当读为"慊"。"慊"又读为"厌（黡）"，"黡"是闭藏的样子。这样，"自谦"就是对"恶臭""好色"自闭，也就是要求自身"莫使惹尘埃"。

孔颖达的解说是：

> "毋自欺也"，言欲精诚其意，无自欺诳于身，言于身必须诚实也。"如恶恶臭"者，谓臭秽之气，谓见此恶事人嫌恶之，如人嫌臭秽之气，心实嫌之，口不可道矣。"如好好色"者，谓见此善事而爱好之，如以人好色，心实好之，口不可道矣。言"诚其意"者，见彼好事、恶事，当须实好、恶之，不言而自见，不可外貌诈作好、恶，而内心实不好、恶也。皆须诚实矣。"此之谓自谦"者，谦，读如慊，慊然安静之貌。心虽好、恶，而口不言，应自然安静也。②

又评论郑注"谦，读为慊"曰：

> 以经义之理，言作谦退之字。既无谦退之事，故读为慊，慊不满之貌，故又读为厌，厌，自安静也。云"厌读为黡"，黡为黑色，如为闭藏貌也。③

孔颖达虽然认同郑玄注将"谦"读为"慊"，"慊"又读为"厌"的意见，却不同意郑玄"厌读为黡"说，而是以"厌"为本字，认为"自谦（慊）"就是"自厌"，"自厌"就是"自安静也"，"自然安静也"。这样，就打破了"疏不破注"的陈规，有了自己的新见。

朱熹的意见则又有不同，他虽然同意郑注"谦读为慊"说，但对"慊"读为'厌'和"厌"又进一步读为"黡"的两种读法都表示反对。他说：

---

①② 孔颖达：《礼记正义》，第 1673 页。
③ 孔颖达：《礼记正义》，第 1674 页。

> "诚其意"者,自修之首也。"毋"者,禁止之辞。"自欺"云者,知为善以去恶,而心之所发有未实也。"谦",快也,足也。"独"者,人所不知而己所独知之地也。言欲自修者知为善以去其恶,则当实用其力,而禁止其"自欺"。使其恶恶则"如恶恶臭",好善则"如好好色",皆务决去,而求必得之,以自快足于己,不可徒苟且以殉外而为人也。然其实与不实,盖有他人所不及知而己独知之者,故必谨之于此以审其几焉。①

朱熹之说,得到了学界的普遍认同。我们今天的《大学》注本译本,几乎都本朱子而为说。比如杨天宇(1943—2012)注释就明引朱熹说,其译文将"此之谓自谦"译为"这就叫作自求快意满足",显然就是从朱注"以自快足于己"来的。② 王国轩的译注③、宋天正的今注今译④、陈槃的今释⑤、劳思光的新编⑥等,也莫不如此。

对郑注、孔疏、朱熹章句皆持异议者,笔者孤陋寡闻,目前唯见台湾学者赵泽厚一人而已。他说:

> 谦字之意义,从《大学》文内看,"此之谓自谦",是紧接"所谓'诚其意'者:毋自欺也,如恶恶臭,如好好色"之下,故此"谦"字,与"毋自欺"及"如恶恶臭,如好好色"有密切关系。"如恶恶臭,如好好色"二句,是"毋自欺"之例证。其本身之意义,即是真实,"恶臭"即是要恶,决不会内心厌恶,而表面装作不厌恶。"好色"即是要好,决不会内心爱好,而表面装作不爱好。此即是真实,即是不自欺,此种态度,

---

① 朱熹:《四书章句集注·大学章句》,第 7 页。案:《朱子语类》卷十六《大学》三(黎靖德编,王星贤点校,北京:中华书局,1986 年,第 329-331 页)载朱熹与学生对此有详细讨论,可见此乃朱熹深思熟虑之说。
② 杨天宇:《礼记译注》,第 1036 页。
③ 王国轩:《大学中庸》,北京:中华书局,2006 年,第 20 页。
④ 宋天正:《大学今注今译》,第 20-21 页。
⑤ 陈槃:《大学中庸今释》,第 28 页。
⑥ 劳思光:《大学中庸译注新编》,第 17 页。

即是自谦，妓这一"谦"字，似应作"敬"字解。《说文》云："谦，敬也。"自谦即是自敬，凡事以诚实为本，不自欺以欺人，此即是尊重自己——自重，亦即是自谦。郑氏将"谦"字读为"慊"。孔氏解为安静。朱子解为"快""足"，似均与《大学》之文义不合。①

赵氏从上下文的文义出发，否定了郑注、孔疏、朱熹章句说，很有道理。但是他据《说文》将"自谦"训为"自敬"，却不无问题。杨树达（1885—1956）认为："敬，《说文》训肃，主从心言之，谦字从言，义不相副。此许君泛训，非胜义也。愚以兼声声类诸字求之，谦盖谓言之不自足者也。知者：兼声之字多含薄小不足之义。"②是不以许慎说为然。而且"毋自欺"与"如恶恶臭，如好好色"也不是讲"自敬"或"自重"的问题，所以，赵氏以"自谦"为"自敬"的新说学人们并不注意，也是有一定道理的。

笔者认为，尽管《大学》篇"诚意"章的"毋自欺也"之"欺"从孔颖达以来学人们都将其训为"欺诳""欺骗"，但其实并不可信。此"欺"字当训为"误"。《吕氏春秋·有度》："贤主有度而听，故不过。有度而以听，则不可欺矣，不可惶矣，不可恐矣，不可喜矣。以凡人之知，不昏乎其所已知，而昏乎其所未知，则人之易欺矣，可惶矣，可恐矣，可喜矣，知之不审也。"高诱注："欺，误也。"③所以，"毋自欺也"即"毋自误也"。"如恶恶臭"，是说对待错误要像对待难闻的气味一样不留情。"如好好色"，是说对待真理要像喜好美色一样地去追求。如果反过来，好恶臭而恶好色，就是"自欺（误）"。

要怎样才能避免"自欺（误）"呢？这就是要"自谦"。这里的"谦"当读为"廉"。两字都从"兼"得声，通用当无问题。④"廉"有洁义，有分辨义。《鬼谷子·摩》："廉者，洁也。"⑤《周礼·天官·小宰》"一曰廉善"，

---

① 赵泽厚：《大学研究》，台北：中华书局，1972年，第294页。
② 杨树达：《积微居小学述林》，北京：中华书局，1983年，第10页。
③ 陈奇猷：《吕氏春秋新校释》，上海：上海古籍出版社，2002年，第1659、1661页。
④ 案：以"兼"为声的字相互通用的例子，详见高亨、董治安：《古字通假会典》，第255-256页。
⑤ 许富宏：《鬼谷子集校集注》，北京：中华书局，2008年，第119页。

贾公彦疏："廉者，洁不滥浊也。"①《大戴礼记·子张问入官》："故仪不正则民失誓，表弊则百姓乱，迩臣便辟不正廉而群臣服污矣，故不可不慎乎三伦矣。"王聘珍《解诂》："廉者，洁也。"②皆是以"廉"为"洁"。

《孙子·九变》："廉洁，可辱也；爱民，可烦也。"③《逸周书·官人》："直方而不毁，廉洁而不戾，强立而无私，曰有经者也。"④《战国策·韩策二》："其任官置吏，必曰廉洁胜任。"⑤《吕氏春秋·贵公》："鲍叔牙之为人也，清廉洁直，视不己若者不比于人。"⑥皆是"廉洁"并称，"廉"即"洁"也。

《孟子·万章下》"顽夫廉"，朱熹《集注》："廉者，有分辨。"⑦又《滕文公下》："陈仲子岂不诚廉士哉？"朱熹《集注》："廉，有分辨，不苟取也。"⑧《楚辞·招魂》："朕幼清以廉洁兮，身服义而未沫。"蒋骥（1678—1745）注："廉者，行之有辨。"⑨此皆训为有分辨、有原则。因此"自谦"即"自廉"，也就是自己有分辨、有原则。

自己有分辨、有原则，对待错误要像对待难闻的气味一样不留情，对待真理要像喜好美色一样地去追求。这样，就不会"自欺（误）"了。可见，只有做到"自谦（廉）"，自身有分辨、有原则，坚持正确的选择，才能"毋自欺（误）也"，不贻误、不祸害自己。"故君子必慎其独也"，所以君子一定要重视心君的理性选择，不要被五官的感性冲昏头脑。"慎"，珍也，重也。⑩"独"，一也。心为君是唯一的，故称为"独"。口、耳、鼻、舌、身等五官为臣，可谓之"多"。心代表理性，起的是主导、主宰作用，口、耳、

---

① 郑玄注，贾公彦疏：《周礼注疏》，《十三经注疏》本，第654页。
② 王聘珍：《大戴礼记解诂》，北京：中华书局，1983年，第139页。
③ 杨丙安：《孙子集校》，北京：中华书局，1959年，第45页。
④ 黄怀信、张懋镕、田旭东：《逸周书汇校集注》（修订本），上海：上海古籍出版社，2007年，第790页。
⑤ 刘向集录：《战国策·韩策二》，上海：上海古籍出版社，1988年，第992页。
⑥ 陈奇猷：《吕氏春秋新校释》，第45页。
⑦ 朱熹：《四书章句集注·孟子集注》，第314页。
⑧ 朱熹：《四书章句集注·孟子集注》，第273页。
⑨ 崔富章、李大明主编：《楚辞集校集释》，武汉：湖北教育出版社，2003年，第2131页。
⑩ "慎"字从"心"从"真"，会心里珍重之意。"真"即古"珍"字。许慎，字叔重。说明"慎"义为"重"，"谨"为引申义，非本义也。

鼻、舌、身等五官代表感性。孟子和荀子都主张以心制欲，口、耳、鼻、舌、身等五官所代表的感性要服从心君所代表的理性。① 所以"故君子必慎其独也"，就是强调君子要珍重心君的主导、主宰作用，不要被口、耳、鼻、舌、身等五官所代表的感性所诱惑，以致"自欺（误）"，做出错误的选择。②

因此，《大学》篇"诚意"章的这一段话应当作：

> 所谓"诚其意"者：毋自欺（误）也，如恶恶臭，如好好色，此之谓自廉，故君子必慎其独也！

译成现代汉语就是：

> 所谓"诚心诚意接受正确的认识"，就是不要做出错误的选择而贻误自己，对待错误要像对待难闻的气味一样毫不留情，对待真理要像喜好美色一样地去追求，这就叫作自己有分辨、有原则。因此君子一定要珍视心君的理性。

---

① 《荀子·天论》："心居中虚，以治五官，夫是之谓天君。"又《解蔽》："心者，形之君也，而神明之主也。"《孟子·告子上》："从其大体为大人，从其小体为小人……耳目之官不思，而蔽于物。物交物，则引之而已矣。心之官则思；思则得之，不思则不得也。"
② 长沙马王堆汉墓帛书《五行》篇："'慎其独也'者，言舍夫五而慎其心之谓[也]。"关于"慎独"的解释，笔者有《"慎独"本义新证》（《学术月刊》2004 年第 8 期）一文可参看，此不再详论。

《大学》篇"汤之盘铭"新释

《大学》篇作为"初学入德之门"①,列为"四书"之首,是最为重要的儒学经典。但《大学》篇的释读,还存在一些老大难问题。下面,就以其著名的"汤之盘铭"为例,作一探讨。不妥之处,祈请方家指正。

今本《礼记·大学》篇第四十二有云:"汤之盘铭曰:'苟日新,日日新,又日新'。《康诰》曰:'作新民。'《诗》曰:'周虽旧邦,其命惟新。'是故君子无所不用其极。"郑玄(127—200)《注》:"'盘铭',刻戒于盘也。'极',犹'尽'也。君子'日新'其德,常尽心力,不有余也。"②这是说"汤之盘铭""苟日新,日日新,又日新"的含义是"君子'日新'其德,常尽心力",解释虽然笼统,有不到位之处,但大意尚可。

孔颖达(574—648)《疏》在郑玄《注》的基础上作了进一步阐释:"'汤之盘铭'此一经广明'诚意'之事。'汤之盘铭'者,汤沐浴之盘而刻铭为戒,必于沐浴之盘者,戒之甚也。'苟日新'者,此盘铭辞也。非唯洗沐自新,苟,诚也,诚使道德日益新也。'日日新'者,言非唯一日之新,当使日益新。'又日新'者,言非唯日日益新,又须恒常日新。皆是丁宁之辞也。此谓精诚其意,修德无已也。"③他认为,"汤之盘铭"这一章是推广阐明上文"诚意"说的;所谓"盘"是"沐浴"用的;"苟"当训为"诚",是"应当"的意思;"苟日新",不但是指"洗沐自新",更是指应当"使道德日益新也";"又日新",不仅仅是指"日日益新",还有"又须恒常日新",又当常常"日

---

① 程颐语,见朱熹:《四书章句集注·大学章句》序,北京:中华书局,1983年,第3页。
② 孔颖达:《礼记正义》,《十三经注疏》本,北京:中华书局,1980年,第1673页。
③ 孔颖达:《礼记正义》,第1674页。

新"之义。这些解释，奠定了后来研究的基调。

朱熹（1130—1200）的《大学》研究，受程颢（1032—1085），特别是程颐（1033—1107）影响尤深。程颐步武其兄程颢的《大学》篇错简说，将《大学》全篇的结构形式重新调整为：三纲、八目；释三纲、释八目。① 认为"大学之道，在明明德，在亲民，在止于至善"这"三纲"中的"亲""当作新"②，"在亲民者，使人用此道以自新"。③ 这样，整个"汤之盘铭"一章，就不是"广明'诚意'之事"了，而是"三纲"中的第二纲"在亲（新）民"的"传"，是"释新民"。朱熹这是以程颐说驳正了孔《疏》的错误。尽管泥古不化者难以接受，但从《大学》篇内在的逻辑来看，程、朱说是有道理的，故为后来学界的主流所信从。

至于"汤之盘铭"具体字词文义的解释，朱熹《章句》说："盘，沐浴之盘也。铭，名其器以自警之辞也。苟，诚也。汤以人之洗濯其心以去恶，如沐浴其身以去垢。故铭其盘，言诚能一日有以涤其旧染之污而自新，则当因其已新者，而'日日新'之，'又日新'之，不可略有间断也。"④ 这里，"盘"还是"沐浴之盘"，是用来"沐浴其身以去垢"的。"苟"还是训"诚"，不过用在"能"前，显然是一假设连词，犹如"假如真的"。与孔《疏》之训形同而实异。

以"盘"为"沐浴之盘"，从孔颖达到朱熹都是这么说的，但新定邵氏却不同意。他说："以事情揆之，日日盥頮，人之所同也。日日沐浴，恐未必然。《内则》篇记人子之'事父母'，亦不过'五日则燂汤请浴，三日具沐'而已。斯铭也，其殆刻诸盥頮之盘欤！"⑤ 这是说天天洗脸洗面，大家都一样。天天洗澡浴身，恐怕就不一定了。《礼记·内则》篇记子女服事父母，也不过"每五天烧水请父母洗一回澡，每三天烧水请父母洗一回头"

---

① 李纪祥：《两宋以来大学改本之研究》，台北：学生书局，1988年，第44-48页。
② 朱熹：《四书章句集注·大学章句》，第3页。
③ 程颢、程颐著，王孝鱼点校：《二程遗书》卷二上，北京：中华书局，1981年，第22页。
④ 朱熹：《四书章句集注·大学章句》，第5页。
⑤ 文渊阁《四库全书》经部礼类礼记之属《礼记集说》卷一百五十一。

罢了。此铭文，大概是刻在洗脸洗面之盘上的。这样，"盘"就不是"沐浴之盘"，而是"盥颒之盘"；不是洗澡之器，而是洗脸洗面之器了。元人胡炳文（1250—1333）曰："邵氏之说虽无关于'日新'之大旨，然于'盘'字或有小补云。"① 清人胡渭（1633—1714）也说："此义虽小，然必如此说，方与'日日''又日'之意相协，当从之。"② 都是肯定了新定邵氏的"盥颒之盘"说。稍后王懋竑（1668—1741）③、江永（1681—1762）④ 在新定邵氏说的基础上又有发挥。俞樾（1821—1907）后出转精，说更详尽。⑤ 于是孔颖达、朱熹之误更成定谳。

近代以来，疑古风炽，"取地下之实物与纸上之遗文互相释证"更成时尚。郭沫若（1892—1978）1932 年发表《〈汤盘〉〈孔鼎〉之扬榷》一文，认为"此实大有可疑。第一，铭辞简单，仅此九字，何以遽知为成汤之器？第二，殷周古器传世颇多，其有铭者已在三四千具以上，曾无一例作箴规语者，此铭何以全不相侔？""有此二疑"，他认为"汤之盘铭""如非伪托，则必系前人之所误读"。"其原铭"，当为"兄日辛　祖日辛　父日辛"。并以"近年保定出古戈三具"（见图 1、图 2）为证。以为是"误兄为苟，误且（古文祖）为日，误父为又。求之不得其解，遂傅会其意，读辛为新，故成为今之'苟日新，日日新，又日新'也"。⑥ 郭氏对"汤之盘铭"的怀疑，是基于默证法提出的；其以"近年保定出古戈三具"之文来否定"苟日新，日日新，又日新"之说，其证据的真实性、论证的有效性，都颇具争议。

此"保定出古戈三具"（亦称"商祖父兄三戈"或"鸟形三戈""商三勾兵""商三戈"）非科学发掘品，自 1917 年面世以来，对其真伪学界见

---

① 文渊阁《四库全书》经部四书类《四书通·大学通》。
② 文渊阁《四库全书》经部四书类《大学翼真》卷五。
③ 文渊阁《四库全书》子部杂家类杂考之属《白田杂著》卷三《盘铭考》。
④ 文渊阁《四库全书》经部五经总义类《群经补义》卷四。
⑤ 俞樾：《俞楼杂纂》卷十九《四书辨疑辨·汤之盘铭》，《春在堂全书》，光绪二十六年（1900）杭州西泠印社刻本。
⑥ 郭沫若：《金文丛考》，北京：人民出版社，1954 年，第 93-95 页。

280　中国早期思想史与文献研究

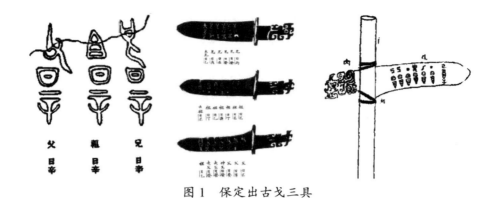

图 1　保定出古戈三具

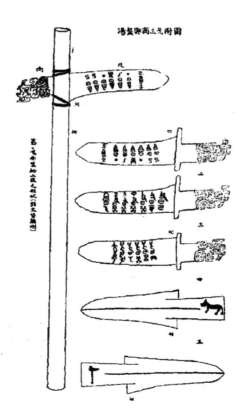

图 2　汤盘与商三戈附图

仁见智，分歧很大。罗振玉（1866—1940）[①]、王国维（1877—1927）[②]、郭沫若、陈梦家（1911—1966）[③]、马承源（1927—2004）[④]、李学勤（后期观点）[⑤]、于省吾（1896—1984）[⑥]、冯胜君[⑦] 等确信为真，李济（1896—1979）[⑧]、董作宾（1895—1963）[⑨]、张光直（1931—2001）[⑩]、李学勤（早期观点）[⑪]、井中伟[⑫] 等则疑之为伪。

  争论的焦点集中在如何看待此三戈铭文的"倒书"现象上。最早收购者罗振玉尽管以为其铭文"千万可信"，但对其"名于戈上，倒书之"之现象，感到"殊不可解"。董作宾则进而以其铭文"皆倒刻也"认定此三戈铭文皆系后人伪作。他指出："《三代吉金文存》第十九，著录戈之有铭文者凡一百三十四器，除商三戈及'祖乙戈'外，更无他例纪祖、父、兄之名及倒刻铭文者。""吾人发掘殷墟所得之商戈不下数百件，无一刻铭于援上者，亦其坚证。"陈梦家以《尚书·顾命》"执戈上刃"来解释铭文倒刻的现象，指出"此等铸铭的戈不是实用的，而是陈设用的仪仗"。李学勤指出三戈刃部有明显磨损，应为实用器，而铭文却倒刻于援部的矛盾，

[①] 《罗振玉王国维往来书信》，第 322 号，北京：东方出版社，2000 年，第 257 页。
[②] 王国维：《商三句兵跋》，《观堂集林》第三册，北京：中华书局，1959 年，第 883-884 页。
[③] 陈梦家：《殷墟卜辞综述》，北京：中华书局，1988 年，第 499-500 页。
[④] 马承源：《商代勾兵中的瑰宝》，《辽海文物学刊》第 2 期，1987 年，第 142-145 页；《关于商周贵族使用日干称谓的问题》，《王国维学术研究论集（二）》，上海：华东师范大学出版社，1988 年，第 19-41 页。
[⑤] 李学勤：《鸟形三戈的再研究》，《比较考古学随笔》，桂林：广西师范大学出版社，1997 年，第 171-177 页，原载《辽海文物学刊》第 1 期，1989 年；《父丁母丁鸟纹戈研究》，《三代文明研究》，北京：商务印书馆，2011 年，第 77-79 页。
[⑥] 见李学勤《鸟形三戈的再研究》引。
[⑦] 冯胜君：《商祖父兄三戈铭文真伪的再探讨——兼驳郭沫若〈汤盘孔鼎之扬榷〉》，《中国文字》新廿八期，台北：艺文印书馆，2002 年，第 55-69 页。
[⑧] 李济：《安阳发掘与中国古史问题》，《安阳》，石家庄：河北教育出版社，2000 年，第 561-562 页。
[⑨] 董作宾：《汤盘与商三戈》，《董作宾先生全集甲编》，台北：艺文印书馆，1978 年，第 809-810 页，原载《台湾大学文史哲学报》，第 1 期，1950 年。
[⑩] 张光直：《谈王亥与伊尹的祭日并再论殷商王制》，《中国青铜时代》，北京：生活·读书·新知三联书店，1983 年。
[⑪] 李学勤：《论殷代亲族制度》，《文史哲》第 11 期，1957 年，第 3606 页。
[⑫] 井中伟：《由曲内戈形制辨祖父兄三戈的真伪》，《考古》第 5 期，2008 年，第 78-87 页。

支持了三戈铭伪说。后来他又否定了自己的看法，认为陈梦家的"上刃"说解决了戈铭倒刻问题，转而相信三戈铭真。井中伟却不相信陈梦家的解释，认为《尚书·顾命》中的"戈上刃"与铭文倒刻于援的祖父兄三戈风马牛不相及。尽管信以为真者多而疑之为伪者少，但实事求是地说，到今日为止，商祖父兄三戈铭文"倒书"及其涉及的真伪问题并没有真正解决。

如商祖父兄三戈铭文为假，郭氏对"汤之盘铭"的怀疑自然无从谈起。但即使戈铭为真，也并不意味着郭说就能成立。① 首先，郭说改字为训，不足为据。将"兄"改为"苟"，"且（祖）"改为"日"，"父"改为"又"，"汤之盘铭""苟日新，日日新，又日新"仅区区九字，就改了三个。推而广之，又有什么不能改？这样轻率大胆，难以服人。其次，"兄日辛，祖日辛，父日辛'之说，不但在商祖父兄三戈任何一戈的铭文里找不到，就是三戈合起来，一戈取一句，其次序也不对。因此，这只能说是郭氏的臆想。杨树达（1885—1956）说："余取戈铭细校之，觉郭说有可商者，《第一戈铭》云：'大兄日乙，兄日戊，兄日壬，兄日癸，兄日丙。'其次序，先大兄而后兄，是先尊而后卑也。《第二戈铭》云：'大祖日己，祖日庚，祖日丁，祖日己，祖日己。'其次序，先大祖而后祖，亦先尊而后卑也。《第三戈铭》云：'祖日乙，大父日癸，仲父日癸，父日癸，父日辛，父日己。'其次序先祖，次大父，次中父，次父，亦先尊而后卑也。今郭君谓《汤铭》之原辞当云：'父日辛，且日辛，兄日辛。'果如其说，先父且而后兄，固与尊卑之次相符。然首举父而次举且，又何与《第三戈铭》先祖后父以尊卑为次者相戾也。"② 董作宾说："因如新读，'祖日辛'居中，左行读之，兄在祖前，右行读之，祖居父后，左右两难，不能合于祖、父、兄之三代世次也。"③ 这些批评，都足证郭氏引商祖父兄三戈铭文否定"汤之盘铭"纯属捕风捉影，其深文周纳，实不足以为信。

---

① 冯胜君有讨论，详见氏著：《商祖父兄三戈铭文真伪的再探讨——兼驳郭沫若〈汤盘孔鼎之扬榷〉》，《中国文字》新廿八期，第68-69页。
② 杨树达：《积微居小学述林》，北京：中华书局，1983年，第249页。
③ 董作宾：《汤盘与商三戈》，《董作宾先生全集甲编》，第809-810页。

不过，瑕不掩瑜，郭氏据金文称"苟"字可释为"敬"，却颇具启发。其云："苟字之见于金文者，如《师虎簋》之'苟夙夕勿法（废）朕命'，用为🅐字作敬。敬字颇多，所从苟字大抵同此。如《师𩰬簋》之🅑，《偊儿钟》之🅒，即其例。更有省作芍者"，"案乃象形之文，盖即狗之初字也。狗、苟古本一字，《左氏》襄十五年传'郑人夺堵苟之妻'，《释文》'苟本作狗'。狗字后起。苟实象形口声之字，《说文》谓'从艹句声'者，乃沿伪形以为说也。芍、苟用为敬者，敬之言警也，自古用狗以警夜，故即假狗形以为敬。"① 董作宾也肯定此说，认为"郭氏引《师虎簋》'苟夙夕勿废朕命'，谓苟即敬字，是也"。② 后来学者也多以此"苟"字为"敬"字之初文。③ 这不但有古文字材料的证明，从《大学》篇本文来看，也文从字顺，若合符节。

"苟"，《说文》云："苟，艹也。从艹，句声。"其字写作"🅐"，马王堆帛书《相马经》八下作"🅑"、《娄寿碑》作"🅒"，《熹平石经·论语·述而》作"🅓"。而"苟"字《说文》写作"🅔"，云"从羊省"，古文作"🅕"。《大保簋》作"🅖"、《江陵楚简》作"🅗"、《楚季苟盘》作"🅘"、《武威简·燕礼》四八作"🅙"。④ 其上部皆"从羊省"，与"苟"字上部"从艹"迥然有别。可见，"苟"与"苟"形近而混，当是汉隶以后之事。因此，《礼记·大学》篇"汤之盘铭"里的"苟（敬）"被形讹为"苟"，并非先秦古文之旧，而是汉人今文隶书传抄之所误。

孔颖达疏将"苟"训为"诚"，是"应当"的意思，表达的是肯定语气。但"苟且"之"苟"怎么会有"诚"义呢？这是说不通的。朱熹虽然疏不破注，"苟"还是训为"诚"，但已是假设连词，是"果真"的意思了。元人胡炳文引方氏曰："苟训诚，古训释皆如此。须是真于一日之间决其自新

---

① 冯胜君：《商祖父兄三戈铭文真伪的再探讨——兼驳郭沫若〈汤盘孔鼎之扬榷〉》，《中国文字》新第廿八期，第 55-69 页。
② 董作宾：《汤盘与商三戈》，《董作宾先生全集甲编》，第 810 页。
③ 连劭名：《释苟》，《北京教育学院学报》第 1 期，2000 年；劳思光：《大学中庸译注新编》，香港：香港中文大学出版社，2000 年，第 11 页。
④ 《汉语大字典》，成都：四川辞书出版社，武汉：湖北辞书出版社，2010 年，第 3405 页。

之机，方能日日新，又日新。葢实能一日自新，则工夫方接续做得。今学者只说日新，却不曾果决真实做得一日工夫。"① 这里的"真""实""果决真实"云云都出自于朱熹的"诚"说，犹如今天的"果真"，说是假设连词，应不为过。后人因之，进一步将"苟"训为"若""如"。② 这样，"苟日新，日日新，又日新"就成了一个假设复句了。"苟日新"是假设条件，做到了这一条件，就能得到"日日新，又日新"的结果。目前学界的主流，都是如此解释的。比如陈槃（1905—1999）就译作："人如果真有一天能去旧染之污而更新，就应当日日连续，不断的做去，叫他新了又新，新新不已。"③ 王国轩（1939— ）的译文是："如果能够做到一天新，就应保持天天新，新了还要更新。"④ 这里的"如果真""如果能够"，都是对"苟"字的翻译，他们都是把"苟日新，日日新，又日新"当成假设条件复句了。

但是，从朱熹、方氏下来的这一解释是不能成立的。为什么？因为"日新"与"日日新，又日新"之间是必要条件关系而非充足必要条件。"日日新，又日新"要从"日新"开始，没有"日新"就没有"日日新，又日新"，所以，"日新"是"日日新，又日新"的必要条件。但做到了"日新"是不是就一定会"日日新，又日新"呢？我看未必。因为"做一件好事并不难，难的是一辈子做好事"。做了一件好事，并不能保证你以后做的都是好事。所以，"日新"并不能必然导致"日日新，又日新"，不能说我们假设做到了"日新"，就一定会"日日新，又日新"。"日新"与"日日新，又日新"之间其实是一种递进关系，是说不但要"日新"，还要"日日新，又日新"。既然是递进关系，怎能把它解为假设条件关系呢？懂得这一道理，就知道"苟日新，日日新，又日新"的"苟"字，是绝不能解为"如果真""如果能够"的，从朱熹、方氏以来的主流解释，都是违反逻辑的。⑤

---

① 文渊阁《四库全书》经部四书类《四书通·大学通》。
② 王引之《经传释词》卷五有"苟，犹若也"之训（长沙：岳麓书社，1985年，第120页）。
③ 陈槃：《大学中庸今释》，台北："国立编译馆"，1954年，第20页。
④ 王国轩译注：《大学中庸》，北京：中华书局，2006年，第9页。
⑤ 劳思光已有所认识，他说："旧说以'如果'释'苟'字，则'苟日新'即释为'如果能日求进步'；此说欠明，故不用。"见氏著：《大学中庸译注新编》，第11页。

所谓"苟日新"的"苟"字,其实是"苟"字之讹,而"苟"字则是"敬"字的初文。这一点,从郭沫若、董作宾以来,已经被越来越多的学人认识到了。但是,此"敬"字如何解释,大家的看法并不相同。

劳思光(1927—2012)据《说文》"敬,肃也"之训,将此"苟(敬)"字解为"敬肃",其译文为:"要敬肃地日求进步,便要天天去求进步,继续不断地求进步。"①"敬肃"应该即"肃敬",就是"恭敬"的意思。② 照此解释,"要敬肃地日求进步"与"便要天天去求进步,继续不断地求进步"之间成了一种充足必要条件关系,即只要做到了"敬肃地日求进步",就一定会"天天去求进步,继续不断地求进步"。这是没有道理的。不能说我们只要恭敬地吃一餐饭,就会天天恭敬地吃饭,继续不断地恭敬地吃饭。其骨子里也是将递进关系误解成了充足必要条件关系,"苟(敬)"字的解释还是没到位。

马向欣以为《大学》传二章中引圣王修身格言以证上文经一章中一连串"而后"的精神。经文的意思是修身必先正心诚意,诚意便是一个敬字。疑"苟日新"即"敬日新",也就是"诚意"就能"日新,日日新,又日新"。③问题是"汤之盘铭"是铭刻在"盥颒之盘"上,肯定讲的是洗脸洗面之事。如果是强调"诚意"就能"日新,日日新,又日新",如此抽象,与洗脸洗面就无关了。况且程颐、朱熹已经说得很明白了,整个的"汤之盘铭"章都是"释新民"。又怎能说是讲"诚意"呢?因此,以"诚意"释"敬",还是难以服人。

清人钱泳(1799—1864)另辟蹊径,他认为《说文》部首有"苟"字,居力切,读曰"急","恭敬"之"敬"字从此。许慎曰:"苟,自急敕也,从羊省,从包者,犹慎言也,与义、善、美同意。"段玉裁《说文注》谓此字不见经典,只有《尔雅·释诂》有"悈、骏、肃、亟、遄,速也"之

---

① 劳思光:《大学中庸译注新编》,第11页。
② 《礼记·乐记》:"廉直劲正庄诚之音作,而民肃敬。"《史记·刘敬叔孙通列传》:"自诸侯王以下莫不振恐肃敬。""肃敬"犹"恭敬"。
③ 马向欣:《"苟日新"探》,《文献》第3期,1994年,第253页。

训。他以为《大学》"苟日新"之"苟",朱子《章句》解为"诚",误矣。言下之意"苟"当作"茍",训为"亟"。① 裴学海(1899—1970)也说:"朱骏声谓'苟'为'茍'之讹,是也。'茍'古'亟'字,纪力切,《尔雅》'亟,速也'。《释文》云:'亟,本作茍。'是古本《尔雅》作茍速也。'茍日新'云云者言速日新,日日新,又日新也。下文云'是故君子无所不用其极','极'亦与'亟'同。速也,急也。言君子之于新,无所不用其急速也。"② 近来网上也有文章谓"茍日新",指的是"急使日新",勿有迁延等待。③ 这一解释其实也有问题。

从前人的称引来看,似乎"苟"当训"急"。唐人欧阳询(557—641)编《艺文类聚》卷七十三:"《礼记》曰:'汤之盘铭:德日新,又日新。'"④ "苟"字写作了"德"。北宋曾巩(1019—1083)也说:"上诏史馆借以群书,乃先上《御览》三十卷、《御屏风》五卷。其序《御屏风》之略曰:'汤之盘铭曰:德日新,又日新。'"⑤ 也是将"苟"字写作了"德"。陈槃注意到了这一现象,但未作分析。⑥ "苟"古音为职部见母,"德"为职部端母,声母虽然不同,但古韵同属一部,音近可通;而"敬"则为见母耕部字。如此,通"德"的当为"苟"而非"敬"。自然当训为"急"。但问题是"日新,日日新,又日新"讲的不完全是急使不急使"日新"、要不要"迁延等待"的问题,而是要不要继续"日新"、中断不中断"日新"的问题。如果是"急使日新"的话,强调的是"日新"的速度和频率。而"汤之盘铭",用孔颖达的话来说,讲的是"修德不已";用朱熹的话来说,是"日新""不可略有间断也"。两者显然不是一回事。《左传·僖公三十三年》

---

① 钱泳:《履园丛话》卷三《考索·苟》,《续修四库全书》第1139册,上海:上海古籍出版社,1995年,第38-39页。
② 裴学海:《大学疑义订解》,《国学月刊》第一卷第一期,1937年,第4页。
③ 小团山香草农庄:《汤之盘铭的正解》,《中英书院讲席》2013年12月14日22:39微博,香港公开大学人文社会科学院同学会交流区。
④ 文渊阁《四库全书》子部类书类。
⑤ 文渊阁《四库全书》史部别史类《隆平集》卷十三。
⑥ 陈槃:《大学中庸今释》,第20页。

云:"敬,德之聚也,能敬必有德。"① 此是说,敬是德的集中表现。能做到敬,自然有德。如此说来,"敬"充满了"德","敬"是"德"的具体表现,两者实质是同一回事。所以,后人就以"德"代"敬"。这说明,"苟日新"之"苟"不能训为"急",还应是"敬"的初文,也就是古写的"敬","苟日新"还是应当读为"敬日新"。

"敬日新日日新又日新"应该如何读?笔者以为当读为:"敬:日新,又日新,日日新。"

先说"敬"的义涵。西周青铜器铭文中"敬夙夜,勿法朕命""敬夙夕,勿法朕命""虔夙夜,勿法朕命"屡见,如《师酉簋》《师虎簋》《师𩰬簋》《蔡簋》《牧簋》《师克盨》《𝆕簋》。② "法"读为"废","勿法朕命"即"勿废朕命"。"夕","夜"也。"夙夕"即"夙夜"。《诗经·韩奕》云:"无废朕命,夙夜匪解(懈)。"③ 其意与金文"敬夙夜,勿法朕命""敬夙夕,勿法朕命"同。"无废朕命"即"勿法朕命","夙夜匪懈"即"敬夙夜""敬夙夕";"敬"就是"匪解""不懈",也就是不松懈的意思。《逸周书·谥法解》:"夙夜恭事曰敬。"④ 传世《卫孔悝之鼎铭》曰:"其勤公家,夙夜不解。"⑤ "夙夜恭事"是"敬","夙夜不解"是"勤"。因此,"敬"就是"勤",就是"勤而不懈""勤而不止"。

"苟日新"之"日新",也有说"日"当为"曰","日新"当作"曰新"的。劳思光以《周易·大畜·象传》已有"日新其德"一语,认为不可信。⑥ 良是。其实《周易·系辞传》也有"日新之谓盛德"说。更何况从下文来看,即使"又日新"可读为"又曰新","日日新"又怎样读?可见此说不可从。

董作宾认为甲骨文"又"字的使用分为前后两期,武丁、祖庚以上为

---

① 杨伯峻:《春秋左传注》(修订本),北京:中华书局,1990年,第501页。
② 中国社会科学院考古研究所编:《殷周金文集成》,第八册,第231、271、283、301、308页;《殷周金文集成》,第九册,第124、125、126页,北京:中华书局,1987、1988年。
③ 孔颖达:《毛诗正义》,第750页。
④ 文渊阁《四库全书》史部别史类《逸周书》卷六。
⑤ 孔颖达:《礼记正义》卷四十九,第1607页,又《容斋随笔·三笔》卷十三。
⑥ 劳思光:《大学中庸译注新编》,第11页。

前期，祖甲以下为后期。前期"又"字仅有"佑助""左右"两义，"侑祭""又再""有无"字则皆用"㞢"，不用"又"。因而断定：汤盘之铭在殷代如置之祖甲以前，则仅可以"佑助"之义释"又日新"，祖甲以后乃有"又再"之义也。因此，"汤之盘铭""苟日新，日日新，又日新"当读为"敬日新，日日新之，此盘佑助汝之日新"。①

董氏的"佑助"说，连作为同事兼后学的陈槃也难以认同。② 其实，董氏的改读，除说出来的意思之外，恐怕还有没说出来的"言外之意"：这就是"日日新"后，不应说"又日新"。我们知道，"日"是一天，也就是第一天的意思。"日日"是每天、天天的意思。"又"是"复""再"的意思，"又日"是又一天、再一天，也就是第二天的意思。《左传·文公十六年》："姑又与之，遇以骄之。彼骄我怒，而后可克。"③"又与之"，又一次"与之"，再一次"与之"。《谷梁传·僖公二十二年》："过而不改，又之，是谓之过。"范宁（约339—401）注："又，复。"④"又之"，即"复之"，指再一次犯错。这些"又"字，都是副词，表示动作重复，相当于"再"。因此，"又日"应该是"再日"，"第二天"的意思。"汤之盘铭"既然是"日日新"了，天天新了，又怎能再接之"又日新"，也就是"再日新"呢？所以，董作宾只好改弦易辙，将"日日新"后的"又日新"读为"佑日新"，"佑助汝之日新"。

但董氏这样的改读其实也难以成立。第一，前后语气不协。"日日新"较之"日新"是递进，是强调"新"而不已，不能松懈。再接之以"佑助汝之日新"，话又绕回去了。第二，以甲骨文来论定"汤之盘铭"之"又"不可能有"又再"义属于以偏概全。因为甲骨文毕竟有限，不可能将殷商时期的语言现象网罗无遗。以有限之材料作超出材料之外的推定，其可信度应该存疑。

---

① 董作宾：《汤盘与商三戈》，《董作宾先生全集甲编》，第810-811页。
② 陈槃：《大学中庸今释》，第20页。
③ 杜预注，孔颖达疏：《春秋左传正义》，《十三经注疏》本，北京：中华书局，1980年，第1859页。
④ 范宁注，杨士勋疏：《春秋谷梁传注疏》，北京：中华书局，1980年，第2400页。

笔者认为,"汤之盘铭""又日新"句疑当在"日日新"句前。"日新"是第一天"新","又日新"是"再新"、第二天"新",所以"又日新"当接"日新"。"日日新"是每天"新"、天天"新",在"又日新"的基础上又进了一层,是对"日新,又日新"的超越,所以"日日新"当在"又日新"之后。由"日新"到"又日新",再进而"日日新",正是"勤而不懈""勤而不止"的体现。如依今本,将"日日新"放在"又日新"之前,既然已经"日日新"了,再说"又日新",岂不是废话?因为"又日",也就是"再日",已经包含在"日日"中了,"日日"不但包括了"日",也就是第一天,也包括"又日",也就是第二天。所以,"日日新"只能在"日新"和"又日新"之后,不能在"又日新"之前,道理非常明显。

笔者此说在传世文献中也可得到印证。如上引唐欧阳询编《艺文类聚》卷七十三就有:"《礼记》曰:'汤之盘铭:德日新,又日新。'"①"又日新"就是紧接"日新"句。北宋曾巩文有:"上诏史馆借以群书,乃先上《御览》三十卷、《御屏风》五卷。其序《御屏风》之略曰:'汤之盘铭曰:德日新,又日新。'"②南宋杨万里(1127—1206)《诚斋易传》有:"曰'德日新,又日新',进德欲新也。"③严粲《诗缉》有:"'德日新,又日新',是圣敬日跻之实,即文王之纯,亦不已也。"④这些例子中虽然没有出现"日日新"句,但"又日新"也都是在"日新"句后。可见前人也意识到了"又日新"句必须紧接"日新"句的问题,只是没有点明经文有倒文的错误而已。

倒文古今文献常见。如王弼本《老子》第十四章:"迎之不见其首,随之不见其后。"帛书《老子》甲、乙两本皆作:"随之而不见其后,迎之而不见其首。"北京大学藏汉简本作:"随而不见其后,迎而不见其首。"景福本这两句次序与帛书本、汉简本同。⑤看来王弼本这两句的次序是颠倒了。

---

① 文渊阁《四库全书》子部类书类。
② 文渊阁《四库全书》史部别史类《隆平集》卷十三。
③ 杨万里撰,宋淑洁点校:《诚斋易传》卷十三,北京:九州出版社,第171页。
④ 文渊阁《四库全书》经部诗类《诗缉》卷三十六。
⑤ 北京大学出土文献研究所编:《北京大学藏西汉竹书·贰》,上海:上海古籍出版社,2012年,第150页。

又如《韩非子·十过》："张孟谈曰：'臣闻董子之治晋阳也，公宫公舍之堂，皆以炼铜为柱质。君发而用之。'于是发而用之，有余金矣。"王叔岷案："'有余金矣'四字，当在'于是发而用之'句上，盖误倒也。'君发而用之，有余金矣'，乃张孟谈之言。上文'君发而用之，有余箭矣'，与此同例。《艺文类聚》六十、《御览》三五零引此四字，正与'君发而用之'相接。《赵策》作'请发而用之，则有余铜矣'，亦其证。"① 《庄子·刻意》："故曰圣人休休焉，则平易矣。"俞樾按："'休焉'二字，传写误倒，此本作'故曰圣人休焉，休则平易矣。'《天道》篇'故帝王圣人休焉，休则虚。'与此文法相似，可据订正。"② 因此，《大学》篇引"汤之盘铭"，将"日日新""又日新"两句误倒，并不值得奇怪。

综上所述，《礼记·大学》篇"汤之盘铭""苟日新，日日新，又日新"当读作"苟（敬）：日新，又日新，日日新"。是说"勤而不懈"，绝不能停止、松懈："第一天洗垢自新，第二天也要洗垢自新，每天都要洗垢自新。"所谓"苟（敬）"概括的就是"日新，又日新，日日新"的道理，而"日新，又日新，日日新"则是"苟（敬）"——"勤而不懈"之理的具体表现。它们是同一关系，是说明与被说明的关系。只不过一是形上、一是形下，一是理、一是事而已。后人既没有发现原文"日日新"与"又日新"两句的误倒，又没有正确理解"苟"字的本义，在标点和文句结构、意义的阐释上都出现了相当程度的误读。这一事实告诉我们，读懂经典，正确地理解经典，仍然是学界的首要问题。我们在宣传经典、津津乐道之时，首先要反躬自问，我们自己是否读懂了经典。

---

① 王叔岷：《斠雠学（补订本） 斠雠别录》，北京：中华书局，2007年，第315-316页。
② 俞樾：《诸子平议》卷十八《庄子二》，上海：上海书店影印商务印书馆本，1988年，第357页。

"慎独"本义新证

"慎独"说在儒学思想史上影响深远。但其解释从郑玄、孔颖达、朱熹以至王栋、郝懿行、王念孙，莫衷一是。近年来，由于新资料的出土，更引发了新的争议。本文拟对"慎独"说的本义作一探讨，以期对中国思想史的研究有所促进。

一、先秦秦汉文献的"慎独"说

"慎独"说在先秦秦汉文献里出现的频率较高，其中《礼记》就有三篇有过论述。如《礼记·礼器》记载：

> 孔子曰："礼，不可不省也。"礼不同，不丰、不杀，此之谓也。盖言称也。礼之以多为贵者，以其外心者也；德发扬，诩万物，大理物博，如此，则得不以多为贵乎？故君子乐其发也。礼之以少为贵者，以其内心者也。德产之致也精微，观天下之物无可以称其德者，如此则得不以少为贵乎？是故君子慎其独也。①

《中庸》篇也载：

> 天命之谓性，率性之谓道，修道之谓教。道也者，不可须臾离也，可离非道也。是故君子戒慎乎其所不睹，恐惧乎其所不闻。莫见乎隐，

---

① 孔颖达：《礼记正义》，《十三经注疏》本，北京：中华书局，1980年，第205-206页。

莫显乎微。故君子慎其独也。①

《大学》篇的讨论则更为详细：

> 所谓诚其意者，毋自欺也，如恶恶臭，如好好色，此之谓自谦，故君子必慎其独也！小人闲居为不善，无所不至，见君子而后厌然，掩其不善，而著其善。人之视己，如见其肺肝然，则何益矣！此谓诚于中，形于外，故君子必慎其独也。曾子曰："十目所视，十手所指，其严乎！"富润屋，德润身，心广体胖，故君子必诚其意。②

同出于儒门的《荀子·不苟》篇也载：

> 君子养心莫善于诚，致诚则无它事矣。惟仁之为守，惟义之为行。诚心守仁则形，形则神，神则能化矣。诚心行义则理，理则明，明则能变矣。变化代兴，谓之天德。天不言而人推其高焉，地不言而人推其厚焉，四时不言而百姓期焉。夫此有常，以至其诚者也。君子至德，嘿然而喻。未施而亲，不怒而威：夫此顺命，以慎其独者也。善之为道者，不诚则不独，不独则不形，不形则虽作于心，见于色，出于言，民犹若未从也；虽从必疑。③

此后，称引、讨论的就多了。如《淮南子·缪称》：

> 动于近，成文于远。夫察所夜行，周公 [不] 惭乎景，故君子慎其独也。④

《文子·精诚》也说：

> 君子之憯怛，非正为也，自中出者也，亦察其所行，圣人不惭于影，

---

① 孔颖达：《礼记正义》，第 397 页。
② 孔颖达：《礼记正义》，第 445 页。
③ 王先谦：《荀子集解》，《诸子集成》本，卷二，上海：中华书局，1954 年，第 28-30 页。
④ 何宁：《淮南子集释》，卷十，北京：中华书局，1998 年，第 722 页。

君子慎其独也，舍近期远，塞矣。故圣人在上则民乐其治，在下则民慕其意，志不忘乎欲利人。①

郭店楚简《五行》篇也有"慎独"说：

"淑人君子，其仪一也。"能为一，然后能为君子，慎其独也。

"[瞻望弗]及，泣涕如雨。能差池其羽，然后能至哀，君子慎其[独也]"。②

而马王堆三号汉墓出土的帛书《五行》篇，则有更详细的说解：

"鸤鸠在桑，其子七只。淑人君子，其宜一只。"能为一，然后能为君子，君子慎其独[也]。

"[婴]婴于飞，差池其羽。之子于归，远送于野。瞻望弗及，泣涕如雨。"能差池其羽，然[后能]至哀，君子慎其独也。

"'鸤鸠在桑，直之。'其子七也"，鸤鸠二子耳，曰七也，兴言也。"[淑人君子]，其[仪一兮]。"[淑人]者□，[仪]者义也。言其所以行之义之一心也。能为一，然后能为君子。能为一者，言能以多[为一]。以多为一也者，言能以夫[五]为一也。君子慎其独。慎其独也者，言舍夫五而慎其心之谓[也。□]然后一。一也者，夫五夫为□心也，然后德之一也，乃德已。德犹天也，天乃德已。

"'之子于归，远送于野。瞻望弗及，[泣]涕如雨。'能差池其羽，然后能至哀"，言至也。"差池"者，言不在衰绖。不在衰绖也，然后能[至]哀。夫丧，正绖修领而哀杀矣，言至内者之不在外也，是之谓独。独也者，舍体也。③

---

① 王利器：《文子疏义》，卷二，北京：中华书局，2000年，第97页。
② 荆门市博物馆：《郭店楚墓竹简》，北京：文物出版社，1998年，第149-150页。案：释文有所修订，为减少印刷麻烦，假借字、错字直接写作本字。下同。
③ 国家文物局古文献研究室：《老子卷后古佚书·五行》，《马王堆汉墓帛书〔一〕》，北京：文物出版社，1980年，第17-19页。案：释文有所修订。

传世文献和出土文献的这些记载，应是我们把握"慎独"之本义，评判各家说解优劣短长的依据。

二、前修时贤的解说

传世文献中直接阐发"慎独"之义始于东汉郑玄。郑玄于《礼记·礼器》篇"如此则得不以少为贵乎？是故君子慎其独也"下注：

> 少其牲物致诚悫。①

于《礼记·中庸》篇"故君子慎其独也"下注：

> 慎独者，慎其闲居之所为。小人于隐者，动作言语自以为不见睹，不见闻，则必肆尽其情也。若有觇听之者，是为显见，甚于众人之中为之。②

郑玄的这一解释与刘向《说苑·敬慎》的看法实质是一致的：

> 存亡祸福，其要在身，圣人重诫，敬慎所忽。《中庸》曰："莫见乎隐，莫显乎微；故君子能慎其独也。"谚曰："诚无垢，思无辱。"夫不诚不思，而以存身全国者，亦难矣。诗曰："战战兢兢，如临深渊，如履薄冰。"此之谓也。③

"敬慎所忽"即"慎其闲居之所为"，故刘向引《中庸》"莫见乎隐，莫显乎微；故君子能慎其独也"以证之。

稍后于郑玄的徐干也是同一看法，其《中论·法象》说：

> 人性之所简也，存乎幽微。人情之所忽也，存乎孤独。夫幽微者，显之原也。孤独者，见之端也。胡可简也，胡可忽也。是故君子敬孤

---

① 孔颖达：《礼记正义》，第206页。
② 孔颖达：《礼记正义》，第397页。
③ 向宗鲁：《说苑校证》，卷十，北京：中华书局，1987年，第240页。

独而慎幽微。虽在隐蔽,鬼神不得见其隙也。①

"君子敬孤独而慎幽微。虽在隐蔽,鬼神不得见其隙也",也就是"言虽曰独居,能谨慎守道也"。其理解显然脱胎于刘向《说苑·敬慎》。

汉人对"慎独"的上述训释到魏晋南北朝时已成为共识,北齐刘昼《刘子》一书就有《慎独》专章,云:

> 善者,行之总,不可斯须离也。若可离,则非善也。人之须善,犹首之须冠,足之待履。首不加冠,是越类也。行不蹑履,是夷民也。今处显而循善,在隐而为非,是清旦冠履而昏夜倮跣也。
>
> 荃荪孤植,不以岩隐而歇其芳。石泉潜流,不以涧幽而不清。人在暗密,岂以隐翳而回操?是以戒慎所不睹,恐惧所不闻。居室如见宾,入虚如有人。故蘧瑗不以昏行变节;颜回不以夜浴改容;勾践拘于石室,君臣之礼不替;冀缺耕于坰野,夫妇之敬不亏。斯皆慎乎隐微,枕善而居。不以视之不见而移其心,听之不闻而变其情也。
>
> 谓天盖高而听甚卑,谓日盖远而照甚近,谓神盖幽而察甚明。《诗》云:"相在尔室,尚不愧于屋漏。无曰不显,莫予云觏。"暗昧之事,未有幽而不显;昏惑之行,无有隐而不彰。修操于明,行悖于幽,以人不知。若人不知,则鬼神知之;鬼神不知,则己知之。而云不知,是盗钟掩耳之智也。
>
> 孔徒晨起,为善孳孳。东平居室,以善为乐。故身恒居善,则内无忧虑,外无畏惧。独立不惭影,独寝不愧衾,上可以接神明,下可以固人伦。德被幽明,庆祥臻矣。②

其主张"慎乎隐微",反对"在隐而为非",认识全同于刘向、郑玄。唐孔颖达于《礼记·礼器》篇"是故君子慎其独也"《正义》虽云:

---

① 徐湘霖:《中论校注》,成都:巴蜀书社,2000年,第23页。
② 傅亚庶:《刘子校释》,卷二,北京:中华书局,1998年,第105-106页。

独,少也。既外迹应少,故君子用少而极敬慎也。①

但于《礼记·中庸》篇《正义》却明确地说:

> 故君子慎其独也者,以其隐微之处,恐其罪恶彰显。故君子之人恒慎其独居,言虽曰独居,能谨慎守道也。②

坚持了"疏不破注"的原则。

朱熹的《大学章句》《中庸章句》进一步发展了郑玄、孔颖达的"慎独"说,其《大学章句》云:

> 独者,人所不知而己所独知之地也。言欲自修者知为善以去其恶,则当实用其力,而禁止其自欺。使其恶恶则如恶恶臭,好善则如好好色,皆务决去,而求必得之,以自快足于己,不可徒苟且以殉外而为人也。然其实与不实,盖有他人所不及知而己独知之者,故必谨之于此以审其几焉。……此言小人阴为不善,而阳欲掩之,则是非不知善之当为与恶之当去也;但不能实用其力以至此耳。然欲掩其恶而卒不可掩,欲诈为善而卒不可诈,则亦何益之有哉!此君子所以重以为戒,而必谨其独也。③

其《中庸章句》亦谓:

> 言幽暗之中,细微之事,迹虽未形而几则已动,人虽不知而己独知之,则是天下之事无有著见明显而过于此者。是以君子既常戒惧,而于此尤加谨焉,所以遏人欲于将萌,而不使其滋长于隐微之中,以至离道之远也。④

郑玄《注》、孔颖达《正义》、朱熹《集注》的解说,影响极大。长期

---

① 孔颖达:《礼记正义》,第206页。
② 孔颖达:《礼记正义》,第397页。
③ 朱熹:《四书章句集注》,北京:中华书局,1983年,第7页。
④ 朱熹:《四书章句集注》,第17-18页。

以来，几被人们视为定论。不要说传统的儒者，就连刘少奇《论共产党员修养》也说：

> 即使在他个人独立工作、无人监督、有做各种坏事的可能的时候，他能够"慎独"，不做任何坏事。①

但是，以谨慎独处、道德自律释"慎独"，明人就有异议。王栋认为：

> 诚意功夫在"慎独"。"独"即"意"之别名，"慎"即"诚"之用力者耳。"意"是心之主宰。②

刘宗周也以心之主宰的"意"为《大学》《中庸》"慎独"之"独"，认为"独之外别无本体，慎独之外别无工夫"。③

由此，引发了清代乾嘉学者的进一步讨论。《荀子·不苟》"夫此顺命，以慎其独者也"，郝懿行《补注》：

> "慎"者，诚也；诚者，实也。心不笃实，则所谓独者不可见。……推寻上下文意，"慎"当训诚。据《释诂》云"慎，诚也。"非慎训谨之谓。《中庸》"慎独"与此义别。"慎"字古义训诚，《诗》凡四见，毛、郑俱依《尔雅》为释。《大学》两言"慎独"，皆在《诚意》篇中，其意亦与《诗》同。惟《中庸》以"戒慎""慎独"为言，此别义，乃今义也。④

这是说《荀子·不苟》篇的"慎独"当训为"诚"，而《大学》《中庸》之"慎独"意义不同，乃别为一义，仍维护郑玄、孔颖达、朱熹的"谨慎独处"说。

王念孙《读书杂志》则认为：

---

① 刘少奇：《论共产党员的修养》，《刘少奇选集》上卷，北京：人民出版社，1981年，第133页。
② 黄宗羲：《明儒学案》，卷三十二，北京：中华书局，1985年，第734页。
③ 黄宗羲：《明儒学案》，卷六十二，第1580页。
④ 王先谦：《荀子集解》，《诸子集成》本，第28、29页。

《中庸》之"慎独","慎"字亦当训为诚,非上文"戒慎"之谓。("莫见乎隐,莫显乎微",即《大学》"十目所视,十手所指",则"慎独"不当有二义。陈硕甫云:"《中庸》言慎独,即是诚身。")故《礼器》说礼之以少为贵者曰:"是故君子慎其独也。"郑注云:"少其牲物,致诚悫。"是"慎其独"即诚其独也。"慎独"之为"诚独",郑于《礼器》已释讫,故《中庸》《大学》注皆不复释。孔冲远未达此旨,故训为谨慎耳。凡经典中"慎"字,与"谨"同义者多,与"诚"同义者少。训谨训诚,原无古今之异,("慎"之为谨,不烦训释。故传、注无文。非"诚"为古义而"谨"为今义也。)唯"慎独"之"慎"则当训为诚,故曰"君子必慎其独",又曰"君子必诚其意"。《礼器》《中庸》《大学》《荀子》之"慎独",其义一而已矣。①

凌廷堪也说:

《礼器》曰:"礼之以少为贵者,以其内心者也。德产之致也精微,观天下之物无可称其德者,如此则得不以少为贵乎?是故君子慎其独也。"此即《学》《庸》"慎独"之正义也。"慎独"指礼而言。礼之以少为贵,《记》文已明言之。然则《学》《庸》之"慎独",皆礼之内心精微可知也。后儒置《礼器》不观,而高言"慎独",则与禅家之独坐观空何异?由此观之,不惟明儒之提倡"慎独"为认贼作子,即宋儒之诠解"慎独"亦属郢书燕说也。……今考古人所谓"慎独"者,盖言礼之内心精微,皆若有威仪临乎其侧,虽不见礼,如或见之,非人所不知、己所独知也。仲弓问仁,子曰:"出门如见大宾,使民如承大祭。"言正心必先诚意也,即"慎独"之谓也。故曰:"君子之所不可及者,其唯人之所不见乎?《诗》曰:'相在尔室,尚不愧于屋漏。'"然则正心必先诚意,所谓"不显亦临,无射亦保"是也,岂独坐观空之说乎?②

---

① 王先谦:《荀子集解》,《诸子集成》本,第28、29页。
② 凌廷堪:《慎独格物说》,《校礼堂文集》,北京:中华书局,1998年,第144、145页。

郝懿行和王念孙说治哲学者、治儒学者长期不予理会[①]；而凌廷堪说则被钱穆目为"不辞"。[②] 但是，随着二十世纪七十年代马王堆帛书《五行》篇和九十年代郭店楚简《五行》篇的出土，学人们开始重新讨论"慎独"之本义，而其意见之纷争，则大体不脱郝、王、凌说之窠臼。

就笔者目前掌握的材料，首先讨论马王堆帛书《五行》篇"慎独"问题的是日本学者岛森哲男的《慎独的思想》一文。[③] 中国学者庞朴为马王堆帛书《五行》篇作注，多次谈到了"慎独"。在1979年的注中，他说：

> 《礼记·礼器》："礼之以少为贵者，以其内心者也。德产之致也精微，观天下之物无可称其德者，如此则得不以少为贵乎？是故君子慎其独也。"本书谈慎独，亦指内心专一。[④]

在1980年的注中，他在上段话前加上了"儒书屡言慎独，所指不尽同"一句。[⑤] 在1988年的再版本中，他又加上了"《荀子·不苟》篇释慎独曰：'善之为道者，不诚则不独，不独则不形，不形则虽作于心、见于色、出于言，民犹若未从也；虽从必疑'"一段。[⑥] 这是说帛书《五行》篇的"慎独"说与《礼记·礼器》篇、《荀子·不苟》篇说同，而与《礼记·中庸》《大学》篇迥异。

魏启鹏也有同样的看法，只不过将"慎独"之"慎"读为了"顺"：

> 《礼记·中庸》："莫见乎隐，莫显乎微，故君子慎其独也。"郑《注》："慎独者，慎其闲居之所为。"《大学》所谓"慎独"亦此义。然佚书所谓"慎独"不同，……"独"乃指心与耳、目、鼻、口、手、足数体

---

① 在清华大学简帛讲读班第9次研讨会（2000年6月25日）讨论梁涛关于"慎独"的报告时，笔者曾列举郝、王两说以补充梁说。
② 钱穆：《中国近三百年学术史》，北京：中华书局，1986年，第499页。
③ 岛森哲男：《慎独の思想》，《文化》第42卷第3·4号，1979年，第145-158页。
④ 庞朴：《帛书五行篇校注》，《中华文史论丛》第4辑，上海：上海古籍出版社，1979年，第52页。
⑤ 庞朴：《帛书五行篇校注》，《帛书五行篇研究》，济南：齐鲁书社，1980年，第33页。
⑥ 庞朴：《帛书五行篇校注》，《帛书五行篇研究》，第54页。

间，惟心之性好"悦仁义"，故"心贵"，心为人体之"君"也。（参看后文 316 行至 326 行。）慎读为顺。《荀子·仲尼》："能耐任之则慎行此道也。"《注》："慎读为顺。""慎独"即"顺独"。顺，从也，为臣之道，《荀子·臣道》《说苑·臣术》皆曰"从命而利君谓之顺"。故"慎独"者，谓"耳目鼻口手足六者，心之役也"（316 行），当尊心之"贵"，从心"君"之命，而同"好仁义也"。传世经籍中惟《礼记·礼器》所云"礼之以少为贵者，以其内心者也。……是故君子慎其独也"与佚书之义较接近。①

郭店楚简《五行》篇出，学者仍持"不同"说。如丁四新就说：

"慎独"，与《礼记·中庸》《大学》所谓"慎独"义不同，《中庸》《大学》所谓"慎独"依郑《注》指"慎其闲居之所为"；简帛书所谓"慎独"谓慎心，"独"指心君，与耳、目、鼻、口、四肢相对，心君是身体诸器官的绝对主宰者，具有至尊无上的独贵地位，这在先秦文献中，如《管子》四篇、《荀子·解蔽》等，皆有明证。《礼记·礼器》云："礼之以少为贵者，以其内心也。……是故君子慎其独也。"与简帛《五行》所谓"慎独"义近。②

上述"不同"说，实质与郝懿行的看法接近。

梁涛对这种简帛《五行》"慎独"与《礼记·中庸》《大学》义不同说提出了挑战，他说：

《大学》《中庸》以及《五行》的慎独均是指内心的专一，指内在的精神状态。……郑玄、朱熹的错误在于，他们把"诚其意"的内在精神理解为"慎其闲居所为"的外在行为，把精神专一理解为独居、独处，因而造成整个意思发生改变。③

---

① 魏启鹏：《德行校释》，成都：巴蜀书社，1991 年，第 11 页。
② 丁四新：《郭店楚墓竹简思想研究》，北京：人民出版社，2000 年，第 141-142 页。
③ 梁涛：《郭店楚简与"君子慎独"》，简帛研究网站，2000 年 6 月 4 日。

刘信芳也认为：

> 《大学》之慎独与《五行》之慎独并无二致。……《中庸》之"慎独"与《五行》之"慎独"可谓一脉相承，谈的都是群体意识中的自我意识问题。……今天我们既已读《五行》之慎独，则在慎独的理解上应该走出郑《注》的阴影。[①]

这些基于马王堆帛书《五行》篇和郭店楚简《五行》篇的新说，印证了王念孙说，都可看作王念孙说的发展。

三、"慎独"之本义

上引传世文献和简帛《五行》篇的"慎独"说，其意义是基本一致还是根本不同，取决于对"慎独"本义的探讨。

笔者认为，从"慎独"的本义看，王念孙"《礼器》《中庸》《大学》《荀子》之'慎独'，其义一而已"说是正确的，梁涛、刘信芳简帛《五行》"慎独"与《中庸》《大学》"慎独"并无二致说是可信的，明人王阳明一系，特别是王栋、刘宗周以"独"为"心"，以"独"为"良知本体"可谓凿破混沌，只是关于"慎独"之"慎"的训释，从古至今诸家不是误释，就是知其然而不知其所以然，以致难以彻底解决问题。

前贤时人将"慎独"之"慎"或训为"谨"，或训为"诚"，或读为"顺"，皆不足取。笔者认为"慎"字之本义应是"心里珍重"。其字应是形声兼会意，"心"为义符，而"真"既为声符，也为义符。严格地说，"慎"应是"真"的后起分别字。因此，要了解"慎"字本义，首先就要了解"真"字的本义。

许慎《说文解字·匕部》：

> 眞，仙人变形而登天也。从匕，从目，从乚。八，所承载也。

[①] 刘信芳：《简帛五行解诂》，台北：艺文印书馆，2000年，第325-326页。

其说实不可信。唐兰指出：

> 眞字本作㸓，当是从貝匕声，匕非变匕之匕，实㖈字古文之𠤎也。眞在眞部，㖈在谆部，眞谆音相近。变化之匕，古殆无此字。倒人为𠤎，与倒大为屰同。𠤎与匕左右相反，实一字也。①

朱芳圃进一步证明：

> 真即珍之初文。《说文·玉部》："珍，宝也。从玉，㐱声。"考从真从㐱得声之字，例相通用，《诗·大雅·云汉》："胡宁瘨我以旱"，《释文》："瘨，韩诗作疹"；《周礼·春官·典瑞》："珍圭"郑注："杜子春云，'珍当为镇，书亦或为镇'"；《说文·彡部》："㐱，稠发也。从彡，人声。《诗》曰：'㐱发如云'。鬒，㐱或从髟，真声"，是其证也。又贝与玉同为宝物，故字之从玉作者一从贝作，如《说文·玉部》玩或体作贩。是真从贝，𠤎声，与珍从玉㐱声，音义悉同。由于真为借义所专，故别造珍字代之，真之初形本义，因之晦矣。②

知道"真"是"珍"之初文，再来看其后起分别字"慎"，就知道"慎"之本义不应是"谨"，而应取"心""真"，也就是"心""珍"之会意。"珍"之本义为"宝"，为珍重，"慎"字增义符"心"，本义就是"心里珍重"。许慎为第一号文字学家，其名慎，字叔重。"叔"为排行，名"慎"而字"重"，名、字相应，也是以"慎"为"重"。③

"慎"本义是"心里珍重"，可从出土简帛中得到充分证明。

郭店楚简《五行》篇和马王堆帛书《五行》篇都借说解《诗·曹风·鸤鸠》和《邶风·燕燕》之句阐发过"慎独"的内涵，其中以马王堆帛书《五行》

---

① 唐兰：《释真》，《考古社刊》第 5 期，1936 年；又《唐兰先生金文论集》，北京：紫禁城出版社，1995 年，第 32 页。
② 朱芳圃：《真》，《殷周文字释丛》卷下，北京：中华书局，1962 年，第 190 页。
③ 此为清华大学思想文化研究所 2001 级研究生刁小龙上我课时所提出。张丰乾《叩其两端与重其个性——"君子慎其独"的再考察》（简帛研究网站，2001 年 6 月 3 日）也以"慎"为"重"，但论证不同，可参。

篇最为详尽。其说解《曹风·鸤鸠》诗句的逻辑结构是：能"慎其独"，方能"为一"；能"为一"，方能为"君子"。所以，"君子慎其独也"。具体来说，"慎其独也者，言舍夫五而慎其心之谓也"。此"五"，庞朴谓"指彼五行"。①梁涛以为指"'仁义礼智圣'，按照《五行》的交代，它乃是'形于内'的五种'德之行'"。②刘信芳以为鸤鸠之"五子"。③池田知久以为是"身体的、物质的性质"。④郭齐勇以为是"五官四体"。⑤案：此"五"当指"不形于内"的仁义礼智圣"五行"，它们"不形于内"，外在于心，与仁义礼智圣的"德之行"相对，实为外在性的、表面形的仁义礼智圣。"舍夫五而慎其心"，就是要舍弃这种外在性的、表面形的仁义礼智圣"五行"，珍重出乎内心的仁义礼智圣"德之行"。这就是"慎其独"，珍重心。只有这样，仁义礼智圣各自的"德之行"，才能"为一"，达到"和"的最高境界。应该指出：此处帛书"慎其独也者，言舍夫五而慎其心之谓[也。□]然后一"原缺两字，前一字补为"也"，不可移易。后一字，浅野裕一补为"君子"，而庞朴补为"独"。⑥魏启鹏⑦、郭齐勇⑧、梁涛⑨、刘信芳⑩等均从庞补。其实此字当补为"慎"。此是说"慎然后一"，珍重心，才能使仁义礼智圣各自的"德之行""和"而"为一"。这些"慎"字，训为"谨"，是说不通的；训为"诚"，也非常别扭；读为"顺"，更不可从。只有训为"珍重"，才能文从字顺。

郭店楚简《五行》篇和马王堆帛书《五行》篇的经文都解《诗·邶风·燕燕》首章之义为"能参差其羽，然后能至哀，君子慎其独也"。马王堆帛

---

① 庞朴：《帛书五行篇校注》，《帛书五行篇研究》，第53页。
②⑨ 梁涛：《郭店楚简与"君子慎独"》。
③ 刘信芳：《简帛五行解诂》，第49页。
④ 池田知久：《马王堆汉墓帛书五行篇所见的身心问题》，湖南省博物馆编：《马王堆汉墓研究文集》，长沙：湖南出版社，1994年，第58页。
⑤⑧ 郭齐勇：《郭店楚简身心观发微》，《郭店楚简国际学术研讨会论文集》，武汉：湖北人民出版社，2000年，第206页。
⑥ 庞朴：《帛书五行篇校注》，《帛书五行篇研究》，第52、53页。
⑦ 魏启鹏：《德行校释》，第30页。
⑩ 刘信芳：《简帛五行解诂》，第48页。

书《五行》篇的说文认为此说的是守丧不在于孝服。守丧只有不在于孝服，然后才能极尽哀思。守丧专注于丧服而哀思就会减少，说的就是极重内心者之不重外表。因此，"是之胃蜀=者舍體也"。① 帛书整理小组的释文为"是之胃（谓）蜀（独），蜀（独）也者舍體（体）也"。② 庞朴③、魏启鹏④ 诸家同。案：从上文的解释对象看，此"独"乃"慎其独"之意，或者说是"慎独"之省文。此是说"至内者之不在外也，是之谓慎独，慎独也者，舍体也"。就是说极重内心者之不重外表，所以称之为"慎独"，"慎独"就是不重外表，只重内心。由此可知，这里的"慎其独"，其"慎"字也只能训为"珍重"，而不能训为"谨""诚"，或读为"顺"。

传世文献的"慎独"之"慎"，也只能训为"珍重"。《礼记·礼器》称"礼之以多为贵者，以其外心者也"，"礼之以少为贵者，以其内心者也"，"是故君子慎其独也"。君子于礼只重"以其内心者也"而不重"以其外心者也"。所以，"慎其独"就是珍重出于内心者也。

《淮南子·谬称训》说"周公[不]惭乎景，故君子慎其独也"，《文子·精诚》说"圣人不惭于影，君子慎其独也"。古人信鬼，夜行看见自己的影子，容易以为鬼影而受惊。但圣人周公"不惭"，内心无愧，所以不受惊。俗语"平生不做亏心事，夜半敲门心不惊"，与此意同。周公夜行而"不惭于影"，是其平日"慎独"，珍重内心这一大体而不重耳目鼻口身这些小体所致。因此，这里"慎其独"之"慎"字，也只能训为"珍重"。

《荀子·不苟》认为"夫此有""天不言而人推其高焉，地不言而人推其厚焉，四时不言而百姓期焉"之"常"，是"以至其诚者也"，是其诚达到极致而造成的；而"君子至德"以致"嘿然而喻，未施而亲，不怒而威"，百姓如此"顺"其"命"，则是"以慎其独者也"，是因为"慎其独"所致。此"慎其独"与"至其诚"相对为文，且下文称"不诚则不独"，显然"诚"

---

① 国家文物局古文献研究室：《老子甲本及卷后古佚书图版》，227 行，《马王堆汉墓帛书〔一〕》。
② 国家文物局古文献研究室：《老子卷后古佚书·五行》，《马王堆汉墓帛书〔一〕》，第 19 页。
③ 庞朴：《帛书五行篇校注》，《帛书五行篇研究》，第 52 页。
④ 魏启鹏：《德行校释》，第 30 页。

与"独"对,"至"与"慎"对,"慎"是不能训为"诚"的。此"慎"只能训为"珍重"。此是说百姓"顺命",是君子贵心、珍重内心修养所致。

《礼记·中庸》说"道也者,不可须臾离也,可离非道也",非常重要。因此,"君子"唯恐有"所不睹",唯恐有"所不闻"。"道""莫见乎隐,莫显乎微",无所不在,无所不能。因此,君子要把握"道",只有"慎其独也","至其诚者也",重在心诚。由此可知,此"慎"亦可以本义释之,不必训为"诚"。

《礼记·大学》"所谓诚其意者,毋自欺也。如恶恶臭,如好好色。此之谓自谦,故君子必慎其独也",是说要"诚意",不要"自欺",所以君子必须要"慎其独也",也就是说必须要珍重自己的良心。"小人闲居为不善,无所不至,见君子而后厌然,掩其不善,而著其善。人之视己,如见其肺肝然,则何益矣",是说小人表里不一,纯属自欺欺人,因为"诚于中"者必"形于外","外"最终掩饰不了"中","中"是最根本的,是决定"外"的,所以"君子必慎其独也",必须要珍重"中",珍重"独"。下文所谓"富润屋,德润身,心广体胖",也是强调"中"对于"外"的决定作用。"曾子曰:'十目所视,十手所指,其严乎!'",也是"人之视己,如见其肺肝然,则何益矣"之意,印证"诚于中"者必"形于外",以支持珍重"中"、珍重"心"之说。

由此可知,不但郑玄以来解"慎独"为"谨慎独处"说是错误的,王念孙以及今人据简帛《五行》篇解"慎独"之"慎"为"诚",也不可信。传世文献也好,出土简帛也好,"慎独"之"慎"只能以本义"珍重"为解。

四、余论

"慎独"说本义的揭破,关键的是四步:一是以王栋、刘宗周为代表的明代心学派,他们以心之主宰"意"解"独",破除了郑玄"闲居"之误,以"诚意"释"慎独",将汉、宋学者的修养功夫论上升为心学本体论;二是王念孙、凌廷堪《礼器》与《大学》《中庸》之"慎独"不当有二义说,他们开启了破解《大学》《中庸》"慎独"之谜的大门；三是梁涛的简、帛《五行》与《大学》《中庸》之"慎独"义同说，以两重证据法逼近了"慎独"的本义；四就是笔者的工作，释出了"慎独"之"慎"的本义，在王栋、刘宗周、王念孙、凌廷堪、梁涛研究的基础上，最终解决了"慎独"的本义问题。

从思想史的角度看，王栋、刘宗周为代表的明代心学派的"慎独"说超越了汉儒郑玄、宋儒朱熹，发展了儒家传统的心性理论，是"慎独"学说的重大突破。因此，忽视明代心学派的建树，只目之以"空疏"，有欠客观。

而近年来关于"慎独"问题的讨论，也有一些教训值得汲取：一是固守成说，不敢承认出土材料和传世文献本文所揭示的客观事实，以郑玄、朱熹之是非为是非；二是提出新说忽视前贤的建树，对明清学者的成绩没有足够的重视。往轻一点说，这是一个学术史训练的问题。往重一点讲，则是一个学术规范的问题。必须引起注意。

《缁衣》作者问题新论

《缁衣》篇的作者，自南北朝以来就有异议。至郭店楚简本和上海博物馆藏本出，争论更趋激烈。要言之，有公孙尼子所作说，有出自《子思子》说，也有公孙尼子和子思合作说。目前，学界持《缁衣》出自《子思子》者最众。因此，搞清《缁衣》篇的作者和来源，也就成了研究思孟学派的题中之义。本文拟对儒学史上的这一老大难问题作一讨论。不妥之处，敬请批评。

一、三种不同的意见

《缁衣》作者问题的讨论，就现今拥有的材料而言，当始于南齐经学家刘瓛（434—489）。唐陆德明（约550—630）《经典释文》卷十四《礼记音义·缁衣》题下："《缁衣》，刘瓛云：'公孙尼子作也。'"①

而《隋书·音乐志》却载梁散骑常侍尚书仆射沈约（441—513）奏答曰："汉初典章灭绝，诸儒掇拾沟渠墙壁之间，得片简遗文与礼事相关者，即编次以为《礼》，皆非圣人之言。《月令》取《吕氏春秋》；《中庸》《表记》《防记》《缁衣》皆取《子思子》；《乐记》取《公孙尼子》；《檀弓》残杂，又非方幅典诰之书也。礼既是行己经邦之切，故前儒不得不补缀以备事用。"②此是梁武帝天监元年（502年）之事，沈约明言《缁衣》与《中庸》《表记》

---

① 陆德明：《经典释文》，北京：中华书局，1983年，第211页。
② 魏征：《隋书》，北京：中华书局，1973年，第288页。

《防记》一样，"皆取《子思子》"。

清儒钱大昕（1728—1804）依沈违刘，云："休文去古未远，其说当有所自。宋儒以《中庸》出子思氏，特表章之，而不知《表记》《坊记》《缁衣》三篇亦子思氏之言也。或谓《缁衣》公孙尼子所作。按《文选注》引《子思子》曰：'民以君为心，君以民为体。'又引《子思子》诗云：'昔吾有先正，其言明且清。'今其文皆在《缁衣》篇，则休文之说信矣。"①

黄以周（1828—1899）辑《子思子》七卷，以《缁衣》为其内篇卷四。黄氏认为："《文选注》引《缁衣》两事，《意林》所采《子思子》十余条，一见于《表记》，再见于《缁衣》，则梁沈约谓今《小戴·中庸》《表记》《坊记》《缁衣》四篇类列，皆取诸《子思》书中，斯言洵不诬矣。"又说："《文选注》引《子思子》有'民以君为心'一事，'昔吾有先正'一事。《意林》载《子思子》有'小人溺于水'一事，则《缁衣》篇出自《子思子》明矣。《释文》引刘瓛说《缁衣》公孙尼子所作，不足据也。"②这是以李善《文选注》两引《子思子》、马总《意林》一引《子思子》都是今《礼记·缁衣》篇语，证明沈约《缁衣》"取《子思子》"说"不诬"，由此得出"《释文》引刘瓛说《缁衣》公孙尼子所作，不足据也"的结论。

其后简朝亮③、胡玉缙④、顾实⑤、张舜徽等为代表的学界主流都以沈约说为是，以刘瓛说为非，认定"《缁衣》，乃出《子思子》，刘说非也"。⑥

二十世纪九十年代末以来，随着两种楚简《缁衣》的面世，是沈非刘，几乎出现了一面倒的局面。

饶宗颐认为"刘说未必可信"，"惟《缁衣》是否公孙尼子作，则尚难获确证"，他详引胡玉缙的考证，结论是"《缁衣》文字有不少同于《子思

---

① 钱大昕：《潜研堂文集》卷十七，《嘉定钱大昕全集》（玖），南京：江苏古籍出版社，第276页。
② 《续修四库全书》第932册，第35、77页。
③ 简朝亮：《礼记子思子言郑注补正·序》，《续修四库全书》第932册，第115页。
④ 胡玉缙：《辑子思子佚文考证》，《许庼学林》卷六，北京：中华书局，1958年，第164页。
⑤ 顾实：《汉书艺文志讲疏》，上海：上海古籍出版社，1987年，第99页。
⑥ 张舜徽：《汉书艺文志通释》，武汉：湖北教育出版社，1990年，第103页。

子》，则系事实"。①

李学勤说："沈约的时代，《子思子》正在流传，他所说自然是有依据的。唐代《意林》一书，引用《子思子》多处，其中二条见于《缁衣》；《文选》李善注也引《子思子》两条，都见于《缁衣》，证明《缁衣》确实出于《子思子》。陆德明在《经典释文》中称'《缁衣》是公孙尼子所制'，其说本于南齐刘瓛，前人已指出不如沈约说可信。我曾推想，刘瓛的说法可能是因为《缁衣》的观点与公孙尼子相似。"②他进而指出："郭店简这些儒书究竟属于儒家的哪一支派呢？我以为是子思一派，简中《缁衣》等六篇应归于《汉书·艺文志》著录的《子思子》。"③

笔者与姜广辉④、王葆玹⑤、虞万里⑥、王锷⑦等论及今本《缁衣》和楚简本《缁衣》的出处，都颇受李学勤的影响，重沈轻刘，认定"《缁衣》确实出于《子思子》，与子思及其学派确实有很深的关系"。⑧这应该代表了大部分研究者的意见。

不过，刘瓛《缁衣》为"公孙尼子作"的说法历史上也很有影响。从陆德明《经典释文》到徐坚（659—729）《初学记》⑨，都取刘瓛说。

---

① 饶宗颐：《缁衣零简》，王元化主编：《学术集林》卷九，上海：上海远东出版社，1996年，第67-68页。
② 李学勤：《荆门郭店楚简中的〈子思子〉》，《文物天地》第2期，1998年。
③ 李学勤：《先秦儒家著作的重大发现》，《人民政协报》，1998年6月8日。
④ 姜广辉：《郭店楚简与〈子思子〉》，《中国哲学》第20辑，沈阳：辽宁教育出版社，1999年。
⑤ 王葆玹：《郭店楚简的时代及其与子思学派的关系》，武汉大学中国文化研究院编：《郭店楚简国际学术研讨会论文集》，武汉：湖北人民出版社，2000年，第648页。
⑥ 虞万里：《〈缁衣〉简本与传本章次文字错简异同考征》，中法学术系列讲座第六十讲论文，清华大学思想文化研究所，2005年4月8日；后刊于《中国经学》第一辑，桂林：广西师范大学出版社，2005年。
⑦ 王锷：《〈礼记〉成书考》第二章第二节《子思、公孙尼子的著作·五〈缁衣〉》，北京：中华书局，2007年。
⑧ 廖名春：《郭店楚简儒家著作考》，《孔子研究》第3期，1998年。
⑨ 徐坚："《礼记》者，本孔子门徒共撰所闻也，后通篇各有损益，子思乃作《中庸》，公孙尼子作《缁衣》。"（文渊阁《四库全书》子部类书类《初学记》卷二十一）

清人毛奇龄（1623—1716）[①]、马国翰（1794—1857）[②]，皆弃沈保刘，以《缁衣》作者为公孙尼子。近人任铭善（1912—1967）认为："此篇既与《表记》为一，则记者通为一人；刘瓛所见公孙尼子书，或但存此篇耳。"[③] 屈万里（1907—1979）也说："《缁衣》盖《公孙尼子》二十八篇之一，汉人取以入《礼记》。《初学记》《意林》皆曾引《公孙尼子》，是其书至唐犹存。刘瓛南齐时人，得见《公孙尼子》，故所言如此。然沈约谓《缁衣》取于《子思子》，未详其故。"[④] 是刘非沈，其意显然。

郭店楚简《缁衣》出土以后，针对大陆学者李学勤等肯定《缁衣》出于《子思子》的主流意见，我国台湾学者程元敏提出了根本性的否定意见，他认为《意林》所引《子思子》文句，虽见于今本《缁衣》，但楚简本无；《文选》李善注引《子思子》的两条，虽见于今本《缁衣》，但楚简本仅一条有两句，"《子思子》有，楚简《缁衣》亦有，是两文作者取材同"，"非直从《子思子》引"，"原始未经羼杂之楚简本《缁衣》，诚无关乎《子思子》"。而郑樵《诗辩妄·诗序辩》谓"'古者长民，衣服不贰，从容有常，以齐其民'，其文全出于《公孙尼子》"，这段话既见于今本《缁衣》，又见于楚简本《缁衣》，"三事合一"，"确证"刘瓛《缁衣》为"公孙尼子作"说"可信"。他又认为刘瓛的年龄、学术年代均"甚早于沈约"，刘为经学家，"尤深《礼记》"，有"礼学专著"，而沈"留连仕途，治史籍词章，经学礼学""经历著作阙如"。因此，自当信刘而弃沈。[⑤]

在尊刘尊沈两派之外，还有第三种不同的意见。

阮廷焯（1936—1993）云："《礼记释文》引刘瓛云：'《缁衣》，公孙尼

[①] 毛奇龄：'然即专属孔子如《缁衣》者，亦复有作者姓名见之他说，如《缁衣》公孙尼子所作之类，必非无据而可臆指为某作者……若《礼记》诸目可考者，自子思著《中庸》，公孙尼子著《缁衣》外，不必皆仲尼弟子。'（文渊阁《四库全书》经部四书类《大学证文》卷四）
[②] 马国翰：《玉函山房辑佚书·六》，扬州：江苏广陵古籍刻印社，1990年，第186页。
[③] 任铭善：《礼记目录后案》，济南：齐鲁书社，1982年，第74页。
[④] 屈万里：《古籍导读》，台北：联经出版事业股份有限公司，1984年，第178-179页。
[⑤] 程元敏：《〈礼记·中庸、坊记、缁衣〉非出于〈子思子〉考》，《张以仁先生七秩寿庆论文集》上册，台北：学生书局，1999年，第1-47页。

子所作也。'今检郑樵《诗辩妄》(《图书集成·经籍典》一百五十一引)引《公孙尼子》云：'古者长民，衣服不贰，从容有常，以齐其民。'文与《礼记·缁衣》同，则瓛之言为不妄也。惟《隋书·音乐志》引沈约奏答云：'《缁衣》，取《子思子》。'瓛与沈约同时，其说不当有异。因疑《缁衣》之篇，不独取自子思之书，而亦有取公孙之书，此所言不同者，特各就己见为说耳。"① 这是既不非刘，也不非沈，认为两说都可信，都有其道理，《缁衣》不但取自《子思子》，也取自《公孙尼子》，也就是说，是合并二者而成。

郭店楚简出土后，所谓的"调停"说也有了一些。

2000年8月，李天虹在其博士后工作报告中说："沈约仅云《缁衣》取自《子思子》，没有讲《缁衣》是子思所作，刘瓛却明确说公孙尼作《缁衣》。刘瓛乃南齐大儒，其说当有一定根据。而且，如果说公孙尼的学说倾向于子思，其文收录于《子思子》就是可能的。"②2003年该报告正式出版时，她又进一步补充说："《缁衣》取自《子思子》，也并不妨害公孙尼子为《缁衣》的作者。"③

李零的分析则更为深入，他说："前人的两种说法，它们都可信，也都不可信。我们说可信，是说当时的《子思子》或《公孙尼子》，它们可能都有这一篇，而且沈约、刘瓛也完全可能看到它；不可信，是说子思子和公孙尼子，他们都不是该篇真正的'作者'或直接的'作者'。因为我们所见到的《缁衣》，它的所有章节都是按同一格式编写，即'子曰'加《诗》《书》引文。如果我们承认，这里的'子曰'是记孔子之言，《诗》《书》是用来印证或发挥孔子的话，那么，我们就找不到任何子思子和公孙尼子的言论，我们也就没有任何理由说它是子思子或公孙尼子的作品。我个人认为，也许更稳妥的说法倒是，《缁衣》是记孔子之言，子思子和公孙尼子都是传述者。《缁衣》可能被子思子和公孙尼子同时传述，并且分别收

---

① 阮廷焯：《先秦诸子考佚》，台北：鼎文书局，1980年，第38页。
② 李天虹：《郭店竹简〈性自命出〉研究》，中国社会科学院博士后工作报告，2000年，第48页。
③ 李天虹：《郭店竹简〈性自命出〉研究》，武汉：湖北教育出版社，2003年，第121页。

入以他们名字题名的集子。"①

其弟子李二民②在"不可信"的路上则走得更远,既疑沈又疑刘,认为:无论是"《缁衣》出于子思子"还是"《缁衣》是公孙尼子所作"的说法都缺乏有力的证据。③这与上述三种意见又有不同。

这些说法何是何非?下面拟作一探讨。

二、非刘非沈说驳议

笔者认为,是沈非刘说与是刘非沈说皆有是有非,有对有错。具体言之,其是沈是刘都是正确的,其非沈非刘都是错误的。

从程元敏的论证来看,不信刘瓛《缁衣》为"公孙尼子作"说是站不住脚的。《南齐书·刘瓛传》称:"瓛……少笃学,博通五经,聚徒教授","儒学冠于当时,京师士子贵游莫不下席授业","所著文集,皆是《礼》义"。④《陆澄传》称:"刘瓛承马、郑之后,一时学徒以为师范。"⑤《南史·刘瓛传》称:"瓛……儒业冠于当时,都下士子贵游莫不下席受业,当世推其大儒,以比古之曹、郑。"⑥《金楼子》也称:"沛国刘瓛,当时马、郑,上每析疑义,雅相推揖。"⑦作为"当时马、郑"的经学大师,刘瓛以《缁衣》为"公孙尼子作",很难视为虚言;陆德明历陈、隋、唐初,又是经学大家",其记载不能轻易否认。徐坚、毛奇龄、马国翰、任铭善、屈万里的是刘,应该就是基于此一考虑。因此,从刘瓛、陆德明的经学背景来看,非刘说是没有道理的。

王锷认为:"其实,除刘瓛所说外,再没有其他证据证明《缁衣》是公

---

① 李零:《郭店楚简校读记》,北京:北京大学出版社,2002年,第70-71页。
② 博士生阎平凡告,李二民的硕士生导师为杨忠教授,特此致谢。
③ 李二民:《〈缁衣〉研究》,北京大学中文系硕士学位论文,2001年6月。转引自胡兰江:《七十子考》,北京大学中文系硕士学位论文,2002年。
④ 萧子显:《南齐书》,北京:中华书局,1972年,第677、679、680页。
⑤ 萧子显:《南齐书》,第687页。
⑥ 李延寿:《南史》,北京:中华书局,1975年,第1237页。
⑦ 萧绎:《金楼子》卷一,北京:中华书局,1985年,第11页。

孙尼子所作。"① 这完全没有顾及阮廷焯的辑佚和程元敏的论证，显然有误。

阮廷焯已经指出："郑樵《诗辩妄》(《图书集成·经籍典》一百五十一引)引《公孙尼子》云：'古者长民，衣服不贰，从容有常，以齐其民。'文与《礼记·缁衣》同，则瓛之言为不妄也。"程元敏也指出，这段话既见于今本《缁衣》，又见于郭店楚简本《缁衣》，"三事合一"，"确证"刘瓛《缁衣》为"公孙尼子作"说"可信"。其实，上海博物馆藏楚简本《缁衣》也有"长民者，衣服不改，从容有常，则"一段。② 因此，"长民"一段，属于《缁衣》无疑。

应该指出的是，郑樵"'古者长民，衣服不贰，从容有常，以齐其民'，其文全出于《公孙尼子》"说并非郑氏首创，很可能当袭自叶梦得（1077—1148）。叶较之郑樵（1104—1162）要早了一辈。马端临（约1254—1323）《文献通考》卷一七八记载："石林叶氏曰：……'诗有六义：一曰风，二曰赋，三曰比，四曰兴，五曰雅，六曰颂'，其文全出于《周官》；'情动于中而形于言，言之不足故嗟叹之'，其文全出于《礼记》；'成王未知周公之志，公乃为诗以遗王'，其文全出于《金縢》；'高克好利而不顾其君，文公恶而欲远之不能，使高克将兵而御狄于竟，陈其师旅，翱翔河上，久而不召，众散而归，高克奔陈'，其文全出于《左传》；'微子至于戴公，其间礼乐废坏'，其文全出于《国语》；'古者长民，衣服不贰，从容有常，以齐其民'，其文全出于《公孙尼子》。……汉世文章未有引《诗序》者，惟黄初四年有共公远君子近小人之说，盖魏后于汉，宏之《诗序》至此始行也。"③ 而王应麟（1223—1296）《困学纪闻》卷三就说："叶氏云：汉世文章未有引《诗序》者，魏黄初四年诏云曹诗刺远君子近小人，盖《诗序》至此始行。"④ 可见王应麟也认为这是叶梦得之说。故杨世文认为："《六经奥论》卷三《诗序辨》所引与叶氏说全同，未注名氏，当亦采自叶梦得之说。《经义考》卷九九录《六经奥论》此段，径称'郑樵曰'，似不妥。"⑤

---

① 王锷:《〈礼记〉成书考》，第96页。
② 马承源主编:《上海博物馆藏战国楚竹书（一）》，上海：上海古籍出版社，2001年，第53页。
③ 马端临:《文献通考》卷一百七十八，北京：中华书局，1986年，第1537-1538页。
④ 王应麟:《困学纪闻》卷三，上海：上海古籍出版社，2008年，第426页。
⑤ 杨世文:《宋代经学怀疑思潮研究》，四川大学博士学位论文，2005年，第266页。

虞万里尽管承认郑樵《诗辩妄》引《公孙尼子》是"采叶说",却坚持:"叶氏非目录专家,其之所以将'古者长民'一句归为《公孙尼子》,应该只是信从刘瓛之说并无深意。"他认为郑樵《通志·诸子略·儒术》著录"《公孙尼子》一卷","应该是综合《汉志》'《公孙尼子》二十八篇,七十子弟子'和《隋书·经籍志》'《公孙尼子》一卷,尼似孔子弟子'二条而成,并非绍兴年间尚存其书"。①

案:虞氏否定"绍兴年间尚存""《公孙尼子》一卷"尚可讨论,但认为叶梦得说"只是信从刘瓛之说并无深意"却难以成立。叶梦得说"'诗有六义:一曰风,二曰赋,三曰比,四曰兴,五曰雅,六曰颂',其文全出于《周官》"是可以验证的,其说"'情动于中而形于言,言之不足故嗟叹之',其文全出于《礼记》"也是信而有征;其说"'成王未知周公之志,公乃为诗以遗王',其文全出于《金縢》","'高克好利而不顾其君,文公恶而欲远之不能,使高克将兵而御狄于竟,陈其师旅,翱翔河上,久而不召,众散而归,高克奔陈',其文全出于《左传》","'微子至于戴公,其间礼乐废坏',其文全出于《国语》",没有一句诳语。怎么就仅仅"'古者长民,衣服不贰,从容有常,以齐其民',其文全出于《公孙尼子》"靠不住呢?他能没有根据,单凭《经典释文》刘瓛的一句话,就将"古者长民,衣服不贰,从容有常,以齐其民"指认为"全出于《公孙尼子》"?所以,对叶梦得说的这种怀疑,显然是过了头。

非刘说最大的问题是因为刘说与沈说相悖。在人们的潜意识里,刘说与沈说是非此即彼的关系,是刘就必须非沈,是沈就必须非刘。尽管非刘证据不足,但为了是沈就不得不非刘,哪怕是勉勉强强。这种思维,其实是将复杂的典籍流传问题简单化,刘说与沈说并非非此即彼的关系,是刘不必非沈,是沈也不必非刘。勘破这一点,是沈派非刘就完全没有必要了。

程元敏的非沈说也是不能成立的。

---

① 虞万里:《儒家经典〈缁衣〉的形成》,"儒家经典的形成"专题演讲,台湾"中央研究院"中国文哲研究所,2006 年 11 月 10 日。

程元敏认为王应麟的《汉艺文志考证》和洪颐煊（1765—1833）的《经典集林》"是刘非沈"，恐怕属于误读。

王书云："《子思》二十三篇，《隋、唐·志》《子思子》七卷。沈约谓《礼记·中庸》《表记》《坊记》《缁衣》皆取《子思子》。"又谓："《公孙尼子》二十八篇，《隋、唐·志》一卷。似孔子弟子。沈约谓《乐记》取《公孙尼子》，刘瓛曰：'《缁衣》，公孙尼子所作也。'马总《意林》引之。"① 在考证《子思》一书时王应麟引用了沈约说，"谓……《缁衣》""取《子思子》"。在考证《公孙尼子》一书时，他又称引了刘瓛说，谓"《缁衣》，公孙尼子所作也"，显然是既依沈又依刘，怎么能说是"是刘非沈"？

洪颐煊《经典集林》也是如此。其卷十九辑佚有《子思子》一卷，内容包括《文选》李善注引《子思子》文两条，即"民以君为心"条和"昔吾有先正"条；还有《意林》引《子思子》一事，即"小人溺于水"条。② 它们皆见于《缁衣》。这显然是同于沈约说。其卷二十辑佚有《公孙尼子》一卷，又取《礼记·释文》刘瓛说和徐坚《初学记》说，谓"公孙尼子作《缁衣》"。③ 则是"从刘"。怎么能说是"是刘非沈"？李零说"明王应麟"应属笔误，但将王应麟和洪颐煊归之于"调停二说"者④，较之程元敏说，当为客观可信。

程元敏否认《意林》和《文选》李善注所引《子思子》出于《缁衣》也同样有欠客观。

今本《缁衣》的"小人溺于水"条和"昔吾有先正"条，郭店楚简本《缁衣》和上海博物馆藏楚简本《缁衣》虽无，但不能说《缁衣》原本就一定没有，是"汉人取《子思子》窜入者"。⑤

吴荣曾分析今本多出的"昔吾有先正，其言明且清。国家以宁，都邑

---

① 文渊阁《四库全书》史部目录类经籍之属《汉艺文志考证》卷五。
② 《续修四库全书》第1200册，第422页。
③ 《续修四库全书》第1200册，第424页。
④ 李零：《郭店楚简校读记》，第70页。
⑤ 程元敏：《〈礼记·中庸、坊记、缁衣〉非出于〈子思子〉考》，《张以仁先生七秩寿庆论文集》上册，第30页。

以成，庶民以生"五句说："战国时五言的韵文日益增多，将逐渐地取代四言，这已成为文本发展变化的必然趋势。不过当时的五言多用于谣谚等方面，如《国语·晋语》记优施之歌，歌中有'人皆集于苑，我独集于枯'。马王堆出土的《五十二病方》，巫医所念的咒语，即为带韵文的五言。今本中的三句四言诗，浅近易懂，当是诗三百以后的作品，产生于战国时期的可能性最大，和《荀子·赋》中的'行义以正，事业以成'之类的话十分相像。在云梦秦简的《为吏之道》中有如下一些话，也值得注意：'地修城固，民心乃宁，百事既成，民心既宁，既无后忧，从政之经。'这是带韵的四言，其文风、构思都和前引今本上的三句十分地接近。……当时人往往把和《诗经》无关的有韵的谚语、格言当作《诗》来引用。如《墨子·非攻中》：'《诗》曰：鱼水不务，陆将何及。'有人以为这是'逸诗'，而王念孙则指出'不类诗词'，即对《墨子》所谓的《诗》予以否认。《荀子》引用的《诗》，如'为之则存，不为则亡''墨以为明，狐狸而苍'，这些话似更像谚语。《战国策》中引的《诗》尤杂，如《秦策五》引《诗》曰：'行百里者半于九十。'高诱、鲍彪都以为是'逸诗'，有人以为是'古语'。类似于前引今本的四言诗，《战国策·赵策二》中也有，例如：《诗》云：'服难以勇，治乱以知''立傅以行，教少以学'。这和今本中的'国家以宁''庶民以生'在文风上如出一辙。这类文字肯定和诗三百不属于一个范畴，但当时人也称之为《诗》。……到汉代则不然，大多数的人对《诗》的引用较严格，把不属于《诗经》的文字材料标上'《诗》云'的例子很少见到。因而今本第17章较好地保持了战国时期某一种《缁衣》底本的本来面目。"① 从引《诗》的风格和内容来看，今本的"昔吾有先正"五句为"战国时人常把不属于《诗经》的一些文字，也标明《诗》而加以引用"一类，是"战国时期某一种《缁衣》底本的本来面目"，因此，说它们是"汉人取《子思子》窜入者"，是不可信的。

---

① 吴荣曾：《〈缁衣〉简本、今本引〈诗〉考》，《文史》第3辑（总第60辑），2002年，北京：中华书局，第17-18页。

退一万步说，即使"小人溺于水"和"昔吾有先正"两条不出于《缁衣》原本，但"民以君为心，君以民为体"两句郭店楚简本《缁衣》和上海博物馆藏楚简本《缁衣》皆有，应该属于《缁衣》原本，李善《文选注》引为《子思子》，以程氏的标准而言，当属"三事合一"。但程氏也加以否认，说"《子思子》有，楚简《缁衣》亦有，是两文作者取材同"，"非直从《子思子》引"。这样的理论，如果放到"古者长民"一段上，我们是不是也可以同样说"《公孙尼子》有，《缁衣》亦有，是两文作者取材同"，"非直从《公孙尼子》引"呢？所以，按逻辑来说，肯定"古者长民"一段出于《公孙尼子》，就不能否定"民以君为心，君以民为体"两句出自《子思子》。更何况李善（约630—689）是唐人，郑樵（1104—1162）是南宋人。李善的说法，较之郑樵应该更为可信。同样的"三事合一"，肯定南宋人郑樵说却否定唐人李善说，能说得过去吗？所以，程元敏的非沈说虽"振振有词"，实质与非刘说相同，也是没有道理的。

三、儒学史的新解释

跳出沈约说与刘瓛说"非此即彼"相互矛盾的认识陷阱，从儒学学术发展和经典流传的实际出发，我们能够给予沈约说与刘瓛说一种共通的新解释。

上述李天虹、李零的"调停"说就是如此，很富于启发，可惜缺乏具体的实证。虞万里则经过详细探讨，得出了子思作《缁衣》、公孙尼子随后做过"补充、整理"的结论。① 笔者赞赏其思路的改变②，但对其结论却有着几乎相反的看法。

公孙尼子其人，《汉书·艺文志》班固自注："七十子弟子。"故其书

---

① 虞万里：《儒家经典〈缁衣〉的形成》。
② 2005年4月8日，虞氏在清华大学思想文化研究所作《〈缁衣〉简本与传本章次文字错简异同考征》的报告时，还没有肯定刘瓛说的思想；而笔者在评论中则发表了与本文基本相同的看法。

"二十八篇"列于"《孟子》十一篇"之前，而在"《世子》二十一篇""《魏文侯》六篇""《李克》七篇"之后。① 这一排列，恐非班固的创造，至少当本于刘歆的《七略》。但《隋书·经籍志》却云："尼似孔子弟子。"② 阮廷焯指出："周广业《意林注》卷二云：'《论衡·本性》篇曰："宓子贱、漆雕开、公孙尼子之徒，亦论情性。"尼子与子贱、漆雕开同列，则为孔子弟子无疑。'是《隋志》之说，或据《论衡》推知，故作此疑似之言耳。而班《志》以为七十子弟子，显失其实也。"③

《史记·弟子列传》没有公孙尼子，但有"公孙龙字子石，少孔子五十三岁"的记载。《集解》："郑玄曰：'楚人。'"④ 郭沫若认为："'龙'是字误，因有后来的公孙龙，故联想而致误。'尼'者'泥'之省，名泥字石，义正相应。"⑤ 阮廷焯说："《说文·尸部》：'尼，从后近之。'是'尼'有近义。《小尔雅·广诂》：'尼，近也。''石'与'硕'通（《庄子·外物》：'无石师而能言。'《释文》：'石，本作硕'）。玄应《一切经音义·三》引《小尔雅》：'硕，远也。'则名尼字子石，以对文成义，似较郭说为胜。"⑥ 又说："今检本书（指《公孙尼子考佚》）佚文'良匠'一事，陈禹谟本《北堂书钞》引，误作'公孙龙子'；'孔子有病'一事，《天中记》卷四十引，亦误作'公孙龙子'，是其明证。"⑦ 案：郭、阮说至确。"公孙龙字子石"，名"龙"与"字子石"义不相应，改为名"公孙尼字子石"，则名与字义方相应。所以，以公孙尼为孔子弟子，当是《史记·弟子列传》的记载。

知道"公孙龙字子石"当为"公孙尼字子石"，那么下列文献中的"子石"就非公孙尼子莫属了。

《史记·弟子列传》："田常欲作乱于齐，惮高、国、鲍、晏，故移其

---

① 班固：《汉书》，北京：中华书局，1962年，第1725页。
② 魏征：《隋书》，第997页。
③ 阮廷焯：《先秦诸子考佚》，第34页。
④ 司马迁：《史记》，北京：中华书局，1959年，第2219页。
⑤ 郭沫若：《公孙尼子与其音乐理论》，《郭沫若全集·历史编》第一卷第491页，北京：人民出版社，1982年。
⑥⑦ 阮廷焯：《先秦诸子考佚》，第33页。

兵，欲以伐鲁。孔子闻之，谓门弟子曰：'夫鲁，坟墓所处，父母之国。国危如此，二三子何为莫出？'子路请出，孔子止之；子张、子石请行，孔子弗许；子贡请行，孔子许之。"① 苏辙不信，说："齐之伐鲁，本于悼公之怒季姬，而非陈恒。……盖战国说客，设为子贡之辞，以自托于孔氏，而太史公信之耳。"② 顾炎武也说："子石少孔子五十三岁，……则当田常伐鲁之年仅十三四岁尔，而曰'子张、子石请行'，岂甘罗外黄舍人儿之比乎？"③ 阮廷焯指出："此文记事虽讹，而所称'子石'，当为'尼子'之事。"④ 案：《史记·弟子列传》记孔子弟子年龄，多有讹误，不可尽信。子贡使齐在鲁哀公十一年（前484年），从"夫鲁，坟墓所处，父母之国"看，孔子在卫国，尚未归鲁。是年孔子六十八岁。⑤ 顾炎武"子石……仅十三四岁"的分析应该是正确的。既然称"子张、子石请行"，那"子石"的年龄绝不可能"仅十三四岁"，应该和子张相近，属于孔子的晚年弟子。

《说苑·反质》："子贡问子石：'子不学诗乎？'子石曰：'吾暇乎哉？父母求吾孝，兄弟求吾悌，朋友求吾信。吾暇乎哉？'子贡曰：'请投吾《诗》，以学于子。'"⑥ 阮廷焯云："此文之'子石'，亦即尼子……子贡于子石，殆为先进。"⑦ 其说是。

又《杂言》："子石登吴山而四望，喟然而叹息曰：'呜呼悲哉！世有明于事情，不合于人心者；有合于人心，不明于事情者。'弟子问曰：'何谓也？'子石曰：'昔者吴王夫差不听伍子胥，尽忠极谏，抉目而辜；太宰嚭、公孙雒，偷合苟容，以顺夫差之志而伐吴。二子沈身江湖，头悬越旗。昔者费仲、恶来革、长鼻决耳，崇侯虎顺纣之心，欲以合于意，武王伐纣、四子身死牧之野，头足异所，比干尽忠剖心而死。今欲明事情，恐有抉目剖心之祸，欲合人心，恐有头足异所之患。由是观之，君子道狭耳。诚不

---

① 司马迁：《史记》，第2197页。
② 文渊阁《四库全书》史部别史类《古史》卷三十二。
③ 顾炎武著，黄汝成集释：《日知录集释》卷二十六，上海：上海古籍出版社，第1432页。
④⑦ 阮廷焯：《先秦诸子考佚》，第34页。
⑤ 《孔子家语·屈节解》记此事即说"孔子在卫"。
⑥ 向宗鲁：《说苑校证》，北京：中华书局，1987年，第529页。

逢其明主，狭道之中，又将危险闭塞，无可从出者。'"阮廷焯指出："此文之'子石'，当即尼子，此称其'登吴山''而叹息'，'弟子问'之，谅当时门人必盛也。"① 显为有见。

《盐铁论·箴石》又载："丞相曰：'……公孙龙有言："论之为道辩，故不可以不属意，属意相宽，相宽其归争，争而不让，则入于鄙。"'……贤良曰：'……君子之路，行止之道固狭耳。此子石所以叹息也。'""公孙龙"即"子石"，"龙"亦当为"尼"字之误。所谓"君子之路，行止之道固狭耳"，与上引《说苑·杂言》"君子道狭耳"同，可以互证。

《春秋繁露·俞序》："春秋之道，大得之则以王，小得之则以霸。故曾子、子石盛美齐侯安诸侯，尊天子。"②"子石"与"曾子"并称，说明其作为孔子弟子，虽属后进，但影响也颇大。

《史记集解》引"郑玄曰"公孙尼子为"楚人"，而楚地则出土了两种写本的《缁衣》，这绝非偶然。《缁衣》在楚地的广为流传，或许就与"楚人"公孙尼子有关。

《韩非子·显学》云："自孔子之死也，有子张之儒，有子思之儒，有颜氏之儒，有孟氏之儒，有漆雕氏之儒，有仲良氏之儒，有孙氏之儒，有乐正氏之儒。"阮廷焯指出："此文之'孙氏'，顾广圻以为即孙卿（见《韩非子识误》），梁启超（《韩非子显学篇释》）、王蘧常（《诸子学派要诠》）皆从其说，其实妄也。陈奇猷《集释》云：'此孙氏，以指公孙尼子为是。盖本篇乃诋儒者，谅韩非子不致诋毁其师。且韩非对其师颇爱护，《难三》篇："燕子哙贤子之而非孙卿，故身死为僇。"燕子哙非孙卿，韩非即出此愤慨语，岂在此又指其师而诋之，于理不合。且公孙氏本可省称孙氏，王先谦《荀子集解》卷首云："孙卿者，盖郇伯公孙之后，以孙为氏也。即其例。"'今检《韩非子·问田》篇有'公孙亶回'，《文心雕龙·书记》篇引作'孙亶回'，即'公孙'之省称。且《圣贤群辅录》本《韩非》此文正作'公

---

① 阮廷焯：《先秦诸子考佚》，第 36 页。
② 苏舆：《春秋繁露义证》，北京：中华书局，1992 年，第 161 页。

孙氏'，尤其明证。"① 与上引《说苑·杂言》篇所载合勘，知公孙尼子在儒门中成一大派，被称为"孙氏之儒"，其宜乎有包括《缁衣》在内的《公孙尼子》行世。

由此可知，公孙尼子在孔子弟子中，年龄与子张、曾参相当，曾随从孔子居卫。公元前484年，孔子晚年归鲁，他也必定随侍在侧。孔子去世后，其影响能与曾参并称，且有"弟子"随同游学。因此，他完全有条件记录孔子之言而整理成《缁衣》。陆德明《经典释文》说："《缁衣》，刘瓛云：'公孙尼子作也。'"应该可信。他记录孔子之言而成之《缁衣》，被其弟子后学归入《公孙尼子》中而流传于世，当属自然。

子思如果生于其父孔鲤的卒年（前483年），应该少公孙尼子二十岁左右。即使按公孙尼子"少孔子五十三岁"来算，子思仍少公孙尼子十五六岁。孔子去世时（前479年），子思才五岁，不可能亲闻孔子之教。其所闻孔子之教，只能来自孔子弟子辈的转述。而公孙尼子整理的《缁衣》，自然会成为他学习的重要内容。将其保存起来，也是很自然的。

由《荀子》一书可知，先秦诸子之作往往不全是自己的作品。《荀子》三十二篇，大约可分为三类：第一类是荀子亲手所著，如《劝学》《修身》《不苟》《荣辱》《非相》《非十二子》《王制》《富国》《王霸》《君道》《臣道》《致仕》《天论》《正论》《礼论》《乐论》《解蔽》《正名》《性恶》《君子》《成相》《赋》。这二十二篇，都是荀子围绕某一个论题而撰写的论文，它们都真实地反映了荀子的思想。第二类是荀子弟子所记录的荀子言行，如《儒效》《议兵》《强国》《大略》《仲尼》。这五篇虽然经过了荀子弟子之手的整理，但其思想基本上是荀子的，其价值就好像《论语》对于研究孔子、《孟子》对于研究孟子一样。所以，它们也应被视为研究荀子的可靠史料。第三类是荀子所整理、纂集的一些资料，其中也插入了其弟子之作，如《宥坐》《子道》《法行》《哀公》《尧问》。这五篇杨倞注认为"皆荀卿及弟子所引记传杂事"，是非常正确的。②

---

① 阮廷焯：《先秦诸子考佚》，第36页。
② 详见廖名春：《荀子新探》第二章第二节，台北：文津出版社，1994年。

《子思子》一书也应如此。想必既有子思的自著，也会有子思弟子或后学记述子思事迹言行的部分，还会有子思所整理、纂集的一些历史资料。

第一类有哪些？现在虽然还不能取得完全的共识，但多数人会认可《史记·孔子世家》的"子思作《中庸》"说。

第二类以郭店楚简中的《鲁穆公问子思》为代表，应该不会有争议。

《缁衣》《表记》《坊记》应该属于第三类。它们和《荀子·哀公》篇一样，虽然收入了《荀子》，但也不妨见于《大戴礼记·哀公问五义》和《孔子家语·五仪解》。因为它们是孔子事迹言行的记载，在儒家内部，不专属哪一弟子或哪一门派，是一种公共资源。荀子可以用，故收入《荀子》；后世礼家也可以用，故收入《大戴礼记》；孔子家族自应保存，故也收入了《孔子家语》。《缁衣》是孔子语录，孔子弟子公孙尼子将其整理出来，故其后学可以将其收入《公孙尼子》一书，所以就有了刘瓛的"《缁衣》公孙尼子所作"说。子思用其祖父之书，实质是通过公孙尼子一辈孔子弟子的笔记接受孔子之教，视为"家学"，后学将其纳入《子思子》一书，于是就有了沈约的《缁衣》"取《子思子》"说。因此，后世流传的《公孙尼子》一书和《子思子》一书，都有《缁衣》篇，一点也不奇怪。刘瓛和沈约，是各见其一端，各执一词，表面上互相矛盾，实质上并无冲突。

懂得了《缁衣》篇为孔子语录由公孙尼子整理而分别流传的这一性质，我们在研究思孟学派时就应该审慎行事，不能将其视为研究思孟学派的直接材料，而只能作为间接材料。其作用就好像《荀子·哀公》篇对于研究荀子思想一样。与《缁衣》篇性质相同的《表记》《坊记》诸篇，也当作如是观。

楚竹书《内礼》、《曾子立孝》首章的对比研究

最近出版的《上海博物馆藏战国楚竹书（四）》有一篇题名为《内礼》的文献，整理者称"内容多与《大戴礼记》中《曾子立孝》等篇有关"。① 其简一至简六有如下一段文字：

> 君子之立孝，爱是用，礼是贵。故为人君者，言人之君之不能使其臣者，不与言人之臣之不能事其君者。故为人臣者，言人之臣之不能事其君者，不与言人之君之不能使其臣者。故为人父者，言人之父之不能畜子者，不与言人之子之不孝者。故为人子者，言人之子之不孝者，不与言人之父之不能畜子者。故为人兄者，言人之兄之不能慈弟者，不与言人之弟之不能承兄者。故为人弟者，言人之弟不能承兄[者，不与言人之弟之不能顺兄者。故]曰：与君言，言使臣；与臣言，言事君；与父言，言畜子；与子言，言孝父；与兄言，言慈弟；与弟言，言承兄。反此，乱也。②

这一段文字可称为楚竹书《内礼》的首章。它与《大戴礼记·曾子立孝》篇下列文字非常相似：

---

① 马承源主编：《上海博物馆藏战国楚竹书（四）》，上海：上海古籍出版社，2004年，第219页。
② 为行文方便，释文一律用宽式。详见李朝远《内礼》篇的释文考释，载马承源主编：《上海博物馆藏战国楚竹书（四）》，第219-224页。

曾子曰：君子立孝，其忠之用，礼之贵。故为人子而不能孝其父者，不敢言人父不畜其子者；为人弟而不能承其兄者，不敢言人兄不能顺其弟者；为人臣而不能事其君者，不敢言人君不能使其臣者也。故与父言，言畜子；与子言，言孝父；与兄言，言顺弟；与弟言，言承兄；与君言，言使臣；与臣言，言事君。

君子之孝也，忠爱以敬；反是，乱也。[①]

我们可作一对比研究。

一、校勘与补正

楚竹书《内礼》首章李朝远所作的释文考释非常有功力，是我们研究的基础和起点。但也有尚可补正之处。

简一"君子之立孝，惌是甬，礼是贵"。李朝远曰，《大戴礼记·曾子立孝》："曾子曰：'君子立孝，其忠之用，礼之贵。'"简文与此略同。简文"爱是用，礼是贵"的"是"同于"忠之用，礼之贵"的"之"字。"惌"，"爱"的古字。竹书"惌（爱）"和"忠"在字形上有近似处，"惌"或误摹为"忠"。[②]

案："惌"（爱）字《大戴礼记·曾子立孝》作"忠"，应该是同义换读。《吕氏春秋·慎大览·权勋》："故竖阳谷之进酒也，非以醉子反也，其心以忠也。"高诱注："忠，爱也。"《韩非子·十过》："故竖谷阳之进酒，不以仇子反也，其心忠爱之而适足以杀之。"又《饰邪》："故曰竖谷阳之进酒也，非以端恶子反也，实心以忠爱之，而适足以杀之而已矣。"《吕氏春秋》之单音词"忠"，《韩非子》皆作复音词"忠爱"，可见高诱注训"忠"为"爱"是正确的。此外，《吕氏春秋·仲冬纪·至忠》："臣之兄犯暴不敬之名，触死亡之罪于王之侧，其愚心将以忠于君王之身，而持千岁之寿也。"高诱注："忠，犹爱也。"《大戴礼记·文王官人》："诚忠必有可亲之色。"王聘珍：

[①] 王聘珍：《大戴礼记解诂》，卷四，北京：中华书局，1983年，第80-81页。
[②] 马承源主编：《上海博物馆藏战国楚竹书（四）》，第220页。

"忠，爱也。"① "忠""爱"义近，故文献常并称。《管子·五辅》："薄税敛，毋苟于民，待以忠爱，而民可使亲。"《礼记·王制》："悉其聪明、致其忠爱以尽之。"《逸周书·官人》："忠爱以事亲，欢以敬之。"《说文·心部》："恧，惠也。"《国语·楚语上》："摄而不彻，则明施舍以导之忠。"王念孙："忠，谓惠爱也。《吴语》曰'忠惠以善之'是也。"②《逸周书·官人》："君臣之闲观其忠惠，乡党之闲观其信诚。"《墨子·天志下》："故凡从事此者，圣知也，仁义也，忠惠也，慈孝也。""忠，谓惠爱"或"忠惠"并称，也是"恧"（爱）、"忠"义近之证。

简五的阙文。李朝远曰："据所存简文和今本文献，或可补出所阙简文计十四字：'者，不与言之人倪（兄）之不能慭（慈）俤（弟）者。古（故）。'依简的长短、编绳位置，所阙简正好为十四字的尺寸。"③

案：所补阙文"不与言之人倪（兄）"当作"不与言人之倪（兄）"。上文各句句末"不能事其君者""不能使其臣者""不孝者""不能畜子者""不能承兄者"后皆有断句符号"乚"，此阙文内也应有。且简四上半段有十五字，简五阙文也应相同。所补出的十四字加上断句符号"乚"，正好与简四上半段十五字相当。

简六"反此乱也"后有断句符号。整理者对这一符号没有特别注意，因而没有注释。其实这一断句符号"ᐸ"较之前八处断句符号"ᐸ"要大很多，可知其不但是表示一句的结束，更是表示一大单位的结束。由此可知：从简一"君子之立孝"至此，当是一独立单位，也可称之为一章。在《大戴礼记》中，这一部分属于《曾子立孝》，而下面一段则属于《曾子事父母》，更证明这一断句符号较之其他断句符号大很多确非偶然。

从汪照的《大戴礼注补》到王聘珍的《大戴礼记解诂》，从阮元的《曾子注释》到孔广森的《大戴礼记补注》，皆将"君子之孝也，忠爱以敬；反是，乱也"属下读，与"尽力而有礼，庄敬而安之；微谏不倦，听从而不怠，

---

① 王聘珍：《大戴礼记解诂》，第 192 页。
② 王引之：《经义述闻》，南京：江苏古籍出版社，1985 年，第 424 页。
③ 马承源主编：《上海博物馆藏战国楚竹书（四）》，第 224 页。

欢欣忠信，咎故不生，可谓孝矣"连成一体。① 这是错误的。由简文的断句符号"✓"看，"君子之孝也，忠爱以敬；反是，乱也"应该是回抱前文，应该归上读。

所以，不论从简六的断句符号看，还是从简文的内容看，简六"反此乱也"都应该属于楚竹书《内礼》篇的首章。同理推知《大戴礼记·曾子立孝》的首章也应到"君子之孝也，忠爱以敬；反是，乱也"为止。没有楚竹书《内礼》篇的出土，是很难想到的。

从楚竹书《内礼》篇的首章来看前人对《大戴礼记·曾子立孝》首章的校勘，有些问题可迎刃而解。

《大戴礼记·曾子立孝》"其忠之用，礼之贵"两句，阮元曰："《群书治要》有两'也'字，今本皆无。"因而在"用""贵"两字下皆加"也"字，将"君子立孝，其忠之用，礼之贵"改为"君子立孝，其忠之用也，礼之贵也"。②王树枏从之。③而楚简本"用""贵"两字下皆无"也"字，可见阮改不可信。

"为人臣而不能事其君者，不敢言人君不能使其臣者也"句，阮元曰："《群书治要》'臣者'下无'也'字，今本皆有之。"因而将"不敢言人君不能使其臣者也"改为"不敢言人君不能使其臣者"。④王树枏亦从之。⑤这是正确的。简本作"不与言人之君之不能使其臣者"，"臣者"后也无"也"字。今本其他两句"不敢言人父不畜其子者""不敢言人兄不能顺其弟者"后皆无"也"字；简本其他五句也皆无"也"字。说明《群书治要》本无"也"字可信。

"为人弟而不能承其兄者，不敢言人兄不能顺其弟者；……与兄言，言

---

① 汪照：《大戴礼注补》，王先谦编：《清经解续编》，第3册，上海：上海书店，1988年，第1284页；王聘珍：《大戴礼记解诂》，第81页；阮元：《曾子注释》，卷二，《续修四库全书》子部儒家类，第932册，第272页；孔广森：《大戴礼记补注》，阮元编：《清经解》，第4册，上海：上海书店，1988年，第797页。

②④ 阮元：《曾子注释》卷二，《续修四库全书》子部儒家类，第932册，第272页。

③⑤ 王树枏：《校正大戴记补注》四，《续修四库全书》经部礼类，第107册，第42页。

顺弟"的两"顺"字，阮元注："戴吉士曰：'顺读若训，假借字也。'阁本及宋、元本作顺，卢校本改顺作训者，丁教授云：乃戴吉士所改，非卢之旧也。《广雅》：'训，顺也。'同音相假，义亦近也。"① 又说："顺亦读若训。……顺字义见上。"② 从简文"故为人兄者，言人之兄之不能慈弟者""与兄言，言慈弟"来看，阮元将"顺"读为"训"不可信，简文"慈"通"顺"而不通"训"。

二、主旨辨析

《内礼》篇和《曾子立孝》篇的主旨是什么？是一个不成问题的问题。

《大戴礼记》现存最早的注家是北朝的卢辩。其《曾子立孝》篇首章的注主要有二：一是"有忠与礼，孝道立"，二是"不可以己能而责人之不能，况以所不能"。③

南宋末黄震则曰："曾子之书，不知谁所依仿而为之。言虽杂而衍，然其不合于理者盖寡。若云'与父言言畜子，与子言言孝父，与兄言言顺弟，与弟言言承兄'，皆世俗委曲之语，而良贾深藏如虚，又近于老子之学，殊不类曾子弘毅气象。"④

稍后一点宋元之际的吴澄说："《立孝》言人子事亲之礼。"⑤

清人的阐释则更多了。

汪照注："《孝经》：'君子之事亲孝，故忠可移于君。'"又说："《孝经》：'君子之教以孝也，非家至而日见之也。教以孝，所以敬天下之为人父者也；教以弟，所以敬天下之为人兄者也；教以臣，所以敬天下之为人君者也。'贾谊《新书》：'事君之道，不过于事父，故不肖者之事父者，不可以事君。

---

① ② 阮元：《曾子注释》卷二，《续修四库全书》子部儒家类，第 932 册，第 272 页。
③ 王聘珍：《大戴礼记解诂》，第 81 页。
④ 黄震：《黄氏日抄》，卷五十五，文渊阁《四库全书》子部儒家类。
⑤ 朱彝尊：《经义考》，卷 164，林庆彰、杨晋龙、蒋秋华、张广庆编审，汪嘉玲、张惠淑、张广庆、黄智信点校补正本，第五册，"中央研究院"中国文哲研究所筹备处，1997 年，第 409 页。

事长之道，不过于事兄，故不肖者之事兄也，不可以事长。使下之道，不过于使弟，故不肖者之使弟也，不可以使下。'"①

王聘珍解题："名曰'立孝'者，本经曰：'君子立孝，其忠之用，礼之贵。'卢氏注云：'有忠与礼，孝道立。'"又注曰："贾子《道术》云：'子爱利亲谓之孝，爱利出中谓之忠。'《论语》曰：'生，事之以礼；死，葬之以礼，祭之以礼。'""畜，养也。承，奉也。顺，爱也。""忠爱，谓中心之爱。敬，谓严肃。郑注《孝经》云：'敬者，礼之本也。'"②

阮元注释："忠则无伪，故能爱。礼以行爱，故能敬。《孝经》曰：'礼者，敬而已矣。'故敬为孝之要道。""忠恕相因，此言忠即恕道也，即孔子所谓'忠恕，违道不远……君子之道四，某未能一也'。'曾子曰：夫子之道，忠恕而已矣！'亦此义也。""忠则必爱，有礼故敬。"③

这些有关《曾子立孝》篇主旨的认识归纳起来：一是以《曾子立孝》篇为"言人子事亲之礼"，如吴澄；二是以为《曾子立孝》篇言"人子事亲"，也就是"立孝"之要在于"忠与礼"、"爱"与"敬"，如卢辩、王聘珍、阮元。这是主流的看法。

不过，卢辩提出"不可以己能而责人之不能，况以所不能"，阮元以"恕"释"忠"，黄震以为"'与父言言畜子，与子言言孝父，与兄言言顺弟，与弟言言承兄'，皆世俗委曲之语"，也颇值得注意。

对于竹书《内礼》篇的主旨，整理者李朝远没有专门讨论，只是在比较简文"故为人君者，言人之君之不能使其臣者，不与言人之臣之不能事其君者"时指出："《大戴礼记·曾子立孝》中有类似的句式，但无此句，仅记'为人子''为人弟''为人臣'者，简文中的'为人君''为人父''为人兄'句，文献失载，且君臣、父子、兄弟的顺序也不同于现存文献。简文更体现了儒家'君君、臣臣、父父、子子'以及'兄兄、弟弟'的

---

① 汪照：《大戴礼记补注》，王先谦编：《清经解续编》，第3册，第1284页。
② 王聘珍：《大戴礼记解诂》，第4、81-82页。
③ 阮元：《曾子注释》卷二，《续修四库全书》子部儒家类，第932册，第272页。

思想。"①

曹建敦对竹书《内礼》篇的主旨则作了着力阐发，他说："本简首句统领以下简文，主要阐述立孝之本在与爱和礼。……简文强调君子立孝须发自内心的真情和外在行为符合礼的规范，爱和礼二者具备，则孝道立。下简文二、三、四、五、六可与今本《大戴礼记》内容相互对读，二者语句顺序略有差异。文意指不以己所不能而责人所不能，强调孝道在于身体力行，重在践履，以行教化之道。"②这可视为对卢辩注的发挥。所谓"主要阐述立孝之本在于爱和礼""强调君子立孝须发自内心的真情和外在行为符合礼的规范，爱和礼二者具备，则孝道立"，当本于卢辩"有忠与礼，孝道立"注；所谓"文意指不以己所不能而责人所不能，强调孝道在于身体力行，重在践履，以行教化之道"，当本于卢辩"不可以己能而责人之不能，况以所不能"注。

由此可知，从《曾子立孝》篇到竹书《内礼》篇，人们已经形成了共识，以为其主旨就是讲"人子事亲""立孝"之要在于"忠与礼"或"爱"与"敬"。

不过，细读《曾子立孝》篇和竹书《内礼》篇首章的原文，问题并不如此简单。

《曾子立孝》篇首章以"君子立孝，其忠之用，礼之贵"开头，以"君子之孝也，忠爱以敬；反是，乱也"回抱；竹书《内礼》篇以"君子之立孝，爱是用，礼是贵"开头，以"反是，乱也"收束。其主旨"阐述立孝之本在于爱和礼"是没有问题的。但将"君子立孝"简单理解成"人子事亲"，将"忠与礼"、"爱"与"敬"简单理解成单向地、只有下对上（子对父、弟对兄、臣对君）的"忠与礼"、"爱"与"敬"就出问题了。所以，严格说，"立孝"之"君子"，既包括父，也包括子；既包括兄，也包括弟；既包括君，也包括臣。所谓"忠"，是父子、兄弟、君臣间的互"忠"；所谓"礼"，

---

① 马承源主编：《上海博物馆藏战国楚竹书（四）》，第220页。
② 曹建敦：《读上博藏楚竹书〈内礼〉篇杂记》，孔子2000网站，清华简帛研究专栏，2005年2月25日。

是父子、兄弟、君臣间的互"礼";所谓"爱",是父子、兄弟、君臣间的互"爱";所谓"敬",是父子、兄弟、君臣间的互"敬"。这才是"立孝"之本,这才是《曾子立孝》篇和竹书《内礼》篇首章的主旨。我们看看竹书《内礼》篇和《曾子立孝》篇的下文就明白了。

竹书《内礼》篇"为人君者,言人之君之不能使其臣者,不与言人之臣之不能事其君者",是从为君者的角度讲用"爱"贵"礼"以"立孝"。这里的"使",显非一般性的"使",当指以礼使,也就是孟子所说的"君之视臣如手足"(《孟子·离娄下》)。简文是说"为人君者","言人之君之不能使其臣者",就"不与言人之臣之不能事"。换言之,即"为人君者",只有"言人之君之能使其臣者",才能"言人之臣之不能事"。就是说,"为人君者",只有要求"人之君""能"以礼"使其臣者",才能去批评"人之臣之不能事";否则,是没有资格的。前一"言"字,可释为主张。后一"言"字,可释为指责。"与",可训为"得"。"不与……者",相当于"不得……的",等于说"没有……的资格"。因此,简文可意译为:作为君主,主张君主可不以礼支使臣子的,就没有指责臣子不以礼服事君主的资格。

简文"为人臣者,言人之臣之不能事其君者,不与言人之君之不能使其臣者",意思是:"为人臣者",说"人之臣之不能事其君",就不能去说"人之君之不能使其臣"。其逻辑是:只有说"人之臣""能事其君者",才能有资格说"人之君之不能使其臣";说"人之臣之不能事其君者",就没有资格说"人之君之不能使其臣"。指责别人,要求别人能做到,首先得自己能做到。因此,简文可意译为:作为臣子,主张臣子可不以礼服事君主的,就没有指责君主不以礼支使臣子的资格。

简文"为人父者,言人之父之不能畜子者,不与言人之子之不孝者",意思是:"为人父者",说"人之父之不能畜子者",就不能去说"人之子之不孝者"。其逻辑是:只有说"人之父""能畜子者",才能有资格说"人之子之不孝者";说"人之父之不能畜子者",就没有资格说"人之子之不孝者"。"人之子"与"人之父"相对。"人之子"不光指"子",还应包括"女"。同理,"人之父"也不光指"父",还应包括"母"。因此,简文可意译为：作为父母，主张父母可以不善待子女的，就没有指责子女不孝顺父母的资格。

简文"为人子者，言人之子之不孝者，不与言人之父之不能畜子者"，意思是："为人子者"，说"人之子之不孝者"，就不能去说"人之父之不能畜子者"。其逻辑是：只有说"人之子""能孝其父者"，才能有资格说"人之父之不能畜子者"；说"人之子之不孝者"，就没有资格说"人之父之不能畜子者"。因此，可意译为：作为子女，主张子女不孝顺父母的，就没有指责父母不能善待子女的资格。

简文"为人兄者，言人之兄之不能慈弟者，不与言人之弟之不能承兄者"，是说：作为兄长，主张兄长不能慈爱弟弟的，就没有指责弟弟不能服从兄长的资格。

简文"为人弟者，言人之弟不能承兄[者，不与言之人之兄之不能慈弟者]"，是说：作为弟弟，主张弟弟不能服从兄长的，就没有指责兄长不能慈爱弟弟的资格。

单独看，简文以上六句是分别要求"为人君者""为人臣者""为人父者""为人子者""为人兄者""为人弟者"。"不可以己能而责人之不能，况以所不能"，强调"立孝"要身体力行，先己后人。但综合起来，就会发现，简文"为人君者"与"为人臣者"、"为人父者"与"为人子者"、"为人兄者"与"为人弟者"是相对待的关系：讲"为人君者"没有离开"为人臣者"，讲"为人臣者"也没有离开"为人君者"；讲"为人父者"与"为人子者"、"为人兄者"与"为人弟者"也如是。如果说，简文只是讲下对上（子对父、弟对兄、臣对君）的"忠与礼"、"爱"与"敬"，只是讲"人子事亲"行孝，就没必要说"为人君者，言人之君之不能使其臣者，不与言人之臣之不能事其君者""为人父者，言人之父之不能畜子者，不与言人之子之不孝者""为人兄者，言人之兄之不能慈弟者，不与言人之弟之不能承兄者"，只说"为人臣者，言人之臣之不能事其君者，不与言人之君之不能使其臣者""为人子者，言人之子之不孝者，不与言人之父之不能畜子者""为人弟者，言人之弟不能承兄[者，不与言之人之兄之不能慈弟者]"就够了。它讲"君子之立孝，爱是用，礼是贵"，既要求"为人君者"，又要求"为人臣者"；既要求"为人父者"，也要求"为人子者"；既要求"为人兄者"，也要求"为人弟者"，说明这里的"爱"就不是下对上（子对父、弟对兄、臣对君）单向的，而是下与上（子与父、弟与兄、臣与君）双向的、相对待的互"爱"；这里的"礼"也不是下对上（子对父、弟对兄、臣对君）单向的，而是下与上（子与父、弟与兄、臣与君）双向的、相对待的互"礼"。

简文接着说："与君言，言使臣；与臣言，言事君；与父言，言畜子；与子言，言孝父；与兄言，言慈弟；与弟言，言承兄。"更是对君、臣、父、子、兄、弟提出了各自"立孝"用"爱"贵"礼"不同的要求。所谓"与君言，言使臣；与臣言，言事君"，是说君臣"立孝"用"爱"贵"礼"是相互的，君要以礼"使臣"，臣也要以礼"事君"。正因为"与君言，言使臣"，所以"为人君者，言人之君之不能使其臣者，不与言人之臣之不能事其君者"；正因为"与臣言，言事君"，所以"为人臣者，言人之臣之不能事其君者，不与言人之君之不能使其臣者"。其他如"与父言，言畜子""与子言，言孝父"等皆可依此类推。所谓"反此，乱也"，是说违反这种双向互动、互相对待的"君子立孝"的要求就会"乱"，不是说只要下对上（子对父、弟对兄、臣对君）行孝用"爱"贵"礼"就行了。下对上（子对父、弟对兄、臣对君）用"爱"贵"礼"，但上对下（父对子、兄对弟、君对臣）不用"爱"贵"礼"，依然会"乱"。不然，又怎会有夏桀、商纣呢？

由此看，历来注家对《曾子立孝》篇主旨的分析是得其小而失其大。宋人黄震说"皆世俗委曲之语"，虽未点透，过于简单，但庶几有见，也未可知。

三、《内礼》与《曾子立孝》的比较

关于竹书《内礼》篇首章与《大戴礼记·曾子立孝》篇首章的异同，李朝远已作过很好的分析，他说："《大戴礼记·曾子立孝》：'为人臣而不能事其君者，不敢言人君不能使其臣者也。'简文与此略同，只是简文的

'人臣'所涵括的是所有的人臣，文献中所指仅为'不能事其君'的人臣。文献所记着重于对未尽子、弟、臣之道者的戒告，简文所论则是君臣、父子、兄弟之道的通则。简文是一种规定，具有法则的意义，文献中的'不敢'，仍属于道德的范畴，而且仅限于人子、人弟和人臣，未涉及人君、人父和人兄，颇有'为尊者讳'的意涵。"①

竹书《内礼》篇首章较之《大戴礼记·曾子立孝》篇首章，文字上有增也有减。其意义不大者，在此暂不讨论。

首先，竹书《内礼》篇分别提出了对"为人君者""为人臣者""为人父者""为人子者""为人兄者""为人弟者"先己后人的要求，而《大戴礼记·曾子立孝》篇则只有对"为人子""为人弟""为人臣"的要求。《大戴礼记·曾子立孝》篇不但缺少了对"为人父""为人兄""为人臣"要求的部分，而且次序也不同，文字也有省略和变通。

其次，竹书《内礼》篇的"与君言，言使臣；与臣言，言事君；与父言，言畜子；与子言，言孝父；与兄言，言慈弟；与弟言，言承兄"，《大戴礼记·曾子立孝》篇则作"与父言，言畜子；与子言，言孝父；与兄言，言顺弟；与弟言，言承兄；与君言，言使臣；与臣言，言事君"，内容完全一样，但次序不同。

最后，竹书《内礼》篇的"反此，乱也"，《大戴礼记·曾子立孝》篇则作"君子之孝也，忠爱以敬；反是，乱也"，文字有增。

当然，竹书《内礼》篇开头没有《大戴礼记·曾子立孝》篇的"曾子曰"三字，也是值得注意的。下面，在李朝远说的基础上，拟分别进行探讨。

竹书《内礼》篇的"为人臣者，言人之臣之不能事其君者，不与言人之君之不能使其臣者""为人子者，言人之子之不孝者，不与言人之父之不能畜子者""为人弟者，言人之弟不能承兄[者，不与言之人之兄之不能慈弟者]"，可以与《大戴礼记·曾子立孝》篇的"为人子而不能孝其父者，不敢言人父不畜其子者""为人弟而不能承其兄者，不敢言人兄不能

---

① 马承源主编：《上海博物馆藏战国楚竹书（四）》，第 221-222 页。

顺其弟者""为人臣而不能事其君者，不敢言人君不能使其臣者"分别对应，但"为人君者，言人之君之不能使其臣者，不与言人之臣之不能事其君者""为人父者，言人之父之不能畜子者，不与言人之子之不孝者""为人兄者，言人之兄之不能慈弟者，不与言人之弟之不能承兄者"则为《大戴礼记·曾子立孝》篇所无。

李朝远认为："简文中的'为人君''为人父''为人兄'句，文献失载。"① 其说是。按道理来说，《曾子立孝》篇既然有"为人臣而不能事其君者，不敢言人君不能使其臣者"，也得有与其相对的"为人君而不能使其臣者，不敢言人臣不能事其君者"句。既然有"为人子而不能孝其父者，不敢言人父不畜其子者"，也得有与其相对的"为人父而不能畜其子者，不敢言人子不能孝其父者"句。既然有"为人弟而不能承其兄者，不敢言人兄不能顺其弟者"，也得有与其相对的"为人兄而不能顺其弟者，不敢言人之弟之不能承其兄者"句。这是其每句君臣、父子、兄弟对举的逻辑决定的。

从下文的"故与父言，言畜子；与子言，言孝父；与兄言，言顺弟；与弟言，言承兄；与君言，言使臣；与臣言，言事君"来看，"为人君""为人父""为人兄"句也是不可或缺的。所谓"与父言，言畜子；与子言，言孝父"，"与子言，言孝父"，相对应的是"为人子而不能孝其父者，不敢言人父不畜其子者"，而既有"与父言，言畜子"，也当有相对应的"为人父"句。同理，"与兄言，言顺弟；与弟言，言承兄"，"与弟言，言承兄"，相对应的是"为人弟而不能承其兄者，不敢言人兄不能顺其弟者"，而既有"与兄言，言顺弟"，也当有相对应的"为人兄"句。"与君言，言使臣；与臣言，言事君"，"与臣言，言事君"，相对应的是"为人臣而不能事其君者，不敢言人君不能使其臣者"，而既有"与君言，言使臣"，也当有相对应的"为人君"句。

所以，不管从《曾子立孝》篇本文的逻辑看，还是从竹书《内礼》篇的记载看，今本《曾子立孝》篇确实是"失载"了"为人君""为人父""为

---

① 马承源主编：《上海博物馆藏战国楚竹书（四）》，第220页。

人兄"三句。

竹书《内礼》篇和《曾子立孝》首章称举君臣、父子、兄弟的次序也颇为不同。竹书《内礼》篇"故为人君者，言人之君之不能使其臣者，不与言人之臣之不能事其君者。故为人臣者，言人之臣之不能事其君者，不与言人之君之不能使其臣者。故为人父者，言人之父之不能畜子者，不与言人之子之不孝者。故为人子者，言人之子之不孝者，不与言人之父之不能畜子者。故为人兄者，言人之兄之不能慈弟者，不与言人之弟之不能承兄者。故为人弟者，言人之弟不能承兄[者，不与言人之弟之不能顺兄者]"段，其次序是从"为人君者"到"为人臣者"，从"为人父者"到"为人子者"，从"为人兄者"到"为人弟者"。其"与君言，言使臣；与臣言，言事君；与父言，言畜子；与子言，言孝父；与兄言，言慈弟；与弟言，言承兄"段，也是从君到臣，从父到子，从兄到弟。次序完全相同。而《曾子立孝》篇"故为人子而不能孝其父者，不敢言人父不畜其子者；为人弟而不能承其兄者，不敢言人兄不能顺其弟者；为人臣而不能事其君者，不敢言人君不能使其臣者也"段，是由"为人子"到"为人弟"，再到"为人臣"。我们已经证明其"为人君""为人父""为人兄"三句是"失载"，如果补出的话，则是由"为人父""为人子"而"为人兄""为人弟"，再"为人君""为人臣"。其"与父言，言畜子；与子言，言孝父；与兄言，言顺弟；与弟言，言承兄；与君言，言使臣；与臣言，言事君"段，由父子而兄弟而君臣，次序完全一致。一是君臣、父子、兄弟，一是父子、兄弟、君臣，这两种次序谁为原貌，可以参考其他的早期文献。

《曾子立孝》篇的"与父言"段，卢辩注早就指出："《士相见礼》曰'与君言言使臣，与大夫言言事君，与老者言言使弟子，与幼者言言孝父兄，与众言言慈祥，与莅官者言言忠信'也。"[1] 简文的次序与《仪礼·士相见礼》较为接近。《仪礼·士相见礼》的君大夫相当于简文的君臣，老幼相当于简文的父子、兄弟。文献里一般都是此一次序。如《左传·襄公三十一

---

[1] 王聘珍：《大戴礼记解诂》，第81页。

年》:"《卫诗》曰:'威仪棣棣,不可选也',言君臣、上下、父子、兄弟、内外、大小皆有威仪也。"《墨子·兼爱中》:"君臣不惠忠,父子不慈孝,兄弟不和调,此则天下之害也。"《孟子·告子下》:"为人臣者怀利以事其君,为人子者怀利以事其父,为人弟者怀利以事其兄,是君臣、父子、兄弟终去仁义,怀利以相接,然而不亡者,未之有也。……为人臣者怀仁义以事其君,为人子者怀仁义以事其父,为人弟者怀仁义以事其兄,是君臣、父子、兄弟去利,怀仁义以相接也,然而不王者,未之有也。"《荀子·王制》:"君君、臣臣、父父、子子、兄兄、弟弟一也。"《荀子·大略》:"君臣不得不尊,父子不得不亲,兄弟不得不顺,夫妇不得不欢。"《礼记·曲礼上》:"君臣上下父子兄弟,非礼不定。"《礼记·礼运》:"以正君臣,以笃父子,以睦兄弟,以和夫妇。……以正君臣,以笃父子,以睦兄弟,以齐上下,夫妇有所。"《礼记·中庸》:"天下之达道五,所以行之者三,曰:君臣也,父子也,夫妇也,昆弟也,朋友之交也,五者天下之达道也。"都是由君臣到父子再到兄弟。而由父子到兄弟再到君臣的则较为少见。《礼记·王制》:"七教:父子、兄弟、夫妇、君臣、长幼、朋友、宾客。"《大戴礼记·文王官人》:"父子之间观其孝慈也,兄弟之间观其和友也,君臣之间观其忠惠也,乡党之间观其信惮也。"《曾子立孝》篇的次序与《礼记·王制》《大戴礼记·文王官人》接近。比较之下,应该说竹书《内礼》篇君臣、父子、兄弟的次序反映了文献早期的面貌,而《曾子立孝》篇父子、兄弟、君臣的次序当属晚出。

较之竹书《内礼》篇,《大戴礼记·曾子立孝》又多出"君子之孝也,忠爱以敬"九字。"忠爱以敬",王聘珍解诂:"忠爱,谓中心之爱。敬,谓严肃。郑注《孝经》云:'敬者,礼之本也。'"① 阮元注:"忠则必爱,有礼故敬。"② 其实"忠爱以敬"即"爱而敬"。"以""而"义同,故可互用。"忠爱"复词同义,今本"忠之用",简文作"爱是用",可知"忠"即"爱","爱"即"忠"。疑后人以"忠"释"爱",故"爱以敬"衍成"忠爱以敬"。

---

① 王聘珍:《大戴礼记解诂》,第81页。
② 阮元:《曾子注释》卷二,《续修四库全书》子部儒家类,第932册,第272页。

下篇《曾子事父母》："单居离问于曾子曰：'事父母有道乎？'曾子曰：'有。爱而敬。'"此"爱而敬"即"爱以敬"。

简文"此"与"是"义同，属同义换读。"反是，乱也"之"是"，指代"君子之孝也，忠爱以敬"。是说君子为孝，当以"爱""敬"为要。"反是"，失去"爱""敬"，就不成孝，势必大乱。这一章由"君子立孝，其忠之用，礼之贵"始，由"君子之孝也，忠爱以敬；反是，乱也"终，似乎首尾照应，天衣无缝。但竹书《内礼》篇无此九字，"反此，乱也"紧接"与君言"一段，其论君臣、父子、兄弟相互性、相对待性的思想非常突出。而《曾子立孝》篇有了这九字，则将君臣、父子、兄弟相互性、相对待性的思想淹没了，容易造成用"爱"贵"礼"是下对上（子对父、弟对兄、臣对君）单向行为的印象。从王聘珍、阮元的注释看，事实上已造成了这种误解。从这一角度考虑，可说竹书《内礼》篇无"君子之孝也，忠爱以敬"九字更佳。

竹书《内礼》篇与《曾子立孝》篇首的上述差异，暴露出两个层次的问题。

首先，是《曾子立孝》篇原貌的问题。从上文的论证可知，今本《曾子立孝》篇无"为人君""为人父""为人兄"三句，而原本《曾子立孝》篇应该是有此三句的。现在的问题是今本《曾子立孝》篇"为人君""为人父""为人兄"三句"失载"到底是有心之失还是无心之过？答案是有心之失。将"为人君""为人父""为人兄"三句删去，只剩下"为人臣""为人子""为人弟"三句，这样，本来是君臣、父子、兄弟相互性、相对待性的要求就变成了对"为人臣""为人子""为人弟"单向性的要求了，这肯定是出于权威主义的需要。这与孔子的"君君臣臣父父子子"（《论语·颜渊》）说被后人发展为"君要臣死，臣不得不死；父要子亡，子不得不亡"一样。"君君臣臣父父子子"本来是对君臣父子双向性的要求，君要像君，臣要像臣，父要像父，子要像子，而且是互为条件的。而"君要臣死，臣不得不死；父要子亡，子不得不亡"则是单向性的，只强调臣、子的义务，不提君、父的责任。这是绝对君权时期的思想。今本《曾子立孝》篇去掉了"为人君""为人父""为人兄"三句，正是君主专制思想的产物。说是"颇有'为尊者讳'的意涵"①，一点也不为过。

其次，是竹书《内礼》篇与《曾子立孝》篇首章孰先孰后的问题。上文认为竹书《内礼》篇称举君臣、父子、兄弟的次序，较之《曾子立孝》篇首更合符早期文献的惯例；又认为竹书《内礼》篇无"君子之孝也，忠爱以敬"九字更生。将竹书《内礼》篇"为人臣者""为人子者""为人弟者"三句与《曾子立孝》篇"为人臣""为人子""为人弟"三句比较，也能得出同样的结论。

竹书《内礼》篇"为人臣者，言人之臣之不能事其君者，不与言人之君之不能使其臣者"，《曾子立孝》篇作"为人臣而不能事其君者，不敢言人君不能使其臣者也"。两者比较，明显是《曾子立孝》篇改写了简文。因为前"言"与后"言"是前后相承的。有了前"言"，才相应有后"言"；没有前"言"，就出现后"言"，实在是突如其来。再者，减省易而增衍难。将"为人臣者，言人之臣之不能事其君者"减省为"为人臣而不能事其君者"易，将"为人臣而不能事其君者"增衍成"为人臣者，言人之臣之不能事其君者"，实在是匪夷所思。其他如"为人子者"与"为人子"句、"为人弟者"与"为人弟"句亦如是。所以，一定是《曾子立孝》篇改写了竹书《内礼》篇，而不是竹书《内礼》篇改写了《曾子立孝》篇。

---

① 马承源主编：《上海博物馆藏战国楚竹书（四）》，第222页。

第六编

《孟子》

《孟子·公孙丑上》"善为说辞"段考实

　　《孟子·公孙丑上》篇有一段大家耳熟能详的文字，记孟子弟子公孙丑问其师孟子曰："宰我、子贡善为说辞，冉牛、闵子、颜渊善言德行。孔子兼之，曰：'我于辞命，则不能也。'然则夫子既圣矣乎？"东汉赵岐（108—201）注云："言人各有能，我于辞言教命，则不能如二子。"① 其对"善言德行"一句，没有直接解说，应该以为是通常义。

　　北宋孙奭（962—1033）疏因此说："孟子既言其诐淫邪遁之辞为非，故于此言其'善为说辞''善言德行'为是者也。盖言宰我、子贡二者，皆善能为说辞。说辞者，以辞说人者也。宰我、子贡皆得圣人所以言者也，故云'善为说辞'。《论语》'四科'，二人所以列于言语之科也。冉牛、闵子、颜渊三者皆'善言德行'。'善言德行'者，言之必可行，是'善言'也；行之必可言，是'德行'也。冉牛、闵子、颜渊皆得圣人所以行者也，故云'善言德行'。《论语》'四科'，三者所以列于德行科也。"② 其以"善言德行"为"言之必可行"，"言"显然是言说的意思。

　　南宋朱熹（1130—1200）集注："'说辞'，言语也。'德行'，得于心而见于行事者也。三子'善言德行'者，身有之，故言之亲切而有味也。公孙丑言数子各有所长，而孔子兼之，然犹自谓不能于辞命。今孟子乃自谓我能知言，又善养气，则是兼言语、德行而有之，然则岂不'既圣矣乎'？"③

---

① 廖名春、刘佑平整理：《孟子注疏》，《十三经注疏》繁体标点本，北京：北京大学出版社，2000年，第93页。下同。
② 廖名春、刘佑平整理：《孟子注疏》，第100页。案：学界一般以为此疏是伪托孙奭之作。
③ 朱熹：《四书章句集注》，北京：中华书局，1983年，第233页。

其认识与孙奭疏同。

清焦循（1763—1820）疏："《礼记·表记》注云：'辞，谓解说也。''说'，亦'言'也。上言'说辞'则'辞'即'言'也。《诗·下武》'永言配命'笺云：'命，教令也。'是'命'为'教'。"① 也是以"善言德行"之"言"为平常义。

杨伯峻（1909—1992）将此译为："宰我、子贡善于讲话，冉牛、闵子、颜渊善于阐述道德。孔子则兼有两长，但是他还说：'我对于辞令，太不擅长。'〔而您既善于分析别人的言辞，又善于养浩然之气，言语道德兼而有之，〕那么，您已经是位圣人了吗？"②

近年来，金良年的译文也作："宰我、子贡善于讲说谈论，冉牛、闵子、颜渊善于阐述德行，孔子兼而有之，说：'我对于辞令就不擅长了。'如此说来，夫子已经称得上圣了吧？"③

他们与古人一样，也都是将此"善言德行"之"言"字理解为"言说""言谈"，因此都译为"阐述"。

前修今贤将"善言德行"之"言"字理解为"言说""言谈"，这不但是常训，在《孟子》一书的其他部分中也可得到支持。

比如《公孙丑上》篇有："孟子曰：'子路，人告之以有过，则喜。禹闻善言，则拜。大舜有大焉，善与人同，舍己从人，乐取于人以为善。自耕稼、陶、渔以至为帝，无非取于人者。取诸人以为善，是与人为善者也。故君子莫大乎与人为善。'"④

《离娄下》篇有："孟子曰：'禹恶旨酒而好善言。汤执中，立贤无方。文王视民如伤，望道而未之见。武王不泄迩，不忘远。周公思兼三王，以施四事；其有不合者，仰而思之，夜以继日；幸而得之，坐以待旦。'"⑤

---

① 焦循：《孟子正义》卷二十五，《儒藏·精华编》第108册，北京：北京大学出版社，2012年，第174页。下同。
② 杨伯峻：《孟子译注》，北京：中华书局，2010年，第61页。
③ 金良年：《孟子译注》，上海：上海古籍出版社，2004年，第66页。
④ 廖名春、刘佑平整理：《孟子注疏》，第117页。
⑤ 廖名春、刘佑平整理：《孟子注疏》，第265页。

《尽心上》篇有："孟子曰：'舜之居深山之中，与木石居，与鹿豕游，其所以异于深山之野人者几希；及其闻一善言，见一善行，若决江河，沛然莫之能御也。'"①

《尽心下》篇有："孟子曰：'言近而指远者，善言也；守约而施博者，善道也。君子之言也，不下带而道存焉；君子之守，修其身而天下平。人病舍其田而芸人之田，所求于人者重，而所以自任者轻。'"②

这些"善言"，都是指有益之言，都是好话的意思。

其他早期文献也有"善言"说，如《荀子·荣辱》："故与人善言，暖于布帛；伤人之言，深于矛戟。"③意思与上述《孟子》说同。《韩非子·饬令》："饬令，则法不迁；法平，则吏无奸。法已定矣，不以善言害法。"④这是指儒家的仁义之言。《老子》第二十七章："善行无辙迹，善言无瑕迹。"⑤《庄子·徐无鬼》："狗不以善吠为良，人不以善言为贤。"⑥这是指善于言谈，巧于言辞。"言"都是言辞、言谈的意思。

从《孟子》诸篇的内证到先秦其他诸子的外证，"善言"之"言"都是言辞、言谈义。如此说来，似乎《孟子·公孙丑上》篇"善言德行"之"言"也应作如是观。

但问题并没有如此简单。我们还得看看《论语·先进》篇的记载："德行：颜渊、闵子骞、冉伯牛、仲弓。言语：宰我、子贡。政事：冉有、季路。文学：子游、子夏。"⑦这应该是孔子对其十位杰出弟子地位和成就的定评。朱熹集注："弟子因孔子之言，记此十人，而并目其所长，分为四科。孔子教人各因其材，于此可见。"⑧邢昺（932—1010）疏："夫子门徒三千，达

---

① 廖名春、刘佑平整理：《孟子注疏》，第423页。
② 廖名春、刘佑平整理：《孟子注疏》，第471页。
③ 王先谦：《荀子集解》，北京：中华书局，1988年，第53页。
④ 张觉：《韩非子校疏》，上海：上海古籍出版社，2010年，第1283页。
⑤ 朱谦之：《老子校释》，北京：中华书局，2000年，第107页。
⑥ 郭庆藩：《庄子集释》，北京：中华书局，1961年，第852页。
⑦ 杨伯峻：《论语译注》，北京：中华书局，1980年，第115页。
⑧ 朱熹：《四书章句集注》，北京：中华书局，1983年，第123页。

者七十有二，而此四科惟举十人者，但言其翘楚者耳。"①所谓"目其所长，分为四科"，所谓"此四科惟举十人者，但言其翘楚者耳"，都是说颜渊等弟子十人在"德行""言语""政事""文学"这"四科"上各有所长，都有突出之处。颜渊、闵子骞、冉伯牛、仲弓四子列于"德行"科，是说颜渊、闵子骞、冉伯牛、仲弓四子在"德行"，在道德品行上，表现非常突出。宰我、子贡列于"言语"科，是说宰我、子贡二子在"言语"，在言辞应对、语言表达上，非常优秀。冉有、季路列于"政事"科，是说冉有、季路二子在"政事"，在处理政务上，非常有才能。子游、子夏列于"文学"科，是说子游、子夏二子在"文学"，在古代文献的研究和运用上，非常有造诣。

《论语·先进》篇的这一记载与《孟子·公孙丑上》篇的"宰我、子贡善为说辞，冉牛、闵子、颜渊善言德行"应该是一致的。所谓"宰我、子贡善为说辞"即"言语：宰我，子贡"，"善为说辞"就是《论语·先进》篇将宰我、子贡归于"言语"科的原因。同理，所谓"冉牛、闵子、颜渊善言德行"即"德行：颜渊、闵子骞、冉伯牛、仲弓"，只不过多出来一个"仲弓"而已。"善言德行"就是《论语·先进》篇将颜渊等归于"德行"科的原因。如果说《孟子·公孙丑上》篇所谓"善言德行"，是说冉牛、闵子、颜渊"善于阐述道德""善于阐述德行"的话，问题就出来了。为什么？因为"善于阐述道德""善于阐述德行"还是落脚在"言说"上，还是不足以将"德行科"的冉牛、闵子、颜渊与"言语科"的宰我、子贡分开，只不过一是一般性的"善为说辞"，一是在"德行"这一特殊方面"善于阐述"而已。这样，《论语》所谓"德行：颜渊、闵子骞、冉伯牛、仲弓"之说到了《孟子》实质就在"言"不在"德"了。而所谓"孔子兼之"也不是"言语道德兼而有之"，既有颜渊、闵子骞、冉伯牛、仲弓之"德行"，又有宰我、子贡之"言语"；而是兼而有"宰我、子贡善于讲话"与"冉牛、闵子、颜渊善于阐述道德"之长。这样，孔子之长也在"言"不在"德"了。

---

① 朱汉民整理：《论语注疏》，《十三经注疏》繁体标点本，北京：北京大学出版社，2000年，第160页。下同。

如此理解，实为大谬！理当另求别解。

笔者认为"善言德行"之"言"并非言辞、言谈之义，当读为"焉"。"言"上古音为元部疑母，"焉"为元部匣母①，声近可通。

《诗·小雅·大东》"睠言顾之"，《荀子·宥坐》引作"睠焉顾之"，"言"就写作"焉"。②《韩诗外传》卷三引"言"也作"焉"。③《诗·豳风·七月》："二之日其同，载缵武功，言私其豵，献豜于公。"高亨（1900—1986）今注："言，读为焉，乃也。"④

郭店楚简《六德》篇简三三至三四有："男女辨生言，父子亲生言，君臣义生言。"⑤陈伟以为诸"言"字当读为"焉"。⑥简三六至三七有"君子言信言尔言炀言尔䛑外内皆得"说⑦，笔者认为当读作："君子焉，信焉尔言，诚焉尔语，外内皆得。"前一"言"字，读为"焉"，是语气助词。第二、四个"言"字，也读为"焉"，介词，相当于"乎""于"。"君子言"，即"君子焉"。"信言"即"信焉"。"信焉尔言"也就是"信乎此言"，即信守"夫夫、妇妇、父父、子子、君君、臣臣"之言。"炀言尔语"读为"诚焉尔语"，即"诚乎此语"，指心志专一于"夫夫、妇妇、父父、子子、君君、臣臣"之训。⑧

而《孟子》此处的"善言德行"之"言"也当如《诗·小雅·大东》、郭店楚简《六德》篇之四"言"字一样，读为"焉"。"善言德行"即"善于德行""善乎德行"，也就是"长于德行"，是说冉牛、闵子、颜渊三子在"德行"操守上非常突出，而绝不仅仅是"善于阐述道德"。这样，"长于德行"的冉牛、闵子、颜渊三子与"善为说辞"的宰我、子贡的区别就

---

① 唐作藩：《上古音手册》，南京：江苏人民出版社，1982年，第150页。
② 高亨纂著，董治安整理：《古字通假会典》，济南：齐鲁书社，1989年，第178页。
③ 许维遹：《韩诗外传集释》，北京：中华书局，1980年，第107页。
④ 高亨：《诗经今注》，上海：上海古籍出版社，1980年，第202页。
⑤ 荆门市博物馆编：《郭店楚墓竹简》，北京：文物出版社，1998年，第188页。
⑥ 陈伟等：《楚地出土战国简册十四种》，北京：经济科学出版社，2009年，第243页。
⑦ 荆门市博物馆编：《郭店楚墓竹简》，第188页。
⑧ 廖名春：《郭店简〈六德〉篇新读》，《中原文物》第3期，2017年。

出来了。

从下文公孙丑"孔子兼之,曰:'我于辞命,则不能也。'然则夫子既圣矣乎"之论来看,"善言德行"即"善焉德行"意思更为清楚。

这一段文字有两处很值得讨论。

一是"不能"。从东汉赵岐以来,所有解《孟子》的,没有不将此处的"不能"解为"不能够"的。杨伯峻、金良年的"不擅长"是这一意思,史次耘的"不行"也是这一意思。① 从上下文来看,这是说不通的。既然说"孔子兼之",孔子兼有"善为说辞""善言(焉)德行"两面,又怎能说"我于辞命,则""不擅长"呢?旧注于此矛盾,皆用孔子谦虚之言解之,其实是有问题的。孔子培养学生,非常强调语言表达的重要。《论语·子路》篇有:"子曰:'诵《诗》三百,授之以政,不达;使于四方,不能专对;虽多,亦奚以为?'"② 就是说"使于四方",不但要"诵《诗》三百",更要能"专对"。所谓"专对","能""辞命"应该是其题中应有之义。《左传·襄公二十五年》也载:"仲尼曰:'《志》有之:"言以足志,文以足言。"不言,谁知其志?言之无文,行而不远。'"③ "言"须有"文",也就是要"能""辞命"。《礼记·表记》也载"子曰":"情欲信,辞欲巧。"④ 这是说言辞要有文采,说是要"能""辞命",应不为过。所以将"我于辞命,则不能也"理解成孔子自认"于辞命,则""不擅长",实在是有损孔子之明。特别是下文的"然则夫子既圣矣乎"更是反证。如果孔子只是"善言德行","不能""辞命","不擅长""辞命",还谈什么"兼之",还谈什么"圣"?既然是"圣",就不但要兼而有"德行""言语"之长,更要能出乎其上才行。⑤ 所以,将这里的"不能"训为"不擅长""不行"是万万不可的。

其实,这里"能"当读为"耐"。《谷梁传·成公七年》:"非人之所能也。"

---

① 史次耘:《孟子今注今译》,台北:商务印书馆,1973年,第71页。
② 杨伯峻:《论语译注》,北京:中华书局,1980年,第143页。
③ 杨伯峻:《春秋左传注》,北京:中华书局,1990年,第1106页。
④ 郑玄注,孔颖达正义,吕友仁整理:《礼记正义》,上海:上海古籍出版社,2008年,第2095页。
⑤ 案:朱熹《集注》、杨伯峻《译注》皆以为公孙丑"然则夫子既圣矣乎"一语是说孟子,不可信。

《释文》:"能,一作耐。"《礼记·礼运》:"故圣人耐以天下为一家。"郑玄(127—200)注:"耐,古能字。"而《孔子家语·礼运》"耐"就作"能"。《礼记·乐记》:"故人不耐无乐,乐不耐无形,形而不为道不耐无乱。"郑玄注:"耐,古书能字也。"《唐石经》"耐"作"能",《荀子·乐论》《史记·乐书》同。① 《春秋元命苞》:"能之为言耐也。"注:"耐,今之能字也。"② 《吕氏春秋·审时》:"得时者忍饥。"高诱注:"忍犹能也,能,耐也。"③《急就篇》:"完坚耐事踊比伦。"颜师古(581—645)注:"耐,堪任也。"④ 这是"能(耐)"可与忍、堪、任互训之证。

1993年10月湖北荆门郭店一号墓出土的楚简本《五行》篇有:"不仁,思不能清。不智,思不能长。不仁不智,未见君子,忧心不能惙惙;既见君子,心不能悦。'亦既见止,亦既觏止,我心则说',此之谓也。不仁,思不能清。不圣,思不能轻。不仁不圣,未见君子,忧心不能忡忡;既见君子,心不能降。"⑤ 这一段文字同样见于马王堆帛书《五行》篇,只是稍有残缺。⑥ 其中"忧心不能惙惙""心不能悦""忧心不能忡忡""心不能降"四句的"不能",按照"不会""不能够"解,扞格不通。笔者在魏启鹏说⑦的基础上,提出:《五行》篇此章的"不仁不智,未见君子,忧心不能惙惙",是说"不仁不智",犹如"未见君子"(未能见到君子)一样,"忧心不能"自已,禁不住"惙惙"不安。"既见君子,心不能悦",是说"有仁有智",犹如"既见君子"(见到了君子)一样,"心不能"自已,禁不住喜悦。"不仁不智,未见君子,忧心不能忡忡",是说"不仁不智",犹如"未见君子"一样,"忧心不能"自已,禁不住"忡忡"不安。"既见君子,

---

① 高亨纂著,董治安整理:《古字通假会典》,第34页。
② 文渊阁《四库全书》经部五经总义类《古微书》卷七。
③ 文渊阁《四库全书》子部杂家类杂学之属《吕氏春秋》卷二十六。
④ 文渊阁《四库全书》经部小学类字学之属《急就篇》卷二。
⑤ 荆门市博物馆:《郭店楚墓竹简》,北京:文物出版社,1998年,第149页。案:释文已经过笔者处理,假借字、异体字都直接写出本字和通行字,以便讨论。
⑥ 国家文物局古文献研究室:《马王堆汉墓帛书〔一〕》,北京:文物出版社,1980年,第17页。
⑦ 魏启鹏:《马王堆汉墓帛书〈德行〉校释》,成都:巴蜀书社,1991年,第5-8页。

心不能降",是说"有仁有智",犹如"既见君子"一样,"心不能"自已,禁不住"降(愉)",也就是高兴。《五行》篇此章的四个"能"字,都不是助动词,都不是"能够""会"的意思,而应读为"耐",训为受得住,禁得起。①

《孟子·公孙丑上》篇这里的"不能"亦当如此,孔子不是说他"不能""辞命",而是说他在"辞命"上非常厉害,没人能比。这是孔子的自负之言而非谦辞。"不能"即"不耐",也可读为"无奈"。奈,是对付、处置的意思。《淮南子·兵略》:"唯无形者,无可奈也。"②"无可奈也",没有能奈何的。孔子这里所谓"不能",应该就是这一意思。

其次,就是"辞命"的解释。赵岐注训"辞命"为"辞言教命",后人本之,都解为"辞令"。如此说来,也就是"言语"的意思了。但疑问有二:一是既云"孔子兼之",是"善为说辞"与"善焉德行"兼而有之了,又说"我于辞命,则不能也",单独强调其"善为说辞",岂不是自相矛盾?二是下文公孙丑称"夫子既圣矣乎","圣"应该是在"孔子兼之"之上更进一步才是。因此,笔者颇疑"辞命"当不是指"言语""辞令",而当改读。

《说文·辛部》:"䛐,籀文辞从司。"③金文中,"辞"多"从司",如《毛公鼎》《散盘》《召伯簋》等。"䛐土"即"司土","参有䛐"即"三有司","谓司徒司空司马"。所以,刘心源(1848—1915)说,"辞""古刻用为司"。④王辉则进一步指出,"金文司、䛐二字用法有别,司用作名词,与后为一字","而䛐字多用作职官名,如荣有䛐,鲁䛐徒、䛐寇良父,文献多作司"。⑤依此,《孟子·公孙丑上》的"辞命"完全可以读为"司命"。"命",令也,即教令、政令。"司"有"主""主掌"的意思。《管子·国蓄》:"五谷食米,

---

① 廖名春:《简帛〈五行〉篇"不仁思不能清"章补释》,中国文化遗产研究院编:《出土文献研究》第9辑,北京:中华书局,2010年,第109-118页。
② 何宁:《淮南子集释》,北京:中华书局,1998年,第1080页。
③ 许慎:《说文解字》卷十四下,清文渊阁《四库全书》本。
④ 古文字诂林编纂委员会:《古文字诂林》,上海:上海教育出版社,1999年,第9267页。
⑤ 王辉:《古文字通假字典》,北京:中华书局,2008年,第42页。

民之司命也。"①《孙子·虚实》:"微乎微乎,至于无形;神乎神乎,至于无声,故能为敌之司命。"张预注:"故敌人死生之命,皆主于我也。"②《文选·扬雄〈羽猎赋〉》:"荧惑司命,天弧发射。"吕向注:"司,主也。令主天子之命。"③因此,"司命"有主掌政令之意,当指主管政务,也就是执政。《孟子·公孙丑上》篇此处孔子自命"我于辞命,则不能也",不是自我检讨,不是故作谦虚状,说自己"对于辞令,太不擅长"了,而是非常自负,说自己不但"善为说辞""善焉德行",就是主管政务,其水平之高,也是"无可奈也",无人能及,没人能赶得上。

与《论语·先进》篇"德行"章比较,《孟子·公孙丑上》篇此处孔子所谓"我于辞命,则不能也",应该是就彼之"政事:冉有,季路"而言。此之所谓"辞命"也就是"司命",讲的其实就是"政事"。冉有、季路二弟子长于"政事"源于老师孔子的言传身教。《史记·孔子世家》云:"定公以孔子为中都宰,一年,四方皆则之。由中都宰为司空,由司空为大司寇。……定公十年春,孔子摄相事。"④孔子做了一年的中都宰,其治理达到了"四方皆则之"的程度。又做了三年的鲁国大司寇,甚至由此摄行鲁国相事。其"司命"水平之高,确实是"无可奈也",以至于其长于"政事"的弟子冉有、季路也赶不上。孔子兼有学生之长,不但"善为说辞""善焉德行",就是"司命",主管政务,其水平也是无人能及,难怪公孙丑有"夫子既圣矣乎"之叹!如果不是说孔子有德有才,执政水平又高,就单凭"善为说辞"一点,能称得上"圣"吗?所以,用《论语·先进》篇"德行"章来印证,孔子所谓"我于辞命,则不能也",只能如此理解。

《孟子》此篇公孙丑又问:"昔者窃闻之:子夏、子游、子张皆有圣人之一体,冉牛、闵子、颜渊则具体而微。"⑤是说孔子的学生子夏、子游、子

---

① 黎翔凤撰,梁运华整理:《管子校注》,北京:中华书局,2004年,第1259页。
② 吉天保:《十一家注孙子》卷中,宋刻本。
③ 《六臣注文选》卷第八,《四部丛刊》景宋本。
④ 司马迁:《史记》卷四十七,清乾隆武英殿刻本。
⑤ 廖名春、刘佑平整理:《孟子注疏》,第94页。

张、冉牛、闵子、颜渊都各有孔子的一部分，都是缩小版的孔子。换言之，将子夏、子游、子张、冉牛、闵子、颜渊这些得意弟子的长处集合起来，才是他心目中的孔子，孔子才是集大成者。公孙丑这一认识应该说符合孔子的自我评价。"宰我、子贡善为说辞"是得孔子"之一体"，"冉牛、闵子、颜渊善言（焉）德行"也是得孔子"之一体"，子游、子夏长于"文学"也是得孔子"之一体"，冉有、季路长于"政事"更是得孔子"之一体"。孔子不是空谈的理论家，而是身体力行的实干家，所以，他于"政事""辞（司）命"更为看重，自认为"则不能也"，就是无人能及了。事实上也是如此，孔子虽然号称"弟子三千，贤人七十"，但真正出众的即使如颜渊、闵子骞、冉伯牛、仲弓、宰我、子贡、冉有、季路、子游、子夏诸位，比起孔子来，也远远不如。孔子不仅在学问修养上兼有他们的长处，在实际政务的运作上也非他们所能比。所以后人将他们称为"贤"，将孔子称为"圣"，良有以矣！

　　《孟子·公孙丑上》篇的此段文字，孟子弟子公孙丑的此段评论，在定义孔子及其杰出弟子的地位和成就上有不可埋没的意义。我们讲孔学史，不能忽视公孙丑的上述观点。

《孟子》三考

《孟子》一书，谈义理者多，讲考据者少。学者多以为其训诂不成问题，唯有其心性之论方值得深究。但事实上《孟子》一书也有不少训诂问题值得讨论。清儒王念孙（1744—1832）云："训诂声音明而小学明，小学明而经学明。"① 张之洞（1837—1909）也说："由小学入经学者，其经学可信。"② 笔者以为，解决了《孟子》书的训诂问题，方能将《孟子》书之义理落到实处。训诂不明，讲《孟子》书之义理不是知其然而不知其所以然，就是差之毫厘，谬以千里。下面从《孟子·告子下》《离娄上》《尽心下》三章中选举三题，试作讨论，供治《孟子》书者参考。

一、"人恒过，然后能改"考

《孟子·告子下》篇载有孟子一段名言，云：

> 舜发于畎亩之中，傅说举于版筑之间，胶鬲举于鱼盐之中，管夷吾举于士，孙叔敖举于海，百里奚举于市。故天将降大任于是人也，必先苦其心志，劳其筋骨，饿其体肤，空乏其身，行拂乱其所为，所以动心忍性，曾益其所不能。人恒过，然后能改；困于心，衡于虑，而后作；征于色，发于声，而后喻。入则无法家拂士，出则无敌国外

---

① 王念孙：《段若膺〈说文解字注〉叙》，《高邮王氏遗书》民国十四年罗氏辑本，南京：江苏古籍出版社，2000年，第133页。
② 张之洞撰，范希曾补正：《书目答问补正》，上海：上海古籍出版社，2001年，第258页。

患者，国恒亡。然后知生于忧患而死于安乐也。

其"人恒过，然后能改"一句，东汉赵岐（108—201）注云："人常以有谬思过行，不得福，然后乃更其所为，以不能为能也。"①北宋孙奭（962—1033）疏："又言人常以过谬，然后更改而迁善。"②南宋朱熹（1130—1200）集注："恒，常也。此又言中人之性，常必有过，然后能改。"③清焦循（1763—1820）疏："《尔雅·释诂》云：'恒，常也。'《礼记·乐记》云：'过制则乱，过作则暴。'注云：'过犹误也。'《仲尼燕居》云：'不能诗，于礼缪。'注云：'缪，误也。'是缪即过也。思误则行误，因致愆咎，故不得福。更即改也。始以缪而不得福，一更改即能得福，是以不能为能也。"④都是将此"恒"字训为"常"，以为与下文"国恒亡"之"恒"字同义。近人杨伯峻（1909—1992）本之，将其译为："一个人，错误常常发生，才能改正。"⑤今天谈《孟子》者，从大师到童蒙，理解莫不如此。

但"人恒过，然后能改"说在逻辑上是说不通的。我们不能说只有常常犯错，才能改正错误。为什么？道理很简单，因为"恒过"不是"改"过的条件。如果"改"过一定要"恒过"的话，"恒过"就成了"改"过的必要条件，是必不可少的，不"恒过"则不能"改"过。人难免犯错，但不能"恒过"，常常犯错，不能为常常犯错找理由。有过则改，岂能"恒过"然后才"能改"？可见此说是不能成立的。

笔者认为，"人恒过，然后能改"当读为"人极过，然后能改"，这里的所谓"恒"字实乃"极"之借字。

出土文献中，"极"常常写作"恒"。

---

① ② 廖名春、刘佑平整理：《孟子注疏》，《十三经注疏》繁体标点本，北京：北京大学出版社，2000年，第407-408页。
③ 朱熹：《孟子集注》卷十二，《四书章句集注》，北京：中华书局，1983年，第348页。
④ 焦循：《孟子正义》卷二十五，《儒藏·精华编》第108册，北京：北京大学出版社，2012年，第736页。
⑤ 杨伯峻：《孟子译注》，北京：中华书局，1960年，第299页。

《周易·系辞传》:"是故易有太极,是生两仪。"①"极"字马王堆帛书本作"恒"。②笔者1992年曾著《〈帛书系辞释文〉校补》一文,认为"恒"字乃是"极"字的误写。尽管饶宗颐不认可③,但李学勤、张政烺(1912—2005)、裘锡圭④都有相同的意见。

郭店楚简《鲁穆公问子思》篇"恒(亘)"字四见,屡有"恒称其君之恶者"说。⑤陈伟指出,"恒"训"常",常常指出君主的过失,语义似不如读"亟"。先秦古书只有"亟(极)称""亟(极)言"的用例,而不见"恒称"用例。⑥这是说"恒(亘)"当为"极(亟)"字之误。裘锡圭认为"其说甚确",并进而指出:"在我们所能看到的、数量不能算少的战国时代的楚简里,基本上是借'亘'为'亟'的。已有学者指出,'亟'和'亘'不但字形在楚文字中相似,而且上古音也相近,二者的声母皆属见系,韵部有职、蒸对转的关系,所以楚人会以'亘'为'亟'。"⑦

《上海博物馆藏战国楚竹书(三)》《亘先》篇,有"亘先无有""亘气之[生]"说,整理者读"亘"为"恒"。⑧裘锡圭却认为,"从楚简用字习惯和《亘先》文义来看,'亘先''亘气'应读为'极先''极气'"。⑨

这些意见,得到古文字学界的普遍认同,当属可信。由此看来,《孟子·告子下》篇的"人恒过,然后能改"的"恒"为"极"字之误,也是完全

---

① 卢光明、李申整理:《周易正义》,《十三经注疏》繁体标点本,北京:北京大学出版社,2000年,第340页。
② 傅举有、陈松长编著:《马王堆汉墓文物》,长沙:湖南出版社,1992年,第118-126页。
③ 饶宗颐:《帛书〈系辞传〉"大恒"说》,《道家文化研究》第三辑(马王堆帛书专号),上海:上海古籍出版社,1993年,第18页。
④ 裘锡圭:《是"恒先"还是"极先"?》,《裘锡圭学术文集》第五卷《古代历史、思想、民俗卷》,上海:复旦大学出版社,2012年,第331页。
⑤ 荆门市博物馆:《郭店楚墓竹简》,北京:文物出版社,1998年,第141页。
⑥ 陈伟:《郭店楚简别释》,《江汉考古》第4期,1998年,第68页。
⑦ 裘锡圭:《是"恒先"还是"极先"?》,《裘锡圭学术文集》第五卷《古代历史、思想、民俗卷》,第326-329页。
⑧ 马承源主编:《上海博物馆藏战国楚竹书(三)》,上海:上海古籍出版社,2003年,第288页。
⑨ 裘锡圭:《是"恒先"还是"极先"?》,《裘锡圭学术文集》第五卷《古代历史、思想、民俗卷》,第337页。

可能的。"极"有困窘、疲困义。《孟子·梁惠王下》篇:"今王田猎于此,百姓闻王车马之音,见羽旄之美,举疾首蹙頞而相告曰:'吾王之好田猎,夫何使我至于此极也,父子不相见,兄弟妻子离散。'此无他,不与民同乐也。"① 又《离娄下》篇:"有故而去,则君搏执之,又极之于其所往。"赵岐注:"极者,恶而困之也。"② 西汉王褒(约前90—前51)《圣主得贤臣颂》:"庸人之御驽马……胸喘肤汗,人极马倦。"③《世说新语·言语》:"顾司空未知名,诣王丞相,丞相小极,对之疲睡。"④ 清吴善述《说文广义校订·木部》:"极,又因穷极之义引为困也,病也,疲也。"⑤ 这一解释非常正确。

因此,《孟子·告子下》篇"人恒(极)过"之"极"义当为困或病。"人极过,然后能改",是说人困于过,为过所困,吃够了过错的亏,受够了过错的罪,饱经教训,才能痛定思痛,改正错误;而不是说"错误常常发生,才能改正"。

《孟子》下文紧接着有"出则无敌国外患者,国恒亡"句,估计是文献在流传的过程中,人们不慎将这里的"极"与下文的"恒"相混了。

二、"思诚者,人之道也"考

《孟子·离娄上》篇又云:

> 悦亲有道:反身不诚,不悦于亲矣。诚身有道:不明乎善,不诚其身矣。是故诚者,天之道也;思诚者,人之道也。至诚而不动者,未之有也;不诚,未有能动者也。

其"诚者,天之道也;思诚者,人之道也"一句,赵岐注:"授人诚善

---

① 廖名春、刘佑平整理:《孟子注疏》,第39页。
② 廖名春、刘佑平整理:《孟子注疏》,第256页。
③ 萧统编,李善注:《文选》第五册卷四十七,标点整理本,上海:上海古籍出版社,1986年,第2090页。案:又见《汉书·王褒传》,《汉书》第9册,北京:中华书局,1962年,第2823页。
④ 余嘉锡撰,周祖谟、余淑宜整理:《世说新语笺疏》,北京:中华书局,1983年,第95页。
⑤ 丁福保:《说文解字诂林》,北京:中华书局,1988年,第16886页。

之性者，天乜；思行其诚以奉天者，人也。"①孙奭疏："诚者是天授人诚善之性者也，是为天之道也；思行其诚以奉天，是为人之道也。"②朱熹集注："诚者，理之在我者皆实而无伪，天道之本然也；思诚者，欲此理之在我者皆实而无伪，人道之当然也。"③焦循疏："赵氏佑《温故录》云:《中庸》言'诚之'者而下详其目，故以'慎思'为'诚之'一事，乃就所学所问而次第及之，然后进以'明辨''笃行'。《孟子》浑括其辞，独揭一'思'字加本句上，则统所知所行而归重言之，明示人以'反求诸'身为诚身之要，惟思故能'择善'，惟思故'固执'，君子无往而不致其思，无思而不要于诚。故曰'君子有九思'，曰'思不出其位'。孟子尝警人之弗思，而教以'思则得之''先立乎大'。"④可见，赵岐以来的注家，无不以"思诚者"之"思"为"思想"之"思"。杨伯峻因此将其译为："诚是自然的规律，追求诚是做人的规律。"⑤将"思"译作"追求"，是由思想义而引发的，非常清楚。近年来，金良年的译文也同。⑥

《礼记·中庸》篇有一段与《孟子》此章近似的文字，曰：

> 诚身有道：不明乎善，不诚乎身矣。诚者，天之道也；诚之者，人之道也。诚者不勉而中，不思而得，从容中道，圣人也。诚之者，择善而固执之者也。⑦

所谓"诚者，天之道也；诚之者，人之道也"，即《孟子》"诚者，天之道也；思诚者，人之道也"。"诚之"即"使之诚""事之诚"，也就是"做到诚"。由此看，《孟子》所谓"思诚"，"思"不应该是思想或追求的意思，

---

① 廖名春、刘佑平整理：《孟子注疏》，第236-237页。
② 廖名春、刘佑平整理：《孟子注疏》，第237页。
③ 朱熹：《孟子集注》卷七，《四书章句集注》，第282页。
④ 焦循：《孟子正义》卷二十五，《儒藏·精华编》第108册，第441页。
⑤ 杨伯峻：《孟子译注》，北京：中华书局，2010年，第159页。
⑥ 金良年：《孟子译注》，上海：上海古籍出版社，2004年，第157页。
⑦ 龚抗云整理：《礼记正义》，《十三经注疏》繁体标点本，北京：北京大学出版社，2000年，第1689页。

而应该是"使""事",也就是"做到"的意思。这就是说,《孟子》所谓"思诚"之"思",并非本字,而是假借字,是"使"或"事"之假借。从古音学而言,"思"假借为"使"或"事"完全有可能,因为上古音它们韵母都属之部,声母同属齿音。

出土文献中"思"读为"使"的例子非常之多。比如上博简《容成氏》的"思役百官"就读作"使役百官","思民毋惑"就读作"使民毋惑","思民道之"就读作"使民蹈之","思民不疾"就读作"使民不疾";《曹沫之阵》的"率不可思犇"就读作"帅不可使犇","思为前行"就读作"使为前行","毋思民矣"就读作"毋使民疑","思忘其死而见其生"就读作"使忘其死而见其生","思良车良士往取之饵"就读作"使良车良士往取之耳","思其志起"就读作"使其志起","勇者思喜"就读作"勇者使喜","蒽者思悔"就读作"蒽者使悔","能治三军,思帅"就读作"能治三军,使帅";《苦成家父》"不思反"就读作"不使反","思有君臣之节"就读作"使有君臣之节","为臣者必思君得志于己"就读作"为臣者必使君得志于己","不思从己立于廷"就读作"不使从己苙于廷"。① 楚帛书、包山楚简、望山楚简及新出的清华大学藏战国竹简中,这样的例子还有很多,恕不烦举。

从白于蓝、刘信芳等编纂的战国秦汉简帛通假字字典所搜集的大量数据看,"思"与"使"通假是战国时期文字的特有现象,秦汉以后,这样的例子就不见了。② 由此可推知,《孟子·离娄上》篇将"使诚者,人之道也"写作"思诚者,人之道也",当是战国时期人们的书写习惯。《孟子·离娄上》篇此段以"使"为"思",说明其在战国时期已经书写成文了。

《孟子·离娄上》篇此段与《礼记·中庸》篇"诚身有道"章孰先孰后是学界聚讼不已的老问题。以前人们相信司马迁《史记》"子思作《中庸》"③

---

① 白于蓝:《战国秦汉简帛古书通假字汇纂》,福州:福建人民出版社,2012年,第845-846页。
② 白于蓝:《简牍帛书通假字字典》,福州:福建人民出版社,2008年,第330页;白于蓝:《战国秦汉简帛古书通假字汇纂》,第845-846页;刘信芳:《楚简帛通假汇释》,北京:高等教育出版社,2011年,第63页。案:高亨《古字通假会典》(济南:齐鲁书社,1989年,第326页)"思"字没有与"使"通假的例子。
③ 司马迁:《史记》第六册卷四十七,点校本二十四史修订本,北京:中华书局,2014年,第2356页。

说，多认为《孟子·离娄上》篇此段出自《礼记·中庸》篇"诚身有道"章。①后来人们信《孟子》而疑《中庸》，又多以为《礼记·中庸》篇"诚身有道"章袭自《孟子》。② 现在我们知道了，《礼记·中庸》篇的"诚之者"不误而《孟子·离娄上》的"思诚者"是"使诚者"之误，应该就会明白，即使《礼记·中庸》篇"诚身有道"章袭自《孟子》，也是抄的"使诚者"而非"思诚者"。因为只有"使诚者"才能抄作"诚之者"，而"思诚者"如果不是写假借字的话，是不能抄作"诚之者"的。这样，《礼记·中庸》篇"诚身有道"章的写成就应该不会晚于战国，这是下限。至于上限，也就是《礼记·中庸》篇"诚身有道"章会不会早于《孟子·离娄上》篇此段，我们当然还可以再讨论。

三、"仁也者，人也。合而言之，道也"考

《孟子·尽心下》篇有一段话颇启人疑窦：

> 孟子曰："仁也者，人也。合而言之，道也。"

赵岐注："能行仁恩者，人也。人与仁合而言之，可以谓之有道也。"③孙奭疏："此章言仁恩须人，人能弘道也。孟子言为仁者，所以尽人道也，此仁者所以为人也。盖人非仁不立，仁非人不行。合仁与人而言之，则人道尽矣。杨子云：'仁以人同。'"④朱熹集注："仁者，人之所以为人之理也。

---

① 如朱熹（《孟子集注》卷七，《四书章句集注》，第282页）、焦循（《孟子正义》，北京：中华书局，1987年，第511页）、徐复观（《中国人性论史·先秦篇》，《徐复观文集》第三卷，武汉：湖北人民出版社，2002年，第131-138页）、郭沂（《〈中庸〉成书辨正》，《孔子研究》第4期，1995年）、刘建国（《先秦伪书辨正》，西安：陕西人民出版社，2004年，第232页）等。
② 如崔述（《洙泗考信余录》，《丛书集成初编》，北京：商务印书馆，1937年，第56-57页）、冯友兰（《中庸之年代问题》，《古史辨》第4册，1982年，上海：上海古籍出版社，第183-184页）、孙实明（《中庸解论》，《孔子研究》第4期，1991年）等。
③④ 廖名春、刘佑平整理：《孟子注疏》，第458页。

然仁，理也；人，物也。以仁之理，合于人之身而言之，乃所谓道者也。"①都是说"合而言之"是指"人与仁合而言之""合仁与人而言之"。因此杨伯峻译为："'仁'的意思就是'人'。'仁'和'人'合并起来说，便是'道'。"②

"仁"和"人"两字"合而言之"怎么就成了"道"字呢？朱熹虽然像赵岐、孙奭一样，增字为训，敷衍出一番道理，但终觉不妥，因而又提出别解："或曰：外国本'人也'之下有'义也者，宜也；礼也者，履也；智也者，知也；信也者，实也'凡二十字。今按：如此则理极分明。然未详其是否也。"③这是说，《孟子》"人也"下有脱文，如根据"外国本"补上"义也者，宜也；礼也者，履也；智也者，知也；信也者，实也"二十字，就"理极分明"，就是仁、义、礼、智、信"合而言之"谓之"道"了。不过，他对这一"外国本"的可靠性并不放心，故云"未详其是否也"。④

朱子的这一别解后来学者都不以为然。毛奇龄（1623—1716）云："此直错增经文，尤宜救正者。《孟子》自五代以板本行后，亦未有他本别出之事。况外国他本偶行中国，必明见史载。……尔时高丽使者明言其国无他经本。岂有《孟子》别本见南渡后，而其时不载之者？况人不读书，信口捏造。古无有以仁、义、礼、智、信分配五行为五常者也。"⑤不但否认《孟子》此章"有他本别出之事"，更从理论上否定了所谓脱文的内容。

俞樾（1821—1907）也说："'合而言之道也'六字为一句。此章直是孟子解说仁字之义。《礼记·中庸》篇'仁者，人也'，郑《注》曰：'人也读如相人偶之人，以人意相存问之言。'《说文·人部》：'仁，亲也，从人二。'段氏玉裁《注》引郑《注》而释之曰：'人偶犹言尔我，亲密之辞。故其字

---

① ③ 朱熹：《孟子集注》卷十四，《四书章句集注》，第367页。
② 杨伯峻：《孟子译注》，北京：中华书局，2010年，第305页。
④ 陈士元《孟子杂记》卷四："《余冬序录》载高丽本《孟子》曰：'仁者，人也；义者，宜也；礼也者，履也；智也者，知也；信也者，实也。合而言之，道也。'所添字句，朱子取之。"（《景印文渊阁四库全书》第207册，台北：商务印书馆，1986年，第342页）
⑤ 毛奇龄著，胡春丽点校：《四书改错》卷十五，标点整理本，上海：华东师范大学出版社，2015年，第327页。

从人二。'阮氏元《揅经室集》又从而推阐其义，引《曾子制言》篇'人之相与也，譬如舟车然，相济达也。人非人不济，马非马不走，水非水不流'发明'相人偶'之说。明乎此，然后《孟子》此章可得而言矣。盖'仁也者，人也'乃孔门相传之故训也。然仁即是人，何以又制此从人从二之'仁'字？故释之曰'合而言之道也'。夫我，一人也；人，一人也。'仁'于何有必我与人相亲？人与我相亲而后仁在其中焉。此即'相人偶'之义，亦即仁字从人从二之意。别乎我而为人，此分而言者也。并人我二人而为仁，此合而言者也。故曰'合而言之道也'。赵氏误断'合而言之'四字为句，'道也'二字为句，则其义不可通，遂有增数语于其间，托之外国本者矣。"①此是说，"仁者，人也"之"人"，是"相人偶""尔我""亲密"之意。"尔我""亲密"，"尔我""合而言之"就是"道"，就是"仁"。因此，不应断句为"合而言之，道也"，理解成"人与仁合而言之，道也"，而应断句为"仁者，人也，合而言之道也"，理解成"仁"就是人与人相亲相爱，人与人相亲相爱（合）就叫作"道"。由此出发，俞樾否定了《孟子》此章有脱文的可能，因而直接将有脱文的"外国本"斥之为伪托。

案：俞樾说断不可从。"仁"字本非会"从人从二"之意，"从二"乃"从心"之讹。《孟子·告子上》篇："仁，人心也。"②是说"仁"是由"人"和"心"组成，会心里装着他人之意，故谓之"爱人"。《韩非子·解老》篇："仁者，谓其中心欣然爱人也。"③也是此意。郭店楚简《唐虞之道》简八至简九："爱亲忘贤，仁而未义也；尊贤遗亲，义而未仁也。"简十四："圣以遇命，仁以逢时。"④"仁"字三见，都写作"🈴"，上为"人"，下为"心"，即"忎"。《中山王■鼎铭》有"亡不率仁"，其"仁"字孙稚雏隶定为"仁"字⑤，赵诚⑥、

---

① 俞樾：《群经平议》卷三十三，《续修四库全书》经部群经总义类第 178 册，上海：上海古籍出版社，1995 年，第 549-550 页。
② 廖名春、刘佑平整理：《孟子注疏》，第 365 页。
③ 王先慎撰，钟哲点校：《韩非子集解》卷六，北京：中华书局，1998 年，第 131 页。
④ 刘信芳：《楚简帛通假汇释》，第 377 页。
⑤ 孙稚雏：《中山王■鼎壶的年代史实及其意义》，《古文字研究》第 1 辑，北京：中华书局，1979 年，第 277 页。
⑥ 赵诚：《中山壶中山鼎铭文试释》，《古文字研究》第 1 辑，北京：中华书局，1982 年，第 254 页。

商承祚（1902—1991）①、容庚（1894—1983）②、于豪亮（1927—1982）③、汤余惠（1943—2001）④等同。"㠯（仁）"所从的"="是什么呢？应该是省文符号，代替构件"心"。这在简帛文献中习见，如："强"字郭店楚简多写作"弜"，以"="代简省了的构件"虫"⑤；"迟"字写作"⻌"⑥，以"="代简省了的构件"牢"；"諲"省作"䛥"⑦，以"="代简省了的构件"心"。马王堆帛书易传也是如此，"者"写作"耂"，"著"写作"茊"，"诸"写作"諸"，都是以"="代简省了的构件"日"。⑧许慎《说文解字》将简省符号"="误释成"二"，于是"从人从=（心）"就变成了"从人从二"，"忈"就变成了"仁"。所以，"仁"的本字当作"忈"，"从人从心"，会心中装着他人之意。传统的"从人从二"之训，完全是误读。⑨俞樾据此解"合而言之"，否认《孟子》此处有脱文，是完全不能成立的。

毛奇龄不信《孟子》此章"有他本别出之事"，其论证说服力有限。但他以为脱文的内容不可能仁、义、礼、智、信并举，则颇有眼力。清儒戴大昌（1750—1826）反驳毛奇龄此说⑩，现在看来难以取信。马王堆帛书《五行》篇出来后，庞朴（1928—2015）发现《孟子·尽心下》篇孟子所谓"仁之于父子也，义之于君臣也，礼之于宾主也，智之于贤者也，圣人之于天

---

① 商承祚：《中山王䱷鼎壶铭文刍议》，《古文字研究》第 7 辑，北京：中华书局，1982 年，第 51 页。
② 容庚：《金文编》卷八，北京：中华书局，1985 年，第 559 页。
③ 于豪亮：《中山三器铭文考释》，《于豪亮学术文存》，北京：中华书局，1985 年，第 39 页。
④ 汤余惠：《战国铭文选》，长春：吉林大学出版社，1993 年，第 31 页。
⑤ 荆门市博物馆：《郭店楚墓竹简》，北京：文物出版社，1998 年，《老子》甲本第 6、7 简，《成之闻之》第 13、15、23 简，《六德》第 32 简，《语丛四》第 25 简，《残》5 简，共 9 例。此外，还有"强"字 7 见，其"="实质也是代简省了的构件"虫"。
⑥ 荆门市博物馆：《郭店楚墓竹简》，《老子》乙本第 10 简。
⑦ 荆门市博物馆：《郭店楚墓竹简》，《五行》第 16、17 简，《老子》甲本第 27 简。
⑧ 廖名春：《马王堆帛书周易经传释文》，《续修四库全书》经部易类第 1 册，上海：上海古籍出版社，1995 年，第 1-56 页。
⑨ 廖名春：《"仁"字探原》，《中国学术》第 8 辑，北京：商务印书馆，2001 年。
⑩ 戴大昌：《驳四书改错》卷十五，《续修四库全书》经部四书类第 169 册，上海：上海古籍出版社，1995 年，第 222-223 页。

道也"当据帛书《五行》篇仁、义、礼、智、圣说将"圣人"改为"圣"。①其实，朱子当年也怀疑"人"字是衍文，故用"或曰"提出。②段玉裁（1735—1815）有《孟子"圣之于天道也"说》一文，也认为："经文之剩'人'字，当作'圣之于天道也'，而冰释理顺矣。"③不过，这一意见没有引起学人的重视。现在，我们知道，《孟子》书有将仁、义、礼、智并举之例，如《公孙丑上》篇的"四端"说、《告子上》篇的"四心"说、《尽心上》篇的"仁义礼智根于心"说；也有将仁、义、礼、智、圣并举之例，如上述《尽心下》篇所云；但确实没有并称仁、义、礼、智、信的。因此，《孟子》所谓"外国本"有仁、义、礼、智、信并举的内容，确实有一定问题。

不过，从"仁也者，人也。合而言之，道也"说来看，孟子分明是指"人"与什么"合而言之"而成"道"，有脱文非常明显，朱熹的怀疑是有道理的。笔者认为《孟子》这一段所脱落的文字有五，当补"义也者，路也"五字。《万章下》篇孟子有"夫义，路也"说④，《告子上》篇孟子有"义，人路也"说⑤，《离娄上》篇孟子有"义，人之正路也"说。⑥ 扬雄《法言·修身》也有"义，路也"说⑦。因此，补这五字可谓有据。

为什么说"人"与"路""合而言之"是"道"呢？我们从古文字材料中可以看得很清楚。《古尚书》"道"字作"𠀁"，《碧落碑》同，金文作"𠀁"（《散盘》）。容庚因而称"道"字从"首"从"行"（《金文编》第二卷），即"衜"。戴家祥（1906—1998）说："行"象街道形，"首"表示人；从"行"从"首"，表示人所通行的道路。⑧"首"是以人的局部特征头部代表"人"，

---

① 庞朴：《马王堆帛书解开了思孟五行说之谜——帛书〈老子〉甲本卷后古佚书之一的初步研究》，《文物》第 10 期，1977 年。
② 朱熹：《孟子集注》卷十四，《四书章句集注》，第 370 页。
③ 段玉裁撰，钟敬华点校：《经韵楼集（附《补编》《年谱》）》，上海：上海古籍出版社，2008 年，第 81-82 页。
④ 廖名春、刘佑平整理：《孟子注疏》，第 339 页。
⑤ 廖名春、刘佑平整理：《孟子注疏》，第 365 页。
⑥ 廖名春、刘佑平整理：《孟子注疏》，第 235 页。
⑦ 汪荣宝：《法言义疏》，北京：中华书局，1987 年，第 92 页。
⑧ 李圃主编：《古文字诂林》第 2 册，上海：上海教育出版社，1999 年，第 461 页。

因此《古尚书》、古《道德经》又写作"⾏"，从"人"从"行"。①《老子》第三十章"以道佐人主者，不欲以兵强于天下"，郭店楚简本"道"就写作"⾏"。郭店楚简《六德》篇简七"君子如欲求人道"，"道"字也写作"⾏"。写作"⾏"的"道"字，郭店简竟高达22例②，说明这是战国时期较为流行的写法。因此，孟子将"合而言之，道也"的"道"写作从"人"从"行"的"⾏"，完全有可能。

"⾏"即"道"，由"人"和"行"组成，会人所通行之道路意。所以，孟子说："仁也者，人也；[义也者，路也]：合而言之，道也。""行"象街道形，也就是"路"。"人"和"行"，也就是"路"，"合而言之"，就是"⾏(道)"。明白了这一点，就会知道孟子"仁也者，人也。合而言之，道也"这一段，一定得有"义也者，路也"五字才行。没有这五字，说"合而言之，道也"就扞格不通了。

今本《孟子·尽心下》篇为什么会少"义也者，路也"五字呢？我想很可能是脱简所致。《孟子》这一段话原本很可能由三简组成，第一简是"仁也者，人也"，第二简是"义也者，路也"，第三简是"合而言之，道也"。在流传过程中，第二简脱落，人们将第一简和第三简连读，结果就变成了今本的"仁也者，人也。合而言之，道也"。郭店简《语丛一》第六十九简"父子，识上下也"，第七十简"兄弟，识先后也"，每简都是六字。③第九十三简"仁义为之臬"、第九十二简"爱善之谓仁"、第九十八简"丧，仁之端也"，每简都是五字。④其书写或许就与《孟子》这一段话的原本差不多，我们可以借鉴。

---

① 李圃主编：《古文字诂林》第2册，第456页。
② 李守奎：《楚文字编》，上海：华东师范大学出版社，2003年，第107页。
③ 荆门市博物馆：《郭店楚墓竹简》，第82页。
④ 荆门市博物馆：《郭店楚墓竹简》，第84页。

《孟子》与出土文献两则

一、引言

目前,先秦秦汉时期的简帛文献不断面世,给我们释读传世典籍带来了许多意想不到的惊喜。但遗憾的是,《孟子》一书却没有多少消息,与《诗》《书》《礼》《易》《论语》各种古本的接连问世形成了巨大的反差。不过,也有一些材料,可供研读《孟子》之用。笔者不久前刚写完《〈孟子〉三考》①《〈孟子·公孙丑上〉"善为说辞"段考实》两文,余兴未已。下面,再借助出土文献讨论《离娄下》《梁惠王下》两篇的两个问题。希望能引起治《孟子》者对出土文献材料和训诂考据的重视。

二、"非行仁义"

《孟子·离娄下》篇有一段名文:"孟子曰:'人之所以异于禽兽者几希,庶民去之,君子存之。舜明于庶物,察于人伦,由仁义行,非行仁义也。'"②

其"舜明于庶物"一句东汉赵岐(108—201)注:"伦,序。察,识也。舜明庶物之情,识人事之序。仁义生于内,由其中而行,非强力行仁义也。

---

① 廖名春:《〈孟子〉三考》,《孔子研究》第4期,2017年,第73-79页;廖名春、刘佑平整理:《孟子注疏》,《十三经注疏》繁体标点本,北京:北京大学出版社,2000年。案:学界一般以为此疏是伪托孙奭之作。

② 廖名春、刘佑平整理:《孟子注疏》,第264页。

故道性善，言必称于尧舜。但君子存之，庶民去之而不由尔。"①将"非行仁义也"解为"非强力行仁义也"。

北宋孙奭（962—1033）疏："舜既由其仁义而行之，非所谓行仁义而得之人也，是由仁义而行以得之天性也。"②将"非行仁义也"解为"非所谓行仁义而得之人也"，虽换了一种说法，但意思仍与赵岐注近。

南宋朱熹（1130—1200）集注："由仁义行，非行仁义，则仁义已根于心，而所行皆从此出。非以仁义为美，而后勉强行之，所谓安而行之也。"③将"非行仁义也"解为"非以仁义为美，而后勉强行之"，在注疏解释的基础上又有所发挥。

清焦循（1763—1820）正义："庶民知仁义而行之，亦是由仁义行，非强之以所本不能知而使之行仁义也。"④以为"非行仁义也"是"非强之以所本不能知而使之行仁义也"，说解与汉儒、宋儒同。

今人的译注基本承袭了这些说解。如杨伯峻（1909—1992）就将"非行仁义也"译作"而不是勉强地施行仁义"。⑤史次耘不但照抄朱注，而且其译文也作"并不是认为仁义有利于己而勉强去做呢"，将"非行仁义也"之"行"解为"勉强去做"。⑥金良年译注也本于朱熹《集注》，将"行仁义"解为"推行仁义"，以为"是指带有功名心去行仁义"。⑦

古贤今人的这些解释看起来吻合孟子的心性论思想，但在训诂上却无一不犯了增字为训的毛病。将"行仁义"之"行"，也就是"实行""施行"之"行"解为"强力行""勉强行""强之以所本不能知而使之行""勉强地施行""勉强去做""带有功名心去""推行"云云，实质上是赋予了"实行""施行"之"行"更多特殊的内涵。而这种用法，不仅在《孟子》书

---

①② 廖名春、刘佑平整理：《孟子注疏》，第264页。
③ 朱熹：《四书章句集注》，北京：中华书局，1983年，第293页。
④ 焦循：《孟子正义》，《儒藏·精华编》第108册，北京：北京大学出版社，2012年，第464-465页。
⑤ 杨伯峻：《孟子译注》，北京：中华书局，2010年，第176页。
⑥ 史次耘：《孟子今注今译》，台北：商务印书馆，1973年，第221页。
⑦ 金良年：《孟子译注》，上海：上海古籍出版社，2004年，第177页。

中找不出先例，在先秦两汉其他典籍中，也得不到支持。

比如《孟子·梁惠王下》篇有："天下固畏齐之强也，今又倍地而不行仁政，是动天下之兵也。""君行仁政，斯民亲其上、死其长矣。"①《公孙丑上》篇有："地不改辟矣，民不改聚矣，行仁政而王，莫之能御也。""当今之时，万乘之国行仁政，民之悦之，犹解倒悬也。""以德行仁者王，王不待大，汤以七十里，文王以百里。"②《滕文公上》篇有："子之君将行仁政，选择而使子，子必勉之！""远方之人，闻君行仁政，愿受一廛而为氓。"③《滕文公下》篇有："宋，小国也；今将行王政，齐楚恶而伐之，则如之何？""《太誓》曰：'我武惟扬，侵于之疆，则取于残，杀伐用张，于汤有光。'不行王政云尔；苟行王政，四海之内皆举首而望之，欲以为君；齐楚虽大，何畏焉？"④《离娄上》篇有："诸侯有行文王之政者，七年之内，必为政于天下矣。""由此观之，君不行仁政而富之，皆弃于孔子者也，况于为之强战？"⑤这些"行"字，都是普通的"实行""施行"义，没有一个能解为"强力行""勉强行"的。

再看先秦其他的典籍。《荀子·非相》篇有："故君子之行仁也无厌，志好之，行安之，乐言之。"⑥《管子·揆度》篇有："彼轻重者，诸侯不服以出战，诸侯宾服以行仁义。"⑦《韩非子·五蠹》篇有："古者文王处丰、镐之间，地方百里，行仁义而怀西戎，遂王天下。徐偃王处汉东，地方五百里，行仁义，割地而朝者三十有六国；荆文王恐其害己也，举兵伐徐，遂灭之。故文王行仁义而王天下，偃王行仁义而丧其国，是仁义用于古，不用于今也。""今学者之说人主也，不乘必胜之势，而务行仁义，则可以王，是求人主之必及仲尼，而以世之凡民皆如列徒，此必不得之数

---

① 廖名春、刘佑平整理：《孟子注疏》，第 70、73 页。
② 廖名春、刘佑平整理：《孟子注疏》，第 80、105 页。
③④ 廖名春、刘佑平整理：《孟子注疏》，第 200、202 页。
⑤ 廖名春、刘佑平整理：《孟子注疏》，第 238、239 页。
⑥ 王先谦：《荀子集解》，清光绪刻本。
⑦ 《管子》，四部丛刊景宋本。

也。""故行仁义者非所誉,誉之则害功;工文学者非所用,用之则乱法。"①《鹖冠子·道端》篇有:"以身老世,正以错国,服义行仁,以一王业。"②《庄子·渔父》篇有:"孔氏者,性服忠信,身行仁义,饰礼乐,选人伦,上以忠于世主,下以化于齐民,将以利天下。"③这些"行"字,也都是普通的"实行""施行"义,也没有一个能解为"强力行""勉强行"的。

其实,《孟子》这里"非行仁义"之"行",并非普通的"实行""施行"义,而当训为"言""说"。《尔雅·释诂下》:"行,言也。"郭璞(276—324)注:"今江东通谓'语'为'行'。"④清洪颐煊(1765—1833)《读书丛录》卷八《读〈尔雅〉录》:"《左氏哀元年传》:'因吴太宰嚭以行成。'服虔注:'行成,求成也。'《管子·山权数》篇:'行者,道民之利害也。'是皆'行'为'言'也。"⑤俞樾(1821—1907):"《周官》:'训方氏掌道四方之政事','撢人道国之政事。'郑注并曰:'道犹言也。''行'之训'言',犹'道'之训'言'矣。"⑥因此,《孟子》所谓"由仁义行,非行仁义也",实即"由仁义行,非言仁义也",或"由仁义行,非语仁义也"。也就是说"要遵照仁义去行事,而不能只是口头上说说仁义而已"。孟子这里反对的"不是勉强地施行仁义",而是反对口头上讲仁义,而不付诸实际行动的"假仁假义"。

"行"为什么可以训为"言""说"?笔者认为当与"衍"字有关。《石鼓文》:"酋车载衍,如徒如章,原湿阴阳。"又"徒骏汤汤,佳舟目衍,或阴或阳。"钱大昕(1728—1804)云:"此字两见,前协'原湿阴阳',后协'或阴或阳',当读户郎切,即古'行'字。"⑦郭沫若(1892—1978)从

---

① 王先慎:《韩非子集解》,清光绪二十二年刻本。
② 陆佃:《鹖冠子解》,四部丛刊景明翻宋本。
③ 郭庆藩:《庄子集释》,清光绪思贤讲舍刻本。
④ 郭璞:《尔雅疏》卷二,清嘉庆二十年南昌府学重刊宋本十三经注疏本。
⑤ 洪颐煊:《读书丛录》卷八,清道光二年富文斋刻本。
⑥ 俞樾:《群经平议》卷三十四,清光绪春在堂全书本。
⑦ 王昶:《金石萃编》卷一,清嘉庆十年刻同治钱宝传等补修本。

之，也以"衍"为"行"。① 徐宝贵补充说："春秋时秦铜器仲瀇鼎也有'衍'字②，与次句'黄'字押阳部韵，也可证明释之为'行'是正确的。'隹舟以行'，意为乘船而行。"③ 但"衍"字作"道"字古文字材料中则更常见。比如传世《古尚书》、古《道德经》"道"又写作"𦦙"，从"人"从"行"。④ 今本《老子》第三十章"以道佐人主者，不欲以兵强于天下"，"道"字郭店楚简本就写作"𧗳"。郭店楚简《六德》篇简七"君子如欲求人道"，"道"字也写作"𧗲"。据统计，郭店简中，写作"衍"的"道"字，就有二十二例。⑤

由此可知，《孟子》所谓"非行仁义也"，实质当为"非道仁义也"，"道"是"言说"的意思。由于"道"常写作"衍"，故"非道仁义也"又可写作"非衍仁义也"。由于"衍"与"行"混用，故"非衍仁义也"就写作了"非行仁义也"。

《管子·山权数》篇"行者，道民之利害也"，"行"实即"衍"，也就是"道"字。"衍（道）者，道民之利害也"，这是用声训的办法揭示为说者的责任，就是要说出对人民是有利还是有害。《尔雅·释诂下》训"行"为"言"，"行"即"衍"，也就是"道"，所以为"言"。郭璞注"今江东通谓'语'为'行'"，这里的"行"也就是"道（衍）"，"道（衍）"就是"言"，故江东人以之称"语"。俞樾所谓"'行'之训'言'，犹'道'之训'言'矣"，实为"'衍'之训'言'，即'道'之训'言'矣"。由这些例子看，今本《孟子》将"非道（衍）仁义也"写为"非行仁义也"，实在是事出有因矣。不懂"行"与"道（衍）"时有混用的历史，硬将"非行仁义也"曲解为"不是勉强地施行仁义"，实不可从。

---

① 郭沫若：《石鼓文研究》，《郭沫若全集·考古编》第9卷，北京：科学出版社，1982年，第48页。
② 王辉：《周秦器铭考释（五篇）》，《考古与文物》第6期，1991年，第75-81页。
③ 徐宝贵：《石鼓文整理研究》，北京：中华书局，2008年，第781页。
④ 李圃主编：《古文字诂林》第二册，上海：上海教育出版社，1999年，第456页。
⑤ 李守奎：《楚文字编》，上海：华东师范大学出版社，2003年，第107页。

三、《梁惠王下》引《书》

《孟子·梁惠王下》有一段引《书》，颇多疑义。其赵岐注本作："《书》曰：'天降下民，作之君，作之师，惟曰其助上帝宠之。四方有罪无罪，惟我在，天下曷敢有越厥志？'"其以"宠之"断句，"四方"归下读，释"宠"为"光宠"。①

按照惯例，疏不破注。但所谓孙奭疏却云："言天生下民，而立之君师以治以教之，惟曰其在助相上帝，宠安四方，有善有恶皆在我，天下安有敢违越其志者也。"②不但释"宠"为"宠安"，更将"四方"归上读。

朱熹集注取孙奭疏，也说："'宠之四方'，宠异之于四方也。有罪者我得而诛之，无罪者我得而安之。我既在此，则天下何敢有过越其心志而作乱者乎？"③释"宠"为"宠异"，并直接以"宠之四方"连读。

孙奭、朱熹为什么不信赵注而要以"宠之四方"连读？应该是受了"晚《书》"，也就是伪《古文尚书·泰誓上》篇"天佑下民，作之君，作之师，惟其克相上帝，宠绥四方，有罪无罪，予曷敢有越厥志"④说的影响。李学勤先生指出，《孟子》所引云作之君师"惟曰其助上帝宠之"，是说协助上帝"宠"下民。赵注释"宠"为"光宠"，但上帝何以要"光宠"下民？君师又怎样协助这种"光宠"？殊不可解。《孔传本》《泰誓上》在"宠"下加一训安的"绥"字，又改变句读，以"四方"作为宾语，就显得通顺一些。⑤所以，本来就迷信"晚《书》"的孙奭、朱熹自然就以伪《古文尚书·泰誓上》篇的"宠绥四方"为据，以"宠之四方"为读了。

后来的学者，相信伪《古文尚书》篇的，往往就取孙奭、朱熹说，以"宠之四方"为读；不信伪《古文尚书》篇的，往往就取赵岐注，将"四方"

---

① 廖名春、刘佑平整理：《孟子注疏》，第45页。
② 廖名春、刘佑平整理：《孟子注疏》，第46页。
③ 朱熹：《四书章句集注》，第216页。
④ 孔安国：《尚书》卷六，四部丛刊景宋本。
⑤ 李学勤：《清华简〈厚父〉与〈孟子〉引〈书〉》，《深圳大学学报（人文社会科学版）》第5期，2015年，第33-34页。

归上读。如江声（1721—1799）《尚书集注音疏》就说："宠，尊居也。言天降生下民，为作之君，为作之师者，惟曰其助天牧民，故尊宠之，使居君师之任。我，我君师也。在，察也。四方有罪无罪，惟我君师司察焉。天下何敢有踰越其志者乎？"① 焦循正义从之。② 他们不相信伪《古文尚书·泰誓上》篇"宠绥四方"的记载，所以都以"惟曰其助上帝宠之"为句。

今人的译注也是如此。杨伯峻注清楚指出："《书》曰——以下为《尚书》逸文，伪《古文尚书》采入《泰誓上》篇。其助上帝宠之——句读应该如此。朱熹《集注》把下文'四方'连接'宠之'作一句，全文读为'惟曰其助上帝，宠之四方'，是不对的。"③ 而金良年注则云："宠之四方，《尚书·泰誓》作'宠绥四方'，孔注云：'当能助天宠安天下。'……此处取朱熹说。"④ 他们的注释一是驳正朱子，一是遵从朱子，关键还是在信不信伪《古文尚书·泰誓》篇上。

这两种句读谁是谁非？现在应该可以得出结论了。新出的《清华大学藏战国竹简》第5辑有一篇名为《厚父》的文献，其第五简记载了"厚父"的一段话，云："古天降下民，设万邦，作之君，作之师，惟曰其助上帝乱下民。"⑤ 整理者指出："此段文字与《孟子》所引《尚书》相似。"⑥ 其说是。比较起来，不同之处有二：一是多了"设万邦"一句；二是《孟子》的"宠之"，《厚父》作"乱下民"。

"之"是代词，代前文"下民"，江声《尚书集注音疏》就将"惟曰其助上帝宠之"解为"惟曰其助天牧民"。所以，《孟子》的"之"，《厚父》作"下民"并没有问题。

《孟子》的"宠"，前贤时人都将其训为"光宠""尊宠""爱护"，甚至

---

① 江声：《尚书集注音疏》，清皇清经解本。
② 焦循：《孟子正义》，第94页。
③ 杨伯峻：《孟子译注》，第29-30页。
④ 金良年：《孟子译注》，第177页。
⑤ 清华大学出土文献研究与保护中心：《清华大学藏战国竹简（第5辑）》，上海：中西书局，2015年，第110页。案：释文取宽式，下同。
⑥ 清华大学出土文献研究与保护中心：《清华大学藏战国竹简（第5辑）》，第113页。

"绥靖"。这肯定有问题,因为《厚父》作"乱"。《说文·乙部》:"乱,治也。"①《尔雅·释诂》同。②《论语·泰伯》:"舜有臣五人而天下治。武王曰:'予有乱臣十人。'"③《左传·昭公二十四年》引《大誓》说:"余有乱臣十人,同心同德。"④"乱臣"就是"治国之臣"。"乱"训为"治",或者说当读为"治"。论者认为简文称"君师助上帝治理下民,语意十分顺适",而《孟子》引文作"宠"字最为费解,"看来《孟子》的'宠'只是一个讹误"。⑤或者说"'宠之'则以民为重,体现了孟子的重民观念",而《厚父》作"乱","治也,其观念较《孟子》引文更为古朴"。⑥

笔者认为《孟子》引文之"宠"与清华简《厚父》之"乱(治)"本质上并没有什么不同。"宠"可读为"用",训为"治"。朱骏声《说文通训定声·丰部》:"龏,假借为用。"⑦《墨子·非命上》:"于《仲虺之诰》,曰:'……帝伐之恶,龏丧厥师。'"孙诒让间诂引毕沅曰:"孔《书》作'帝用不臧,式商受命,用爽厥师。'龏、用,丧、爽音同。"⑧"龏""用"音同,可以通用。"宠"与"龏"谐声,自然也可读为"用"。而"用"就有"治"义。《管子·八观》:"审度量,节衣服……为国之急也。不通于若计者,不可使用国。"⑨"不可使用国"即"不可使治国"。《荀子·富国》:"仁人之用国,将修志意,正身行。"杨倞注:"用,为也"。⑩《史记·齐太公世家》:"庆舍用政,已有内郤。"⑪宋祁《宋景文公笔记·考古》:"孙权用吴,诸葛亮用

---

① 许慎:《说文解字》卷十四下,清文渊阁四库全书本。
② 郭璞注:《尔雅》卷上,四部丛刊景宋本。
③ 何晏集解:《论语》卷五,四部丛刊景日本正平本。
④ 杜预:《春秋经传集解·昭公第二十五》,四部丛刊景宋本。
⑤ 李学勤:《清华简〈厚父〉与〈孟子〉引〈书〉》,《深圳大学学报(人文社会科学版)》第5期,2015年,第34页。
⑥ 杨家刚:《追述先王与夏殷之鉴——清华竹简〈厚父〉与〈尚书〉篇目之比较》,复旦大学出土文献与古文字研究中心网站,http://www.gwz.fudan.edu.cn/Web/Show/2413,2015-1-5。
⑦ 朱骏声:《说文通训定声》,清道光二十八年刻本。
⑧ 孙诒让:《墨子间诂》卷九,清光绪三十三年刻本。
⑨ 《管子》卷五,四部丛刊景宋本。
⑩ 《荀子》卷六,清抱经堂丛书本。
⑪ 司马迁:《史记》卷三十二,清乾隆武英殿刻本。

蜀。"① 这些"用"字都是"治"的意思。

先秦文献更不乏义同于"治下民"说的"用民"说。如《国语·周语上》："今天子欲修先王之绪而弃其大功，匮神乏祀而困民之财，将何以求福用民？"《鲁语上》："夫惠本而后民归之志，民和而后神降之福……是以用民无不听，求福无不丰。"②《吕氏春秋》更有《用民》篇，云："用民有纪有纲。壹引其纪，万目皆起；壹引其纲，万目皆张。"③ 这里的"用民"，都是治理和役使民众的意思。因此，将《孟子》引文的"宠之"读为"用之"，与清华简《厚父》的"乱（治）下民"，意思完全相同，并不费解。

清华简《厚父》"乱（治）下民"下接的简文作"之匿（慝）王乃渴（竭）愧（失）其命"。整理者注："匿，通慝，邪恶。《三国志·魏志·武帝操传》：'吏无苛政，民无怀慝。'愧，失也，失其命指失去天命。"④ 李锐认为"之"意为"至"，《诗·柏舟》："之死矢靡他。"⑤ 如此，简文当读为"至慝王乃竭失其命"（王宁读"渴"为"遏"，也是"失"的意思⑥），意思是到邪恶的君王那里却完全背弃了"天""作之君""助上帝""治下民"之"命"，丧失了上天立君治民的本意。由此看，尽管简文"至慝王乃竭失其命"与《孟子》引文"四方有罪无罪，惟我在，天下曷敢有越厥志"不同，但《厚父》的"乱（治）下民"不能接"四方"，则是确定无疑。也有将《厚父》简文连下读为"惟曰其助上帝乱下民之慝，王乃竭失其命"的。⑦ 这样虽然拉开了与《孟子》引文的距离，但更不能证明以"宠之四方"为句的合理性。所以，从清华简《厚父》篇来看，赵岐以"宠之"断句，"四方"归下读，显然是正确的，孙奭疏、朱熹集注"宠之四方"的断句，是完全不能成立的。

---

① 宋祁：《宋景文公笔记》卷中，明刻本。
② 韦昭：《国语韦氏解》卷一、卷四，士礼居丛书景宋本。
③ 吕不韦：《吕氏春秋》第十九卷《离俗览》第七，四部丛刊景明刊本。
④ 清华大学出土文献研究与保护中心：《清华大学藏战国竹简（第5辑）》，第113页。
⑤ 李锐：《〈厚父〉研读札记》，未刊稿，2015-4。
⑥ 王宁：《清华简〈厚父〉句诂》，复旦大学出土文献与古文字研究中心网站，http://www.gwz.fudan.edu.cn/Web/Show/2439，2015-1-28，学者评论区第6楼。
⑦ 李锐：《〈厚父〉研读札记》，未刊稿，2015-4；《清华大学出土文献读书会 清华简第五册整理报告补正》，清华大学出土文献研究与保护中心网站，http://www.ctwx.tsinghua.edu.cn/publish/cetrp/6831/2015/20150408112711717568509/20150408112711717568509_.html，2015-4-8。

郭店简《鲁穆公》篇"极称"说及其思想史意义*

1993年冬出土于湖北省荆门市郭店一号楚墓的郭店简,有一篇记载早期儒家重要代表、孔子嫡孙子思事迹的佚文,整理者名之曰《鲁穆公问子思》。全文共八简,虽稍有残损,经整理者和时贤补缀,终成完篇。其文曰:

> 鲁穆公问于子思曰:"何如而可谓忠臣?"子思曰:"恒称其君之恶者,可谓忠臣矣。"公不悦,揖而退之。城孙弋见。公曰:"向者吾问忠臣于子思。子思曰:'亘称其君之恶者,可谓忠臣矣。'寡人惑焉,而未之得也。"城孙弋曰:"嘻,善哉言乎!夫为其君之故杀其身者,尝有之矣。亘称其君之恶者,未之有也。夫为其[君]之故杀其身者,效禄爵者也。亘[称其君]之恶[者,远]禄爵者也。[为]义而远禄爵,非子思,吾恶闻之矣。"①

简文"恒"字一见,"亘"字三见。整理者将后来的三个"亘"字,都读为"恒"。②《说文·二部》:"恒,常也。从心,从舟,在二之间上下,心以舟施恒也。死,古文恒从月。《诗》曰:'如月之恒。'"商承祚《〈说文〉中之古文考》:"〔甲骨文、金文〕皆从月。既云古文从月,又引《诗》释之,

---
* 本文与杨可合作。
①② 荆门市博物馆:《郭店楚墓竹简》,北京:文物出版社,1998年,第141页。案:释文除文中重点讨论者外,一律以宽式。

则原本作亙,从外为传讹。"此字通行体作"恒"。① 如此,"恒称"就是"常称",就是经常称说、时时称说。学界早期研究之作都取此说,将"恒""亙"读如本字。

陈伟对此通说却有不同意见,他说:

> 先秦古书有"亟(极)称""亟(极)言"的用例。《谷梁传》文公十三年:"大室屋坏。……极称之,志不敏也。"《孟子·离娄下》:"仲尼亟称于水曰:'水哉,水哉!'"孙奭疏解"亟称"为"数数称道"。《左传》昭公二十一年:"宋华费遂生华貙、华多僚、华登。貙为少司马,多僚为御士,与貙相恶,乃谮诸公曰:'貙将纳亡人。'亟言之。"孔颖达疏云:"服虔云:'亟,疾也。疾言之,欲使信。'则服虔读为亟也。或当为亟,亟,数也,数言之。"依此,简文"亟称"存在两种可能,一是"屡次称述",一是"急切指出"。后一种可能性似更大。"亟"字释文原读"恒"。"恒"训"常",常常指出君主的过失,语义似不如读"亟"。又先秦古书似不见"恒称"用例。②

这是说"恒""亙"当为"亟"字之误,先秦古书只有"亟(极)称""亟(极)言"的用例,而不见"恒称"用例。陈伟的意见,得到古文字学界的普遍认同。比如裘锡圭先生就认为"其说甚确",并进而指出:"在我们所能看到的、数量不能算少的战国时代的楚简里,基本上是借'亙'为'亟'的。已有学者指出,'亟'和'亙'不但字形在楚文字中相似,而且上古音也相近,二者的声母皆属见系,韵部有职、蒸对转的关系,所以楚人会以'亙'为'亟'。"③ 这一分析合符事实,很有道理。

"极(亟)称"的解释陈伟倾向于"急切指出"说,李锐则取"屡次称

---

① 汉语大字典编纂委员会编纂:《汉语大字典》第二版九卷本,武汉:湖北长江出版集团崇文书局;成都:四川出版集团四川辞书出版社,2010年,第2294页。
② 陈伟:《郭店楚简别释》,《江汉考古》第4期,1998年,第68页。
③ 裘锡圭:《是"恒先"还是"极先"?》,"2007中国简帛学国际论坛"论文,台湾大学中文系等主办,2007年11月10—11日;《裘锡圭学术文集》第五卷《古代历史、思想、民俗卷》,上海:复旦大学出版社,2012年,第326-329页。

述"说。他说,简文"亟"之义为"屡次",《吕氏春秋·当赏》:"拂吾所欲,数举吾过者,吾以为末赏。""数举吾过",即相当于本篇之"亟称其君之恶"。① 如此,"极(亟)称"之义与"恒称"就没有多大区别了。因为"恒"就是"常",经常、常常与屡屡、屡次,意思非常接近。

黄人二则认为:"盖'亟称'指'直言极谏'。好的君王,错误少;不好的君王,错误多,但都需要颜色正辞地'亟称其恶',义之所在,谏必往之。好的君王会改正他的错误,不好的君王则会讨厌'亟称其君之恶'的臣子,故下云'亟称其君之恶者,远禄爵也'。《孝经·谏诤章》:'父有争子,则身陷于不义。故当不义,则子不可以不争于父,臣不可以不争于君。故当不义则争之,从父之令,又焉得为孝乎?'可为此注脚。"② 笔者认为,较之陈伟的"急切指出"说和李锐的"屡次称述"说,黄人二的"直言极谏"说更为准确,但词义还有未说透、证明还有未到位之处。下文笔者试为补证。

"极(亟)称"实即"极言"。称,言也。《论语·阳货》:"子贡曰:'君子亦有恶乎?'子曰:'有恶:恶称人之恶者,恶居下流而讪上者,恶勇而无礼者,恶果敢而窒者。'""称人之恶"就是"言人之恶",所以何晏《集解》引注包咸曰:"好称说人之恶。"③ "称说"就是言说。《礼记·射义》"旄期称道不乱",郑玄注:"称,犹言也。"④《文选·王巾〈头陀寺碑文〉》"则称谓所绝",李善注引郑玄《礼记注》同。⑤ 所以,"极(亟)称"亦可谓之"极言"。

"极言"就是"直言规劝",《吕氏春秋·贵直论·直谏》篇讲得非常清楚。其文曰:

言极则怒,怒则说者危,非贤者孰肯犯危?而非贤者也将以要利

---

① 李锐:《郭店楚墓竹简〈鲁穆公问子思〉》,转引自邓少平:《郭店儒家简的整理与研究》,清华大学博士学位论文,2013年4月,第12页。
② 黄人二:《郭店楚简〈鲁穆公问子思〉考释》,《张以仁先生七秩寿庆论文集》,台北:学生书局,1999年,第298页。
③ 何晏注,邢昺疏:《论语注疏》,《十三经注疏》本,北京:中华书局,1980年,第2526页。
④ 孔颖达:《礼记正义》,《十三经注疏》本,北京:中华书局,1980年,第1688页。
⑤ 萧统编,李善注:《文选注》,上海:上海古籍出版社,1986年,第2528页。

矣。要利之人，犯危何益？故不肖主无贤者。无贤则不闻极言，不闻极言则奸人比周、百邪悉起，若此则无以存矣。凡国之存也主之安也，必有以也。不知所以，虽存必亡，虽安必危，所以不可不论也。

"言极则怒"，直言规劝则怒。"不闻极言"，不闻直言规劝之言也。

此篇又曰：

齐桓公、管仲、鲍叔、宁戚相与饮酒酣，桓公谓鲍叔曰："何不起为寿？"鲍叔奉杯而进曰："使公毋忘出奔在于莒也，使管仲毋忘束缚而在于鲁也，使宁戚毋忘其饭牛而居于车下。"桓公避席再拜曰："寡人与大夫能皆毋忘夫子之言，则齐国之社稷幸于不殆矣。"当此时也，桓公可与言极言矣。可与言极言，故可与为霸。

"桓公可与言极言矣"，即桓公可与言规劝之直言也。

此篇还有：

王乃变更，召葆申，杀茹黄之狗，析宛路之矰，放丹之姬。后荆国兼国三十九。令荆国广大至于此者，葆申之力也，极言之功也。①

"极言之功"，直言规劝之功也。《说苑·正谏》也录有此说，"葆申之力也，极言之功也"作"保申敢极言之功也"②，说"后荆国兼国三十九。令荆国广大至于此者"，是葆申敢于直言规劝的功劳，句式有别，但意思相同。特别值得注意的是，《吕氏春秋》此篇名为《直谏》，通篇说的都是"极言"。"极言"即直谏，明矣。

《吕氏春秋·先识览·先识》篇又有：

臣闻之：国之兴也，天遗之贤人与极言之士；国之亡也，天遗之乱人与善谀之士。③

---

① 陈奇猷：《吕氏春秋新校释》，上海：上海古籍出版社，2002年，第1554-1555页。
② 向宗鲁：《说苑校证》，北京：中华书局，1987年，第222页。
③ 陈奇猷：《吕氏春秋新校释》，第956页。

"国之兴也"与"国之亡也"相对,"贤人"与"乱人"相对,"极言之士"则与"善谀之士"相对。"善谀之士"是善于逢迎、谄谀之人,于此相对的"极言之士"就是敢于直言规劝之士。

东汉王充《论衡》一书"极言"之说四见。其《问孔》篇有云:

> 孟武伯问孝,子曰:"父母,唯其疾之忧。"武伯善忧父母,故曰"唯其疾之忧"。武伯忧亲,懿子违礼。攻其短,答武伯云"父母,唯其疾之忧",对懿子亦宜言"唯水火之变乃违礼"。周公告小才敕,大材略。子游〔樊迟〕之大材也,孔子告之敕;懿子,小才也,告之反略。违周公之志。攻懿子之短,失道理之宜,弟子不难,何哉?如以懿子权尊,不敢极言,则其对武伯,亦宜但言"毋忧"而已。(但)〔俱〕孟氏子也,权尊钧同,(形)〔敕〕武伯而略懿子,未晓其故也。使孔子对懿子极言"毋违礼",何害之有?专鲁莫过季氏,讥八佾之舞庭,刺太山之旅祭,不惧季氏增邑不隐讳之害,独畏答懿子极言之罪,何哉?且问孝者非一,皆有御者,对懿子言不但心服、臆肯,故告樊迟。①

其《效力》篇也说:

> 谷子云、唐子高章奏百上,笔有余力,极言不讳,文不折乏,非夫才知之人不能为也。②

这四处"极言",注家虽不措意,但也无疑是直言规劝之义。

属于先秦《尚书》之列的《逸周书·宝典》篇有"十散"之说,其六曰:"极言不度,其谋乃费。"卢文弨云:"极言不度,言汗漫也。"潘振云:"至言不揆,忠告之谋损矣。"陈逢衡云:"穷极其言而皆不合于法度,所谓言则非先王之法言也,故其谋乃废。"③黄怀信注译:"极言,犹甚言。""极

---

① 黄晖:《论衡校释》第二册,北京:中华书局,1990年,第399-400页。
② 黄晖:《论衡校释》第二册,第582页。
③ 黄怀信、张懋镕、田旭东:《逸周书汇校集注》(修订本),上海:上海古籍出版社,2007年,第290页。

度地言说而没有节度，他的计谋就会报废。"①张闻玉《逸周书全译》："极言，甚言，即过头话。""说过头话而没有节制，他的计谋必有违事理。"②案：上述解释恐怕都有问题。这里的"极言"，即"直言"。照直而言，率性而言，"不度"，不加考虑，故云"其谋乃费（废）"。

"极言"，为什么能训为"直言"呢？《吕氏春秋·先识》篇"极言"，高诱注说得很清楚："极，尽。"③可见"极言"就是"尽言"，就是规劝诤谏，毫无保留，毫不顾忌，言无不尽，有什么就说什么。在这一意义上，"极言"就是"直言"，"极称"也就是"直称"。

比如《晏子春秋·内篇问下》有载：

> 晏子使于晋，晋平公问曰："吾子之君，德行高下如何？"晏子对以"小善"。公曰："否，吾非问小善，问子之君德行高下也。"晏子蹴然曰："诸侯之交，绍而相见，辞之有所隐也。君之命质，臣无所隐，婴之君无称焉。"平公蹴然而辞送，再拜而反，曰："殆哉吾过！谁曰齐君不肖！直称之士，正在本朝也。"④

这里的"直称之士"也就是"直言之士"，与《吕氏春秋·先识》篇的"极言之士"意义全同。而郭店简《鲁穆公问子思》篇的四处"极称其君之恶"，"极称"与《吕氏春秋》的"极言"、《晏子春秋》的"直称"没有多少不同，毫无疑义，也应该是直言规劝的意思。

《谷梁传·文公十三年》有云：

> "大室屋坏"者，有坏道也，讥不修也。大室犹世室也。周公曰"大庙"，伯禽曰"大室"，群公曰"宫"。礼，宗庙之事。君亲割，夫人亲舂，敬之至也。为社稷之主而先君之庙坏。先君之庙坏，极称之，志

---

① 黄怀信：《逸周书校补注译》（修订本），西安：三秦出版社，2006年，第142页。
② 张闻玉：《逸周书全译》，贵阳：贵州人民出版社，2000年，第155-156页。
③ 陈奇猷：《吕氏春秋新校释》，第963页。
④ 吴则虞：《晏子春秋集释》，北京：中华书局，1962年，第267页。

不敬也。①

这里的"极称"如何解释？目前尚有分歧。《汉语大词典》以为这里的"极称"是"极力称述"的意思。②承载《译注》同。③而范宁的注，夏先培整理本是如此标点的："极称，言屋坏不复，依违其文。"④骈宇骞、郝淑慧点校清人钟文烝的《春秋谷梁经传补注》标点同，也将"不复"归上读。⑤其实，这错得离谱。"依违"是模棱两可的意思。《谷梁传》说"极称之，志不敬也"，怎能说成"其文"模棱两可呢？这不刚好把意思说反了吗？白本松的译注将范宁注"不复"归下读，将《谷梁传》"极称之，志不敬也"译为"所以《春秋》毫不隐讳地记载此事，就是要记下文公对祖先不恭敬的态度"。⑥比较起来，白本松显然是正确的。所谓"不复依违其文"，就是《春秋》经对文公的批评不再含糊。换言之，"极称"就是"《春秋》毫不隐讳地记载此事"。钟文烝《补注》曰："所谓尽而不污也。"⑦也是此意。《左传·文公十三年》云："秋，七月，大室之屋坏，书不共也。"⑧《公羊传》云："世室屋坏，何以书？讥。何讥尔？久不修也。"⑨所谓"书不共也""何以书？讥。何讥尔？久不修也"云云，与《谷梁传》"讥不修也""极称之，志不敬也"说同，都是对文公毫不隐讳地批评。这种对文公"志不敬"的"极称"，绝不是什么"极力称述"的意思，明显是"直言""直称"之义，是照直而言、直接批评的意思。而郭店简《鲁穆公问子思》篇的"极称"，也当作如此解。

郭店简《鲁穆公问子思》篇"亘"作"亟"的现象，使我想起了二十

---

① 范宁注，杨士勋疏：《春秋谷梁传注疏》，《十三经注疏》本，北京：中华书局，1980年，第2409页。
② 罗竹风主编：《汉语大词典》第四卷，上海：汉语大词典出版社，1989年，第1142页。
③ 承载：《春秋谷梁传译注》，上海：上海古籍出版社，2004年，第358页。
④ 夏先培整理：《春秋谷梁传注疏》繁体标点本，北京：北京大学出版社，2000年，第205页。
⑤ 钟文烝撰，骈宇骞、郝淑慧点校：《春秋谷梁经传补注》，北京：中华书局，1996年，第402页。
⑥ 白本松：《春秋谷梁传全译》，贵阳：贵州人民出版社，1998年，第286-287页。
⑦ 钟文烝撰，骈宇骞、郝淑慧点校：《春秋谷梁经传补注》，第402页。
⑧ 孔颖达：《春秋左传正义》，《十三经注疏》本，北京：中华书局，1980年，第1853页。
⑨ 何休注，徐彦疏：《春秋公羊传注疏》，北京：中华书局，1980年，第2271页。

多年前的一段轶事。1992年8月湖南省博物馆召开马王堆汉墓国际学术讨论会，我有幸赴会，提交了一篇名为《〈帛书系辞释文〉校补》的论文，对陈松长发表在《马王堆汉墓文物》一书中的《帛书〈系辞〉释文》①作了系统的校勘、补正。其中认为帛书《系辞》篇"大恒"的"恒"字，乃是"极"字的误写，"大恒"乃是"大亟"形近之讹。饶宗颐先生不同意我的观点，在《帛书〈系辞传〉"大恒"说》一文中提出了批评，说：

> 顷见马王堆会议论文，廖名春提出《〈帛书系辞释文〉校补》，他强调大恒的"恒"字，乃是"极"字的误写，他认为《庄子》已经出现"太极"一词，《系辞上传》必依据之，故大恒乃是大亟形近之讹。他说帛书写得很随便，不免有误笔。案亟字从⼎在二中，与恒之作亙（子弹库帛书此字三见）、亘（金文）全不一样。《系辞上传》大恒的恒字，和《阴阳五行》的《天一图》均作亙，是汉初的字体，与篆文的恒非常接近，决非随意写错。②

承蒙张光裕教授推荐，拙文后改名为《〈帛书系辞释文〉补正》，发表在1993年刊出的香港中文大学《中国文化研究所学报》新第二期上。不过，我论"大恒"的"恒"字乃是"极"字误写的一段就删去了。现在看来，我当时会议上论文的观点未必就错，郭店简《鲁穆公问子思》篇的"恒称""亘称"当作"极称"就是证明。

将郭店简《鲁穆公问子思》篇的"恒称"读为"极称"，对于研究思孟学派的政治思想，意义深矣。所谓"恒称"，就是"常称"，"恒称其君之恶"，就是常常指出君主的过失。而"极称"，就是直言极谏，"极称其君之恶"，就是对君主的过失、错误不留情面、不加保留地全部予以揭露。"恒称其君之恶"，如果是小恶，一般的君主还能忍受。但"极称其君之恶"则不然，一般的君主都是难以接受的。比如说，我们有些下级经常给领导提意见，

---

① 傅举有、陈松长编著：《马王堆汉墓文物》，长沙：湖南出版社，1992年，第118-126页。
② 饶宗颐：《帛书〈系辞传〉"大恒"说》，《道家文化研究》第三辑（马王堆帛书专号），上海：上海古籍出版社，1993年，第18页。

说领导只顾工作，不顾身体；只关心群众，不关心家人。这样的"恒称其君之恶"，我想我们的领导都是乐于接受的。但如果下级说领导贪污公款，包庇私人，有生活作风问题。这样的意见，不需要经常提，只提一次，领导就会"不悦"了。所以，"恒称"讲的是"称其君之恶"的数量，"极称"讲的是"称其君之恶"的质量。就思想史而言，质量更胜于数量。

"称其君之恶"实质就是"进谏"。《说苑·正谏》："谏有五：一曰正谏，二曰降谏，三曰忠谏，四曰戇谏，五曰讽谏。"① 《白虎通·谏诤》："五谏：谓讽谏、顺谏、窥谏、指谏、陷谏。"② 《公羊传·庄公二十四年》"三谏不从"，汉何休注："谏有五：一曰讽谏，二曰顺谏，三曰直谏，四曰争谏，五曰赣谏。"③ 《孔子家语·辩政》："忠臣之谏君，有五义焉：一曰谲谏，二曰戇谏，三曰降谏，四曰直谏，五曰风谏。"④ 所谓"戇（赣）谏"，即"陷谏"⑤，指勇于规劝。《初学记》卷十八引汉班固《白虎通》："陷谏者，义也，言国之害，忘生为君，不避丧身。"所谓"降谏"，指和颜悦色、平心静气地进谏。所谓"顺谏"，指出言逊顺地进谏。其实"降"当读为"愉"。⑥ "降谏"相当于"顺谏"。所谓"窥谏"，谓观察君主神色相机进谏。班固《白虎通·谏诤》："窥谏者，礼也。视君颜色，不悦，且郄，悦则复前。以礼进退。"⑦ "谲谏"，委婉地规谏。这些进谏的名目中，"顺谏""窥谏""降谏""谲谏""讽谏"，君主一般都能接受，这不仅仅是方式、方法的问题，更重要的是利益问题。而"戇（赣）谏""陷谏""正谏""忠谏""指谏""争谏"，属于"极称其君之恶"之类，君主一般都难以接受。这也不仅仅是方式、方法过激的问题，更是因为其触及了君主的根本利益。

子思"极称其君之恶"，"为义而远禄爵"，鲁臣城孙弋称之为"未之有

---

① 向宗鲁：《说苑校证》，北京：中华书局，1987年，第206页。
②⑦ 陈立：《白虎通疏证》，北京：中华书局，1994年，第235页。
③ 浦卫忠整理：《春秋公羊传注疏》繁体标点本，北京：北京大学出版社，2000年，第197页。
④ 杨朝明、宋立林主编：《孔子家语通解》，济南：齐鲁书社，2009年，第163页。
⑤ 段玉裁：《古文尚书撰异》卷二十六，清乾隆道光间刻经韵楼丛书本。
⑥ 廖名春《简帛〈五行〉篇"不仁思不能清"章补释》(中国文化遗产研究院编：《出土文献研究》第9辑，北京：中华书局，2010年) 一文有详细讨论。可参看。

也",是从来没有过的。但具体内容指什么？简文并没有告知。

《公羊传》何休注"直谏"以"子家驹"为代表,"争谏"以"子反请归"为代表,"赣谏"以"百里子、蹇叔子"为代表①,而子思"极称其君之恶",直言极谏,其正义感、其对君主的触犯,理应远超历史上的子家驹、子反、百里子、蹇叔子等人。其内容我们可以作一点推测。

《礼记·檀弓下》记载:"穆公问于子思曰:'为旧君反服,古与？'子思曰:'古之君子,进人以礼,退人以礼,故有旧君反服之礼也；今之君子,进人若将加诸膝,退人若将队诸渊,毋为戎首,不亦善乎！又何反服之礼之有？'"②子思面对鲁穆公,敢说"今之君子,进人若将加诸膝,退人若将队诸渊",控诉现在的国君翻脸无情：需要用人时,就像要把人家抱到怀里,亲热得无以复加；不需要用人时,就像要把人家推入深渊,必欲置之死地。至于说"毋为戎首,不亦善乎！又何反服之礼之有",这样对待臣子,臣子不带领他国军队前来讨伐就不错了,哪里还谈得上为旧君"反服"呢？子思对鲁穆公这样的态度,言人所不敢言,可以说是大逆不道,称之为"未之有也",应不为过。

《荀子·非十二子》篇有"子思唱之,孟轲和之"说,后人因而称之为"思孟学派"。不管这种说法能否成立,但孟子"受业子思之门人"(《史记·孟子荀卿列传》),其思想深受子思影响则是不争的事实。如上述"反服"一事孟子与齐宣王也有讨论："王曰：礼,为旧君有服,何如斯可为服矣？"齐宣王说："按礼制,臣子要为自己过去的君主服丧,应该怎样做才能让臣子为之服丧呢？"孟子的回答是："谏行言听,膏泽下于民；有故而去,则使人导之出疆,又先于其所往；去三年不反,然后收其田里。此之谓三有礼焉。如此,则为之服矣。今也为臣,谏则不行,言则不听；膏泽不下于民；有故而去,则君搏执之,又极之于其所往；去之日,遂收其田里。此之谓寇仇。寇仇,何服之有？"孟子说："君主对臣子的劝告能够接受,建议能

---

① 浦卫忠整理：《春秋公羊传注疏》繁体标点本,第197页。
② 吕友仁整理：《礼记正义》,上海：上海古籍出版社,2008年,第378-379页。

够听取,因而恩惠能够下达到百姓;臣子因故要离去,君主能派人引导其出国境,并派人事先前往其要去的地方进行妥善安排;其离去三年后不回来,才收回他的土地房产;这样做叫作三有礼。做到这些,臣子就会为他服丧。现在做臣子,劝谏不被接受,建议不被听取,因此恩惠到不了百姓;臣子因故要离开国家,君主就派人拘捕他的亲族,并故意到他要去的地方为难他,离开的当天就没收了他的土地房产,这就叫作强盗仇敌。对于强盗仇敌,为什么还要服丧呢?"

并因此得出结论:"君之视臣如手足,则臣视君如腹心;君之视臣如犬马,则臣视君如国人;君之视臣如土芥,则臣视君如寇仇。"[①](《离娄下》)君主看待臣子如同看待自己的手足,臣子就会把君主看待如同心腹;君主看待臣子如同犬马,臣子就会把君主看待如同常人;君主看待臣子如同尘土草芥,臣子就会把君主看待如同强盗仇敌。

"寇仇"脱胎于"戎首"。孟子这一著名的君臣对等理论,显然就是从子思答鲁穆公"反服"问发展出来的。

《孟子·梁惠王下》又载:"孟子谓齐宣王曰:'王之臣有托其妻子于其友而之楚游者,比其反也,则冻馁其妻子,则如之何?'"齐宣王的回答是:"弃之。"和他绝交!

孟子又问:"士师不能治士,则如之何?"齐宣王的回答是:"已之。"撤他的职!

孟子进而问:"四境之内不治,则如之何?"国家治理得很糟糕,那又该怎么办呢?"王顾左右而言他",宣王只好左右张望,讲别的事情去了。[②]

这与简文面对子思"极称其君之恶","公不悦,揖而退之",情景何其相似乃尔。

由此看,子思"极称其君之恶",其内容很可能就是这种"从道不从君"

---

① 廖名春、刘佑平整理:《孟子正义》繁体标点本,北京:北京大学出版社,2000年12月,第255页。
② 廖名春、刘佑平整理:《孟子正义》繁体标点本,第61页。

的思想。这种思想为人君所不喜，也为当时儒者所讳言，但正是先秦儒学最为珍贵的精神。过去讲反绝对君权、反君主专制、君民平权思想，我们只关注孟子的贡献。现在有了郭店简《鲁穆公问子思》篇，就可以将这种思想上溯至子思，正所谓"子思唱之，孟轲和之"也。

第七编

《荀子》

《荀子·天论》篇"大天而思之"章新诠

《荀子》32篇中,《天论》是最引人注目、最富有思想性格的一篇。而《天论》篇的"大天而思之,孰与物畜而制之!从天而颂之,孰与制天命而用之!望时而待之,孰与应时而使之!因物而多之,孰与骋能而化之!思物而物之,孰与理物而勿失之也!愿于物之所以生,孰与有物之所以成!故错人而思天,则失万物之情"章,虽然只有区区九十字[①],却是《天论》篇的灵魂和核心,在中国思想史上影响深远。今人谈荀子思想,几乎没有不谈此章的。但是此章的释读,看似简单却难以透切,从文词的考订、训诂,到思想内涵的认识、阐发,异说纷呈,问题多多,值得进行系统、深入的探讨。

一、"物畜而制之"

此章首句"大天而思之,孰与物畜而制之"的"物畜"和"制之"两处,学者们的说法颇有不同。

唐人杨倞注:"尊大天而思慕之,欲其丰富,孰与使物蓄积而我裁制之。"[②] 日本学者荻生徂徕(即物双松,1768—1830)曰:"言以物畜天,制而用之也。以天为一物,乃荀子大见处。"[③]

---

① 《荀子》卷第十一,北京:文物出版社,1974年,第23-24页。
② 《荀子》卷第一一,第23页。
③ 荻生徂徕(物双松):《读荀子》,转引自王天海:《荀子校释》,上海:上海古籍出版社,2005年,第696页。

杨倞注"物畜"为"使物蓄积",久保爱(1759—1832)说"物畜,犹言畜物也"①,王天海更以为"言畜天所生万物也"。②

但荻生徂徕却以"物畜"为"以物畜天","以天为一物";李涤生也以"物畜"为"视天为物而不以为神"③;北京大学《荀子》注释组也认为"物畜"是"把天当作物来畜养"。④

"物畜"到底是"畜天所生万物",还是"把天当作物来畜养",应以前说为胜。从"大天"的同一反对关系看,似乎"物"就是"天","畜"就是"大"之反。但"物"与"天"并非简单的同一关系,"物"属于"天"却并不等于"天",人能"畜物"却不能"畜天"。"大天"固然有问题,但"把天当作物来畜养"的"畜天"说也有违于荀子"天论"的精神。这从下文对"制之"的讨论可以看得很清楚。

杨倞注将"制之"理解成"我裁制之";荻生徂徕将"制之"讲成"制而用之",即"制天而用之";北京大学《荀子》注释组将"制之"说成是"控制它",即"控制天"。⑤

王念孙(1744—1832)却认为:"'制',当为'裁'。'思''裁'为韵,'颂''用'为韵,'待''使'为韵,'多''化'为韵。'思''裁'二字,于古音并属之部;'制'字于古音属祭部,不得与'思'为韵也。又案:杨注云'使物蓄积而我裁制之',此释正文'物畜而裁之'也。正文作'裁之',而注言'裁制之'者,加一'制'字以申明其义耳。今正文作'制之',即因注内'制之'而误。"⑥

胡适(1891—1962)在接受王说的基础上,又提出:"疑当作'制裁之',涉下误脱耳。"⑦

高亨(1900—1986)却以为:"'裁'无由误为'制',疑本作'财'或

---

① 久保爱:《荀子增注》,转引自王天海:《荀子校释》,第696页。
② 王天海:《荀子校释》,第696页。
③ 李涤生:《荀子集释》,台北:中华书局,1979年,第378页。
④⑤ 北京大学《荀子》注释组:《荀子新注》,北京:中华书局,1979年,第278页。
⑥ 王念孙:《读书杂志》卷八《荀子杂志》第五,南京:江苏古籍出版社,1985年,第706-707页。
⑦ 胡适:《中国哲学史大纲(卷上)》,上海:商务印书馆,1919年,第310页。

'材'。'财''制'楷字相似。'材''制'彖文相似。(彖文材作𣏂，制作𫘥)故误。《非十二子》《儒效》《王制》诸篇并云：'财万物。'杨注'财与裁同'。《富国》篇：'材万物。'杨注'材与裁同'。此文亦同。'思'与'财'或'材'谐韵。"①

严灵峰（1903—1999）又发新论："上文明言'故人之命在天'，如何可以'制天'？'制'，疑'利'字之形误。谓畜积天生之物而利用之。"②王天海也说："制，或'利'之讹，利之，利用它。"③

李中生以高说为胜，并进一步认为，"材"在《荀子》中的常用义为"因人之能而任用之，或因物之宜而使用之"。《君道》篇"材人"，卢文弨释为："谓王者因人之材而器使之之道也。"所以，"物畜而制之"，当作"畜物而材之"，义为将物产畜积起来，根据各物的所宜来酌量使用它们。④

以上诸说中，"制"非本字当属定论。所以，荻生徂徕、北京大学《荀子》注释组的"制天而用之"说、"控制天"说自然不能成立。

改字为训的诸说中，严灵峰、王天海的"制"为"利"字形误说也当予以否定。因为"大天而思之"章的七个复句中，不但前四个复句是韵文，如王念孙说"'颂''用'为韵，'待''使'为韵，'多''化'为韵"，后面三个复句其实也是韵文。"思物而物之，孰与理物而勿失之也"，"物"为物部，"失"为质部。我们知道，真、文两部之字音近，物部与质部之字亦当音近，因此"物"与"失"为韵是完全可能的。"愿于物之所以生，孰与有物之所以成！故错人而思天，则失万物之情"，"生"为耕部字，"成""情"也为耕部字，除"故错人而思天"不入韵（属于隔句用韵）外，通篇都是韵文。而"大天而思之，孰与物畜而制之"，"思"为之部字，而"制"为月部字，"制"在韵脚的位置上却不入韵，显然有误。严灵峰、王

---

① 高亨：《荀子新笺》，见氏著：《诸子新笺》，济南：山东人民出版社，1961年，第156页。案："'思'与'财'或'材'谐韵"句为齐鲁书社1980年新一版所增。
② 严灵峰：《荀子读记》，转引自王天海：《荀子校释》，第696页。
③ 王天海：《荀子校释》，第696页。
④ 李中生：《〈荀子〉"制天命"新训》，《学术研究》第5期，1994年，第64页。

天海以为"制"为"利"字之误,但"利"古音属质部,与"思"也不入韵。所以,严、王说也应该予以排除。①

胡适的脱文说也不能成立,因为在"大天而思之,孰与物畜而制之!从天而颂之,孰与制天命而用之!望时而待之,孰与应时而使之!因物而多之,孰与骋能而化之!思物而物之,孰与理物而勿失之也"这一段文字中,每句后面的动词都是单字,如"思之""颂之""用之""待之""使之""多之""化之""物之""失之",唯独第二句作"制裁之",显然不协。这应该是胡氏刻意求异所致。

王念孙与高亨说则各有理据。依王说,"裁"误为"制",是同义换读。依高说,"财"或"材"误为"制",是形近而讹。两说看似矛盾,其实可通。《荀子·非十二子》:"一天下,财万物,长养人民,兼利天下。"《儒效》:"通乎财万物养百姓之经纪。"《王制》:"王者之等赋、政事、财万物,所以养万民也。"这里,"财万物"三见,杨倞都注为:"财与裁同。"②又《富国》:"固以为王天下,治万变,材万物,养万民,兼制天下者,为莫若仁人之善也夫!"杨倞也注为:"材与裁同。"③在杨倞看来,《荀子》里的"财"或"材",实质就是"裁",而"裁"之义为"制",故杨倞注将"裁之"训为"裁制之"。

李中生在高亨说的基础上,进而肯定"制"本当为"材",而"材"义为"因物之宜而使用之"。其说可信。在以宋浙刻本为代表的今本《荀子》中,"裁"字仅《王制》篇"裁万物"一见,而用于此种意义上的"材"字却至少有五见,如:"五疾,上收而养之,材而事之,官施而衣食之,兼覆无遗。才行反时者死无赦。夫是之谓天德,王者之政也。"(《王制》),"若夫重色而衣之,重味而食之,重财物而制之,合天下而君之,非特以为淫泰也,固以为王天下,治万变,材万物,养万民,兼制天下者,为莫若仁人

---

① 严灵峰说在思想逻辑上的问题,韦政通已有辨正,详见氏著:《荀子与古代哲学》,台北:商务印书馆,1966年,第54-55页。
② 《荀子》卷第三,第16页;卷第四,第3页;卷第五,第10页。
③ 《荀子》卷第六,第7页。

之善也夫。"(《富国》),"然后明分职,序事业,材技官能,莫不治理,则公道达而私门塞矣,公义明而私事息矣。"(《君道》),"材人:愿悫拘录,计数纤啬而无敢遗丧,是官人使吏之材也。"(《君道》),"疏观万物而知其情,参稽治乱而通其度,经纬天地而材官万物,制割大理而宇宙里矣。"(《解蔽》)这里的"材",都是合理安排、因材施用的意思。

所谓"物畜而制之"即"畜物而材之","而"为连词,表示递进关系,所以"材之"较之"畜物",应该有更进一层的意思。"畜"是"养",而"材"就不是一般的"养"了,应该更为高级。从这一意义上而言,说"材"是合理安排,因材施用,非常自然。这与"大天而思之",寄希望于自然而放弃人为,"蔽于天而不知人",完全不同。

二、"制天命"

"从天而颂之,孰与制天命而用之"的"制天命"说也颇有争议。

杨倞注:"颂者,美盛德也。从天而美其盛德,岂如制裁天之所命而我用之。谓若曲者为轮,直者为桷,任材而用也。"[①] 是以"制"为"制裁",以"天命"为"天之所命"。

胡适说:"荀子的'天论',不但要人不与天争职,不但要人能与天地参,还要人征服天行以为人用。他说:'大天而思之……则失万物之情。'这竟是培根的'勘天主义'(Conquest of Nature)了。"[②] 所谓"征服天行以为人用",指的就是"制天命而用之",他以为这就是培根(1561—1626)所谓"征服自然"。在胡适看来,"制"就是"征服","天命"就是"天行",就是自然。[③] 胡适这一说法影响很大,比如杨大膺(1903—1977)就把"制天命"说成是"征天""征服天"。[④] 至于"文革"中的"评法批儒"运动,

---

① 《荀子》卷第十一,第24页。
② 胡适:《中国哲学史大纲(卷上)》,第310页。
③ 胡适在下文也强调"荀卿的'勘天主义'却和近世科学家的'勘天主义'大不相同"。
④ 杨大膺:《荀子学说研究》,上海:中华书局,1936年,第24、26页。

更是变本加厉,将荀子的"制天命"说视为征服自然、人定胜天思想的同义词。

有些学者虽然没有采用征服自然、人定胜天这样激烈的说法,但意思也相当接近。梁启雄(1900—1965)说:"《诗·维天之命》笺:'命,犹道也。'此言:与其顺从天道而颂扬它的功德,岂如制裁天道而利用它呢!"①杨柳桥(?—1993)说:"顺从天,而歌颂它,哪如控制天命而利用它呢?"②王天海也说:"制,掌握控制也。天命,天道也。"所谓"制裁天道""控制天命""掌握控制天道",都可以说是征服自然、人定胜天说的变种。

但也有学者对荀子的"制天命"说给予否定。严灵峰曰:"《论语·泰伯篇》'惟天为大,惟尧则之',疑此'制'字乃'则'字之形误。《说文》:'用,可施行也。'此犹谓:从天而美其盛德,何如顺天命而施行之也。依义当作'则天命而用之'。"③

不过,真正有研究的学者还是认准了杨注。比如李涤生就说:"'天命',天之所命,谓天生之万物。裁制天生之万物以为我用。"④李中生也说:"荀子说的'天命',即天所生之万物。'从天而颂之,孰与制天命而用之',意思就是:与其跟在天的后面赞颂皇天隆物的功德,不如将天所生之万物合理地安排规划而加以利用。"⑤

从杨倞到李涤生、李中生,他们把"天命"训为"天之所命",即"天生之万物""天所生之万物",非常有见。《礼记·中庸》:"天命之谓性,率性之谓道,修道之谓教。"郑玄(127—200)注:"天命,谓天所命生人者也,是谓性命。"⑥《礼记·祭法》:"大凡生于天地之间者皆曰命。"⑦《论衡·骨相》:

---

① 梁启雄:《荀子简释》,北京:中华书局,1983年,第229页。
② 杨柳桥:《荀子诂解》,济南:齐鲁书社,1985年,第462页。
③ 严灵峰说在思想逻辑上的问题,韦政通已有辨正,详见氏著:《荀子与古代哲学》,第54-55页。
④ 李涤生:《荀子集释》,第378页。
⑤ 李中生:《〈荀子〉"制天命"新训》,《学术研究》第5期,1994年,第64页。
⑥ 文渊阁《四库全书》(电子版),武汉:武汉大学出版社,1997年,下同。经部礼类礼记之属《礼记注疏》卷五十二。
⑦ 文渊阁《四库全书》经部礼类礼记之属《礼记注疏》卷四十六。

"命谓初所禀得而生也。"① 因此，所谓"天命"，也就是"天赋"，也就是"天之所生者"。从上下文来看，"大天而思之，孰与物畜而制之"，下句与上句"天"相对的是"物"，"天生之物"。"从天而颂之，孰与制天命而用之"，下句与上句"天"相对的是"天命"，此"天命"是"天之所生者"，是"天所生之万物"。上下非常相称。所以，将这里的"天命"释为"天"、释为"自然"，释为"天行""天道""自然规律"，释为"上天之意旨""由天主宰的命运"等种种说法，都是望文生义，都有悖于荀子的原意。

懂得了"天命"的真正含义，"制"字的意思就好理解了。胡适等以"征服""胜"来解释"制"，杨柳桥等以"控制""掌握"来解释"制"，显然不能成立。"天命"是"天之所生者"，是"天所生之万物"，是没有主观意志的，谈不上什么"征服"或"掌控"。同样，严灵峰改"制"为"则"也没有道理，以"天所生之万物"为"则"，或者顺从"天所生之万物"，更是匪夷所思。杨倞的"制裁"说，义为"任材而用"，就好像"曲者为轮，直者为桷"一样。李中生进而解为"合理地安排规划"，用来诠释上文的"材之"是可以的，再用来解释"制天命"，就出现了问题：上句"大天而思之，孰与物畜而材之"的"材之"是"合理地安排规划""天所生之万物"，这里的"制天命"又是如此，岂不是同义重复吗？可见，将"制天命"的"制"解为"任材而用"，释为"合理地安排规划"，也是扞格不通。

人们只注意"制"有"裁制""控制"义，却忽视了"造""作"也是它的常用义。《字汇·刀部》："制，造也。"②《诗·豳风·东山》："制彼裳衣，勿士行枚。"③《孟子·梁惠王上》："可使制梃，以挞秦楚之坚甲利兵矣。"赵岐（约108—201）注："制，作也。"④《楚辞·招魂》："晋制犀比。"王逸（约89—158）注："制，作也。"⑤ 所谓"造""作"，也就是制作、生产、培育、造就。"天命"是"天生之物"，物之天生，只是就其禀赋而言，就好

---

① 文渊阁《四库全书》子部杂家类杂说之属《论衡》卷三。
② 梅膺祚：《〈字汇〉子集》，明万历四十三年序刊本。
③ 文渊阁《四库全书》经部诗类《毛诗注疏》卷十五。
④ 文渊阁《四库全书》经部四书类《孟子注疏》卷一上。
⑤ 文渊阁《四库全书》集部楚辞类《楚辞章句》卷九。

像一颗稻种，先天就具有成为稻谷的禀性，但要成为稻谷，还需要后天人为的生产，需要人工的栽培。荀子所谓"制天命"，就是要将"天生之物"按照人类的需要制造出来，生产出来。"从天而颂之"，是顺从天，歌颂天，在自然面前无所作为，并希望通过献媚似的"颂"讨好自然；而"制天命而用之"，就是要生成、造就出"天生之物"来，供人类享受、利用。这种"制天命"，实质就是"天生人成"①，换言之，也就是"人成天生"。

三、"多"与"化"

"因物而多之，孰与骋能而化之"两句的问题在"多""化"两字的解释上。

杨倞注："因物而自多，不如聘其能而化之使多也。若后稷之播种然也。"②

荻生徂徕："因物而多之，言视物之多，吾意以为多而悦之也。化者，化少为多也。"③

刘师培（1884—1919）："'多'系'宜'字之脱文。宜者，自然也。言于物而任其自然，不若尽人智而变化之，使物不为地所限，如《周礼·草人》'土化之法'是。"④

梁启雄："《说文》：'因，就也。'《说文》：'骋，直驰也。'《说文》：'七，变也。'《周礼》：'以礼乐合天地之七'，注：'凡能生非类曰七'。此言：与其单就物类原有的基础来求量的增多，何如运用人的智能来变化物的质呢！即改良品种使质优而量增。"⑤

章诗同："听任物类自然生长而求其增多，何如发挥人类自己的智能使物类发展变化而增殖。"⑥

---

① 《荀子·富国》："故曰：'天地生之，圣人成之。'此之谓也。"
② 《荀子》卷第十一，第 24 页。
③ 荻生徂徕：《读荀子》。
④ 刘师培：《荀子补释》，南京：江苏古籍出版社，1997 年，第 962 页。
⑤ 梁启雄：《荀子简释》，第 229 页。
⑥ 章诗同：《荀子简注》，上海：上海人民出版社，1974 年，第 184 页。

李涤生："'骋能',运用智能。'化',生也,见《礼记·乐记》'百物化生'郑注。言其任物类之自然生长,而望其丰足,何如运用人类的智能,助其生长以增产呢!如后稷之播种五谷。"①

北京大学《荀子》注释组："因,听任。骋能,施展人的才能。听任万物自然增多,哪里比得上施展人的才能而对万物加以变革发展。"②

杨柳桥曰："《说文》:'多,重也。'毛诗传:'骋,极也。依据万物〔的自然发展〕而重视它,哪如施展智能而去变革它呢?"③

邓汉卿："任凭物类自然的增多,怎比得施展人的本领去改造它。"④

张觉："依靠万物的自然增殖,哪里及得上施展人的才能而使它们根据人的需要来变化?"⑤

蒋南华、罗书勤、杨寒清："因物:依凭自然界万物的发展变化。多:这里是重视的意思。一说,多,增多。依凭万物的自然变化而重视它,哪里比得上尽力施展人的才能去改造它呢?"⑥

从杨倞到荻生徂徕、梁启雄、章诗同、李涤生、北京大学《荀子》注释组、邓汉卿、张觉,他们都把"多"释为"增多";而刘师培则以为"'多'系'宜'字之脱文";杨柳桥和蒋南华、罗书勤、杨寒清则以"多"为"重","重视"。比较起来,杨柳桥说更好,但还是有些欠妥之处。

所谓"因",依赖。《史记·平原君虞卿列传》:"公等录录,所谓因人成事者也。""因物",依赖天生之物,依靠天生之物。这个意义上的"因",犹如"靠天吃饭"的"靠"。而"多"呢?义为"贤""好",在这里是"称赞""称颂"的意思。《吕氏春秋·谨听》:"少人,则说者持容而不极,听者自多而不得。"高诱注:"自多,自贤也。"⑦《韩非子·五蠹》:"以其不收

---

① 李涤生:《荀子集释》,第378页。
② 北京大学《荀子》注释组:《荀子新注》,第278页。
③ 杨柳桥:《荀子诂诘》,第462页。
④ 邓汉卿:《荀子绎评》,长沙:岳麓书社,1994年,第356页。
⑤ 张觉:《荀子译注》,上海:上海古籍出版社,1995年,第359页。
⑥ 蒋南华、罗书勤、杨寒清:《荀子全译》,贵阳:贵州人民出版社,1995年,第357-358页。
⑦ 文渊阁《四库全书》子部杂家类杂学之属《吕氏春秋》卷十三。

也外之，而高其轻世也；以其犯禁也罪之，而多其有勇也。"①《史记·管晏列传》："天下不多管仲之贤而多鲍叔能知人也。"《史记·樗里子甘茂列传》："始张仪西并巴蜀之地，北开西河之外，南取上庸，天下不以多张子而以贤先王。"②这里的"多之"，与上文"从天而颂之"之"颂之"义近。"因物而多之"，就是说依赖天生之物并进而称赞它们、颂扬它们。

所谓"化"，杨倞、荻生徂徕、刘师培、梁启雄、章诗同、北京大学《荀子》注释组、邓汉卿、张觉等都以为是"变化""变革""改造"的意思，独李涤生训为"生"，颇为有见。《礼记·乐记》："乐者，天地之和也；礼者，天地之序也。和，故百物皆化。"郑玄注："化，犹生也。"③董仲舒（前179—前104）《春秋繁露·人副天数》："天德施，地德化，人德义。"④《素问·天元纪大论》："人有五藏，化五气。"王冰（710—805）注："化，谓生化也。"⑤秦观（1049—1100）《论变化》："变者，自有入于无者也；化者，自无入于有者也……是故物生谓之化，物极谓之变。"⑥"物生谓之化"，所以，"骋能而化之"就是"骋能而生之"，即尽力施展人的才能而使天赋之物"生"。这与上文"制天命"的意思相近，也是"人成天生"之意。李涤生将"生之"释为"助其生长以增产"，虽有发挥，但也相距不远，庶几得之。

四、"思物而物之"

"思物而物之"句"物之"的内涵也值得研究。

杨倞注："思得万物以为己物，孰与理物皆得其宜，不使有所失丧。"⑦

---

① 文渊阁《四库全书》子部法家类《韩非子》卷十九。
② 文渊阁《四库全书》史部正史类《史记》卷六十二、卷七十一。
③ 文渊阁《四库全书》经部礼类礼记之属《礼记注疏》卷三十七。
④ 文渊阁《四库全书》经部春秋类《春秋繁露》卷十三。
⑤ 文渊阁《四库全书》子部医家类《黄帝内经·素问》卷十九。
⑥ 文渊阁《四库全书》集部别集类北宋建隆至靖康《淮海集》卷二十三。
⑦ 《荀子》卷第十一，第24页。

荻生徂徕："'思物而物之'，言思得物之贵者。吾意以为贵物而珍之也。'理物而勿失之'，言不拘贵贱，唯理我所已有之物而不失之也。"①

久保爱："物之，徒以为物而不治辩之也。此文说思物之无益，理物之有益，以示任天不如助天以人也。"②

胡适把"思物而物之"称为"科学家"的"工夫"，并说："下'物'字是动词，与公孙龙子名实论'物以物其所物而不过焉'的下两'物'字同义，皆有比类的意思。'物'字可做'比''类'解。说见王引之《经义述闻》卷三十一'物'字条。"③

刘师培："'思物而物之'之'物'，与《周礼》'物地'(《载师》《廾人》《草人》)、'物马'(《校人》)，《左传》'物土'(《昭二十三年》)之'物'同，'物'即虑度之义，言徒知虑度之无益也。"④

梁启雄："思求物类的人们，与其只是作虑度的工夫，何如治理固有的物而不浪费呢！前句言增产，这句言节约。"⑤

章诗同："空想役使万物，何如把万物治理好而不失掉它对于人的功用！第二个'物'字是动词，指役使万物；其余'物'字是名词。"⑥

李涤生："'思物'，思慕（希望）万物以为己物。'物之'，徒以为物，不加治理，而任其自然。'理物'，治理万物，使得其宜。'失之'，丧失了万物。言与其盼望万物以为己有，而任其自然不加治理，何如治理万物，皆得其宜，而不丧失它呢！"⑦

北京大学《荀子》注释组："思物而物之：想着万物为自己使用。理物而勿失之：治理万物而使万物都能得到充分合理地利用。"⑧

杨柳桥注："'物'，当借为'眒'。《说文》：'目冥远视也。'郑玄《仪礼》

---

① 荻生徂徕：《读荀子》。
② 久保爱：《荀子增注》。
③ 胡适：《中国哲学史大纲（卷上）》，第310页。
④ 刘师培：《荀子补释》，第962页。
⑤ 梁启雄：《荀子简释》，第229页。
⑥ 章诗同：《荀子简注》，第184页。
⑦ 李涤生：《荀子集释》，第378页。
⑧ 北京大学《荀子》注释组：《荀子新注》，第278页。

注:'物,犹相也。'"译:"思念万物〔的变化莫测〕,而注视它,哪如顺理这些万物而不丧失它呢?"①

邓汉卿:"空想役使物类,怎比得把物类管理使它们不失掉自己的作用。前'物'字,指物类,名词。后'物'字,役使,动词。勿,不。"②

张觉注:"第二个'物'用作意动词,是'把……当作外物'的意思。"译:"思慕万物而把它们当作与己无关的外物,哪里及得上管理好万物而不失去它们?"③

王天海:"'物之'之'物'作动词,乃贮物也。理物,治物也。此言思物而贮之,何如治物而勿失也。杨注未得,诸说辞费而不切。"④

这些解释,或以为"物之"为"以为己物",或以为"珍之",或以为"比类之",或以为"徒以为物而不治辩之也",或以为"虑度之",或以为"役使万物",或以为"注视它",或以为"把它们当作与己无关的外物",或以为"贮物",不一而足。但这些说解在训诂上、逻辑上都没有说服力,都属于"辞费而不切"。

其实,"物之"之"物"当训为"神","物之"就是"以之为神"。《史记·天官书》:"所见天变,皆国殊窟穴,家占物怪,以合时应。"⑤《汉书·武帝纪》:"朕巡荆扬,辑江淮物,会大海气,以合泰山。"颜师古(581—645)注引如淳曰:"物,犹神也。"⑥《郊祀志上》"有物曰:蛇,白帝子",颜师古注:"物,谓鬼神也。"⑦《齐王将闾传》"以为物而司之",颜师古注:"物,谓鬼神也。"⑧《周礼·春官·籥章》"以息老物",孙诒让(1848—1908)正义:"物即万物之神。"⑨《周易·系辞传上》云:"精气为物,游魂为变,是故知鬼神

---

① 杨柳桥:《荀子诂诂》,第462页。
② 邓汉卿:《荀子绎评》,第356页。
③ 张觉:《荀子译注》,第358、359页。
④ 王天海:《荀子校释》,第696页。
⑤ 文渊阁《四库全书》史部正史类《史记》卷二十七。
⑥ 文渊阁《四库全书》史部正史类《前汉书》卷六。
⑦ 文渊阁《四库全书》史部正史类《前汉书》卷二十五上。
⑧ 文渊阁《四库全书》史部正史类《前汉书》卷三十八。
⑨ 孙诒让:《周礼正义》第7册,北京:中华书局,1987年,第1914、1917页。

之情状。"注云："精气烟煴，聚而成物。聚极则散，而游魂为变也。游魂，言其游散也。"① 其实，韩康伯注未得。"鬼神之情状"就是"精气为物，游魂为变"，"物"就是"鬼神"。所以，"物之"，就是以自然物产为神，对自然物产盲目地崇拜。这与上文的"思之""颂之""多之"等，含义接近。

五、"物之所以生"与"有物之所以成"

"愿于物之所以生，孰与有物之所以成"这两句也有歧解。

荻生徂徕："言愿求我国所无之物所以生也。言吾土已有之物所以成就也。'大天'至此，皆能参之道也。"②

朝川鼎（1781—1849）："有，犹得也。"③

陶鸿庆（1859—1918）："愿，犹慕也。上文愿其所参，义与此同。有，借为右，助也。言究心于物之所以生，不如致力于物之所以成也。"④

梁启雄："佑物之所以成，指实行：精耕细作、改良土壤和品种、合理施肥……等工作。"⑤

章诗同："指望万物自然生长和发展，何如掌握物类生长的自然规律而加以培养改造，使其功能更加完备！有，借为'佑'，促进。"⑥

李涤生："'愿'，思慕。'有'，借为'佑'，助也。'物之所以生'，是天之事。'物之所以成'，是人之事。言与其致力以求了解万物之所以生，何如致力以助万物之所以成呢！案：此即'天生人成'之义。"⑦

北京大学《荀子》注释组："愿：仰慕。物之所以生：万物是怎样产生的。有：通'右'，帮助，促进。这句的意思是：整天去仰慕万物是怎样产生的

---

① 文渊阁《四库全书》经部易类《周易注疏》卷十一。
② 荻生徂徕：《读荀子》。
③ 朝川鼎：《校订荀子笺释》，转引自王天海：《荀子校释》，第696页。
④ 陶鸿庆：《读诸子札记（八）》，上海：中华书局，1959年，第241-242页。
⑤ 梁启雄：《荀子简释》，第230页。
⑥ 章诗同：《荀子简注》，第184页。
⑦ 李涤生：《荀子集释》，第378页。

过程，哪里比得上去促进已经生成的万物更好地成长呢！"①

杨柳桥："羡慕万物的所以生长之理，哪如掌握万物的所以成就之理呢？"②

张觉注："以：通'已'。这两句的旨意与12.3所说的'其于天地万物也，不务说其所以然而致善用其材'相似。一说'有物之所以成'的意思是'掌握万物成长的规律'，也通。"因而译为："希望了解万物产生的原因，哪里及得上占有那已经生成的万物？"③

"物之所以生"，或释为"我国所无之物所以生也"，或释为"万物自然生长和发展"，或释为"是天之事"，或释为"万物是怎样产生的过程"，或释为"万物的所以生长之理"，或释为"万物产生的原因"，皆有欠准确。"物之所以生"，即"物之以生者"，也就是"所以生物者"，从下文"错人而思天"来看，指的就是"天"。"天"正是"物之以生者"，正是"所以生物者"。"愿于物之所以生"就是下文的"错人而思天"。"愿"者，"慕"也；"慕"者，"思"也。

"物之所以成"，或释为"物所以成就"，或释为"物类生长的自然规律"，或释为"是人之事"，或释为"已经生成的万物更好地成长"，或释为"万物的所以成就之理"，或释为"已经生成的万物"，也都有问题。"物之所以成"，即"物之以成者"，也就是"所以成物者"。从下文"错人而思天"来看，指的当是"人"，"人"正是"物之以成者"，正是"所以成物者"。

"孰与有物之所以成"句之"有"字，荻生徂徕、朝川鼎、杨柳桥、张觉都将"有"读如本字，或训为"得"，或训为"掌握"，或训为"占有"；而陶鸿庆、梁启雄、章诗同、李涤生、北京大学《荀子》注释组、邓汉卿④、王天海⑤、蒋南华等⑥都将"有"读为"右"或"佑"，训为"促进""助"。

---

① 北京大学《荀子》注释组：《荀子新注》，第278页。
② 杨柳桥：《荀子诂》，第462页。
③ 张觉：《荀子译注》，第359页。
④ 邓汉卿：《荀子绎评》，第356页。
⑤ 王天海：《荀子校释》，第696页。
⑥ 蒋南华、罗书勤、杨寒清：《荀子全译》，第358页。

其实,"有"不必假借,就是拥有、保有、专有的意思。《诗·大雅·瞻卬》:"人有土田,女反有之。人有民人,女覆夺之。"[①]《文子·守真》:"故能有天下者,必无以天下为也。"[②]《礼记·坊记》:"父母在,不敢有其身,不敢私其财。"郑玄注:"有,犹专也。"[③]"有物之所以成"即"有物之以成者",也就是"有所以成物者"。"有所以成物者"就是"有人"。"有人"与"错人而思天"相反:"错人而思天"是放弃人为而寄望于自然,"有人"则是有专于人而无望于天。

六、小结

从以上的考证出发,我们就可以把《荀子·天论》篇"大天而思之,孰与物畜而材之!从天而颂之,孰与制天命而用之!望时而待之,孰与应时而使之!因物而多之,孰与骋能而化之!思物而物之,孰与理物而勿失之也!愿于物之所以生,孰与有物之所以成!故错人而思天,则失万物之情"这一章译为:

> 推崇自然而寄望于自然,哪里比得上畜养自然物产而合理地加以安排?听从自然而颂扬自然,哪里比得上培育造就自然物产而享用它?盼望好天时而消极地等待它,哪里比得上响应天时而使天时为我所用?依赖自然物产而赞美上天的恩赐,哪里比得上尽力施展人的才能来生产它?思慕自然物产而以之为神,哪里比得上管理好自然物产而不失去它们?寄希望于"生物"的天,哪里比得上专注于"成物"的人?所以放弃了人的努力而寄望于上天的恩赐,那就违背了天下万物"天生人成"的本质。

读懂了《荀子·天论》的这一章,我们就知道荀子固然反对"大天而

---

① 文渊阁《四库全书》经部诗类《毛诗注疏》卷二十五。
② 文渊阁《四库全书》子部道家类《文子》卷上。
③ 文渊阁《四库全书》经部礼类礼记之属《礼记注疏》卷五十一。

思之",反对"从天而颂之",反对"望时而待之",反对"因物而多之",反对"思物而物之",反对"错人而思天";但他并不主张"勘天",并不主张"征服自然",并不主张"人定胜天"。他所主张的是"物畜而材之""应时而使之""骋能而化之""理物而勿失之"。荀子所主张的是"有物之所以成",无望于天而有专于人。其所谓"制天命",实质就是"人成天生"。这是荀子天人关系论的核心思想。

附记

《荀子·天论》本章原文90字;杨倞注六条,177字。宋浙刻本无一字错误。而《古逸丛书》本原文错两字,将"待"误为"侍"、"骋"误为"聘";杨倞注错七字,"丰"误为"豊"、"命"误为"禽"、"直"字误为"一直"、"因"误为"目"、"己"误为"巳"、"丰"误为"豊"、"苦"误为"若"。比较而言,《古逸丛书》本显然远不如宋浙刻本。就全书而言,宋浙刻本尽管残缺了十来页,但由于其为"今存《荀子》刻本之最古者",文字错误较之《古逸丛书》本少,我们作新注或研读《荀子》,首先当选宋浙刻本,而不应用王先谦《荀子集解》本或《古逸丛书》本。当然,宋浙刻本残缺的十来页,我们可据《古逸丛书》本来补足。这样,就可以得到一个理想的读本了。[①]

[①] 廖名春:《二十世纪后期大陆荀子文献整理研究》,台湾云林科技大学汉学资料整理研究所主编:《汉学研究集刊》第3期,2006年。

由《荀子》书"伪""綦"两字的特殊用法论《荀子·性恶》篇的真伪

荀子以"性恶"闻名，其《性恶》篇可以说是荀子最具代表性的著作。但最近几年来，中国大陆学界否定《性恶》篇为荀子所作的说法非常流行。比如周炽成就一再强调："《性恶》篇在《荀子》全书中是非常独特的：其他篇都不以人性为恶，唯独该篇以人性为恶。"依此，他认为："《性恶》篇的作者很可能不是荀子本人，该篇在西汉初期还没有产生，很可能是生活在西汉中后期的荀子后学或与荀学有关的人所作的。"[①] 颜世安也"怀疑，《性恶》篇不是作于荀子之手，是其后学发挥性伪分论，与孟子性善论公开对立，以张大学派门户。提出这个怀疑的主要原因是，如果荀子本人主张人性恶，这样立场鲜明的观点，何以在其他篇章中一次都没有说到？'性伪分'与'性恶'虽有相似处，毕竟是不同的思路。"[②]

这些说法新颖别致，在荀子学界造成了很大的影响。周炽成在2012年以来的多次荀子学术研讨会上，持此说一再当面向我挑战，我都没有回应。为什么？因为我认为他们的说法缺乏客观证据，都是些"莫须有"的

---

① 周炽成：《荀子韩非子的社会历史哲学》，广州：中山大学出版社，2002年，第3、9、36-45页。其说又见周炽成：《荀子：性朴论者，非性恶论者》，《光明日报》2007年3月20日第11版；周炽成：《荀子非性恶论者辩》，《广东社会科学》2009年第2期；周炽成：《董仲舒对荀子性朴论的继承与拓展》，《哲学研究》2013年第9期；周炽成：《荀子乃性朴论者，非性恶论者》，《中国社会科学》(英文版) 2014年第1期。
② 颜世安：《荀子、韩非子、庄子性恶意识初议》，《南京大学学报（哲学·人文科学·社会科学）》2010年第2期；颜世安：《荀子人性观非"性恶"说辨》，《历史研究》2013年第6期。

东西。比如《荀子·荣辱》篇称"人之生固小人,无师无法,则唯利之见尔",明显就是"人性恶""立场鲜明的观点";《儒效》篇说"行忍情性然后能修",此"性"属于"忍"的对象,意义也应当是负面的。何以说"人性恶"的"观点","在其他篇章中一次都没有说到"?笔者认为,讨论《荀子·性恶》篇的真伪,只能以实证的方法,靠文献本身来说话。有鉴于此,本文拟另辟新径,从《荀子》书一些词的特殊用法的角度来探讨这一问题。

《荀子》书颇有一些独具个性的词。这些词有其特殊用法,往往只见于《荀子》书而罕见于其他先秦秦汉文献。这些词我们可称为《荀子》书的特色词。利用《荀子》书的特色词来讨论《荀子·性恶》篇的真伪,标准客观实在,结论应该具有说服力。

本文拟从《荀子》书"伪""綦"两字的特殊义和特殊用法来进行讨论。

一、"伪"字的理性人为义

南宋浙北刻本的《荀子》20卷32篇中,"伪"字共42见[1],其含义有三。一是读为"为",义为"行为"的,有两见。如:

> 01. 利心无足而佯无欲者也,行伪险秽而强高言谨悫者也。(《非十二子》)
>
> 02. 其衣冠行伪已同于世俗矣。(《儒效》)

二是义为"诈伪"的"伪",共五见。

> 03. 诈伪生塞,诚信生神。(《不苟》)
>
> 04. 君子审于礼,则不可欺以诈伪。(《礼论》)
>
> 05. 穷本极变,乐之情也;着诚去伪,礼之经也。(《乐论》)

---

[1] 杨倞注:《荀子》二十卷,北京:文物出版社,1974年影印北京图书馆藏宋浙刻本。有关宋浙刻本的意义,详见廖名春:《二十世纪后期大陆荀子文献整理研究》,台湾云林科技大学汉学资料整理研究所:《汉学研究集刊》第3期(荀子研究专号),2006年12月。

06. 今与不善人处，则所闻者欺诬诈伪也，所见者污漫、淫邪、贪利之行也。(《性恶》)

07. 三曰言伪而辨。(《宥坐》)

这五例，前四例"伪"或者与"信""诚"相对，或者与"诈"并称，视为"诈伪"之"伪"，自然不会有异议。后一例杨倞未注[①]，显然这里的"伪"也是虚伪的意思。

三是今人以为"人为"的"伪"，例子最多，高达35见。如：

08. 不能以义制利，不能以伪饰性，则兼以为民。(《正论》)

09. 性者，本始材朴也；伪者，文理隆盛也。无性则伪之无所加，无伪则性不能自美。性伪合，然后圣人之名，一天下之功于是就也。故曰：天地合而万物生，阴阳接而变化起，性伪合而天下治。(《礼论》)

10. 心虑而能为之动谓之伪。虑积焉能习焉而后成谓之伪。(《正名》)

11. 人之性恶，其善者伪也。(《性恶》)

12. 用此观之，然则人之性恶明矣，其善者伪也。(《性恶》)

13. 用此观之，然则人之性恶明矣，其善者伪也。(《性恶》)

14. 是不及知人之性，而不察乎人之性伪之分者也。(《性恶》)

15. 不可学、不可事而在人者，谓之性；可学而能、可事而成之在人者，谓之伪，是性、伪之分也。(《性恶》)

16. 问者曰："人之性恶，则礼义恶生？"应之曰：凡礼义者，是生于圣人之伪，非故生于人之性也。故陶人埏埴而为器，然则器生于工人之伪，非故生于人之性也。故工人斫木而成器，然则器生于工人之伪，非故生于人之性也。圣人积思虑、习伪故，以生礼义而起法度，然则礼义法度者，是生于圣人之伪，非故生于人之性也。(《性恶》)

17. 夫感而不能然，必且待事而后然者，谓之生于伪。是性、伪之所生，其不同之征也。故圣人化性而起伪，伪起于信而生礼义，礼义

---

① 王天海：《荀子校释》，上海：上海古籍出版社，2005年，第1108-1109页。

生而制法度。(《性恶》)

18. 故圣人之所以同于众，其不异于众者，性也；所以异而过众者，伪也。(《性恶》)

19. 用此观之，人之性恶明矣，其善者伪也。(《性恶》)

20. 用此观之，然则人之性恶明矣，其善者伪也。(《性恶》)

21. 用此观之，然则人之性恶明矣，其善者伪也。(《性恶》)

22. 用此观之，然则人之性恶明矣，其善者伪也。(《性恶》)

23. 问者曰："礼义积伪者，是人之性，故圣人能生之也。"(《性恶》)

24. 今将以礼义积伪为人之性邪？然则有曷贵尧、禹，曷贵君子矣哉？凡所贵尧、禹、君子者，能化性，能起伪，伪起而生礼义。然则圣人之于礼义积伪也，亦犹陶埏而生之也。用此观之，然则礼义积伪者，岂人之性也哉！(《性恶》)

25. 故人之性恶明矣，其善者伪也。(《性恶》)

这里的35个"伪"字，《正论》篇一见，《礼论》篇五见，《正名》篇两见，《性恶》篇最多，共27见。其意义内涵，颇值得研究。

杨倞注："伪，为也，矫也其本性也。凡非天性而人作为之者，皆谓之'伪'。故'为'字'人'傍，'为'亦会意字也。"[①] 杨倞认为"伪"字既是形声字也是会意字，"人"旁表义，"为"表声，但也兼会意，会"人作为"之意。而所谓"人作为"之"伪"就是"矫其本性"，矫正其先天的恶性，所以这种"伪"，也就是"矫"，完全是后天的。物双松（1768—1830）进而将这种"伪"释为"善"，久保爱（1759—1832）则视为"礼"[②]，庶几近之。

也许是受通行的《说文解字》"伪，诈也"说的影响，宋儒一般都以"欺诈、假装"为"伪"的本义，因此对荀子基于这一意义"伪"的说法颇多误解。比如程颢（1032—1085）、程颐（1033—1107）兄弟就一再说："荀卿才高学陋，以礼为伪，以性为恶，不见圣贤。虽曰尊子弓，然而时相去

---

①② 王天海：《荀子校释》，第935页。

甚远,圣人之道至卿不传。"①"荀子虽能如此说,却以礼义为伪,性为不善,佗自情性尚理会不得,怎生到得圣人?"②在程氏兄弟的眼中,"伪"显然是贬义词,是"欺诈、假装"的意思,所以他们对荀子"以礼为伪"、"以礼义为伪"、以"尧舜伪也"予以了激烈的批评。

更早一点的刘敞(1019—1068)也是如此。他说:"荀子言圣人之性以恶,言圣人之道以伪,恶乱性,伪害道,荀子之言不可为治。"③为什么"荀子之言不可为治"?因为"荀子言圣人之性以恶,言圣人之道以伪"。在他看来,"恶乱性,伪害道"。显然,这种"害道"的"伪"意义是负面的,也就是"欺诈、假装"的意思。所以他觉得不可理喻。

从南宋黄震(1213—1280)④到明清之际的傅山⑤(1607—1684),特别是乾嘉时代的纪昀(1724—1805)⑥、钱大昕(1728—1804)、章学诚(1738—1801)、郝懿行(1757—1825)等人,他们都发现二程、刘敞冤枉了荀子,因此肯定了杨倞注。由此,学界的主流都以《荀子》这一类的"伪"字为"人为"义。比如《汉语大字典》就在"伪"字的"人为"义下举《荀子·性恶》篇的"可学而能、可事而成之在人者,谓之伪"为证⑦,《汉语大词典》也以《荀子·性恶》篇的"人之性恶,其善者伪也"之"伪"义为"人为"。⑧

上面《正论》《礼论》《正名》《性恶》篇的这35例"伪"字,其内涵不是与"义"相对,就是与"礼义"相类;不是名之以"文理隆盛",就是称之为"礼义法度"之所"生"。特别是从"圣人化性而起伪,伪起于信而生礼义,礼义生而制法度""圣人之所以同于众,其不异于众者,性

---

① 文渊阁《四库全书》(电子版,武汉:武汉大学出版社,1997年,下同)子部儒家类《二程外书》卷十。
② 文渊阁《四库全书》子部儒家类《二程遗书》卷十八。
③ 文渊阁《四库全书》子部儒家类《公是弟子记》卷三。
④ 文渊阁《四库全书》子部儒家类《黄氏日抄》卷五十五《读诸子·荀子》。
⑤ 傅山:《荀子评注(下)》,《傅山全集》第2册,太原:山西人民出版社,1991年,第1307页。
⑥ 文渊阁《四库全书》子部儒家类《荀子》提要。
⑦ 汉语大字典编辑委员会:《汉语大字典》,武汉:湖北辞书出版社,成都:四川辞书出版社,1987年,第232页。
⑧ 汉语大词典编辑委员会:《汉语大词典》第1卷,上海:上海辞书出版社,1986年,第1675页。

也；所以异而过众者，伪也""凡所贵尧、禹、君子者，能化性，能起伪，伪起而生礼义"诸说来看，这里的"伪"显然并非指一般的"人为"，而是有着特定的内涵，指的是道德理性之为。一般人的行为不足以将圣人与众人区分开，只有道德理性之为才是"圣人之所以""异而过众者"，这种"伪"，价值内涵非常清楚，以一般的"人为"名之，实在是抹杀了荀子所谓"伪"的特定价值，误读了荀子。所以黄震、纪昀认定荀子是"以善为伪"，傅山"明言"荀子所谓"礼全是伪"。① 因此，不论从荀子本文来看，还是从后来有见地的学者的分析来看，说《荀子》这些"伪"字的内涵并非一般意义上的行为、作为，而是指具有特定意义的"人为"——理性之"人为"，是完全经得起检验的。②

厘清了《荀子》书42个"伪"字的三种含义，就可以发现其义为"诈伪"的用法文献最为常见。而读为"为"，义为"行为"的用法文献虽然不多，但也能找出不少来。只有具有理性之"人为"义的"伪"，《荀子》巨多，高达35例，而其他先秦秦汉文献则"前无古人，后无来者"，几乎一例也没有。

王充（27—97）《论衡》一书中有两个"伪"字与《荀子》的理性之"伪"内涵相同。其《本性》篇曰："孙卿有反孟子，作《性恶》之篇，以为人性恶，其善者伪也。性恶者，以为人生皆得恶性也。伪者，长大之后，勉使为善也。"③ 不过，这是转引《荀子·性恶》篇之语，不能说是王充自己的说法。除此之外，在先秦秦汉文献里，笔者尚未发现有像荀子一样赋予"伪"道德理性内涵的例子。

这一现象非常有意思。我们不能说《荀子》一书没有理性之"人为"义的"伪"字的篇章就皆非荀子所作，但可以肯定有理性之"人为"义的"伪"字的篇章一定属于荀子的作品。为什么？因为别人的作品没有这一用法，只有荀子作品才有，这是荀子作品的区别性特征之一。

---

① 傅山：《荀子评注（下）》，第1288页。
② 齐冲天：《汉语音义字典》，北京：中华书局，2010年，第295页。
③ 黄晖：《论衡校释》，北京：中华书局，1992年，第138页。

这 35 个具有理性之"人为"义的"伪"字，《性恶》篇最多，占了 27 例。其余《正论》篇有一例、《礼论》篇有五例、《正名》篇有两例。《正论》篇、《礼论》篇、《正名》篇没有认为它们不属于荀子的，事实上，它们都有理性之"人为"义的"伪"字。如果认为《性恶》篇不是荀子的作品，否定荀子有理性"人为"义之"伪"的说法，那就得将《正论》篇《礼论》篇、《正名》篇也排除出去。这是"一损俱损，一荣俱荣"的。由此来看，根据那些"莫须有"的证据，否定《性恶》篇为荀子所作的说法是完全不能成立的。

二、"綦"字的假借

"綦"字义符为"糸"，声符为"其"，上下结构也可写作左右结构，因此也可作"綨"。《说文·糸部》："綥，帛苍艾色。或从其。"① 如此说来，"綦"本义当为"苍艾色"的"帛"，也就是像艾蒿一样草绿色的丝织品，故其义符作"糸"。

先秦两汉文献中，"綦"字约 80 多见，其中《荀子》一书就占了一半。② 其他先秦两汉文献中的"綦"字，多作颜色词，多用于人名和物名，基本上没有用于假借的③；而《荀子》一书的"綦"字，则全为假借。这一现象，区别性特征突出。④ 因此，考察《荀子》一书"綦"字的运用情况，对于认识《荀子》一书的作者与时代，很能说明问题。

"綦"字《荀子》书共 42 见。依次如下：

> 01. 忍情性，綦溪利跂，苟以分异人为高，不足以合大众，明大分。（《非十二子》）

---

① 汤可敬：《说文解字今注》，长沙：岳麓书社，2004 年，第 1861 页。
② 这是笔者粗略的统计，可能有几字的出入。
③ 《列子·仲尼》篇有"引乌号之弓，綦卫之箭，射其目"说，杨伯峻《列子集释》（北京：中华书局，1935 年，第 140 页）以为"綦"当读为"淇"。不过《列子》一书的时代是有争议的。
④ 黄珊《论〈荀子〉中的"綦"》（详见氏著：《〈荀子〉虚词研究》附录，开封：河南大学出版社，2004 年 8 月，第 187-192 页）一文已从虚词研究的角度作了详尽的讨论，可以参考。

02. 彼非本政教也，非致隆高也，非綦文理也，非服人之心也。……故圣王之诛也綦省矣。(《仲尼》)

03. 全道德，致隆高，綦文理，一天下，振毫末，使天下莫不顺比从服，天王之事也。(《王制》)

04. 及其綦也，索为匹夫不可得也，齐湣、宋献是也。……如是则下仰上以义矣，是綦定也；綦定而国定，国定而天下定。……如是，则兵劲城固，敌国畏之；国一綦明，与国信之；虽在僻陋之国，威动天下，五伯是也。非本政教也，非致隆高也，非綦文理也，非服人之心也。……如是，则敌国轻之，与国疑之，权谋日行，而国不免危削，綦之而亡，齐闵、薛公是也。……身不能，不知恐惧而求能者，安唯便僻左右亲比己者之用，如是者危削；綦之而亡。国者，巨用之则大，小用之则小；綦大而王，綦小而亡，小巨分流者存。……夫人之情，目欲綦色，耳欲綦声，口欲綦味，鼻欲綦臭，心欲綦佚。此五綦者，人情之所必不免也。养五綦者有具，无其具，则五綦者不可得而致也。万乘之国，可谓广大富厚矣，加有治辨强固之道焉，若是，则恬愉无患难矣，然后养五綦之具具也。……其用知甚简，其为事不劳，而功名致大，甚易处而綦可乐也。……知者易为之兴力，而功名綦大。舍是而孰足为也？故古之人，有大功名者，必道是者也。丧其国危其身者，必反是者也。……生民则致宽，使民则綦理，……乱世不然，……生民则致贫隘，使民则綦劳苦。(《王霸》)

05. 故上好礼义，尚贤使能，无贪利之心，则下亦将綦辞让，致忠信，而谨于臣子矣。……人主不能论此三材者，不知道此道，……一日而曲辨之，虑与臣下争小察而綦偏能，自古及今，未有如此而不乱者也。(《君道》)

06. 兼是数国者，皆干赏蹈利之兵也，佣徒鬻卖之道也，未有贵上安制綦节之理也。(《议兵》)

07. 应之曰：然则亦以人之情为欲，目不欲綦色，耳不欲綦声，口不欲綦味，鼻不欲綦臭，形不欲綦佚。此五綦者，亦以人之情为不欲乎？曰："人之情，欲是已。"曰：若是，则说必不行矣。以人之情为欲，此五綦者而不欲多，譬之，是犹以人之情为欲富贵而不欲货也，好美而恶西施也。(《正论》)

08. 天非私曾、骞、孝己而外众人也，然而曾、骞、孝己独厚于孝之实，而全于孝之名者，何也？以綦于礼义故也。(《性恶》)

09. 由其道，则人得其所好焉；不由其道，则必遇其所恶焉，是故刑罚綦省而威行如流。……是以为善者劝，为不善者沮，刑罚綦省而威行如流，政令致明而化易如神。(《君子》)

10. 有物于此，居则周静致下，动则綦高以巨。(《赋》)

11. 故先王既陈之以道，上先服之；若不可，尚贤以綦之；若不可，废不能以单之；綦三年而百姓从风矣。(《宥坐》)

此 42 个"綦"字共见于《荀子》书 11 篇，其中《非十二子》《王制》《议兵》《性恶》《赋》篇皆一见；《仲尼》《君道》《君子》《宥坐》篇皆二见；《正论》篇七见；《王霸》篇最多，共 22 见。

这 42 个"綦"字有 37 个为"极"字的假借，历来注家都没有异议。只有《王霸》篇和《宥坐》篇的五个"綦"字如何读，尚可讨论。

《宥坐》篇云："故先王既陈之以道，上先服之；若不可，尚贤以綦之；若不可，废不能以单之；綦三年而百姓从风矣。""尚贤以綦之"杨倞注："綦，极也。谓优宠也。"久保爱曰："綦，当作'諅'。《左传》曰'楚人諅之脱扃'，杜预注：'諅，教也。'"陶鸿庆（1859—1918）曰："諅，当为'期'字之误。期，待也。谓悬爵禄以待其迁善也。"王天海曰："綦，至也，及也。綦为极至之义，故亦为及至。说见《古书虚字集释》。"①黄珊认为："'綦'是'諅'的通假字。《玉篇·心部》：'諅，教也。'《孔子家语·始诛》：'而犹不可；尚贤以劝之；又不可，即废之。'字作'劝'。'劝'亦'教'义。《广雅·释诂》：'劝，教也。'《家语》的异文'尚贤以劝之'为我们提供

---

① 王天海：《荀子校释》，第 1114 页。

了'綦''基'通假的有力证据。"①案：久保爱、黄珊说是，"尚贤以綦之"当读作"尚贤以基之"，也就是"尚贤以教之""尚贤以劝之"，"綦"为"基"之假借。

又"綦三年而百姓从风矣"杨倞注："百姓从化，极不过三年也。"王天海曰："綦，至也，及也。说见上。'綦'字又作'朞'，《议兵》篇'已朞三年，然后民可信也'，其旨同此文。"②黄珊认为"綦"为"朞"字之通假，其说是。③是《荀子》书"綦"又为"期"之假借。

《荀子·王霸》篇："如是则下仰上以义矣，是綦定也；綦定而国定，国定而天下定。"杨倞注："綦当为基。基，本也，言以义为本。"日人冢田虎（1745—1832）曰："《书》曰'作汝民极'，《周礼》'设官分职，以为民极'。皆以君长为表极也。'綦定'者，所以为表极者定也。"刘台拱（1751—1805）曰："此'綦'亦训'极'，义如'皇极'之'极'，不必破为'基'。下文'国一綦明'，'綦'亦训'极'。'极'，犹言标准。"王念孙（1744—1832）曰："前'极'谓义，后'极'谓信也。具见上文。"王天海曰："上言'义立而王'，此言'下仰上以义'，知义乃立国之基也。杨注是，他说非。"④

《王霸》篇又有："如是，则兵劲城固，敌国畏之；国一綦明，与国信之。"杨倞注："綦，亦当为基。"郭嵩焘（1818—1891）曰："綦，当为'期'之借字，所期约明白无欺。"冢田虎曰："綦明，极明也。"北京大学《荀子新注》："綦，通'期'，约定。綦明，约定明确，不失信用。"王天海曰："綦，通'基'，即前所谓'綦定而国定'之'綦'。此言国家统一，立国之基明确。此立国之基亦指道义也。杨注是，他说非。"⑤

案：《荀子·王霸》篇的这三个"綦"字，杨倞皆读为"基"，冢田虎、刘台拱皆训为"极"，郭嵩焘则将"国一綦明"之"綦"读为"期"。其实

---

① ③ 黄珊：《论〈荀子〉中的"綦"》，《〈荀子〉虚词研究》，第188页。
② 王天海：《荀子校释》，第1114页。
④ 王天海：《荀子校释》，第476页。
⑤ 王天海：《荀子校释》，第480页。

三个"綦"字都应读为"极"。朱骏声（1788—1858）《说文通训定声·颐部》："綦，假借为极。……綦、极一声之转。"①"极"有中正、准则义《诗·商颂·殷武》："商邑翼翼，四方之极。"郑玄（127—200）笺："极，中也。商邑之礼俗翼然可则效，乃四方之中正也。"②《墨子·非攻下》："禹既已克有三苗焉，磨为山川，别物上下，卿制大极，而神民不违，天下乃静。"③《汉书·儿宽传》："唯天子建中和之极，兼总条贯，金声而玉振之，以顺成天庆，垂万世之基。"④"綦定"读为"极定"，也就是中正、准则定，刘台拱说"犹言标准"，显然是正确的。"国一綦明"之"綦"也当读为"极"，"綦明"即"极明"，也就是准则明、标准明，冢田虎说也是正确的，完全没有必要再另读为"基"或"期"。

由此可知，《荀子》书11篇42个"綦"字，全部都是假借字。其中有40个是"极"的假借，它们出自《非十二子》《王制》《议兵》《性恶》《赋》《仲尼》《君道》《君子》《正论》《王霸》十篇；有一个是"惎"字的假借，有一个是"期"字的假借，这两者都出自《宥坐》篇。

根据笔者的研究，《荀子》书32篇大致分为三类：第一类是荀子亲手所著，它们是《劝学》《修身》《不苟》《荣辱》《非相》《非十二子》《王制》《富国》《王霸》《君道》《臣道》《致仕》《天论》《正论》《礼论》《乐论》《解蔽》《正名》《性恶》《君子》《成相》《赋》22篇；第二类是荀子弟子所记录的荀子言行，它们是《儒效》《议兵》《强国》《大略》《仲尼》5篇；第三类是荀子所整理、纂集的一些资料，其中也插入了其弟子之作，它们是《宥坐》《子道》《法行》《哀公》《尧问》5篇。比较起来，这里的第一类和第二类都是研究荀子思想和学说的主要依据，第三类则距离荀子较远，只是间接材料。⑤

---

① 朱骏声：《说文通训定声》，武汉：古籍书店，1983年，第163页。
② 文渊阁《四库全书》经部诗类《毛诗注疏》卷三十。
③ 文渊阁《四库全书》子部杂家类杂学之属《墨子》卷五。
④ 文渊阁《四库全书》史部正史类《前汉书》卷五十八。
⑤ 廖名春：《〈荀子〉各篇写作时代考》，《吉林大学社会科学学报》1994年第5期。

属于第一类的《非十二子》《王制》《性恶》《赋》《君道》《君子》《正论》《王霸》八篇，共 37 个"綦"字，全部假借为"极"，没有一个例外；属于第二类的《议兵》《仲尼》两篇共三个"綦"字，也都全部假借为"极"。说明它们真实反映了荀子的语言特色，由此说它们是"研究荀子思想和学说的主要依据"，应不为过。《宥坐》篇的文字并非荀子的原创，只是荀子整理、纂集的一些资料，其两个"綦"字，虽然也是假借，但都没有作"极"，而是分别作"甚"和"期"，正好说明了它虽属《荀子》但距荀子较远这一事实。

《荀子·性恶》篇"綦"字只"以綦于礼义故也"一见，它既非用于人名、物名，也非假借为他字，而是与《非十二子》《王制》《赋》《君道》《君子》《正论》《王霸》《议兵》《仲尼》9 篇一样，都读为"极"。由此看，将《性恶》篇排除出《荀子》，或进而否定其为荀子之作，在这里是得不到支持的。

三、小结

《荀子·性恶》篇之"伪"皆具理性人为义，《荀子·性恶》篇"綦"字又为"极"之假借，这两种现象是其他先秦秦汉文献所没有的，而仅见于《荀子》一书，当为荀子作品的区别性特征。《吕氏春秋·慎大览·察今》篇有云："有道之士，贵以近知远，以今知古，以所见知所不见。故审堂下之阴，而知日月之行、阴阳之变；见瓶水之冰，而知天下之寒、鱼鳖之藏也；尝一脟肉，而知一镬之味、一鼎之调。"[①] 俗语也说："一滴水可照见太阳。"由《荀子》书"伪""綦"两字的这种特殊用法看，否定《性恶》篇为荀子之作是没有理由的，毫无疑义，《性恶》篇当为荀子的代表作。

---

① 张双棣：《吕氏春秋译注》，北京：北京大学出版社，2000 年，第 476-477 页。

荀子非子思孟轲案再鞫

《荀子·非十二子》篇是先秦学术史的名篇。该篇在分别批判了它嚣、魏牟、陈仲、史䲡、墨翟、宋钘、慎到、田骈、惠施、邓析十子后,锋芒又直指子思、孟轲二子,说他们:"略法先王而不知其统,犹然而材剧志大,闻见杂博,案往旧造说,谓之五行,甚僻违而无类,幽隐而无说,闭约而无解,案饰其辞,而祗敬之曰:此真先君子之言也。子思唱之,孟轲和之,世俗之沟犹瞀儒嚾嚾然不知其所非也,遂受而传之,以为仲尼、子游为兹厚于后世:是则子思、孟轲之罪也。"①它嚣、魏牟、陈仲、史䲡、墨翟、宋钘、慎到、田骈、惠施、邓析十子属于道家、名家、法家、墨家等不同学派,荀子作为战国中晚期儒家的代表人物,批评他们,自在情理之中。但子思、孟轲为儒门名宿,荀子却如此尖锐地批评他们,同室操戈,人多不解。

比如扬雄(前53—18)《法言·君子》就说:"孙卿非数家之书,侻也。至于子思、孟轲,诡哉!"②认为荀子"非"它嚣、魏牟、陈仲、史䲡、墨翟、宋钘、慎到、田骈、惠施、邓析十子"侻也",符合于道。但"非"到儒家嫡系的子思、孟轲身上,就特别诡异,不好理解。

《韩诗外传》卷四的记载较之《荀子·非十二子》篇则有了改变:"夫当世之愚,饰邪说,文奸言,以乱天下,欺惑众愚,使混然不知是非治乱之所存者,则是范雎、魏牟、田文、庄周、慎到、田骈、墨翟、宋钘、邓析、惠施之徒也。此十子者,皆顺非而泽,闻见杂博,然而不师上古,不

---

① 董治安、郑杰文、魏代富整理:《荀子汇校汇注附考说》,南京:凤凰出版社,2018年,第267页。
② 汪荣宝:《法言义疏》卷十八,北京:中华书局,1987年,第499页。

法先王，按往旧造说，务自为工，道无所遇，而人相从。故曰十子者之工说，说皆不足合大道，美风俗，治纲纪，然其持之各有故，言之皆有理，足以欺惑众愚，交乱朴鄙，则是十子之罪也。"① 不但将批评的对象它嚣、陈仲、史鳅改作了范雎、田文、庄周，而且"十二子"也变成了"十子"，没有了儒家的子思与孟轲。

南宋王应麟（1223—1296）因此说："荀卿非子思、孟子，盖其门人如韩非、李斯之流，托其师以毁圣贤，当以《韩诗》为正。"② 认为《荀子·非十二子》篇"当以《韩诗》为正"，是非十子而非非十二子，其"非子思、孟子"部分，本非荀子之作，而是"其门人如韩非、李斯之流"的伪托。

王应麟之说，过去响应者寥寥，到了现代，却颇有市场。疑古大师顾颉刚（1893—1980）即云："《非十二子》中所骂的子思、孟轲即是邹衍的误传，五行说即是邹衍所造。"③ 林尹（1910—1983）也说："荀卿《非十二子》一篇，据《韩诗外传》所引，并无子思、孟子，则为后人所增，已无可疑。"④

近来，这种意见甚嚣尘上。如颜世安就说："王应麟的说法是有道理的。虽然非思、孟者未必是韩非、李斯之徒，但不是荀子本人，是其后学的可能甚大。"⑤ 周炽成（1961—2017）更进一步，说："《非十二子》中之非子思、孟轲部份，不出自荀子本人之手，而是其后学之所属。文字结构、字数、所示意义、后世的引用等，都可证明这一判断。荀子本人并不反对孟子，而对孟子思想多有肯定和吸收。"⑥ 这些翻案意见，在时下的学术界兴起了波澜。⑦

不过，事实上这些说法都是不能成立的。

---

① 屈守元：《韩诗外传笺疏》卷四，成都：巴蜀书社，1996年，第402-403页。
② 王应麟：《困学纪闻》卷十，上海：上海古籍出版社，2015年，第221页。
③ 顾颉刚：《五德终始说下的政治和历史》，《顾颉刚古史论文集》（二），北京：中华书局，2011年，第254页。
④ 林尹：《〈荀子斠证〉序》，阮廷焯：《荀子斠证》，华南铸字厂，1959年。
⑤ 颜世安：《荀子人性观非"性恶"说辨》，《历史研究》2013年第6期。
⑥ 周炽成：《〈非十二子〉之非子思、孟轲出自荀子后学考》，《国学学刊》2014年第3期。
⑦ 如代秋彬就作《荀子未作〈非十二子〉篇贬抑思孟段新证》之文响应，见《西昌学院学报（社会科学版）》第27卷第3期，2015年9月。

清人梁玉绳（1744—1819）早就指出："厚斋此言似误……《法言·君子》篇：'荀卿非数家之书，侻也；至于子思、孟轲，诡哉！'是扬雄所见《荀》书有思、孟，与今本仝。"① 梁氏引扬雄《法言》说驳王应麟，应该说非常有说服力。所谓"侻"，符合。指荀子《非十二子》篇对它嚣（范雎）、魏牟、陈仲、史鳅、墨翟、宋钘、慎到、田骈、惠施、邓析的批评符合于道，符合于教。故李轨注："弹驳数家，侻合于道。"② 所谓"诡"，诡异也。荀子与子思、孟轲同属儒门，却操戈相向，扬雄感到不好理解，所以称"诡异"。从扬雄的这一评论看，其所见之《非十二子》篇，分明是有"非子思、孟轲部份"的，故梁玉绳说"与今本仝（同）"。

但《韩诗外传》成书要早于扬雄《法言》。《汉书·儒林传》："韩婴，燕人也。孝文时为博士，景帝时至常山太傅。婴推诗人之意，而作《内》《外传》数万言，其语颇与齐、鲁间殊，然归一也。淮南贲生受之。燕、赵间言《诗》者由韩生。韩生亦以《易》授人，推《易》意而为之《传》。燕、赵间好《诗》，故其《易》微，唯韩氏自传之。武帝时，婴尝与董仲舒论于上前，其人精悍，处事分明，仲舒不能难也。后其孙商为博士。"③ 可见韩婴为西汉早期人，较之西汉晚期人扬雄要早出一段时间。因此，扬雄见到的《非十二子》篇"与今本仝"，并不能证明韩婴所见到的《荀子》该篇就一定"与今本仝"，就一定有"非子思、孟轲部份"。今本的《荀子·非十二子》篇与《韩诗外传》卷四"非十子"段的关系还有待辨证。

从语言分析入手来看两者的先后，应是一种客观可信的方法。

唐人杨倞在《荀子·劝学》篇"安特将学杂志顺《诗》《书》而已耳"《注》中提出："安，语助，犹言抑也。或作'安'，或作'按'。《荀子》多用此字。《礼记·三年问》作'焉'。《战国策》谓赵王曰：'秦与韩为上交，秦祸案移于梁矣。秦与梁为上交，秦祸案攘于赵矣。'《吕氏春秋》吴起谓商文曰：'今置质为臣，其主安重；释玺辞官，其主安轻。'盖当时人通以'安'为语助，

---

① 梁玉绳：《瞥记》卷五，清嘉庆刻，清白士集本，第4页。
② 汪荣宝：《法言义疏》卷十八，北京：中华书局，1987年，第499页。
③ 班固：《汉书》，北京：中华书局，1962年，第3613页。

或方言耳。"① 这是说《荀子》书中"安"或"按"多用为语助词，犹如"抑"，这是当时人的习惯，也许是方言。《战国策》《吕氏春秋》也有这种现象。其首次注意到了《荀子》书"安""按"字的特殊用法。

接着杨倞注就此进行系统讨论的当数清人王引之（1766—1834）。其名著《经传释词》卷二"安案"条称："安，犹'于是'也，乃也，则也。字或作'案'，或作'焉'，其义一也。其作'安'者……《荀子·劝学》篇曰：'上不能好其人，下不能隆礼，安特将学杂识志，顺《诗》《书》而已耳。'安，犹'则'也。言既不能好其人，又不能隆礼，则但学杂识、顺《诗》《书》而已也。《仲尼》篇曰：'委然成文以示之天下，而暴国安自化矣。'言暴国于是自化也。又曰：'文王诛四，武王诛二，周公卒业；至于成王，则安无诛矣。'言至于成王，则于是无诛也。（今本'安'下有'以'字，乃后人不晓文义而妄加之。《大略》篇曰：'至成、康则案无诛已。'是其证。）《王霸》篇曰：'身不能，不知恐惧而求能者，安唯便僻、左右、亲比己者之用。'言于是唯便僻、左右是用也。又曰：'先义而后利，安不恤亲疏，不恤贵贱，唯诚能之求。'言于是不恤亲疏贵贱，而但求能者也。《正论》篇曰：'德明威积，海内之民，莫不愿得以为君师。然而暴国独侈，安能诛之。'……言海内莫不服从，而暴国独侈然自大，于是乃诛之也。又曰：'于是焉桀、纣群居，而盗贼击夺以危上矣。安禽兽行，虎狼贪，故脯巨人而炙婴儿矣。'安，亦'于是'也，互文耳。……《荀子·荣辱》篇曰：'故先王案为之制礼义以分之。'言于是制礼义也。《王制》篇曰：'权谋倾覆之人退，则贤良知圣之士案自进矣。'言于是自进也。《臣道》篇曰：'是案曰是，非案曰非。'言是则曰是，非则曰非也。《正论》篇曰：'今子宋子案不然。'言今子宋子则不然也。"并说："《荀子》中用'案'字者甚多，今不具载。"② 他不但将《荀子》一书这种特殊用法的"安""按"扩展到"案"，而且还补充了十二例。特别是指出其义"犹'于是'也，乃也，

---

① 董治安、郑杰文、魏代富整理：《荀子汇校汇注附考说》，第53页。案：标点有改正，又补"安"字。
② 王引之：《经传释词》卷二，长沙：岳麓书社，1985年，第33-35页。

则也",而非"抑",非常正确。

清末学者王先谦(1842—1917)继承了王引之说,谓:"安犹案也……安、案并犹则也。荀书用安、案字,或为语词,或作'则'字用。……《强国》篇云'秦使左案左,使右案右',(使楚也)谓使左则左,使右则右也。《臣道》篇云'是案曰是,非案曰非',谓是则曰是,非则曰非也。《正论》篇云'暴国独侈,安能诛之',(能字衍)谓暴国独侈则诛之也。又云'今子宋子案不然',谓子宋子则不然也。《解蔽》篇云'学者以圣王为师,案以圣王之制为法',谓以圣王为师,则以圣制为法也。此并以安、案代'则'字。余皆语词。《富国》篇'则案以为利也',《仲尼》篇云'至于成王则安以无诛已',《大略》篇云'至成康则案无诛已',《臣道》篇云'凡人非贤则案不肖也',以'则案''则安'连用,安、案亦语词。"① 在王引之说的基础上,又增加了荀书"安""案"作"则"字用的五例,使《荀子》书"安""案""按"的这种特殊用法更加突出。

近人张亨(1931—2016)也指出:"在《三年问》与《礼论》篇的异文中最可注意的是《礼论》篇'安为之立中制节''故先王案以此象之也''案使倍之''案使不及也'数句中的'安'或'案'字《三年问》都作'焉'。以安或案作为语助词或承接连词是荀书中的习惯用法。……安或案作语词用虽然也曾见于其他先秦古籍,而荀书使用的次数特多,其为荀书中一类习惯的用语无疑。《礼论》篇这里用安和案为语词与荀书他篇的用例一致,所以这既不可能是编定荀书者有意的窜改,《礼论》篇这一段也就不可能是从《三年问》篇'混入'的。倒是抄入《礼记》的人不习惯于安、案这种比较特殊的用法,才将它们都改为'焉'字。"② 他不仅从《荀子·礼论》篇增补了四个"安"或"案"作语助词或承接连词的用例,还利用其为荀书习惯用语的特点,推定《礼记·三年问》篇的异文"焉"后出,很有道理。

随后,郑良树(1940—2016)《〈荀子·非十二子〉"子思孟轲"条非附

---

① 董治安、郑杰文、魏代富整理:《荀子汇校汇注附考说》,第 53-54 页。
② 张亨:《〈荀子·礼论〉篇非取自大、小《戴记》辨》,《大陆杂志》42 卷第 2 期,1971 年。

益说》①一文利用荀书"安""案"的这种特殊用法来证明《非十二子》篇"非子思孟轲"段为荀书所原有，可以视为张亨工作的推进。

"安"字作承接连词的例子，郑氏举出六例，其中《王霸》篇的"安与夫千岁之信士为之也。……安不恤是非……"二例是他的新补充。

"案"字作承接连词的例子，郑氏举出二十七例，其中《非十二子》篇的"案饰其辞而祇敬之"，《王制》篇的"案谨募选阅材技之士""案以中立无有所偏而为纵横之事，偃然案兵无动，以观夫暴国之相卒也。案平政教，审节奏""案修仁义，伉隆高""兵劲城固，敌国案自诎矣"，《王霸》篇的"案申重之以贵贱杀生"，《富国》篇的"凡攻人者，非以为名，则案以为利也，不然则忿之也""人皆失丧之，我案起而制之"，《议兵》篇的"案角鹿埵、陇种、东笼而退耳"，《强国》篇的"案独以为私廉""案直为是世俗之所以为""案欲剡其胫而以蹈秦之腹""案用夫端诚信全之君子治天下焉"，《礼论》篇的"案屈然已""故先王案为之立文"，《解蔽》篇的"案直将治怪说"，这十七例，皆为郑氏新补。

郑氏认为，先秦古籍"案"字作"乃""于是""就"者，为数至少，应该是《荀子》书的特殊用法。检遍《韩诗》，除"案往旧造说"外，全书从来不曾有将"案"字作句首、置句中而有此义者，可见《韩诗》不但无此特殊用法，更可以证明《韩诗》此句乃抄录自《荀子》。不然，如何会写出如此具有《荀子》特色的句子来？这一论证，很有说服力，但仍有值得商榷之处。

郑氏谓《韩诗外传》卷四的"按往旧造说"本于《荀子·非十二子》篇的"案往旧造说"完全可以成立，但他将"案往旧造说"之"案"训为虚词，释为"乃"，却不可尽信。杨倞注："案前古之事而自造其说，谓之五行。"②不释"案"字，实质是不以"案"为"乃"。日本学者物双松（1645—

---

① 郑良树：《〈荀子·非十二子〉"子思孟轲"条非附益说》，氏著：《诸子著作年代考》，北京：北京图书馆出版社，2001年，第228-238页。
② 董治安、郑杰文、魏代富整理：《荀子汇校汇注附考说》，第279页。

1911)《读荀子》卷一:"'案往旧造说',言案据往世旧家之言,创造其说。"①桃井白鹿《荀子遗秉》也说:"案,据也。"②都是释"案"为"据"。今人的《荀子》注本,多数沿袭了这一意见。至郝懿行(1755—1823),始以此"案"字为虚词。其《荀子补注》说:"荀书多以'案'为语辞。'案',犹'焉'也。下'案饰其辞',义亦同。杨注非是。"③认为"案往旧造说"之"案"与"案饰其辞"之"案"义同,都是虚词,都应该训为"焉"。郑氏据郝懿行的这一意见为说,应该是有瑕疵的。

"案往旧造说"之"案"训为"据",是为动词。"案往旧"与"造说"都是动宾结构。"往旧"复词同义,为"案"的宾语。"说"为"造"的宾语。如果"案"为虚词"焉"或"乃"的话,"往旧"与"造说"的结构就不同了。魏代富看到了这一问题,他说:"《荀子》一书,'案'多为语辞,郝懿行云此处'案'与下'案饰其辞'之'案'同,是也。然'往旧造说'义亦不伦,'往旧'前缺一动词。"因此,他提出了解决的办法:"'往'乃'任'之形讹,任读作仍,仍者,因也,循也。……任旧造说,依据旧说更造新说,即下'五行'也。"④这样,"案往旧造说"就变成了"案任旧造说"。这种改法虽然保住了"案"的语辞义,维持了郝说,但改字为训,将"往"改做了"任"。其实大可不必。因为《荀子》书本来就有"案"训为"据"的例证。如《不苟》篇云:"故君子者,治礼义者也,非治非礼义者也。然则国乱将弗治与?曰国乱而治之者,非案乱而治之之谓也,去乱而被之以治。人污而修之者,非案污而修之之谓也。去污而易之以修,故去乱而非治乱也,去污而非修污也。"杨倞注:"案,据也,据旧乱而治之也。《荀子》'安''案'多为语助,与此不同也。"梁启雄《简释》:"案借为按。《汉书·扬雄传》注:'按,依也。'《广雅·释诂》:'被,加也。'"魏代富也说:"'案'是因循的意思。非案乱而治之,谓不行礼义于乱世;云乱而被之以治,谓先云除混乱(如

---

① 王天海:《荀子校释》(修订本),上海:上海古籍出版社,2016年,第209页。
②③ 董治安、郑杰文、魏代富整理:《荀子汇校汇注附考说》,第279页。
④ 董治安、郑杰文、魏代富整理:《荀子汇校汇注附考说》,第281页。

用武力手段等）而后推行礼义。"① 既然《荀子·不苟》篇有"案"义为"据"的成例，"案往旧造说"完全可以释为"据往旧造说"，又何必迁就郝懿行说，将"案往旧造说"改为"案任旧造说"呢？由此可见，郑氏之说，犹有值得改进之处。

近年来，研究《荀子》语言问题的论作不少，其中成绩最为突出的要数黄珊的《荀子虚词研究》。② 该书"对《荀子》各类虚词作了穷尽性的分析研究，力求全面揭示《荀子》各类虚词的语法功能和语法意义"，其《荀子》虚词"安""案""按"研究部分，对我们启发颇大。

黄氏统计，《荀子》全书"安"字共出现188次，"案"字出现38次，"按"字1次，总计227次。其中实词159例：形容词98例，动词61例；虚词68例：疑问语气词16例，连词45例，副词7例。③

黄氏指出：作为虚词而言，《荀子》书"安""案"的词义是完全相同的。《荀子》中"按"只出现一例："人皆失丧之，我按起而治之。"（《富国》）。这一例可能是"桉"字之误。"桉"是"案"的或体。《战国策》中就有"桉""按"混用的用例。因此，《荀子》书中虚词"安""案""桉""按"实为一词，只是字形不同罢了，可称之为"异形同义词"。④

《荀子》书"安""案"用作连词，表顺接，如：

1. 先义而后利，安不恤亲疏，不恤贵贱，唯诚能之求。（《王霸》）
2. 殷之日，安以静兵息民，慈爱百姓。（《王制》）
3. 孰能有与是斗者与？安以其国为是者王。（《王制》）
4. 敌国案自诎矣。（《王制》）
5. 辟田野，实仓廪，便备用，案谨募选阅材伎之士。（王制）
6. 故先王圣人安为立中制节。（《礼论》）
7. 故先王案为之制礼义以分之。（《荣辱》）

---

① 董治安、郑杰文、魏代富整理：《荀子汇校汇注附考说》，第141-142页。
② 黄珊：《荀子虚词研究》，开封：河南大学出版社，2004年，第217页。
③ 黄氏原作"连词四六例，副词六例"。
④ 黄珊：《荀子虚词研究》，第174-175页。

8. 暴国独侈，安诛之，必不伤害无罪之民。(《正论》)

9. 暴国安自化矣。(《仲尼》)

用作连词，已有表示转接关系的，如：

10. 身不能，不知恐惧而求能者，安唯便僻左右亲比己者之用。(《王霸》)

11. 不知道此道，安值将卑执出劳，并耳目之乐。(《君道》)

12. 其僻违而无类，幽隐而无说，闭约而无解，案饰其辞而祗敬之曰："此真先君子之言也。"(《非十二子》)

13. 虽能之无益于人，不能无损于人，案直将治怪说，玩奇辞，以相挠滑也。(《解蔽》)

用作连词，还有表示并列关系的，如：

14. 今夫偷生浅知之属，曾此而不知也，粮食大侈，不顾其后，俄则屈安穷矣。(《荣辱》)

15. 故学者以圣王为师，案以圣王之制为法。(《解蔽》)

作为表示顺承关系、转折关系、并列关系的连词"安""案"，一共是 45 例。

作为语气副词的"安""案"，《荀子》书一共是 7 例。如：

16. 是案曰是，非案曰非，是事中君之义也。(《臣道》)

17. 然而秦使左案左，使右案右。(《强国》)

这 4 个作为副词的"案"，表示语气的加重和对事实的确认。

18. 人皆失丧之，我按起而制之。(《富国》)

19. 今子宋子案不然，独诎容为己，虑一朝而改之，说必不行矣。(《正论》)

20. 上不能好其人，下不能隆礼，安特将学杂识志、顺《诗》《书》

而已耳。(《劝学》)

这里的"按""案""安",作为副词,表示的是语气的转折。

黄氏认为:"安、案、按"作连词或副词,较早的用例是在《国语》中。《逸周书》《管子》《老子》《墨子》《大戴礼记》《战国策》《战国纵横家书》《吕氏春秋》等先秦古籍中时有所见。汉代以后就没有发现"安、案、按"的类似用法。因此,她断定:"安、案、按"用作连词、副词,仅仅是先秦汉语的用法,时间大约在公元前967年至公元前209年之间。汉代以后,这种用法就已经消失了。[1] 这是基于先秦秦汉现有全部语料得出的结论,应该是可信的。

而在《荀子·非十二子》篇的"非子思孟轲"段里,尽管"略法先王而不知其统,然而犹材剧志大,闻见杂博,案往旧造说,谓之五行"句的"案"是动词,但下面的"甚僻违而无类,幽隐而无说,闭约而无解,案饰其辞,而祇敬之曰:此真先君子之言也"句的"案"字则是表转折语气的副词。这应该是先秦文献独具的现象,也是《荀子》书特有的语言特色,汉代以后就没有再发现"案"的这种用法了。因此,说《荀子·非十二子》篇的"非子思孟轲"段非荀子所作,其为汉人所掺入,是没有道理的,得不到汉语史语言研究的支持。

《韩诗外传》此段话袭自《荀子·非十二子》篇,从文义的比较上也能看出。比如《荀子·非十二子》篇说子思、孟轲"略法先王而不知其统,然而犹材剧志大,闻见杂博,案往旧造说,谓之五行",逻辑非常清楚。所谓"造说",即"造""五行"之说。所谓"案往旧",承"略法先王""闻见杂博"而来。而《韩诗外传》说"此十子者,皆顺非而泽,闻见杂博,然而不师上古,不法先王,按往旧造说"则前后矛盾,名实不副。既然说"不师上古,不法先王",就不好说"按往旧造说"。而且"不师上古,不法先王"这样的批评,用来说"庄周"尚可,用来说"墨翟",就非常荒谬了。"范雎、魏牟、田文、庄周、慎到、田骈、墨翟、宋钘、邓析、惠施之徒",政治

---

[1] 黄珊:《荀子虚词研究》,第179-180页。

主张各异，思想学说许多都是针锋相对的，怎么能套用同样的评价呢？所以，《荀子·非十二子》篇显然是荀子的原创，而《韩诗外传》此段只能说是杂凑抄袭。

《荀子·非十二子》篇对思孟的批评，人们感到奇怪，是不熟悉《荀子》书所致。《性恶》篇批评性善说，点了四次孟子名。《解蔽》篇的"空石之中"章云："空石之中有人焉，其名曰觙。其为人也，善射以好思。耳目之欲接，则败其思；蚊虻之声闻，则挫其精。是以辟耳目之欲而远蚊虻之声，闲居静思则通。思仁若是，可谓微乎？孟子恶败而出妻，可谓能自强矣。"饶彬指出："觙，与'伋'同。其人实指孔伋。伋，字子思，故下文云：'其为人也，善射以好思。'"[①]此说可信。可见，不唯《非十二子》篇批评了子思、孟轲，《解蔽》篇也同样有批评，更不要说《性恶》篇是专门针对孟轲了。如果据《韩诗外传》此段话抹掉《荀子·非十二子》篇对子思、孟轲的批评，《解蔽》篇的"空石之中"章对子思、孟轲的批评，《性恶》篇对孟轲的批评又如何解释？可见据《韩诗外传》否定《荀子·非十二子》篇对子思、孟轲的批评完全是徒劳的。

总之，由《荀子》书"案（安、按）"的虚词用法看，《非十二子》篇论子思、孟轲一段为先秦文法无疑，属于荀子特有的语言风格；从《荀子·非十二子》篇与《韩诗外传》相应段落文义内容的比较来看，《荀子·非十二子》篇是原创，而《韩诗外传》则是杂凑抄录。将《荀子·非十二子》篇对子思、孟轲的批评说成是荀子后学所为，否定其为荀子之作，经不起先秦秦汉文献的检验，只能说是无稽之谈。

---

① 饶彬：《荀子疑义辑释》，台北：兰台书局，1977年，第166页。

"人心之危,道心之微"本义考

——兼论《大禹谟》"虞廷十六字"的真伪

《荀子·解蔽》篇所引《道经》"人心之危,道心之微"在中国学术史上影响深远,但古今学人对其内涵及性质的认识却颇成问题。

唐人杨倞注:"今《虞书》有此语而云《道经》,盖有道之经也。"[①] 是说《荀子·解蔽》篇所引《道经》"人心之危,道心之微"即《尚书·虞书》,也就是《伪古文尚书·大禹谟》篇的"人心惟危,道心惟微",《荀子·解蔽》篇之所以不称《尚书·虞书·大禹谟》而称"道经",是因为《尚书·虞书·大禹谟》为"有道之经也"。这样,"道经"就不是专名而是泛称了。

杨倞注对"道经"的解释,后人并不认可。清儒李绂(1675—1750)《古文尚书考》云:"汉以前从未尝称《易》《诗》《书》《春秋》为经;《论语》《孟子》所引亦无经字。且孔、孟为儒家而黄、老为道家,自战国至汉无异辞。道家之书则曰经,如老子《道德经》《庄子》《南华经》、列子《冲虚经》、关尹子《文始经》,皆是。《道经》之非《尚书》也明矣。按晋王坦之作《废庄论》,亦引'道心惟微,人心惟危'二语,而不言其本于《虞书》;且与《庄子》'吹万不同,孰知正是'二语连举,则此语之出于诸子明甚。盖道家者流小仁义而外形骸,故分心以为二;荀子以性为恶,采之亦不足怪。若舜,则必无此言明矣。朱子宗孔、孟之道,辟异端之说,

---

① 《荀子》卷第十五,北京:文物出版社,1974年12月影印北京图书馆藏宋浙刻本,下同。

而乃以道家之言为圣人传心之要旨。"① 直指《道经》为"道家之言"。日人久保爱（1759—1832）也说："'人心''道心'，亦颇似道家者流之语也。"② 这样，"道经"就非泛称而属专名，坐实了《道经》为道家著作。

对于"人心之危，道心之微"的内涵，前哲今贤也多有说解。

梁启超（1873—1929）说："言'人心之危'，即'道心之微'，戒慎恐惧，即道心之最精处也。"③ 是说知"人心""危"而"难安"，能"戒慎恐惧"，这就是"道心之微"，是"道心之最精处"。

李涤生（1902—1994）《集释》："《尚书·大禹谟》作'人心惟危，道心惟微。'此仍当以荀子意释之。'人心'，谓常人之认识心。此心易蔽，惟专一于道，时加戒惧，则不蔽。'道心'，谓化于道之道德心。由戒惧其心，道心日长，至于涵养纯熟，认识精微，而化于道，即为道心。此言：由人心之戒惧，可至道心之精微。（这是说养心的层次，观下文'空石'一段可知。）"④

北京大学《荀子》注释组《新注》："人心：遵循道的心。道心：掌握了道的心。"将"人心之危，道心之微"译为："遵循专一于道的原则，并能时时警惕，这是人心的境界；自觉培养专一于道，并注意每一个细微之处，这是道心的境界。"⑤

蒋南华等的翻译是："一般人的心，有所警惧，而得'道'人的心，达到精深细微的程度。"⑥

杨柳桥（1908—1993）《诂译》："人心是要知所戒惧的，道心是要做到精微的。"⑦

---

① 崔述：《唐虞考信录》卷之四引，见顾颉刚编订：《崔东壁遗书》，上海：上海古籍出版社，1988年，第101页。
② 久保爱：《荀子增注》第8册，道光五年和刻本。
③ 梁启雄：《荀子简释》，北京：中华书局，1983年，第299页。
④ 李涤生：《荀子集释》，台北：学生书局，1979年2月，第492页。
⑤ 北京大学《荀子》注释组：《荀子新注》，北京：中华书局，1979年2月，第356-357页。
⑥ 蒋南华、罗书勤、杨寒清：《荀子全译》，贵阳：贵州人民出版社，1995年，第455页。
⑦ 杨柳桥：《荀子诂译》，济南：齐鲁书社，1985年，第600页。

张觉《荀子译注》为："一般人的思想只能达到戒惧的境界，得道之人的思想才能达到精妙的境界。"①

王天海的翻译作："人的思想要达到最高的境界，得道的思想才能达到精微的境界。"②

这些诠释虽不无有见，但总的来说，偏离《荀子·解蔽》篇上下文的精神，问题多多。

"人心"，张觉以其为"一般人的思想"，以有别于"道心（得道之人的思想）"，还是可以的。《周易·咸·象传》有："圣人感人心，而天下和平。"③《孟子·滕文公下》有："我亦欲正人心、息邪说、距诐行、放淫辞，以承三圣者。"④应该说，《荀子·解蔽》篇的"人心"与《孟子·滕文公下》的"人心"最近，指的是一般人的思想，也就是意愿、感情。

"道心"，本指客观事物最基本的精神。王充（27—97）《论衡·薄葬》："事莫明于有效，论莫定于有证，空言虚语，难得道心，人犹不信。"⑤刘勰（465—520）《文心雕龙·原道》："爰自风姓，暨于孔氏，玄圣创典，素王述训，莫不原道心以敷章，研神理而设教。"陆侃如（1903—1978）、牟世金（1928—1998）注："道是自然之道，那么道的心应该指自然之道的基本精神。"⑥但从下文"空石之中有人焉"一段来看，明显是指达到了"至人"境界的"仁者之思""圣人之思"。所以，李涤生以其为"化于道之道德心"、蒋南华等的译文以其为"得'道'人的心"、张觉以其为"得道之人的思想"，都切中肯綮，当属有见。

---

① 张觉：《荀子译注》，上海：上海古籍出版社，2012年，第312页。
② 王天海：《名家讲解荀子》，长春：长春出版社，2009年，第351页。
③ 卢光明、李申整理：《周易正义》，《十三经注疏》繁体标点本，北京：北京大学出版社，1999年，第164页。
④ 廖名春、刘佑平整理：《孟子注疏》，《十三经注疏》繁体标点本，北京：北京大学出版社，2000年，第211页。
⑤ 黄晖：《论衡校释》，北京：中华书局，1990年，第962页。
⑥ 陆侃如、牟世金：《文心雕龙选译》（上册），济南：山东人民出版社，1962年，第74页。

"危",除王天海将其训为"最高境界"外①,其他人都将"危"训为危惧,从而引申出戒慎警惕之义来。"微",大家或以其为"微妙",或以其为"细微",或以其为"精微",或以其为"精妙"。但无论从"昔者舜之治天下也"段来看,还是从下文"空石之中有人焉"段来看,这些解释都可谓扞格不通,文不对题。

久保爱称《解蔽》篇:"文辞奇古,误脱许多,尤难解者也。"② 物双松(1768—1830)对"昔者舜之治天下也"段也有"难解"之叹。③ 这皆非虚言。可以说,对"昔者舜之治天下也"段文字,无论是前贤,还是今人,基本都没有读懂。

我们先来看"昔者舜之治天下也,不以事诏而万物成"句。

杨倞注:"舜能一于道,但委任众贤而已,未尝躬亲以事告人。"④

王天海《校释》:"诏,教也。'不以事诏',言不以事教导之。《尔雅·释诂下》:'诏,导也。'郭璞注:'诏,谓教导之。'《庄子·盗跖》'必能诏其子',《释文》:'诏,教也。'杨注未当。"⑤

萧旭《校补》:"亦见本书《大略》,杨氏'诏'训诏告。……诏训告诫,与'教导'义相因,王氏未会。"⑥

案:从《荀子·大略》篇"主道知人,臣道知事。故舜之治天下,不以事诏而万物成。农精于田而不可以为田师,工贾亦然"⑦说可知,"事诏"即"知事",也就是管事。《管子·戒》篇:"于国有所不知政,于家有所不知事,必则朋乎。"尹知章(669—718)注:"若皆知之,则事钟于己,将不胜任而败。朋能有所不知,故可以移政。"⑧

---

① 王天海:《名家讲解荀子》,第 352 页。
② 久保爱:《荀子增注》第 8 册,道光五年和刻本。
③ 物双松:《读荀子》卷三,京师:书肆水玉堂梓本,第 359 页。
④ 《荀子》卷第十五。
⑤ 王天海:《荀子校释》,上海:上海古籍出版社,2005 年,第 860 页。
⑥ 萧旭:《荀子校补》(下),台北:花木兰文化出版社,2016 年,第 447 页。
⑦ 《荀子》卷第十九。
⑧ 黎翔凤:《管子校注》,北京:中华书局,2004 年,第 520 页。

如此,"诏"可读为"招",训为羁绊、束缚。《孟子·尽心下》:"今之与杨墨辩者,如追放豚,既入其笠,又从而招之。"赵岐(108—201)注:"譬如追放逸之豕豚,追而还之入栏,又复从而罥之。"① 朱熹(1130—1200)《集注》:"招,罥也,羁其足也。"②

"以",介词,为。《左传·定公十年》:"所以事君,封疆社稷是以。"杜预(222—285)注:"以,犹为也。"杨伯峻(1909—1992)注:"意谓为国家土地之安全,于是事齐。"③

"不以事诏"即"不为事招",也就是不为事所羁绊,不陷于具体事务中。《荀子·王霸》篇:"使愚诏知,使不肖临贤。"④ "诏"与下句"临"对,"临"为治理,"诏"训教导则不协,应是管制义,也应读为"招",意思与这里的"不以事诏而万物成"之"诏"同。

一般人,"以事诏(招)"方能成事,而舜为"至人""圣人",所以他"不以事诏(招)而万物成",不陷于具体事务,不事必躬亲也能将万事办成。这与《周易·系辞传》"黄帝、尧、舜垂衣裳而天下治"⑤是一个道理,《荀子·王霸》篇则称之为:"守至约而详,事至佚而功,垂衣裳,不下簟席之上","天子共己而已矣"。⑥

再来看"处一之危,其荣满侧;养一之微,荣矣而未知"的解释。

杨倞注:"'一',谓心一也。'危之',当为'之危'。'危',谓不自安,戒惧之谓也。'侧',谓逼侧,亦充满之义。'微',精妙也。处心之危,言能戒惧,兢兢业业,终使之安也。养心之微,谓养其未萌,不使异端乱之也。处心之危有形,故其荣满则可知也。养心之微无形,故虽荣而未知。言舜之为治,养其未萌也。"⑦

物双松曰:"盖能处于一而危惧自持,则光华充大矣。能养其一而微

---

① 廖名春、刘佑平整理:《孟子注疏》,《十三经注疏》繁体标点本,第466页。
② 朱熹:《孟子集注》,《四书章句集注》,北京:中华书局,1983年,第371页。
③ 杨伯峻:《春秋左传注》(修订本),北京:中华书局,1990年,第1583页。
④⑥ 《荀子》卷第七。
⑤ 卢光明、李申整理:《周易正义》,《十三经注疏》繁体标点本,第353页。
⑦ 《荀子》卷第十五。

妙通神，则虽有光华而不自知矣。谓务止于是也。'养'，谓从容涵养不用力也。"①

冢田虎（1745—1832）曰："'危'，谓心之所以感物而发动也。'微'，谓心之所幽微而不彰也。言处一心之所以危，而不忘戒惧之，则荣华充满矣。养一心之所以微，而能诱掖之，则不觉知而息荣也。"②

久保爱曰："'处一之危'，谓善处人心之危使安也。'养一之微'，谓善养道心之微使明也。'荣矣而未知'，未详，恐不知荣华之在身之谓也。"③

王念孙（1744—1832）曰："《成相》篇云：'思乃精，志之荣，好而壹之神以成。'《赋》篇云：'血气之精也，志意之荣也。'四'荣'字并同义。"④

钟泰（1888—1979）曰："荣，当读如'荧'。'荧'，惑也。"⑤

潘重规（1907—2003）曰："'其荣满侧'，犹言安荣辐凑而至。'荣矣而未知'，犹言不知其然而荣矣。言其自然之效也。"⑥

梁启雄（1900—1965）《简释》："'一'当为'壹'。《说文》：'危，在高而惧也。'《吕览》注：'荣，光明也。''侧'，当为'厕'，《广雅》：'厕，间也。'《说文》：'微，隐行也。'"⑦

杨柳桥《诂译》："'处壹'，犹言守壹也。守壹而知戒惧，则荣满左右。养壹而极于微妙，虽荣而不自知也。"⑧

王天海《校释》："两'之'，皆训至。'危'者，高而戒惧也。言其处心专一而至危惧，其美誉满侧也。'荣'，指美誉。《汉书·扬雄传下》'四皓采荣于南山'，颜注：'荣者，谓声名也。'养专壹之心至精微，虽有美誉而未知也。正文'之危'，据杨注知为后人校正之，诸本已改作'危之'。

---

① 物双松：《读荀子》卷三，第359-360页。
② 王天海：《荀子校释》，第860-861页。
③ 久保爱：《荀子增注》第8册，道光五年和刻本。
④ 王念孙：《读书杂志·荀子补遗》，清道光十二年刻本。
⑤⑥ 王天海：《荀子校释》，第861页。
⑦ 梁启雄：《荀子简释》，第298-299页。
⑧ 杨柳桥：《荀子诂译》，第597页。

杨注文'言舜'原作'言辞'，据诸本改。"①

萧旭《校补》："'侧''塞'一音之转……'满侧'即'满塞'音转……《孟子·公孙丑上》赵岐注：'塞满天地之间。''塞满'是其倒言。"②

案：这里的两个"一"，即"虚壹而静"之"壹"，也就是正确的选择。"处一"，基于正确的选择，立足于正确的选择。"养一"，保持正确的选择，坚持正确的选择。

"危"，当训为正直、端正。《广雅·释诂一》："危，正也。"③《庄子·缮性》："危然处其所而反其性。"郭象（252—312）注："危然，独正之貌。"④《逸周书·武顺》："危言不干德曰正。"⑤《汉书·贾捐之传》："臣幸得遭明盛之朝，蒙危言之策，无忌讳之患。"颜师古（581—645）注："危言，直言也。言出而身危，故曰危言。"⑥《管子·弟子职》："危坐乡师，颜色无怍。"⑦《文选·东方朔〈非有先生论〉》："吴王戄然易容，捐荐去几，危坐而听。"吕延济注："危坐，敬之也。"⑧古人以两膝着地，耸起上身为"危坐"，即正身而跪，表示严肃恭敬。"危之"，即"正之"。"处一危之"，就是立足于正确的选择而端正自己，严格要求自己。这是上文所谓"择一而壹"的意思，也是下文"空石之中有人焉"段的"自强""自忍"之义。

"微"，这里应该训为无。《小尔雅·广诂》："微，无也。"⑨《论语·宪问》："微管仲，吾其被发左衽矣。"何晏（？—249）集解："马曰：微，无也。无管仲则君不君、臣不臣，皆为夷狄。"⑩《国语·周语中》："微我，晋不

---

① 王天海：《荀子校释》，第861页。
② 萧旭：《荀子校补》（下），第447页。
③ 张揖：《广雅》卷一，明刻本。
④ 《庄子》南华真经卷第六，《四部丛刊》景明世德堂刊本。
⑤ 《逸周书》汲冢周书卷第三，《四部丛刊》景明嘉靖二十二年本。
⑥ 班固：《汉书》卷六十四下，清乾隆武英殿刻本。
⑦ 黎翔凤：《管子校注》，第1145页。
⑧ 萧统：《六臣注文选》六臣注文选卷第五十一，《四部丛刊》景宋本。
⑨ 葛其仁：《小尔雅疏证》卷一，清道光自刻本。
⑩ 何晏：《论语注疏》论语注疏解经卷第十四，清嘉庆二十年南昌府学重刊宋本十三经注疏本。

战矣!"韦昭(204—273)注:"微,无也。"① 《老子》第十四章:"视之不见名曰夷,听之不闻名曰希,搏之不得名曰微。"河上公注:"无形曰微。"② 此指无为,具体而言,就是下文"空石之中有人焉"段的"何强,何忍,何危"。"养一之微",就是坚持正确的选择而达到"无为",也就是"何强,何忍,何危"的境界。这是"虚壹而静"达到"大清明"后"至人"之修为。其天人合一,进入了道德的自由王国,自律而不需他律,"荣矣而未知",得到天下人盛赞而自己还不知道。为什么?因为他"荣矣"而"何强,何忍,何危",并没有"自强""自忍""自危"。所以,这里的"微"是形容"至人""荣矣而未知","不以事诏万事成",其含义是"无为",非常清楚。

而所引《道经》"人心之危,道心之微",正是用来证明"处一危之,养一之微",也就是《古文尚书·大禹谟》所谓的"人心惟危,道心惟微"。换言之,即"人心是危,道心是微"。这是说一般人的思想要端正,要严格要求;而得道之人的思想则不需要,无为就可以了。非常清楚,"危"正是对"微"而言的,是"微"的反义,内涵绝不是什么"危惧";"微"正是对"危"而言的,是"危"的反义,内涵绝不是什么"微妙"。"人心是危"强调的是一般人需要约束,需要纪律,需要强制;"道心是微"强调的是得道的"至人"不需要约束,不需要纪律,不需要强制。

这一解释在下面"空石之中有人焉"一段中也可得到有力的支持。

"空石之中有人焉,其名曰觙。其为人也,善射以好思。耳目之欲接,则败其思;蚊虻之声闻,则挫其精。是以辟耳目之欲而远蚊虻之声,闲居静思则通。思仁若是,可谓微乎?孟子恶败而出妻,可谓能自强矣;有子恶卧而焠掌,可谓能自忍矣;未及好也。辟耳目之欲,可谓能自强矣,未及思也;蚊虻之声闻则挫其精,可谓危矣,未可谓微也。夫微者,至人也。至人也,何强、何忍、何危?故浊明外景,清明内景。圣人纵其欲,兼其情,而制焉者,理矣,何强、何忍、何危?故仁者之行道也,无为也;圣人之

---

① 韦昭:《国语韦氏解》卷二,《士礼居丛书》景宋本。
② 《老子河上公注》老子道经上,《四部丛刊》景宋本。

行道也,无强也。仁者之思也恭,圣人之思也乐。此治心之道也!"①

这一段文字颇多错乱,杨倞、郝懿行、郭嵩焘(1818—1891)等先后有校②,当作:"空石之中有人焉,其名曰觙。其为人也,善射以好思。耳目之欲接,则败其思;蚊虻之声闻,则挫其精。是以辟耳目之欲而远蚊虻之声,闲居静思则通。思仁若是,可谓微乎?孟子恶败而出妻,可谓能自强矣,[未及思也];有子恶卧而焠掌,可谓能自忍矣,未及好也;[觙]辟耳目之欲而远蚊虻之声,可谓危矣,未可谓微也。夫微者,至人也。至人也,何强,何忍,何危?故浊明外景,清明内景。圣人纵其欲,兼其情,而制焉者理矣。夫何强,何忍,何危?故仁者之行道也,无为也;圣人之行道也,无强也。仁者之思也恭,圣人之思也乐。此治心之道也。"

"思仁若是,可谓微乎?"杨倞注:"言静'思仁'如空石之人思射,则'可谓微'乎。假设问之辞也。"③李涤生《集释》:"此假设之辞。言'思仁'如觙之思射,可以算养心达到精微的境界了吗?"④北京大学《荀子》注释组《新注》:"如果思考'仁'也象这样,能说达到了精微吗?"⑤

案:"微"即无为,指得道的"至人""何强,何忍,何危",不需要约束,不需要纪律,不需要强制。而"觙"则相反,"其为人也,善射以好思。耳目之欲接,则败其思;蚊虻之声闻,则挫其精。是以辟耳目之欲而远蚊虻之声,闲居静思则通"。如此"思仁",不能说是像"至人"那样的"无为"。显然,这里的"微"不是一般的微妙、精妙的意思,而是有"何危"的实指。

"辟耳目之欲而远蚊虻之声,可谓危矣,未可谓微也。"杨倞注:"可谓危矣,言能辟耳目之欲,则可谓能自危而戒惧,未可谓微也。微者,精妙之谓也。"⑥李涤生《集释》:"此言:空石中人,屏除耳目之欲,远离蚊虻

---

① 《荀子校释》卷十五。
② 王天海:《荀子校释》,第865-866页。
③⑥ 《荀子》卷十五。
④ 李涤生:《荀子集释》,第494页。
⑤ 北京大学《荀子》注释组:《荀子新注》,第358页。

之声，可算操心戒惧，但没有达到精微的境界。"①北京大学《荀子》注释组《新注》："避开耳目的欲望，远远地躲开蚊虻的声音，这可以说能自我警惕的了，但未能达到认识道的精微的程度。"②

案："可谓危矣，未可谓微也"，"危"与"微"相对，意义相反。"危"即"自危"，自我端正，对自己严格要求。"微"即"无为"，也就是不需"自危"，不需严格要求自己。用《论语·为政》篇孔子的话来说，"微"就是"从心所欲不逾矩"。荀子认为觙没有达到"微"，也就是"无为"的境界，不能"从心所欲不逾矩"，还需要"辟耳目之欲而远蚊虻之声"才能"思仁"。因此只能说是能"自危"，而不能说像"至人"那样做到"无为"。相比"至人"，觙，实质就是子思，自然是差了一等。

"夫微者，至人也。至人也，何强，何忍，何危？故浊明外景，清明内景。圣人纵其欲，兼其情，而制焉者理矣。夫何强，何忍，何危？故仁者之行道也，无为也；圣人之行道也，无强也。"案："微者"，就是做到"无为"的人。为什么？因为"夫微者，至人也"。而"至人"的内容则是"何强，何忍，何危"，换言之，即"无强""无忍""无危"。不需要"自强"、不需要"自忍"、不需要"自危"的"至人""仁者""圣人"就是"微者"。所以，"微"的"无为"义非常清楚。

从这一段文字对比可见，"危"与"强""忍"义近，与"微"义相反。"危"，是端正，是对人的道德要求、纪律约束；而"微"则是与"危""强""忍"相对的"无为"，是对道德要求、纪律约束的超越。以此来看"昔者舜之治天下也"段所引《道经》的含义，非常清楚，"人心之危，道心之微"，"危"的内涵绝不是"危惧"，"微"的内涵也绝不是"微妙""细微""精微""精妙"之类。

由以上两段涉及"危""微"之论文字，可以看出《荀子·解蔽》篇所引《道经》"人心之危，道心之微"的本义，是说一般人的思想要自我端正，

---

① 李涤生：《荀子集释》，第494页。
② 北京大学《荀子》注释组：《荀子新注》，第359页。

要严格要求；而掌握了道的"至人"的思想则"无为",不需要道德的约束、纪律的束缚。所谓"由人心之戒惧,可至道心之精微"、所谓"遵循专一于道的原则,并能时时警惕,这是人心的境界；自觉培养专一于道,并注意每一个细微之处,这是道心的境界"等,类似的诠释,并没有吃透其精神的实质。说是误读,当非虚言。

《荀子·解蔽》篇所引《道经》的这种"危""微"之论源于何家？颇值得追究。

杨倞注以为是本于"今《虞书》",即出自《伪古文尚书·大禹谟》"人心惟危,道心惟微。惟精惟一,允执厥中"①,也就是朱熹所谓"舜之所以授禹也"②、后人深信不疑的"虞廷十六字""心传"。

明儒梅鷟(1483—1553)首先揭露："'允执厥中',尧之言也。见《论语·尧曰》第二十。""其余三言,盖出《荀子》而钞略掇拾胶粘而假合之者也。""荀卿称'《道经》曰',初未尝以为舜之言,作《古文》者见其首称'舜之治天下',遂改二'之'字为二'惟'字,而直以为大舜之言。""至于'惟精惟一',则直钞略荀卿前后文字而攘以为己有。""夫《荀子》一书,引《诗》则曰'《诗》云',引《书》则曰'《书》云',或称篇名者有之。何独于此二语而独易其名曰'《道经》'哉？若曰：'此二句独美,故以为有道之经。'则出此二语之外,皆为无道之经也而可乎？"③认定其"人心惟危,道心惟微。惟精惟一"非"大舜之言",而袭略自《荀子·解蔽》篇所引《道经》。

清儒阎若璩(1638—1704)继而指出："此盖纯袭用《荀子》,而世举未之察也。《荀子·解蔽》篇：'昔者舜之者舜之治天下也'云云,'故《道经》曰：人心之危,道心之微,危微之几,唯明君子而后能知之。'此篇前又有'精于道''一于道'之语,遂檃括为四字,复续以《论语》'允执厥中'

---

① 廖名春、刘佑平整理：《尚书正义》,《十三经注疏》繁体标点本,北京：北京大学出版社,2000年,第112页。
② 朱熹：《中庸章句·序》,《四书章句集注》,北京：中华书局,1983年,第14页。
③ 梅鷟：《尚书考异》卷二,《文渊阁四库全书》本。

以成十六字。伪古文盖如此。或曰：'安知非《荀子》引用《大禹谟》之文邪？'余曰：合《荀子》前后篇读之，引'无有作好'四句，则冠以'《书》曰'，引'维齐非齐'一句，则冠以'《书》曰'，以及他所引《书》者十，皆然。甚至引'弘覆乎天，若德裕乃身'则明冠以'《康诰》'。引'独夫纣'则明冠以'《泰誓》'，以及《仲虺之诰》亦然。岂独引《大禹谟》而辄改目为'《道经》'邪？予是以知'人心之危，道心之微'必真出古《道经》，而《伪古文》盖袭用，初非其能造语精密至此极也。"① 这虽是抄袭梅鷟之说，但影响巨大。清初以后，就很少有人再相信"人心惟危，道心惟微。惟精惟一"为"虞廷心传""大舜之言"了。

但不信梅鷟考证的学者间或有之。比如清初毛奇龄（1623—1716）就说："《荀子·解蔽》篇……明称《道经》而以入《尚书》……此正古《尚书》经之尊称也。古以为帝《典》王《谟》其相授之语，实出自轩黄以来相传之大道，故称《道经》。此如《易通卦验》云：'燧人在伏羲前置刻《道经》，以开三皇、五帝之书。'故孔氏《书序》亦有云《三坟》为'大道'，《五典》为'常道'，皆以'道'名，可验也。荀子原以'人心'二句属之舜之诏词，故曰'舜之治天下，不以事诏而万物成'，言不以事物告天下也。故《道经》曰：'人心之危，道心之微。'而注者曰：'此《虞书》语。'此与《论语》所云'舜亦命禹'正同。盖道经之名创自燧人。谁谓轩黄即老、列乎？若谓'允扶其中'《论语》只此文上加三句便是行伪，则'惟精惟一，允执厥中'在马融作《忠经》时即引其文，非东晋梅氏所能假也。"②

今人黄怀信也认为："今按《荀子·解蔽》篇引《道经》原文作'人心之危，道心之微。危、微之几，唯明君子而后能知之'。相较之下，'人心之危，道心之微'，必不能早于'人心惟危，道心惟微'之说。而又谓'此篇前又有"精于道、一于道"之语，遂檃括为四字，复续以《论语》"允执厥中"'，亦不可能。因为'精于道、一于道'，重点是'道'，若檃括，

---

① 阎若璩：《尚书古文疏证》卷二，清乾隆眷西堂刻本。
② 黄怀信、吕翊欣点校：《尚书古文疏证（附：古文尚书冤词）》，上海：上海古籍出版社，2010年，第888-889页。

当作'精一于道'。而且'允执厥中'之'厥'兼指人心、道心,与其上文有逻辑联系,属有机组成,不似随意赓续。"①

案:毛、黄二氏之说不可信,他们对《荀子·解蔽》篇的解读大成问题。从上文对"昔者舜之治天下也"段的考释,尤其是通过与"空石之中有人焉"段的比较可知,《道经》所谓"人心之危,道心之微"概括的是两种不同的统治术,也就是领导方法。一种是"道心之微",以舜为代表,"治天下也","不以事诏而万物成",不陷于具体事务,不事必躬亲也能将万事办成。"养一之微",坚持正确的选择而达到"无为",也就是"何强,何忍,何危"的境界,"荣矣而未知",得到天下人盛赞而自己还不知道。

另一种是"人心之危",一般人"处一危之",立足于正确的选择而端正自己,严格要求自己,需要"自强""自忍",方能"其荣满侧",就像孟子、有子、皲一样。他们"可谓危矣,未可谓微也",虽然能"自强""自忍",但不能与"无为而治""不以事诏而万物成"的舜相比。这两种领导方法的高下,其中的奥妙,也就是"危、微之几","唯明君子而后能知之",只有明智的君子才能了解。

懂得《荀子·解蔽》篇"危""微"之论,就会明白其所引《道经》"人心之危,道心之微"的主旨是强调领导人"无为而治",反对其陷于事务主义。而《大禹谟》在"人心惟危,道心惟微"后接以"惟精惟一,允执厥中"八字,又怎能讲得通呢?伪孔传:"危则难安,微则难明,故戒以精一,信执其中。"孔颖达疏:"民心惟甚危险,道心惟甚幽微。危则难安,微则难明,汝当精心,惟当一意,信执其中正之道,乃得人安而道明耳。"②显然,作伪者是在以"危"为"难安""危险","微"为"难明""幽微"的误读下,才接以"惟精惟一,允执厥中"的。可以说,完全是文不对题。因此,从杨倞以来以为"人心之危,道心之微"出自《伪古文·大禹谟》

---

① 黄怀信:《尚书古文疏证·前言》,黄怀信、吕翊欣点校:《尚书古文疏证(附:古文尚书冤词)》,第21页。

② 廖名春、刘佑平整理:《尚书正义》,《十三经注疏》繁体标点本,第112页。

的说法、以为《荀子·解蔽》篇所引《道经》为泛称代称的说法，都是不可靠的。

《荀子·解蔽》篇所引《道经》，人多谓"道家之言"①"道家者流之语也"②。其实未必。韩愈（768—824）《原道》称："仁与义为定名，道与德为虚位。"③ 意谓"仁"与"义"含义明确，有其确定的内容，为儒家所专用；而"道"与"德"是诸子大家共同使用的概念，可以填充不同的内容。"道"是"虚位"而非"定名"。因此，不能一见"道"字，就目为"道家之言"。

从其内容来看，"人心之危，道心之微"实质是一种"无为而治"论。先秦时期的"无为而治"论有道家的，也有儒家的，但其内涵截然不同。道家的"无为而治"论，基于"道法自然"的理念，"蔽于天而不知人"，反对人对自然与社会的改造，所向往的是无政府、无吏治、无法律制度的贫穷落后的原始社会形态，即所谓"小国寡民……使民复结绳而用之……邻国相望，鸡犬之声相闻，民至老死，不相往来"④，不管怎么说，都有历史倒退论的嫌疑。

而儒家的"无为而治"论，有三个鲜明的特色。一是先"有为"后"无为"，通过"有为"达到"无为"。孔子说："舜有臣五人而天下治。"⑤ "舜有臣五人"是说舜帝选贤与能，在用人上用对了，这是"有为"；有了贤臣，天下大治，舜帝自然就轻松了，也就"无为"了。所以，孔子感慨："无为而治者，其舜也与？夫何为哉？恭已正南面而已矣。"⑥ 没有所任得其人的"有为"，想要坐享"不下席"的"无为"之成，是绝对不可能的。二是下"有为"而上"无为"。分工分职明确，臣民们各尽其责，各尽所能。君主不越位，

---

① 李绂：《古文尚书考》，崔述：《唐虞考信录》卷之四引，见顾颉刚编订：《崔东壁遗书》，上海：上海古籍出版社，1988年，第101页。
② 久保爱：《荀子增注》第8册，道光五年和刻本。
③ 马其昶校注，马茂元整理：《韩昌黎文集校注》第一卷，上海：上海古籍出版社，1986年，第13页。
④ 《老子》第80章，见朱谦之：《老子校释》，北京：中华书局，2000年，第307-309页。
⑤ 《论语·泰伯》第八，见杨伯峻：《论语译注》，北京：中华书局，1980年，第90页。
⑥ 《论语·卫灵公》第十五，见杨伯峻：《论语译注》，第172页。

不扰民，不乱作为。三是"无为而治"要以"富"为前提。《论语·子路》篇记载："子适卫，冉有仆。子曰：'庶矣哉！'冉有曰：'既庶矣，又何加焉？'曰：'富之。'曰：'既富矣，又何加焉？'曰：'教之。'"[1] 孔子既然强调"先富后教"，"富"自然是其"无为而治"论的题中应有之义，这与老子"返璞归真"的追求截然有别。

以此来看《荀子·解蔽》篇所引《道经》"人心之危，道心之微"说，其要说明的是"昔者舜之治天下也，不以事诏而万物成"的道理，也就是《大略》篇所谓"主道知人，臣道知事。故舜之治天下，不以事诏而万物成。农精于田而不可以为田师，工贾亦然"之理。是说一般人，"以事诏（招）"方能成事，而舜为"不以事诏（招）而万物成"，不陷于具体事务，不事必躬亲也能将万事办成。此与《论语·卫灵公》篇载孔子"无为而治者，其舜也与？夫何为哉？恭己正南面而已矣"说、《周易·系辞传》"黄帝、尧、舜垂衣裳而天下治"说精神完全一致，是典型的儒家的"无为而治"论。

而《荀子》书中，不但《解蔽》篇，其他如《王霸》篇论"取相"、论"人主者，守至约而详，事至佚而功，垂衣裳，不下簟席之上"、论"人主者，以官人为能者也"、论"人君者之枢机"、论"君人劳于索之，而休（佚）于使之"，《君道》篇论"明主急得其人"、论"大形"、论"人主不可以独也"、论"人主之道"，都是关于这一类主题的论述。此与《老子》"蔽于天而不知人""小国寡民"的"无为"论，则截然相反。这说明《荀子·解蔽》篇所引《道经》绝不可能是"道家之言"、道家的经典，而应该是儒家所看重的、讲下"有为"而上"无为"、"黄帝、尧、舜垂衣裳而天下治"之类的典籍。

---

[1] 杨伯峻：《论语译注》，第145页。

《荀子·解蔽》篇"空石之中"章释读及其意义

《解蔽》篇是荀子认识论的代表作，看起来好读，其实却不易读懂。笔者以前曾就其"虚壹而静"说、"周而成"章、"人心之危，道心之微"等问题进行过专门的讨论①，但意犹未尽，今再就其"空石之中"章的释读及其意义问题续作探讨。

《荀子·解蔽》篇的"空石之中"章南宋浙北刻本、《古逸丛书》影刻南宋台州本、清抱经堂丛书本等皆无异文，均作："空石之中有人焉，其名曰觙。其为人也，善射以好思。耳目之欲接，则败其思；蚊虻之声闻，则挫其精。是以辟耳目之欲而远蚊虻之声，闲居静思则通。思仁若是，可谓微乎？孟子恶败而出妻，可谓能自强矣。有子恶卧而焠掌，可谓能自忍矣，未及好也。辟耳目之欲，可谓能自强矣，未及思也。蚊虻之声闻则挫其精，可谓危矣，未可谓微也。夫微者，至人也。至人也，何强、何忍、何危？故浊明外景，清明内景。圣人纵其欲，兼其情而制焉者，理矣，何强、何忍、何危？故仁者之行道也，无为也；圣人之行道也，无强也。仁者之思也恭，圣人之思也乐。此治心之道也！"②

其开首"空石之中有人焉，其名曰觙"句，唐人杨倞注："空石，石穴也。

---

① 廖名春：《荀子"虚壹而静"说新释》，《孔子研究》2009年第1期；廖名春：《〈荀子·解蔽〉篇"周而成"章新释》，《东岳论丛》2018年第7期；廖名春：《"人心之危，道心之微"本义考——兼论〈大禹谟〉"虞廷十六字"的真伪》，《社会科学》2019年第1期。
② 王天海：《荀子校释》（修订本），上海：上海古籍出版社，2016年，第856页。案：标点有改动。

盖古有善射之人，处深山空石之中，名之曰'羿'。'羿'字及事并未详所出，或假设喻之耳。"①认为"羿"其人其事不详，或许不是真实的历史人物，而是荀子信口虚构的寓言。

日本汉学家冢田虎（1745—1832）则提出："羿，字书无，疑'觟'之误与？觟音渥，又音约，'觟'俗字。《说文》：'调弓也。'故以为善射者名乎？"②怀疑"羿"为"觟"字之误，而"觟"乃"善射者"之"名"。

清儒孙诒让（1848—1908）读"空石"为"穷石"，云："'空石'当是地名，疑即'穷石'之借字。《左传·昭九年》'穷桑'，《淮南子·本经训》作'空桑'。《左传·襄四年》云羿迁'穷石'，即其地也。"③蒋超伯（1821—1875）进而怀疑"羿"为"羿之别名"，认为"《荀》与《庄》《列》异趣，恐非寓言"。④刘师培（1884—1919）也说："'穷''空'二字古通，则'空石'即'穷石'。'羿'，殆'羿'字之异文，或即后羿之异名与？"⑤

但更有意义的是，清代小学家已经意识到"羿"与"伋"音义相通，开始将"羿"与孔子孙孔伋联系起来。段玉裁（1735—1815）说："羿与伋音义盖相近，从人及声。"⑥朱骏声（1788—1858）说："伋，人名，从人及声。按当训急思也。孔子孙伋，字思。孔子弟子燕伋，亦字思……（羿）即伋字也。"⑦俞樾（1821—1907）也说："羿，亦伋之假字。盖古人名伋，字思，故设言好思之人亦曰伋也。羿与级并当为伋，而伋即及。字名及字思，乃取冀及之义。"⑧他们虽然没有直接点明《荀子》此篇的"羿"为孔子孙孔伋，但也相距不远了。

进入20世纪70年代后，海峡两岸都出现了怀疑"羿"为孔伋的新说。北京大学《荀子》注释组《新注》以"一说"的形式提出："羿""这可能

---

① ② ⑤　王天海：《荀子校释》（修订本），第864页。
③　孙诒让：《札迻》卷六，清光绪二十年籀顾刻，二十一年正修本，第13页。
④　蒋超伯：《南漘楛语》卷七，清同治十年两厱山房刻本，第21页。
⑥　段玉裁：《说文解字注》卷八篇上，清嘉庆二十年经韵楼刻本，第4-5页。
⑦　朱骏声：《说文通训定声》临部弟三，清道光二十八年刻本，第62页。
⑧　俞樾：《春秋名字解诂补义》，清光绪二十五年刻，春在堂全书第一楼丛书本，第2-3页。

是荀子用来影射孔丘的孙子子思（名伋）的"①。海峡彼岸的饶彬教授更深入地指出："或谓此系荀子戏语。空室，盖隐射'孔'字。䴉，与'伋'同。其人实指孔伋。伋，字子思，故下文云：'其为人也，善射以好思。'"②

上述诸说中，"䴉"为孔伋说最晚，但也最接近真相。饶彬说"空室，盖隐射'孔'字"，非常有启发。"空""孔"上古音都属东部溪母③，声韵皆同。而"石"为铎部禅母④，疑与鱼部匣母的"户"字音近⑤，可以假借。《说文·斤部》："所，伐木声也。从斤，户声。"⑥《庄子·外物》："无石师而能言。"陆德明（约550—630）《经典释文》："'石师'，一本作'所师'。"⑦《玉篇·女部》："妒"同"妒"。⑧《释名·释疾病》"乳痈曰妒"，毕沅（1730—1797）疏证："《说文》有'妒'无'妒'，经典多通用无别。"⑨《北京大学藏西汉竹书（伍）·六博》："在褐者，妇悍妒。"《岳麓书院藏秦简（肆）·第三组》："诸给日及诸从事县官、作县官及当戍故缴而老病居县、坐妒入舂，笃贫不能自食，皆食县官而益展其日以当食，如居赀责（债）。"整理者都以"妒"为"妒"。⑩"户、石形声皆近"⑪，二字可通用。因此，疑"空石"可读为"孔户"，犹如"孔门"。"空石之中有人焉，其名曰䴉"，即"孔门之中有人焉，其名曰伋"。

这一分析在荀子此章的下文中可以得到支持。

所谓"有子恶卧而焠掌"，杨倞注："有子，盖有若也。"注家并无异议，

---

① 北京大学《荀子》注释组：《荀子新注》，北京：中华书局，1979年，第358页。
② 饶彬：《荀子疑义辑释》，台北：兰台书局，1977年。转引自廖吉郎校注：《新编荀子》，台北："国立"编译馆，2002年，第1686页。
③ 唐作藩：《上古音手册》，南京：江苏人民出版社，1982年，第72页。
④ 唐作藩：《上古音手册》，第119页。
⑤ 唐作藩：《上古音手册》，第49页。
⑥ 汉语大词典编辑委员会：《汉语大词典》（第二版），上海：上海辞书出版社，2010年，第2168页。
⑦ 高亨纂著，董治安整理：《古字通假会典》，济南：齐鲁书社，1989年，第858页。
⑧ 陈彭年：《重修玉篇》卷三，清文渊阁四库全书本。
⑨ 毕沅：《释名疏证》卷八，清经训堂丛书本。
⑩ 白于蓝编著：《简帛古书通假字大系》，福州：福建人民出版社，2017年，第710页。
⑪ 马叙伦：《说文解字六书疏证》（七），上海：上海书店，1985年，第53-54页。

认为:"有若,字子有,孔子弟子,少孔子十三岁。有若状若孔子,又称有子。"①

又有"孟子恶败而出妻,可谓能自强矣",杨倞注:"孟子恶其败德而出其妻,可谓能自强于修身也。"注家一般以《韩诗外传》卷九"记孟子出妻事,孟母斥孟子无礼,于是孟子自责,不敢去妇"为解②,也都是以这里的"孟子"为孟轲。

在同一章里,能与有子、能与孟轲并称的"般",非孔伋又能为谁?由此看来,北京大学《荀子》注释组《新注》的"一说"、饶彬的"实指孔伋"说,是完全可信的。

弄清这一章的"般"为孔伋、"孟子"为孟轲、"有子"为有若,再来梳理这一段文献的逻辑,考释其文字,就有了可靠的前提。

"孟子恶败而出妻,可谓能自强矣",王先谦(1842—1917)《集解》云郭嵩焘(1818—1891)说下文"未及思也"句当在此"可谓能自强矣"句下。③从下文"有子恶卧而焠掌,可谓能自忍矣,未及好也"文例看,其说可从。因此,当补作:"孟子恶败而出妻,可谓能自强矣,未及思也。"

再回头看"般……思仁若是,可谓微乎"一段,句式就不协调了。杨倞注:"则'可谓微乎',假设问之辞也。"有"可谓微乎"之问,那回答是什么?杨倞以为是"孟子恶败而出妻,可谓能自强矣"。④答非所问,这是绝对错误的。这一问题直到马叙伦(1885—1970)才得以正视。马叙伦认为"原文有衍误,今订"为:"思仁若是,可谓微乎?辟耳目之欲,远蚊虻之声,可谓危矣,未可谓微也。"⑤

马氏将下文的"可谓危矣,未可谓微也"提了上来,回答了"可谓微乎"之问,这是一大卓识。但"辟耳目之欲,远蚊虻之声"之说,则是照搬了郝懿行(1757—1825)的成果。

---

①②④ 王天海:《荀子校释》(修订本),第865页。
③ 王先谦:《荀子集解》,北京:中华书局,1988年,第477页。
⑤ 马叙伦:《〈庄子·天下篇〉述义》,张丰乾编:《〈庄子·天下篇〉注疏四种》,北京:华夏出版社,2009年,第238页。

郝懿行认为,"辟耳目之欲,可谓能自强矣,未及思也;蚊虻之声闻则挫其精,可谓危矣,未可谓微也"这一段文字,"错乱不可读,当作:'辟耳目之欲,而远蚊虻之声,可谓能自危矣,未可为微也。'如此订正,方可读。余皆涉上文而误衍。"①

陶鸿庆(1859—1918)后来也指出:"'蚊虻之声闻则挫其精',依上文当作'而远蚊虻之声'。'可谓危矣',当作'可谓能自危矣'。今辄正其文云:'孟子恶败而出妻,可谓能自强矣,未及思也。有子恶卧而焠掌,可谓能自忍矣,未及好也。辟耳目之欲,而远蚊虻之声,可谓能自危矣(此谓虑其危,非谓陷于危也。夺去"能自"字,则失其旨),未可谓微也。'"②意见与郝懿行一致。

应该承认,郝懿行、陶鸿庆将原文的"可谓危矣"补上"能自"二字成"可谓能自危矣"是正确的,这样就与上文的"可谓能自强矣""可谓能自忍矣"句式一致了。马叙伦的订正没有接受这一意见,当属疏忽。

郝懿行、陶鸿庆将原文的"蚊虻之声闻则挫其精"改为"而远蚊虻之声",表面上看没问题。但如马叙伦一样,意识到"辟耳目之欲,而远蚊虻之声,可谓能自危矣,未可谓微也"不是说孟子的,亦非说有子的,而是说皲的,是回答"可谓微乎"之问的,问题就来了。回答"可谓微乎"之问,直接说"可谓能自危矣,未可谓微也"就行了,还要去重复前一句的"辟耳目之欲,而远蚊虻之声"干什么?这不是累赘么?因此,将"蚊虻之声闻则挫其精"改为"而远蚊虻之声"实在没有必要。

"辟耳目之欲,可谓能自强矣,未及思也。蚊虻之声闻则挫其精,可谓危矣,未可谓微也"一段的"未及思也"句,郭嵩焘归入"孟子恶败而出妻,可谓能自强矣"后③;"可谓危矣,未可谓微也"两句,马叙伦归入"思仁若是,可谓微乎"后。这里的"可谓能自强矣",杨倞、郝懿行、郭嵩焘都认为是衍文,这是正确的。"辟耳目之欲""蚊虻之声闻则挫其精"两句,

---

① 郝懿行:《荀子补注》卷下,清嘉庆光绪间刻郝氏遗书本,第 15 页。
② 陶鸿庆:《读诸子札记》,北京:中华书局,1959 年,第 246—247 页。
③ 王天海:《荀子校释》(修订本),第 866 页。

他们改为"辟耳目之欲,而远蚊虻之声",笔者认为其实也是衍文。这三句衍文都见于上文,当是抄书的人串行,抄重了前文所致。

经过这样的梳理,懂得这一段文字是分别述说"觙""孟子""有子"思行的。再看看下文的"至人也,何强、何忍、何危"和"圣人纵其欲,兼其情而制焉者,理矣,何强、何忍、何危"两段。两处的"何强"都居首,两处的"何忍"都居中,两处的"何危"都居后,非常有规律。这样的次序,分明是逆序:"何强"对应"孟子恶败而出妻,可谓能自强矣","何忍"对应"有子恶卧而焠掌,可谓能自忍矣","何危"对应"觙""可谓能自危矣"。懂得这一点,就知道这一段文字的次序当是先说"觙",再说"有子",最后说"孟子"。因此,这段文字当考订为:"空石之中有人焉,其名曰觙。其为人也,善射以好思。耳目之欲接,则败其思;蚊虻之声闻,则挫其精。是以辟耳目之欲而远蚊虻之声,闲居静思则通。思仁若是,可谓微乎?可谓能自危矣,未可谓微也。有子恶卧而焠掌,可谓能自忍矣,未及好也。孟子恶败而出妻,可谓能自强矣,未及思也。"

此章有几处文字很不好理解,试为考释。

首先是"微"和"危"。杨倞注、李涤生《集释》和北京大学《荀子》注释组《新注》等都将"微"解为"精妙""精微",将"危"解为"戒惧""自我警惕"。[①]应该是错误的。从"可谓能自危矣,未可谓微也"来看,"微"和"危"应该是相反的、是对立的。下文说得更清楚:"夫微者,至人也。至人也,何强,何忍,何危?故浊明外景,清明内景。圣人纵其欲,兼其情而制焉者,理矣。何强,何忍,何危?故仁者之行道也,无为也;圣人之行道也,无强也。""至人""圣人""仁者"是"微者",他们"无为","何强,何忍,何危",不需要"强"、不需要"忍"、不需要"危",也就是"无强""无忍""无危"。而"觙""有子""孟子"非"至人""圣人",他们不是"微者",做不到"无为",则需要"能自危""能自忍""能自强"。从这些文字的对比可见,"危"与"强""忍"义近,与"微""无为"义

---

① 王天海:《荀子校释》(修订本),第866页;李涤生:《荀子集释》,台北:学生书局,1979年,第494页;北京大学《荀子》注释组:《荀子新注》,北京:中华书局,1979年,第358页。

相反。"危",当训为端正,也就是严格要求、严加检束。《广雅·释诂一》:"危,正也。"① 《庄子·缮性》:"危然处其所而反其性。"郭象(252—312)注:"危然,独正之貌。"② 《文选·东方朔〈非有先生论〉》:"吴王戄然易容,捐荐去几,危坐而听。"吕延济注:"危坐,敬之也。"③ "微",这里应该训为"无"。《论语·宪问》:"微管仲,吾其被发左衽矣。"何晏(?—249)集解:"马曰:微,无也。无管仲则君不君、臣不臣,皆为夷狄。"④ 《老子》第十四章:"视之不见名曰夷,听之不闻名曰希,搏之不得名曰微。"河上公注:"无形曰微。"⑤ 所以,"危"的内涵绝非"危惧","微"的内涵也绝非"微妙""精微""精妙"。"危",是端正,指有严格的道德要求、纪律约束;而"微"则是与"自危""自强""自忍"相对的"无为",是对道德要求、纪律约束的超越。

其次是"思仁若是""未及思也"两句中的两个"思"字。从杨倞注以来,大家都以为这是"思虑"之"思",其实不一定正确。疑"思仁若是"之"思"通"事","思仁"即"事仁",也就是"为仁",与下文"仁者之行道也""圣人之行道也"之"行道"义同。从古音学而言,"思"假借为"事"完全有可能。因为上古音它们的韵母都属之部,声母同属齿音。出土文献中"思"读为"使"的例子非常之多。比如上博简《容成氏》的"思役百官"就读作"使役百官","思民毋惑"就读作"使民毋惑","思民道之"就读作"使民蹈之","思民不疾"就读作"使民不疾"。⑥ 而"使"与"事"在甲骨文中原本为一字,"思"通"使",自然也可读作"事"。将"思仁"读为"事仁",训为"为仁",犹如"行道",应该可以说得通。

"未及思也"句中的"思"字也不能训为"思虑"之"思"。所谓"孟

---

① 王念孙:《广雅疏证》,上海:上海古籍出版社,2016年,第42页。
② 郭庆藩:《庄子集解》,北京:中华书局,2016年,第559-560页。
③ 萧统:《六臣注文选》卷五十一,日本东京大学东洋文化研究所藏日本宽永二年活字印本,第8页。
④ 刘宝楠:《论语正义》卷十七,北京:中华书局,1990年,第578页。
⑤ 王卡点校:《老子道德经河上公章句》,北京:中华书局,1993年,第52页。
⑥ 白于蓝:《战国秦汉简帛古书通假字汇纂》,福州:福建人民出版社,2012年,第845-846页。

子恶败而出妻,可谓能自强矣,未及思也","思"与"自强"相对,当与下文"仁者之行道也,无为也;圣人之行道也,无强也"之"无为""无强"义同,绝不能训为"思虑"。疑为"恭"字之讹。下文有"仁者之思也恭"句,连类而及,就将"恭"字误写为"思"。其实"恭"字亦非本字,疑读为"拱"。"恭""拱"两字都以"共"为谐声,通用当无问题。"拱"指垂拱、拱己,义同于"无为"。"孟子恶败而出妻,可谓能自强矣,未及思也",是说"孟子恶败而出妻",可以说是非常自我克制、非常自我努力了,但"未及拱也",还没有达到垂拱而治、无为而治的境界,较之"至人""圣人""仁者",毕竟是低了一个层次。

下面的"仁者之思也恭"也如此。"思"读为"事","恭"当读为"拱"。"仁者之思也恭"即"仁者之事也拱",指"仁者"之"为仁""行道"垂拱而治、无为而治,也就是说不要费什么力气,"无强""无忍""无危",不需要"强"、不需要"忍"、不需要"危"。杨倞注:"思,虑也。恭,谓乾乾夕惕也。"①大谬,刚好把意思说反了。

下句"圣人之思也乐"亦同。"思"也当读为"事"。是说"圣人"之"为仁""行道"非常快乐。为什么?因为圣人"为仁""行道"不需要"强"、不需要"忍"、不需要"危",垂拱而治、无为而治,这样自然就快乐了。

搞清了这一章文字中"微""危""思""恭"诸字的含义,梳通了这一段文章的逻辑结构,读懂了《荀子·解蔽》篇"空石之中"章的内容,对于了解中国学术史、中国思想史上两段公案的是非,很有裨益。

一是关于《荀子·非十二子》篇批思、孟的问题。荀子在《非十二子》篇分别批判了它嚣(范雎)、魏牟、陈仲、史鳅、墨翟、宋钘、慎到、田骈、惠施、邓析、子思、孟轲"十二子"。前十子属于当时道家、名家、法家等学派,后二子子思、孟轲则为儒门名宿。荀子同室操戈,人多不解。

特别是《韩诗外传》卷四有:"夫当世之愚,饰邪说,文奸言,以乱天下,

---

① 王天海:《荀子校释》(修订本),第 867 页。

欺惑众愚，使混然不知是非治乱之所存者，则是范雎、魏牟、田文、庄周、慎到、田骈、墨翟、宋钘、邓析、惠施之徒也。此十子者，皆顺非而泽，闻见杂博，然而不师上古，不法先王，按往旧造说，务自为工，道无所遇，而人相从。故曰十子者之工说，说皆不足合大道，美风俗，治纲纪，然其持之各有故，言之皆有理，足以欺惑众愚，交乱朴鄙，则是十子之罪也。"①这里指斥的诸子，特别明显的是没有子思、孟轲。

宋儒王应麟（1223—1296）因此说："荀卿'非十二子'，《韩诗外传》引之止云'十子'而无子思、孟子。愚谓荀卿非子思、孟子，盖其门人如韩非、李斯之流，托其师以毁圣贤，当以《韩诗》为正。"②

王氏说不但在过去，就是在今天也很有市场。如顾颉刚（1893—1980）就说："《非十二子》中所骂的子思孟轲即是邹衍的误传，五行说即是邹衍所造。"③周炽成（1961—2017）也说："《非十二子》中之非子思、孟轲部份，不出自荀子本人之手，而是其后学之所属。文字结构、字数、所示意义、后世的引用等，都可证明这一判断。荀子本人并不反对孟子，而对孟子思想多有肯定和吸收。"④这样的臆说，虽然流行一时，却经不起文献的检验。清儒梁玉绳（1744—1819）早就有过辨析："厚斋此言似误，《韩诗》未尝明引《荀》书，安知非别引传记？故所举十子有范雎、田文、庄周而无它嚣、陈仲、史䲡。且荀之非孟，显著于《性恶》篇，独与孟敌。又《法言·君子》篇：'荀卿非数家之书，侻也；至于子思、孟轲，诡哉！'是扬雄所见《荀》

---

① 周廷寀校注：《韩诗外传　附补逸校注拾遗》卷四，北京：中华书局，1985 年，第 55 页。
② 王应麟：《困学纪闻》卷十，上海：上海古籍出版社，2015 年，第 221 页。
③ 顾颉刚：《五德终始兑下的政治和历史》，《顾颉刚古史论文集》（二），北京：中华书局，2011 年，第 254 页。
④ 周炽成：《〈非十二子〉之非子思、孟轲出自荀子后学考》，《国学学刊》2014 年第 3 期。案：王先谦《荀子集解》（沈啸寰、王星贤点校，北京：中华书局，1988 年，第 89 页）引卢文弨、颜世安《荀子人性观非"性恶"说辨》（《历史研究》2013 年第 6 期第 39 页）等都有类似的说法。

书有思、孟，与今本全。"① 梁氏引扬雄（前53—18）《法言》说驳王应麟，非常有说服力。所谓"侻"，符合。指荀子《非十二子》篇对它嚣（范雎）、魏牟、陈仲、史鰌、墨翟、宋钘、慎到、田骈、惠施、邓析的批评符合于道，符合于教。故李轨注："弹驳数家，侻合于道。"② 所谓"诡"，诡异也。荀子与子思、孟轲同属儒门，却操戈相向，扬雄感到不好理解，所以称"诡异"。从扬雄的这一评论看，其所见之《非十二子》篇，分明是有"非子思、孟轲部份"的，故梁玉绳说"与今本全（同）"。

《荀子·解蔽》篇"空石之中"章先是批评"觙"也就是孔伋子思，"其为人也，善射以好思。耳目之欲接，则败其思；蚊虻之声闻，则挫其精。是以辟耳目之欲而远蚊虻之声，闲居静思则通。思仁若是，可谓微乎？可谓能自危矣，未可谓微也"，说他为仁尚处于"自危"的低级阶段，未臻"无为"的自由境界；接着又说"孟子恶败而出妻，可谓能自强矣，未及思也"，孟子为仁也是勉强自己，也没有做到收发如心，垂拱无为。这与《非十二子》篇声讨子思、孟轲之罪异曲而同工。所以，从《荀子·解蔽》篇"空石之中"章看，王应麟等据《韩诗外传》所引否定荀子非子思、孟轲也是站不住脚的。

二是子思的师承，也就是思孟学派的渊源问题。《礼记·檀弓上》有载："曾子谓子思曰：'伋！吾执亲之丧也，水浆不入于口者七日。'子思曰：'先王之制礼也，过之者俯而就之，不至焉者，跂而及之。故君子之执亲之丧也，水浆不入于口者三日，杖而后能起。'"③ 孟子曾说："曾子、子思同道。曾子

---

① 梁玉绳：《瞥记》卷五，清嘉庆刻，清白士集本，第4页。案：江瑔《读子卮言》（台北：文海出版社，1967年，第60-70页）、纪昀总纂《四库全书总目提要》（石家庄：河北人民出版社，2000年，第2334页）、王蘧常《诸子学派要诠》（北京：中华书局，上海：上海书店，1987年，第85-86页）、黄淑灌《〈荀子·非十二子〉诠论》（台湾师范大学：《国文研究所集刊》1967年第11期）、郑良树《〈荀子·非十二子〉"子思孟轲"条非附益说》（郑良树：《诸子著作年代考》，北京：北京图书馆出版社，2001年，第228-238页）都有类似的意见。
② 汪荣宝：《法言义疏》卷十八，北京：中华书局，1987年，第499页。
③ 孔颖达：《礼记正义》卷七《檀弓上》，阮元校刻：《十三经注疏》（清嘉庆刊本），北京：中华书局，2009年，第2776页下栏。

师也，父兄也；子思，臣也，微也。曾子、子思易地则皆然。"① 后人据此皆以为子思为曾子嫡传，故有"颜、曾、思、孟"之说。

但《荀子·解蔽》篇此章在着力批评敀也就是子思的同时，又附带批评了有子和孟子。批评孟子不奇怪，《非十二子》篇已着先鞭。但批评思、孟却带上有子，就有点费解了。如果说子思为曾子嫡传，荀子指斥思、孟，应该带上的是曾子而非有子。孟子曾云："昔者孔子没，三年之外，门人治任将归，入揖于子贡，相向而哭，皆失声，然后归。……他日，子夏、子张、子游以有若似圣人，欲以所事孔子事之，强曾子。"②《史记·弟子列传》又载："孔子既没，弟子思慕，有若状似孔子，弟子相与共立为师，师之如夫子时也。"③《论语》一书，除孔子外，孔子弟子称"子"的就只有曾子与有子，可见有子地位之高。因此，有子为子思之师，完全有资格。如果承认《荀子·解蔽》篇"空石之中"章透露出来的这一信息，子思为曾子嫡传的旧说，恐怕就得重新考虑了。

---

① 廖名春、刘佑平整理：《孟子注疏》，《十三经注疏》繁体标点本，北京：北京大学出版社，2000年，第281页上；焦循：《孟子正义》，北京：中华书局，1987年，第604页。
② 廖名春、刘佑平整理：《孟子注疏》，第176页上；焦循：《孟子正义》，第393-394页。
③ 泷川资言：《史记会注考证》（陆），上海：上海古籍出版社，第2858页。

《荀子·解蔽》篇"周而成"章新释

《荀子·解蔽》篇是研究荀子认识论思想最为重要的一篇论文。但此篇文辞深奥，许多词句传统的训诂似是而非，导致对一些重要的命题理解有误，严重影响到我们对荀子学术思想的认识。笔者以前曾撰文探讨过《解蔽》篇"虚壹而静"段文字的释读和文义理解的问题①，今再就《解蔽》篇最后一段的释读和诠释作一讨论。

《解蔽》篇最后一段的文字是：

> 周而成，泄而败，明君无之有也；宣而成，隐而败，暗君无之有也。故君人者周则谗言至矣，直言反矣，小人迩而君子远矣。《诗》云："墨以为明，狐狸而苍。"此言上幽而下险也。君人者宣则直言至矣，而谗言反矣，君子迩而小人远矣。《诗》曰："明明在下，赫赫在上。"此言上明而下化也。②

先看"周而成，泄而败，明君无之有也"一句。杨倞注："以周密为成，以漏泄为败，明君无此事也。明君，日月之照临，安用周密也？"③是训"周"为"周密"，"泄"为"漏泄"，认为"明君无之有也"，就是"明君无此事"，明君"安用"，不用"周密"。后来的注家基本上都承袭了杨倞注的精神，比如北京大学《荀子》注释组的《荀子新注》就说："周：周密，指隐蔽

---

① 廖名春：《荀子"虚壹而静"说新释》，《孔子研究》第1期，2009年。
② 王天海：《荀子校释》，上海：上海古籍出版社，2005年，第873页。下引《荀子》原文，皆见此书。
③ 王天海：《荀子校释》，第880页。

真情。泄：泄漏，指公开真情。这句意思是：隐瞒真情就会成功，公开真情就会失败，明智的君主不会有这样的事。"①蒋南华等也将此句翻译为："隐瞒真情而获得成功，泄露真情而遭到失败，圣明的君主是不会有这种事的。"②

再来看与此相对的"宣而成，隐而败，暗君无之有也"一句。杨倞注："以宣露为成，以隐蔽为败，暗君亦无此事也。暗君务在隐蔽而不知昭明之功也。"③是将"宣"训为"宣露"，将"隐"训为"隐蔽"，认为暗君追求的是隐蔽行事而不懂得光明正大的好处，所以暗君不会有"以宣露为成，以隐蔽为败"之事。北京大学《荀子》注释组的《荀子新注》本之，也说："宣：指公开真情。这句意思是：公开真情就会成功，隐蔽真情就会失败，昏君不会有这样的事。"④蒋南华等的《荀子全译》近同。⑤其他的译注，也莫不如此，恕不烦举。

将"周而成，泄而败，明君无之有也；宣而成，隐而败，暗君无之有也"理解成"隐瞒真情就会成功，公开真情就会失败，明智的君主不会有这样的事；公开真情就会成功，隐蔽真情就会失败，昏君不会有这样的事"，表面上两两对举，对文现义，应该是文从字顺了，但逻辑上却存在严重的问题。

将"周而成，泄而败，明君无之有也"理解成"隐瞒真情就会成功，公开真情就会失败，明智的君主不会有这样的事"，就是说"明君无""周而成，泄而败"之事，明智的君主不会有隐瞒真情而成功、公开真情而失败这样的事。这实质是否定保密的重要性和必要性，无论在事实上还是在理论上都是不能成立的。只要有一点基本常识的人，就知道其荒谬。

"宣而成，隐而败，暗君无之有也"，即"暗君无""宣而成，隐而败"之事，将其理解成"昏君不会有公开真情而成功，隐瞒真情而失败这样的事"更是不靠谱。历史上的昏君因"隐瞒真情而失败这样的事"，比比皆是，

---

①④　北京大学《荀子》注释组：《荀子新注》，北京：中华书局，1979年，第365页。
②⑤　蒋南华、罗书勤、杨寒清：《荀子全译》，贵阳：贵州人民出版社，1995年，第463页。
③　王天海：《荀子校释》，第880页。

数不胜数；现实中因"隐瞒真情而失败"的昏官也不鲜见。怎么能说是"无之有也"？这样的释读用《荀子·解蔽》篇的话来说，只能说是"蔽于一曲而暗于大理"。因此，当另求别解。

其实，明末清初的著名思想家傅山（1607—1684）早就发现了此间的问题，他认为杨倞注"暗君务在隐蔽而不知昭明之功也"之说："此诚大昧。既云务在隐闭，如何又说无之有？周与隐一义，本义谓用宣泄，不用周隐"。① 这是说杨倞注大有问题、矛盾明显，暗君追求的是"隐闭"，事实上暗君大多是"隐而败"的，又怎能说是因"隐瞒真情而失败"的"暗君无之有"呢？傅山认为《荀子·解蔽》篇此段论"周""隐"，荀子的本意是要"用宣泄，不用周隐"，即主张"宣泄"，反对"周隐"。

傅山的《荀子评注》面世很晚，学人们看到了引起注意的也不多，即使注意到了也只是误解。比如近年来重要的荀学著作王天海的《荀子校释》就认为："宣，公开也。隐，隐瞒也。此言明君开明则成功，隐密则失败，暗君反此，故曰'无之有也'。"批评"傅氏未谙此，其说非也"。② 其实，傅山看到了问题的关键，其思路完全正确，只是训诂上还没有落实，文义上还需深究。

《荀子·解蔽》篇此段文字训诂上有几个关键。一是"隐"字，从杨倞以来，人们都是将"隐"训为隐瞒、隐闭、隐密，以为是"隐瞒真情"。这虽然是通训，但用在此处却很不确切。

这里的"隐"其实当读为"堰"，是塞，也就是堵塞的意思。《管子·轻重甲》："越人果至，隐曲蘠以水齐。"王念孙（1744—1832）《读书杂志》云："蘠，亦当为蓾。曲蓾，蓾水之曲处也。……隐，塞也，谓塞曲蓾以灌齐都也。"其自注曰："上文云'请以令隐三川'，谓塞三川也。《小雅·鱼丽》传：'士不隐塞。'正义曰：'为梁止可为防于两边，不得当中皆隐塞。'是隐与塞同义。"③ 是训"隐"为"塞"。《管子·轻重甲》："请以令隐三川，立员都，

---

① 傅山：《荀子评注下》，《傅山全集》第 2 册，太原：山西人民出版社，第 1292 页。
② 王天海：《荀子校释》，第 880 页。
③ 王念孙：《读书杂志·管子第六》，南京：江苏古籍出版社，1985 年，第 461 页。

立大舟之都。"马非百（1896—1984）《新诠》："孙诒让云：'隐读为匽。《毛诗·小雅·鱼丽传》"士不隐塞"，《释文》云："隐本作偃。"匽、偃字同。《荀子·非相》篇杨注云："梁匽所以制水。"《周礼·獸人》郑众注云："梁，水偃也。"'元材案：……隐即《汉书·贾山传》'隐以金椎'之隐。服虔云：'隐，筑也'。此当读'请以令隐三川'为句，谓下令筑堤壅三川之水而立为员都也。"①《诗·小雅·鱼丽》："鱼丽于罶，鲿鲨。"毛亨传："士不隐塞。"陆德明（约550—630）释文："隐，如字。本又作偃，亦如字。"孔颖达（574—648）疏："'士不隐塞'者，为梁止可为防于两边，不得当中皆隐塞。"阮元（1764—1849）校勘记："其'本又作偃'者，即今之堰字。"②由此可见，"隐"可读为"匽"，"匽"又作"偃"，也就是今天常见的"堰"字，其义为塞，可训为堰塞、堵塞。此当指堵塞言路、闭塞言路。

与"隐"同义的是"周"。"周"杨倞训为"周密"，后来的注家皆本之，并不很确切。"周"应训为闭、固。《荀子·王制》："凡听：威严猛厉，而不好假道人，则下畏恐而不亲，周闭而不竭。"③"周闭"连言，说明"周"义与"闭"同。《左传·哀公十二年》："盟，所以周信也。"杜预注："周，固。"④此也当指闭塞言路。

与"隐"义反对的是"泄"与"宣"。杨倞训"泄"为"漏泄"，后来的注家皆理解为"泄露真情""公开真情"，皆未中的。"泄"当训为通、达。《淮南子·本经》："精泄于目，则其视明；在于耳，则其听聪；留于口，则其言当；集于心，则其虑通。"高诱注："泄犹通也。"⑤此当指开通言路。

"宣"杨倞训为"宣露"，后来的注家本之，皆理解为"公开真情"。其实当训为通，即疏通。《广韵·仙韵》："宣，通也。"⑥《左传·昭公元年》："宣

---

① 马非百：《管子轻重篇新诠》，北京：中华书局，1979年，第524页。
② 阮元：《十三经注疏》，北京：中华书局，1980年，第417-418页。
③ 王天海：《荀子校释》，第338页。
④ 阮元：《十三经注疏》，第2170页。
⑤ 何宁：《淮南子集释》，北京：中华书局，1998年，第588页。
⑥ 陈彭年：《重修广韵》卷二，《四部丛刊》景宋本。

汾、洮，障大泽。"杜预注："宣，犹通也。"① 《国语·周语上》："川壅而溃，伤人必多，民亦如之。是故为川者决之使导，为民者宣之使言。"② 此也当指疏通言路，开放言路。

"成"，注家皆理解为"成功"；"败"，皆理解为"失败"。其实没这么简单。这里的两个"成"，都当训为成全。《论语·颜渊》："子曰：'君子成人之美，不成人之恶。小人反是。'"③ 这里是赞成、主张的意思。"败"，可训为废弃。《韩非子·定法》："及孝公、商君死，惠王即位，秦法未败也。"④ 这里是反对的意思。

"周而成，泄而败""宣而成，隐而败"四句的"而"字如何解释？这又是《荀子·解蔽》篇此段文字训诂上的一大问题。从杨倞到今天众多的注家，没有不将这四句的"而"训为顺承连词的。其实，这是一大错误。这四个"而"字都是助词，作为宾语前置的标志，作用与"之""是"同。

"而"与"之"上古音同属之部，可以通用。《诗·小雅·角弓》："民之无良。"《说苑·建本》就引作"人而无良"。⑤ 这是"之""而"互用。《礼记·祭义》："不亏其体，不辱其身，可谓全矣。故君子顷步而弗敢忘孝也。"⑥ 最后一句《大戴礼记·曾子大孝》篇作："故君子顷步之不敢忘也。"⑦ "而"就写作"之"。《韩诗外传》卷第五："用万乘之国则举错而定，一朝而白。"许维遹《集释》："钟本、黄本、杨本、程本作'则举错而定一朝之白'。……赵本作'则举错而定一朝之伯'。校云：'旧本作"则举错定一朝之白"。今据《荀子[·儒效》篇]改正。'周本作'则举错而定，一朝而白'。校云：'"而伯"旧作"之白"，今从《荀子》校作"而伯"。'"⑧ "一朝而白"之"而"，

---

① 阮元：《十三经注疏》，第 2024 页。
② 徐元诰：《国语集解》，北京：中华书局，2002 年，第 11 页。
③ 杨伯峻：《论语译注》，北京：中华书局，1980 年，第 129 页。
④ 陈奇猷：《韩非子新校注》，上海：上海古籍出版社，2000 年，第 959 页。
⑤ 高亨：《古书通假会典》，济南：齐鲁书社，1989 年，第 397 页。
⑥ 郑玄注，孔颖达正义，吕友仁整理：《礼记正义》，上海：上海古籍出版社，2008 年，第 1848 页。
⑦ 王聘珍：《大戴礼记解诂》，北京：中华书局，1983 年，第 85 页。
⑧ 许维遹：《韩诗外传集释》，北京：中华书局，1980 年，第 173 页。

许多本子都作"之"。

"之"与"是"作为助词,都可表示宾语前置。如《左传·定公十三年》:"富而不骄者鲜,吾唯子之见。"① 《韩诗外传》卷十:"使吾君固寿,金玉之贱,人民是宝。"② 而此处的"周而成"犹"周之成""周是成",也就是"唯周之成""唯周是成",指的是赞成闭塞言路。"泄而败"犹"泄之败""泄是败",也就是"唯泄之败""唯泄是败",指的是反对开通言路。"宣而成"犹"宣之成""宣是成",也就是"唯宣之成""唯宣是成",指的是赞成开通言路。"隐而败"犹"堰之败""堰是败",也就是"唯堰之败""唯堰是败",指的是反对堵塞言路。

所以,"周而成,泄而败,明君无之有也",不是说"隐瞒真情就会成功,公开真情就会失败,明智的君主不会有这样的事";而是"唯周之成,唯泄之败,明君无之有也",是说"赞成闭塞言路,反对开通言路,明君没有这种事"。"宣而成,隐而败,暗君无之有也",不是说"公开真情就会成功,隐蔽真情就会失败,昏君不会有这样的事";而是"唯宣之成,唯堰之败,暗君无之有也",是说"赞成开通言路,反对堵塞言路,昏君没有这种事"。正如傅山所言,这一段文字"本义谓用宣泄,不用周隐",主旨是讲要广开言路,不要闭塞言路。

"君人者周则谗言至矣,直言反矣,小人迩而君子远矣",这是"暗君""唯周之成,唯泄之败",堵塞言路造成恶劣后果。"君人者宣则直言至矣,而谗言反矣,君子迩而小人远矣",这是"明君""唯宣之成,唯堰之败",开通言路导致的大好局面。"明君"之所以"明","明君"之所以能做到"直言至矣,而谗言反矣,君子迩而小人远矣",就在于"明君""宣而成,隐而败",能做到"唯宣之成,唯堰之败",敢于坚持广开言路,敢于反对闭塞言路。"暗君"之所以"暗","暗君"之所以能造成"谗言至矣,直言反矣,小人迩而君子远矣"的恶果,就在于"暗君""周而成,泄而败","唯周之成,唯泄之败",坚持闭塞言路,反对广开言路。这种一正一反的对比论证,

---

① 阮元:《十三经注疏》,第2150页。
② 许维遹:《韩诗外传集释》,第335页。

鲜明地表达了其主题是要"泄"、要"宣",不要"周"、不要"隐(堰)"。

《荀子·解蔽》篇此段训诂上的第三大问题就是其引逸《诗》"墨以为明,狐狸而苍"的释读。

"墨",杨倞训为"蔽塞","墨以为明",即"以蔽塞为明"。① 日人久保爱(1759—1832)《荀子增注》以为"墨"与"嘿、默同"②,是读"墨"为"沉默""默然"之"默"。郝懿行(1757—1825)则认为"墨者,幽暗之意。《诗》言以暗为明"。③北京大学《荀子》注释组《荀子新注》将"墨以为明"译为"把黑的说成白的"④,王天海《荀子校释》云:"墨者,暗也,正与'明'对,言其以暗为明。"⑤皆本于郝氏之说,影响最大。

不过,笔者认为,比较起来,杨倞训"墨"为"蔽塞"说最契合所要证明的文义。但"墨"为什么能训为"蔽塞"呢?我想久保爱的意见是正确的。"墨"当读为"嘿"或"默"。《说文·黑部》:"默,犬暂〔潜〕逐人也。从犬,黑声。读若墨。"⑥"默"从"黑声。读若墨",自然"墨"也可读为"默"。《左传·昭公十四年》:"贪以败官为墨。"⑦《孔子家语·正论解》作:"贪以败官为默。"⑧"墨"就写作"默"。"默"之本义为"犬暂〔潜〕逐人也",即"犬默无声逐人"。⑨所以"默"有寂静、不语义。《正字通·黑部》:"默,不语也。"⑩《广韵·德韵》:"默,静也。或作嘿。"⑪《玉篇·口部》:"嘿,与默同。"⑫《集韵·德韵》:"嘿,静也。通作默。"⑬《墨子·贵义》:"嘿则思,言则诲,动则事。"毕沅(1730—1797)校注:"默字俗写从口。"⑭

---

① ② ③ ⑤　王天海:《荀子校释》,第880页。
④　北京大学《荀子》注释组:《荀子新注》,第365页。
⑥　许慎:《说文解字》卷十上,清《文渊阁四库全书》本。
⑦　阮元:《十三经注疏》,第2076页。
⑧　王肃:《孔子家语》卷九,《四部丛刊》景明翻宋本。
⑨　徐锴:《说文解字系传》通释卷十九,《四部丛刊》景述古堂景宋钞本。
⑩　张自烈:《正字通》卷十二,清康熙二十四年清畏堂刻本。
⑪　陈彭年:《重修广韵》卷五,《四部丛刊》景宋本。
⑫　陈彭年:《重修玉篇》卷五,清《文渊阁四库全书》本。
⑬　丁度《集韵》卷十,清《文渊阁四库全书》本。
⑭　孙诒让:《墨子间诂》卷十二,清光绪三十三年刻本。

所以，"墨以为明"当读作"默以为明"或"嘿以为明"。为什么"沉默不语"、万马齐喑？就是因为"暗君"闭塞言路，还自以为贤明。所以，杨倞训"墨"为"蔽塞"，还是有道理的。

"狐狸而苍"之"苍"字很不好解。杨倞注以"苍，言狐狸之色"①。郝懿行认为："以黄为苍，所谓'玄黄改色，马鹿易形'也。赵高欲为乱，以青为黑，以黑为黄，民言从之，此正上幽下险之事。"②北京大学《荀子》注释组《荀子新注》以为"苍"是"青黑色"，"狐狸而苍"是"把黄色的狐狸说成青黑色的"。③王天海《校释》以为："狐狸之色黄，反以为苍。故下文曰'此言上幽而下险也'。"④他们的意思都差不多。一般而言"狐狸之色黄"，但"青黑色的"也并非没有，比如"黑狐"之称就并不罕见。因此，说"狐狸而苍"是"玄黄改色，马鹿易形"并不贴切。

笔者疑"苍"当读为"跄"，是起舞的样子。《书·皋陶谟》："笙镛以间，鸟兽跄跄。"孔传："鸟兽化德，相率而舞跄跄然。"陆德明释文："跄，舞貌。"⑤《法言·问明》："凤鸟跄跄，匪尧之庭。"李轨（？—619）注："跄跄者，步趾之威仪也。言其降步于尧之庭，非尧之庭则不降步也。"⑥单用义同。鲍照（约415—470）《舞鹤赋》："始连轩以凤跄，终宛转而龙跃。"⑦所以，"狐狸而苍"当读作"狐狸而跄"，意为狐狸舞蹁跹，是说"暗君""墨以为明"，闭塞言路，还自以为贤明，"上幽而下险"，所以"小人迩"矣。"狐狸而跄"，正是形容小人得志、豺狼当道的样子。

依据上述的考释，《解蔽》篇这最后一段文字可译作：

> 主张闭塞言路，反对开通言路，明君没有这种事。主张开通言路，反对堵塞言路，昏君没有这种事。所以统治人民的君主如果闭塞言路，那么挑拨离间的话就来了，正直的话就缩回去了，小人接近而君子就

---

① ② ④ 王天海：《荀子校释》，第880页。
③ 北京大学《荀子》注释组：《荀子新注》，第365页。
⑤ 孔安国：《尚书》卷二，《四部丛刊》景宋本。
⑥ 扬雄：《扬子法言》扬子法言问明卷第六，《四部丛刊》景宋本。
⑦ 鲍照：《鲍明远集》鲍氏集卷第一，《四部丛刊》景宋本。

远离了。《诗》云:"把闭塞言路当作圣明,狐狸舞蹁跹。"这是说君主昏庸愚昧,那么下面就会险恶。统治人民的君主如果开通言路,那么正直的话就来了,而挑拨离间的话就缩回去了,君子接近而小人就远离了。《诗》云:"在下皎洁明亮,是因为在上光辉灿烂。"这是说君主光明正大,那么臣民就会被感化。

最后还有一个颇有意思的问题,就是《解蔽》篇这最后一段文章的归属。日本学者荻生徂徕(即物双松,1768—1830)《读荀子》首先提出:"'周而成'以下,不与一篇之旨相蒙也。"①冢田虎《荀子断》也说:"'周而成'以下,似《正论》篇首章错简。"②为什么?久保爱《荀子增注》交代了原因:"韩子曰:'事以密成,语以泄败。'盖当时法家之言适足以害,故析之。"③中国也有学者赞成这样的说法,比如梁启雄(1900—1965)《荀子简释》就说:"此一段与本篇之恉不相蒙,疑是《君道》篇的错简。"④王天海《校释》也说:"《正论》篇首章即斥'主道利周'之说,引诗'明明在下'亦同,冢之说或是也。"⑤他们的意见相同的一面都是认为这最后一段非《解蔽》篇所有,为别篇文字窜入。不同的一是认为是"《正论》篇首章错简",一是认为是"《君道》篇的错简"。从上文的释读看,这些推测都是不能成立的。

第一,《解蔽》篇此段的"周而成,泄而败"与《韩非子·说难》篇"事以密成,语以泄败"看起来文句相似,但实质上内涵完全不同。《韩非子·说难》篇"事以密成,语以泄败"译成现代汉语,意思是"事情因为保密而成功,讲话由于泄密而失败"⑥,强调的是保密的重要。而《解蔽》篇此段的"周而成,泄而败","明君无之有也",则是"明君"否定的对象,"明君"不干"周而成,泄而败"之类的事。所以"周而成,泄而败"当作"周之成,泄之败"解,也就是坚持闭塞,反对开通言路。所以,以《韩非子·说难》篇"事以密成,语以泄败"来解《解蔽》篇"周而成,泄而败"一段的文义,

---

①②③④⑤ 王天海:《荀子校释》,第880页。
⑥ 《韩非子》校注组:《韩非子校注》,南京:江苏人民出版社,第113页。

是牛头不对马嘴，纯属误读。

第二，《荀子·君道》篇虽然也多有"明主""暗主"之论，如说"明主急得其人，而暗主急得其势""故伯乐不可欺以马，而君子不可欺以人，此明王之道也""明主有私人以金石珠玉，无私人以官职事业""唯明主为能爱其所爱，暗主则必危其所爱"①之类，但主旨并非讲闭塞言路的危害，讲开放言路的重要，与《解蔽》篇此段的内容基本无涉，怎能说是"《君道》篇的错简"？可见梁启雄的怀疑是没有什么道理的。

第三，《荀子·正论》篇首章批驳"主道利周"之说，主张"主道利明不利幽，利宣不利周"，其说确实与《解蔽》篇此段内容相近。但《荀子·正论》篇批评社会上流行的诸多谬论也有其鲜明的特点。其中批"世俗之为说者曰"共七条，如：

> 世俗之为说者曰："主道利周。"
> 世俗之为说者曰："桀、纣有天下，汤、武篡而夺之。"
> 世俗之为说者曰："治古无肉刑，而有象刑。墨黥；慅婴；共，艾毕；菲，对屦；杀，赭衣而不纯。治古如是。"
> 世俗之为说者曰："汤、武不能禁令。"
> 世俗之为说者曰："尧、舜擅让。"
> 世俗之为说者曰："尧、舜不能教化。"
> 世俗之为说者曰："太古薄葬，棺厚三寸，衣衾三领，葬田不妨田，故不掘也。乱今厚葬，饰棺，故抇也。"②

每条内容基本独立，都是不重复的。即使是同为指责"尧、舜"之说，内容也各自有别，没有相同的。如果《解蔽》篇此段属于《荀子·正论》篇首章，内容就过于重复了。而且《荀子·正论》篇首章，结构严谨，层次分明，如插入《解蔽》篇此段，不但逻辑混乱，文句也不好衔接，放到

---

① 王天海：《荀子校释》，第 526、551、555、556 页。
② 王天海：《荀子校释》，第 702-734 页。

哪里都不合适。而在《解蔽》篇里，此段讲要广开言路，讲"兼听则明，偏信则暗"之理，完全符合"解蔽"的主旨，正是"虚壹而静"理论的具体化。"暗君""周而成，泄而败"，不正是"蔽于一曲，而暗于大理"吗？其导致"谗言至矣，直言反矣，小人迩而君子远矣"的恶果，不正是"蔽塞之祸"吗？"明君""宣而成，隐而败"，以致"直言至矣，而谗言反矣，君子迩而小人远矣"，不正是"不蔽之福"吗？所以，读懂了《解蔽》篇此段，就明白其文字与上文首尾相接，内容相互呼应，逻辑浑然一体。因此，说其是《荀子·正论》篇首章的错简，是不可信的。